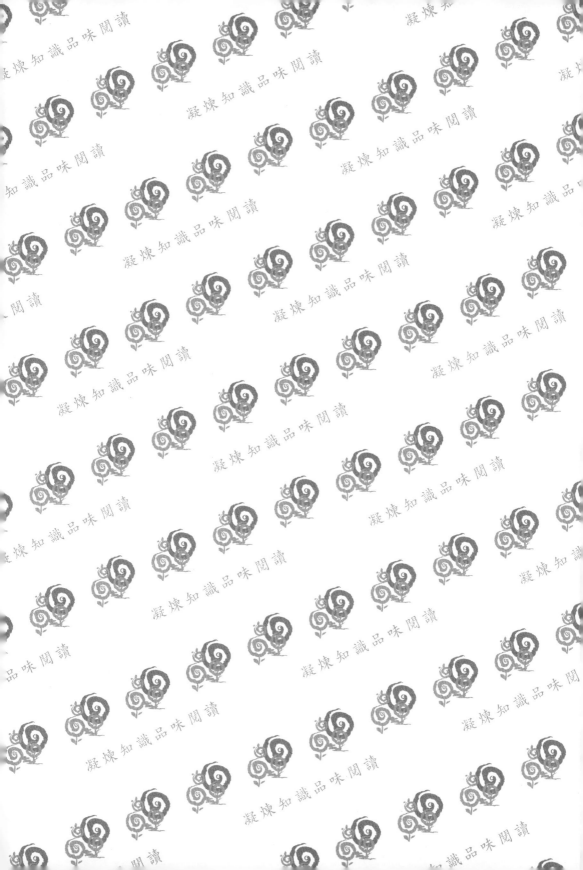

On the Equity of Interests and Distribution of
Risks in Engineering Contracts

論工程契約之
利益衡平與危險分配

五南圖書出版公司 印行

黃正光 著

謹將此書

獻給

親愛的家人

2024 立秋

序 | PREFACE

　　一個完整的工程契約關係，應包含締約前置程序、履約及後契約責任。在完整的工程契約關係中，當事人的法律適用與救濟，均應一致，不應因階段之不同，而有所異。在當事人創作契約利益的同時，亦應將其製造的危險予以合理的分配。在國內工程承攬實務，當事人多有爭執者，多係在於利益分配與危險負擔的失衡。尤其在公共工程採購，該失衡與不對等之情形，更是明顯。如何令當事人創設之契約利益在對立或矛盾中，能趨於衡平並被合理地實現，以及固有利益的適度保護，係為重要之議題。

　　法律，可謂是人類生活經驗累積的表現之一。社會進步如梭，交易關係亦趨新穎複雜。如仍墨守舊見，難免刻舟求劍。法律所規定之普遍的契約正義，在個案契約的運用上，或有未妥與遺漏之處。在私法自治之原則下，應以契約適法、契約經濟與誠實信用為上位原則，藉由合理之約定，予以適度之調整或補充，改善形格勢禁之窘境，使當事人契約上之利益能趨於衡平，並合理地分配負擔及危險。

　　觀諸我國民法承攬一節、營建工程之相關法律規定，以及營建工程承攬實務所奉行或參考之行政院工程採購契約範本等，對於工程契約之利益衡平與危險分配，多有其未盡周全之處。緣此，本書以國際諮詢工程師聯合會FIDIC標準契約條款2017 Red Book、德國建築工程採購與契約規範VOB/A、VOB/B、美國聯邦採購規則FAR、美國AIA Document A201–2017 General Conditions of the Contract for Construction工程契約之通用條款等，作為比較契約之主要基礎，並藉之與國內現行法規命令及實務常用之範本為比較探討。期藉此對於工程契約之利益衡平與危險分配，能有實質之助益。

黃正光

目 錄 | CONTENTS

第一章　前　言 001

第二章　先契約權利義務的分配 007
　第一節　招標文件與誠實告知 008
　第二節　決標與契約之成立 035
　第三節　書面契約之簽訂──本約的成立 057
　第四節　締約條件之變更 069

第三章　程序與報酬確保的調適 095
　第一節　程序擔保與救濟 097
　第二節　工程預付款──工作報酬後付原則之例外 131
　第三節　民法第513條與拆除工程工作報酬之確保 158
　第四節　法定抵押權之預先拋棄的檢討 184

第四章　契約上權利與義務之調整 211
　第一節　工作給付範圍之變動 211
　第二節　工作危險之移轉時點──驗收 235
　第三節　工作保固 283
　第四節　工作物供給契約之工作物所有權原始取得 301

參考文獻 315

第一章 | 前 言

　　古希臘哲學家亞里斯多德，可謂係人類思想史上之偉大智者。亞氏曾指出「衡平」（equity）之美德：圓滿地解釋及合情合理地將法律應用於每一個特殊的情況上之經久習慣。法律所能規定的，只是一般的事，它既無法預料，也不能具體地知道與確定所有特殊與個別事例及其發生的各種情況，「衡平」比較有彈性，它能糾正、平衡、緩和及減輕法律的呆板、無情及嚴厲，基於此，衡平者要勝過正義者[1]。法律，是人類生活經驗的累積。惟面對人類智慧的創新，法律明文終未能竟書預測而盡數羅列。若謹守現有之法律明文，以其為契約個案之解釋，或未規定部分的補充適用之唯一依據，而揚棄人類道德發展出的其他原理原則者，難免刻舟求劍，恐非良善之策。蓋盡信書，不如無書。

　　自有人類以來，基於種種遺跡與研究資料之顯示，人類除了果腹，對於居住之標的與環境，總是列為生活之重。居住的穩定與安全，是人類能延續一切的基礎條件之一。社會進步至今，人們對於營建工程標的之需求，已從自我居住的滿足，擴展至公眾利用，也造成不同昔日之營建工程承攬關係。觀諸今日之營建工程，不僅標的之施作方法與材料的進步，有關工程承攬之法律關係，更是繁瑣而複雜於往日。此一進步與發展，造成工程承攬契約當事人間，以及與契約第三人之權利義務，時有紛爭。而前述紛爭，大多來自於契約利益的對立，與危險分配之衝突。

　　契約當事人之利益是否趨於衡平，應藉由權利義務對稱原則，審查該契約之權利與義務的分配，是否偏離或顯不對稱，並客觀檢視該契約之給付內容，是否符合個案契約之對價相當性原則。如審查檢視之結果，未能符合權利義務對稱原則，或違背對價相當性原則者，應藉由契約之控制，對原契約之權利義務或給付內容為調整或分配。是關於工程契約利益衡平的操作，應在權利義務對稱原則及對價相當性原則下，以契約適法、符合誠實信用、合理之交易成本，與契約目的得以達成等因素，作為考量或判斷依據，對於顯失公平或失

---

[1]　曾仰如，亞里斯多德，東大，2001年2月，初版，頁411以下。

衡之預擬約款或遺漏部分，予以適度之調整或補充，令當事人之利益能趨於衡平。

　　就營建工程契約成本言，當事人所投入之時間、金錢及人力等，均可謂所費不貲。當事人鳩工庀材、殫精竭慮，甚至費時纏訟，契約上利益之計算與危險的分配，總爲紛爭之始末。契約當事人對於其所創設之利益，皆經過細心合計並有所期待，對於契約上之負擔與危險，亦多深思謹慎。惟觀諸國內營建工程承攬實務，當事人之地位，多未能立於對等，程序或契約上之利益單方的規定與條款，亦不乏有之，尤其是定作人爲公法人或機關情形，更甚明顯。於營建工程承攬實務，前述當事人未能對等或利益單方之情形，不惟契約當事人陷於程序或契約上之不利益，亦造成第三人利用完成工作的障礙，而形成社會成本的負擔，例如交通、醫療或水利等設施之工作的完成與利用是。要之，如何令契約當事人創設之利益，在對立或矛盾中，能趨於衡平且被合理地實現，並使契約目的得以達成，係爲重要之議題。

　　就國內營建工程承攬實務言，如以法律適用作爲分類依據，一般可分爲適用政府採購法之營建工程，與非適用政府採購法之營建工程等二類。於營建工程承攬交易習慣，非適用政府採購之營建工程，當事人亦多仿效政府採購之相關法規，作爲其程序或履約之規範，並以行政院公共工程委員會製作頒布之投標須知範本、工程採購契約範本，以及相關規範文件等，作爲程序上規範、契約製作或約款內容之依據，合先敘明。

　　法律所規定之普遍的契約正義，在個案的運用上，或有遺漏與未妥之處。尤其在契約自由之當下，更須經由合理的更正（修正），以達契約當事人利益之衡平。基於私法自治之大原則，當事人得藉由契約，自由創設符合其所需之契約類型與利益。契約利益，與契約責任、成本及危險分配等息息相關，相互拉扯變動，當事人間各自利益的對立，不難理解。契約既由當事人約定，則契約之解釋，應以當事人立約之本意爲依據，契約之權利與義務的認定，亦應以當事人所約定者爲基礎。且當事人亦應對其自己所爲之意思表示的效果負責，法律應無積極介入之理由。惟於當事人所約定之權利義務，發生失衡或不公平情形，非謂不得藉由法理、誠信原則，或善良之交易習慣等，以之爲調整或補充，進而獲取個案利益之衡平，以改善形格勢禁之窘境。

　　一個完整之契約關係，應包含締約前置程序、契約之締結與契約履行。在當事人藉以契約創設期所需利益之同時，是否因而限制或侵害相對人之信賴或履行利益，甚至固有利益等，應係一個公平契約所需關心的。締約前置程序開

啓之目的，就營建工程承攬言，係定作人基於擇優利己為出發點。然程序的合法進行與否，攸關當事人之擇優締約、公平競爭，與財產的保護等。是定作人所創設之程序上利益，如有顯失公平或負擔失衡之情形者，仍應以程序適法與符合誠信等為上位原則，予以適度之調整，令該程序目的得以達成，並使當事人程序上之利益能趨於衡平。對於程序當事人而言，該程序利益首重者，應係程序上之安定。此一程序上之安定，應包含程序上秩序的遵守、探知利益的保護、法律適用的安定，以及救濟程序之明確等。

營建工程承攬之履約時間，並非短暫，尤其在新建工程承攬，契約履行期間尤為漫長。要之，契約當事人所為之給付，隨諸時間之經過，或發生原約定給付之變動，或增加原約定以外之給付。是就契約上利益而言，難謂以當事人初始之約定，即得囊括其全部的可能。換言之，當事人於契約上之利益，應隨諸給付之變動，而為適度的調整，始符合個案利益的衡平。例如，發生工程漏項或工程增項情形、當事人工作給付變動的調整、工作危險之移轉時點的合理化、工作瑕疵擔保與工作保固二者間之相互影響等是。可見契約利益之衡平，可謂係建立在當事人約定之權利義務的變動調整，以及危險之合理分配的基礎上。是在法規明文外，仍須借助當事人之履約善意，以及誠實信用原則的適用等，以期獲取契約正義下之個案利益的衡平。

誠實信用原則，可謂是人類社會的普世價值之一，為不少國家所共同承認之法律原則，例如聯合國國際商品買賣公約（CISG）[2]、歐洲契約法原則（PECL）[3]。在有關建築契約部分，比較契約亦不乏以之為架構的基礎之

---

[2] 林更盛、黃正光，工程法律與承攬實務Q&A（一），五南圖書，2021年9月，初版，代序部分：「1980年的聯合國國際商品買賣公約（CISG）第7條第1項即規定本公約之解釋，應當考慮到其所具有之國際特性、促進其適用上的一致性的需求，以及遵守國際貿易上的誠信。」

[3] 陳聰富，契約自由與誠信原則，元照，2015年12月，初版，頁107以下：「歐洲契約法委員會於2000年公布之歐洲契約法原則第一部分及第二部分合訂版本，其第1:201條規定：『(1)任何當事人之行為必須符合誠信原則（good faith）與公平交易（fair dealing）。(2)當事人不得排除或限制此項義務。』第2:301條規定：『(1)當事人具有協商契約之自由，對於契約未能成立，不負任何責任。(2)然而當事人違反誠信原則與公平交易而磋商契約或中斷磋商者，對於他方當事人所受之損害，應負賠償責任。(3)在當事人與他方並無締結契約之意思，而進行契約協商或繼續協商契約者，即為違反誠信原則與公平交易之要求。』」

一[4]。

　　權利之行使，不得違反公共利益，或以損害他人為主要目的。行使權利及履行義務，應依誠實及信用方法，民法第148條定有明文。對此，國內學者有謂誠信原則（Treu und Glauben）指在善良思考之行為人間，相對人依公平方式所可以期待之行為[5]，誠實信用原則具有限制及內容控制功能[6]，契約內容之調整及契約解消權之行使，均受誠信原則之支配[7]。要之，在現行法規之外，除將誠信原則落實於契約條款內容外，仍需斟酌個案之利益與危險的合理分配、當事人間之信賴與履約善意，以及對於法律論理的認知，始能發展出公平、合理之契約條件與履約環境。於公平、合理之基礎上，始能消弭失之公平或不合

---

[4] 林更盛、黃正光，工程法律與承攬實務Q&A（一），五南圖書，2021年9月，初版，代序部分：「德國民法第242條規定債務人有義務依誠信以及考慮到交易習慣、提出其給付。針對定型化約款——包括建築承攬契約常用的VOB/B的條款亦屬定型化條款——的管制，在通過『一般交易條款管制法』（AGBG）之前，1974年於漢堡舉行的德國法學家第50次年會即決議對於商業契約之間的一般交易條款亦應一併加以管控。相對地，之後的2012年在慕尼黑舉行的第69次的德國法學家年會，雖然建議應為相當的鬆綁。但2013年4月32個工業協進會共同發表聲明、贊成維持現有將定型化約款的契約控制援用到商業之間的交易。現狀是德國民法第310條對於商業契約定型化約款——相較於消費關係之較高的審查與管制密度——仍維持相對寬鬆的管制。」「美國契約法整編第2版（Restatement (Second) of Contracts, 1981）第205條亦規定『每一個契約都課予當事人之任一方於履約及執行時，有誠信以及公平交易的義務』。另依美國統一商法典（Uniform Commercial Code）第1-201條第20款之定義，除第5條另有規定外，誠信（Good faith）指的是『實際上是誠實的，並遵守根據合理的商業標準所應有的公平交易』。2014年的Metcalf Constr. Co., Inc. v. United States案，就聯邦公部門的建築契約，明確承認應有誠信與公平協商（good faith and fair dealing）原則的適用；依此原則，當事人負有義務不干擾他方當事人義務之履行，並且不使他方當事人對於履約成果的合理期待歸於落空。當然這也對私人間的建築契約有其適用。」

[5] 黃立，民法總則，自版，2001年1月，二版，頁490：「所謂誠信原則Treu und Glauben指每個人應對其所為之承諾信守，而形成所有人類關係所不可或缺的信賴基礎。換言之，指在善良思考之行為人間，相對人依公平方式所可以期待之行為。」

[6] 王澤鑑，民法總則，三民，2017年3月，增訂新版，頁625：「誠實信用原則不僅在規定行使權利或履行義務的方法，並具有三種規範功能：（一）補充的功能；（二）調整的功能；（三）限制及內容控制功能。」

[7] 陳聰富，契約自由與誠信原則，元照，2015年12月，初版，頁110：「舉凡締約上過失責任之成立、契約之解釋、契約內容之調整及契約解消權之行使，均受誠信原則之支配。」

理約款所生之紛爭。

　　此外，於當事人發生程序或契約上之爭執情形，有關法律的適用以及紛爭解決之救濟程序，至少在當事人發生法律關係時，應得預知與確定，避免當事人處於法律上不安定之危險。例如，在基本權之保護下，對於法律關係繁瑣複雜之營建工程承攬，於程序或契約上權利義務發生爭執時，應明確該紛爭解決的法律適用，以及救濟程序的完整性與充分選擇[8]。

　　觀諸國內目前之營建工程承攬實務，不論係契約締結前置程序、契約之締結與嗣後之履行，似多存在著利益失衡，與危險未盡合理分配的現象。然就所費不貲且履約期間漫長之營建工程承攬關係言，當事人間的信賴與合作，應是該營建工程承攬契約關係開啓之初衷，以及契約目的得以達成之基礎。即便在該工程契約關係存續中，呈現當事人間之利益對立或衝突情形，如能以當事人之最大履約善意，及誠實信用原則之遵守，應能建立一趨於公平、合理之營建工程承攬契約。職是，在現行法規、營建工程業內之交易習慣，與實務上奉行或常用的預擬範本[9]之間，應藉諸誠實信用與衡平原則爲公平合理的調整，獲得個案契約之利益衡平與合理的危險分配，以期減少工程承攬契約當事人間之紛爭，建立健康和諧的工程承攬關係。

---

[8] 有關政府採購之調解與仲裁，請參閱林恩瑋，政府採購法第八十五條之一第二項「先調後仲」機制疑義：強制仲裁是否必要？財產法暨經濟法，第17期，2009年3月，頁137至158。

[9] 本文探討之預擬範本，係指行政院制頒之工程採購契約範本（112.11.15修正）以及投標須知範本（112.6.30版）。國內營建工程實務之交易習慣，即便當事人不在適用政府採購法之列，定作人所預擬之營建工程契約或約款內容，亦多以行政院制頒之工程採購契約範本以及投標須知範本等，作爲其製作之依據。

第二章 ｜ 先契約權利義務的分配

　　誠如亞里斯多德所言，法律所能規定的只是一般的事，它既無法預料，也不能具體地知道與確定所有特殊與個別事例及其發生的各種情況，「衡平」比較有彈性，它能糾正、平衡、緩和及減輕法律的呆板、無情與嚴厲，基於此，衡平者要勝過正義者，前已述及。是在法律規定外，依實務交易習慣以及個案之所需，適度調整契約當事人間之權利義務，以符合公平正義，至少是個案利益的衡平，實屬必要。

　　工程契約如經由締約前置程序而成立者，該締約前置程序，可謂係契約關係發展之重要一環。是於前述情形，完整之工程契約關係，應包含該契約之締結前置程序。一般而言，定作人之所以為該締約前置程序的開啟，係本於擇優且利己的原則。在擇優利己原則下，難免偏執單方利益，導致當事人公平締約之利益受影響。例如，程序上各階段行為之法律性質的不明確、程序文件之不實告知或遺漏、片面變更締約條件，以及不正當競爭等是。

　　一般認為，承攬係為定作人之利益而開啟。故而，在工程契約之利益的分配上，或應以符合定作人所需之利益為優先。惟程序的合法進行與否，攸關當事人之公平競爭、擇優締約，與財產保護等利益。是定作人所創設之程序上利益，如有顯失公平或失衡之情形者，仍應以程序適法進行，以及權義對等為上位原則，予以適度之調整，令該程序目的得以達成，並使當事人程序上之利益能趨於衡平。對於程序當事人而言，其等之程序上利益首重者，應係程序上之安定。此一程序上之安定，應包含程序上**秩序的遵守**、**探知利益的保護**、**當事人之地位的安定**、**法律適用的安定**，以及**救濟程序之明確**等。換言之，締約前置程序之各項權利義務，應符合權利義務對稱原則的客觀審查，始能令程序當事人之利益趨於衡平。

　　是本章就營建工程契約締結前置程序之招標文件與誠實告知、決標與預約之成立、書面契約之簽訂，以及締約條件之變更等相關議題，於各節逐一分述探討。

第一節　招標文件與誠實告知

　　觀諸國內營建工程承攬實務，在當事人適用政府採購法情形，工程承攬之招標方式，因定作人之需求，或因工作性質之特殊性，或因法律規定之要件的不同[1]，一般可分為公開招標、選擇性招標與限制性招標等三種招標方式。然而，不論定作人選擇何種招標方式，該招標程序的開啟，以及程序之各個階段行為，應可認係以締結工程契約為目的，所不可或缺之締約前置程序。以公開招標為例，一個完整的招標程序，包括招標公告、領標、投標、開標、審標、減價（比減價）、協商，以及決標等各個階段程序。然此所稱之招標，係指開標前，定作人所為之招標公告、招標及投標文件之提供，以及等標期間之釋疑行為等，並非為完整之招標程序，先為敘明。

　　前述之招標程序，乍看近似完整，實則問題常存。實務上，當事人因招標程序發生爭執者，並非罕見。前述爭執，當事人有在向未締結該次工程契約前即提起訴訟，亦不乏在契約關係成立後，始將該程序上之紛爭作為契約成立與否的原因事項。考其原由，或因其各個階段程序行為的法律性質，未盡分階明確而使然。例如，招標文件之性質的認定是。實務上，此類招標文件，自始即由定作人為完整之製作，投標人並無置喙之餘地。然此等招標文件，本質上具有程序上之拘束力，以及嗣後契約上權利義務之解釋依據等作用。要之，可否謂招標文件之性質，係不具任何法律效果之要約引誘，可值商榷。

　　是本節就招標文件之法律性質、招標文件之合理釋疑期間，以及程序當事人之誠實告知義務與違反之效果等議題，逐一分述之。

第一項　招標文件之法律性質

　　首先，須為說明者，所謂招標公告，係指定作人將其欲為定作之工作的種類、範圍、投標人資格，以及開放領標、決標期日等訊息的公開告示，此一公

---

[1] 政府採購法第19條：「機關辦理公告金額以上之採購，除依第二十條及第二十二條辦理者外，應公開招標。」第20條：「機關辦理公告金額以上之採購，符合下列情形之一者，得採選擇性招標：一、經常性採購。二、投標文件審查，須費時長久始能完成者。三、廠商準備投標需高額費用者。四、廠商資格條件複雜者。五、研究發展事項。」

告行為，係為完整招標程序中之一個階段行為，其性質屬於工作承攬之要約引誘。實務上，招標文件通常包括投標須知、各類圖說，以及施工規範等，其須在招標公告所示開放領標期日，由領標人自行領取，招標文件之內容並不會顯示於招標公告內，合先敘明。然有關定作人提供之招標文件的法律性質，究仍屬定作人要約引誘的內容之一，而不具任何法律效果，又或係屬於具有法律效果之其他性質，未為統一之定論。惟關於招標文件之法律性質的認定，攸關當事人程序上及契約上之權利義務的變動，深具探討之實益。

第一款　學說

有關招標文件之性質，學者有謂招標僅為要約引誘，民法第154條第1項要約拘束力（不可撤回性與不可變更性），則不適用於招標，因而機關之招標文件公告後，機關仍得變更招標文件之內容。顯然，招標為要約引誘之一種，招標機關於招標公告後，尚可變更招標之內容[2]。

如依前述學者觀點，將招標認係定作人之要約引誘，而不受要約或承諾之拘束力所相繩者，則該等招標文件，即屬於定作人要約引誘之內容的一部。

第二款　司法實務

關於招標文件之性質，司法實務之見解，認為招標文件性質固屬民法規定之要約引誘，惟廠商領取標單並參與投標之行為，則為要約；依民法第154條規定，契約之要約人，因要約而受拘束。投標人參加投標時，充分認知定作人採購投標須知之內容，仍為投標之要約行為，自有受該投標須知拘束之意，堪認兩造已合意投標過程應遵守投標須知規定之規範[3]。營建工程以公開招標

---

[2] 姚志明，公共營建工程契約之成立——以營建工程之招標、決標為中心，月旦法學雜誌，第181期，2010年6月，頁221：「招標僅為要約引誘，民法第一五四條第一項要約拘束力（不可撤回性與不可變更性）則不適用於招標，因而機關之招標文件公告後，機關仍得變更招標文件之內容。例如，招標期限標準第七條第一項：『機關於等標期截止前變更或補充招標文件內容者，應視需要延長等標期。』顯然，招標為要約引誘之一種，招標機關於招標公告後，尚可變更招標之內容。」

[3] 臺灣高等法院91年度上易字第186號民事判決：「又，有關招標文件性質固屬民法規定之『要約引誘』，惟廠商領取標單並參與投標之行為，則為要約；依民法第一百五十四條規定『契約之要約人，因要約而受拘束。』上訴人參加投標時，充份認

方式，將投標資格、工程規格及標單到達期限等種種程序事宜，詳列於投標須知，使多數具有投標資格之廠商，能於合法期限內，檢具相關文件參與開標，是採購機關招標文件之性質應屬民法規定之要約引誘，廠商領取標單並參與投標之行為，則為要約，而採購機關之決標，為承諾性質，且以決標時點意思合致為雙方契約成立時點，採購契約內容於決標時即已確定[4]。

　　由前述司法實務關於招標文件之性質所涉案件的見解，可知目前司法實務將招標文件之性質，認係屬於要約引誘。

第三款　比較觀點

　　有關於招標文件之性質，在比較觀點部分，國際諮詢工程師聯合會FIDIC標準契約條款2017 Red Book、德國建築工程採購與契約規範之一般契約規範部分VOB/B、中華人民共和國招標投標法，以及中華人民共和國招標投標法實施條例等，均有關於招標文件之約款內容與法律規定之明文，可資參考。

一、國際諮詢工程師聯合會FIDIC標準契約條款2017 Red Book

　　國際諮詢工程師聯合會至今已有來自全球100多個國家的成員所組成之協會[5]，而該國際諮詢工程師聯合會所製作出版的標準契約（The FIDIC Forms of

---

　　知被上訴人採購投標須知之內容，仍為投標之要約行為，自有受該投標須知拘束之意，堪認兩造合意投標過程應遵守投標須知規定之規範。上訴人大人物公司辯以系爭投標須知僅為要約引誘，兩造並未簽訂任何契約，不受投標須知規定之拘束云云，殊非可取。」

[4] 臺灣高等法院107年度重上更一字第4號民事判決：「而營繕工程以公開招標方式，將投標資格、工程規格及標單到達期限等種種程序事宜，詳列於投標須知，使多數具有投標資格之廠商，能於合法期限內，檢具相關文件參與開標，是採購機關招標文件之性質應屬民法規定之要約引誘，廠商領取標單並參與投標之行為，則為要約，而採購機關之決標，為承諾性質，且以決標時點意思合致為雙方契約成立時點，採購契約內容於決標時即已確定，雙方嗣後契約之簽訂僅係將投標須知及公告相關事項，另以書面形式為之，故簽約手續並非契約成立或生效要件，且雙方對締約內容並無任何磋商空間，自不能將形式上之簽約日期視為契約實際成立時點，而應以決標日為契約成立日。」

[5] FIDIC, the International Federation of Consulting Engineers, is the global representative body for national associations of consulting engineers and represents over one million

Contract），亦已成為國際上之工程承攬實務所參考沿用[6]。相對於我國行政院頒布之工程採購契約範本，此一國際諮詢工程師聯合會FIDIC標準契約條款（以下或簡稱FIDIC標準契約條款）對於契約之危險分配、當事人之權利義務，以及行為效果等，更為周延完善，實值吾人參考借鏡。

　　參諸FIDIC標準契約條款2017 Red Book，在其有關於通用（一般）規定，即對招標文件之定義與作用等為說明。其中第1.1.10條明文契約係指契約協議、得標函、投標函、契約協議中提及的任何附錄、本條件、規範、圖說、附表、承包商的建議書、合資承諾（如適用）以及契約協議或得標函中列出的其他文件[7]。其中，所謂定作人的要求，類似國內工程承攬實務之招標文件，即投標須知、設計或施工圖說及施工規範等。

　　由前述FIDIC標準契約條款之通用（一般）條款的解釋，可知除該次契約之協議書、原始條件、定作人要求、得標函、投標書和契約協議書列出的其他檔案資料，均屬於契約內容之一部外，凡其名稱為定作人要求的檔案文件資料，其中包括已經明文列示之工程的目標、範圍、設計與其他技術標準，以及按契約對此項檔案資料所作的任何補充和修改，均為**契約內容**之一部。

---

engineering professionals and 40,000 firms in more than 100 countries worldwide, https://fidic-org.translate.goog/.

[6] 陳自強，FIDIC工程契約條款在契約法源之地位，仲裁，第90期，2010年4月，頁74至95。

[7] FIDIC 2017 Red Book, 1.1.1 The Contract
§ 1.1.10
"Contract" means the Contract Agreement, the Letter of Acceptance, the Letter of Tender, any addenda referred to in the Contract Agreement, these Conditions, the Specification, the Drawings, the Schedules, the Contractor's Proposal, the JV Undertaking (if applicable) and the further documents (if any) which are listed in the Contract Agreement or in the Letter of Acceptance.
第1.1.10條
「契約」是指契約協議、得標函、投標函、契約協議中提及的任何附錄、本條件、規範、圖說、附表、承包商的建議書、合資承諾（如適用）以及契約協議或得標書中列出的其他文件（如有）。
§ 1.1.9
"Conditions of Contract" or "these Conditions" means these General Conditions as amended by the Particular Conditions.
第1.1.9條
「契約條件」或「本條件」是指由專用條件修改的這些通用條件。

二、德國建築工程採購與契約規範之一般契約規範部分VOB/B

關於招標文件之性質，德國建築工程採購與契約規範之一般契約規範部分VOB/B，在其第1條給付的方式與範圍（Art und Umfang der Leistung）[8]，第2項即明文於契約內容不一致時，解釋契約內容效力之優先順序，應依其所列舉。而招標文件，通常即包含有關建築的一般技術條款、有關建築實施的通用條款，以及圖說等。然前述之條款及圖說等，嗣後皆須納入契約之內容。就此，可以得知招標文件之性質，係屬於契約內容預先訂定之一部。因之，在當事人適用德國建築工程採購與契約規範之一般契約規範部分VOB/B情形，定作人所製作提供之招標文件，常態上具**將來契約內容**之性質。

---

[8] VOB/B

§ 1 Art und Umfang der Leistung

(1) 1. Die auszuführende Leistung wird nach Art und Umfang durch den Vertrag bestimmt. 2. Als Bestandteil des Vertrags gelten auch die Allgemeinen Technischen Vertragsbedingungen für Bauleistungen(VOB/C).

(2) Bei Widersprüchen im Vertrag gelten nacheinander:

1. die Leistungsbeschreibung,

2. die Besonderen Vertragsbedingungen,

3. etwaige Zusätzliche Vertragsbedingungen,

4. etwaige Zusätzliche Technische Vertragsbedingungen,

5. die Allgemeinen Technischen Vertragsbedingungen für Bauleistungen,

6. die Allgemeinen Vertragsbedingungen für die Ausführung von Bauleistungen.

(3) Änderungen des Bauentwurfs anzuordnen, bleibt dem Auftraggeber vorbehalten.

第1條 給付的方式與範圍

(1) 1.提供給付的方式與範圍，應依契約約定決定之。2.建築契約的一般技術規定（VOB/C）視為契約的一部分。

(2) 於契約內容不一致時，依下列順序定其優先效力：

1.給付清單，

2.專用條款，

3.附加條款，

4.附加技術規則條款，

5.有關建築的一般技術條款，

6.有關建築實施的通用條款。

(3) 定作人保有變更建築設計圖說的權利。

三、中華人民共和國招標投標法

中華人民共和國與我國在地緣上、文化上以及工程承攬實務交易習慣上，均有一定程度上之淵源與相似之處，其建築工程承攬的相關法律規定，有較詳盡合理者，該部分仍值參考之處。

關於招標文件，中華人民共和國招標投標法在其第19條第1款，明文招標文件應當包括招標項目的技術要求、對投標人資格審查的標準、投標報價要求和評標標準等所有實質性要求和條件，以及擬簽訂合同的主要條款[9]。

由前述中華人民共和國招標投標法在其第19條第1款明文，招標文件包含實質性要求和條件，以及擬簽訂合同的主要條款，可得知定作人製作預擬該等招標文件，應具有**令其發生一定程度之法律效果**，非僅具要約引誘之性質。

四、中華人民共和國招標投標法實施條例

除前述中華人民共和國招標投標法之法律規定外，亦可於中華人民共和國招標投標法實施條例之規定，窺探關於定作人招標文件之性質。此一中華人民共和國招標投標法實施條例，係根據中華人民共和國招標投標法所為制定[10]，其位階類似政府採購法施行細則之於政府採購法，合先敘明。

中華人民共和國招標投標法實施條例第57條第1款，即明文招標人和中標人應當依照招標投標法和本條例的規定簽訂書面合同，合同的標的、價款、品質、履行期限等主要條款應當與招標文件和中標人的投標文件的內容一致。招標人和中標人不得再行訂立背離合同實質性內容的其他協定[11]。

---

[9] 中華人民共和國招標投標法第19條：「招標人應當根據招標項目的特點和需要編制招標文件。招標文件應當包括招標項目的技術要求、對投標人資格審查的標準、投標報價要求和評標標準等所有實質性要求和條件以及擬簽訂合同的主要條款。國家對招標項目的技術、標準有規定的，招標人應當按照其規定在招標文件中提出相應要求。」

[10] 中華人民共和國招標投標法實施條例第1條：「為了規範招標投標活動，根據《中華人民共和國招標投標法》（以下簡稱招標投標法），制定本條例。」

[11] 中華人民共和國招標投標法實施條例第57條：「招標人和中標人應當依照招標投標法和本條例的規定簽訂書面合同，合同的標的、價款、質量、履行期限等主要條款應當與招標文件和中標人的投標文件的內容一致。招標人和中標人不得再行訂立背離合同實質性內容的其他協議。招標人最遲應當在書面合同簽訂後5日內向中標人和未中標的投標人退還投標保證金及銀行同期存款利息。」

參諸中華人民共和國招標投標法實施條例第57條第1款規定，可知建築工程承攬契約，當事人應當依照招標投標法和該條例的規定簽訂書面合同，係屬於法定要式契約。該法定要式書面合同之簽訂，具有排除當事人於簽訂書面合同後，再為背離合同實質性內容之其他協定的作用，對於契約當事人於契約上地位的安定，以及權利義務的明確，可謂正面。其合同的標的、價款、品質、履行期限等主要條款，應當與招標文件和中標人的投標文件的內容一致者，即明確指出定作人製作之招標文件，以及中標人即確定得標人之投標文件，其二者均受到要約與承諾之拘束力作用，**且成為嗣後契約內容之一部**。

綜上之比較觀點，國際諮詢工程師聯合會FIDIC標準契約條款2017 Red Book、德國建築工程採購與契約規範之一般契約規範部分VOB/B之二者約款，招標文件通常為嗣後契約內容之一部。而按中華人民共和國招標投標法、中華人民共和國招標投標法實施條例二者之規定，該等招標文件，必然成為嗣後契約內容之一部。換言之，在當事人適用國際諮詢工程師聯合會FIDIC標準契約條款、德國建築工程採購與契約規範之一般契約規範部分VOB/B之情形，以及與我國營建工程有共同背景之中華人民共和國的工程承攬實務，均認定作人之招標文件，係將來契約內容之一部。

第四款　本文觀點

首先，關於要約引誘之法律效果，學者有謂要約之引誘乃表示意思，使他人向自己為要約，是為契約的準備行為，並不發生法律上效果，亦即無結約意思，其性質為意思通知[12]。要約引誘，即指喚起相對人向自己為要約之意思通知，要約引誘本身不生法律上之效果[13]。要約引誘，係為一種意思通知，必須自己承諾後，才可成立契約，其並非為要約[14]。由此可知，多數學者認為，要

---

[12] 孫森焱，民法債編總論（上冊），自版，2012年2月，修訂版，頁51：「要約之引誘乃表示意思，使他人向自己為要約。是為契約的準備行為，並不發生法律上效果，亦即無結約意思，其性質為意思通知。」

[13] 王澤鑑，債法原理，三民，2012年3月，增訂三版，頁174。王澤鑑教授謂：「要約引誘，即指喚起相對人向自己為要約之意思通知，目的僅在引起相對人向自己要約而已。」「要約引誘本身不生法律上之效果。」

[14] 姚志明，契約法總論，自版，2014年9月，初版，頁67。姚志明教授謂：「要約引誘

約引誘乃表示意思，使他人向自己爲要約，屬於爲契約的準備行爲，本身不生法律上之效果。

　　觀諸國內營建工程承攬實務，定作人或招標辦理人於領標期日，所提出予領標人領取之文件，通常係爲投標須知、各類圖說、施工規範、承攬報酬總價表、分項工程報價表、單價分析表、擔保金提出證書、各種聲明書、切結書以及定作人預擬之契約書等。然國內學說看法與司法實務之見解，多係在將招標行爲之法律性質，定位爲要約引誘之基礎上，對於招標文件的法律性質，亦認係同樣屬於要約引誘之性質，而不發生若何法律效果，前已述及。惟此類由定作人或招標辦理人於招標程序所提出之招標文件，如仍依前述學者看法或實務見解，一概將其認係屬於定作人之要約引誘，而不具若何之法律效果，恐非相當妥適。

　　本文以爲，藉由前述締約前置程序之各個階段行爲分別觀之，應可將該各個階段分認屬於下列不同的法律性質：一、招標公告係屬要約引誘之性質[15]；二、領標行爲係承攬要約之準備行爲；三、投標行爲屬承攬要約之性質；四、開標、審標、減價、比減價、協商等，爲決標之準備行爲；五、決標爲承諾之性質[16]。其中，於定作人對投標人爲決標結果之意思表示，或該決標結果通知

　　係爲一種意思通知，其目的是相對人向自己爲要約，必須自己承諾後，才可成立契約，其並非爲要約。換言之，表意人欲對他方當事人所爲之表示，保留是否爲承諾之決定權限。」

[15] 最高行政法院90年度裁字第646號裁定：「本件拆除大樓工程之『招標公告』，其性質係屬私法上之要約引誘，相對人爲上開招標公告，僅係藉此公告誘引合格廠商日後與之成立私法上之承攬契約，故該公告並未對抗告人產生規制作用。抗告人所指之上開招標公告，顯非屬對抗告人之行政處分或決定。」

[16] 原最高法院62年台上字第787號民事判例之裁判要旨：「查投標單載明『投標人今願承包貴府工程，估計總價爲七十六萬七千元』等語，此爲被上訴人要約之表示，上訴人如欲承諾（決標）自須照被上訴人之要約爲之，其將要約變更而爲承諾者，視爲拒絕原要約而爲新要約（民法第一百六十條第二項）。被上訴人另所出具之包商估價單，既非其要約之表示，上訴人於開標後宣佈，估價單之總價低於投標單時，以估價單爲準，係變更被上訴人之要約而爲新要約，被上訴人未爲承諾之表示，契約即不成立。」最高行政法院98年度判字第38號判決：「五、本院按：（一）政府採購程序中的公告，即政府採購法第27條第1項規定：『機關辦理公開招標或選擇性招標，應將招標公告或辦理資格審查之公告刊登於政府採購公報並公開於資訊網路。公告之內容修正時，亦同。』在締結採購契約的過程中，應僅屬於要約引誘性質，而並非要約，然其與民法上之要約引誘並無任何法律上之拘束力者並不完全相同。蓋在政府採購法

到達投標人時[17]，定作人即應受其決標意思表示之拘束，此時應可謂該工程契約之預約或本約業已成立。

　　前述之招標公告，係定作人將其欲為需求採購之標的，或工程之定作、財物之買受、定製、承租及勞務之委任或僱傭等訊息，對於特定或不特定人為公開告示。而此一訊息的公示告知，並不發生法律上之效果。準此，於營造建築工程承攬，定作人所為之工程承攬招標公告，屬於工程承攬訊息的公開告示行為，不發生法律上效果，應無所議。故而，**在完整之工程招標程序，使他人向自己為承攬要約，並不發生法律上效果之要約引誘者，僅限於定作人之招標公告行為而已。**

　　觀諸定作人提出之招標文件，通常為投標人資格、程序及期間之規定、工作範圍（圖說）、施工規範等，其關於當事人資格、期間及其他相關之限制條件與處罰、工作範圍與施作方法等，具備契約條款內容之確定作用，應以要約[18]或將來契約之一部內容的性質視之。營建工程實務上，定作人所提出之

第74條、第75條第1項第1款、第2款，已經明文規定，招標公告後，若廠商對對招標文件規定或對招標文件規定之釋疑、後續說明、變更或補充有所異議，依該法規定之異議、申訴程序處理；而且，若廠商依照招標公告而提出投標，採購機關並無法隨意拒絕投標，必須依照招標文件所示條件，決標給最低標或最有利標之投標廠商。此與一般要約引誘之情形，原則上潛在的交易相對者對於要約引誘之內容，在民法上並無表示異議之權，且要約引誘人無必然要與某一提議訂約者締結契約之義務，有所不同，此亦為本院向來見解，即以**招標公告為要約引誘，廠商之投標為要約，而採購機關之決標，為承諾性質，且以決標時點意思合致為雙方契約成立時點**。準此，採購契約內容於決標時即已確定，而嗣後契約之簽訂僅係將投標須知及公告相關事項，另以書面形式為之，故簽約手續並非契約成立或生效要件，且雙方對締約內容並無任何磋商空間，自不能將形式上之簽約日期視為契約實際成立時點，而應以決標日為契約成立日。」

[17] 政府採購法第52條第3項：「決標時得不通知投標廠商到場，其結果應通知各投標廠商。」

[18] PECL

Section 2: Offer and Acceptance

Article 2:201: Offer

(1) A proposal amounts to an offer if:

(a) it is intended to result in a contract if the other party accepts it, and

(b) it contains sufficiently definite terms to form a contract.

歐洲契約法原則

招標文件中的投標須知、圖說及施工規範等，行政院工程採購契約範本第1條明文將招標文件作為工程契約內容[19]，以及作為契約內容發生不一致之解釋原則順序的依據之一[20]。由招標文件中之投標須知，其內容所載之投標人資格特定、相關之限制、行為之處罰，以及預算金額等觀之，非謂不具定作人欲使其發生一定之法律效果的意思表示。此外，該招標文件之投標須知，嗣後亦成為契約內容之一部。是招標文件之內容，具有權利義務發生之效果意思。

綜上，本文以為，該等由定作人所提出之招標文件，**業經領標人領取並以之作為投標文件基礎者，應認係定作人將來契約一部內容的預為提出**，要非不發生法律效果之要約引誘的意思通知。此參諸前述行政院之工程採購契約範本第1條，比較觀點之國際諮詢工程師聯合會FIDIC標準契約條款2017 Red Book第1.1.10條、德國建築工程採購與契約規範之一般契約規範部分VOB/B第1條等之契約約款內容，以及中華人民共和國招標投標法第19條、中華人民共和國招標投標法實施條例第57條等規定明文，應可得知。

是在完整招標程序中，該招標文件之投標須知、圖說及施工規範等招標文件，應按各個不同階段之進行，賦予其各自不同的法律效果。前述定作人所提供之招標文件，在領標後締約前之階段程序，論其性質，應屬於定作人在契約締結前，所為之將來契約一部內容的預為提出。是基於程序安定，以及明確當事人程序上與契約上之權利義務，此類招標文件，應隨著招標程序之各個階段

第2節：要約和承諾

第2:201條：要約

(1)如果符合以下條件，建議即構成要約：

(a)如果另一方接受，則旨在達成契約，並且

(b)它包含足夠明確的條款以形成契約。

[19] 工程採購契約範本（112.11.15修正）第1條 契約文件及效力

（一）契約包括下列文件：1.招標文件及其變更或補充。2.投標文件及其變更或補充。3.決標文件及其變更或補充。4.契約本文、附件及其變更或補充。5.依契約所提出之履約文件或資料。

[20] 工程採購契約範本（112.11.15修正）第1條 契約文件及效力

（三）契約所含各種文件之內容如有不一致之處，除另有規定外，依下列原則處理：1.招標文件內之投標須知及契約條款優於招標文件內之其他文件所附記之條款。但附記之條款有特別聲明者，不在此限。2.招標文件之內容優於投標文件之內容。但投標文件之內容經機關審定優於招標文件之內容者，不在此限。招標文件如允許廠商於投標文件內特別聲明，並經機關於審標時接受者，以投標文件之內容為準。……

的進行，而異其法律性質，要不能一概論以不具法律效果之要約引誘。

第二項　招標文件之合理釋疑期間——誠實告知的具體化

　　準備締結契約當事人，於契約締結前，就訂約有重要關係之事項，對於他方之詢問，有誠實告知之義務，此觀民法第245條之1[21]規定，不難明瞭。

　　國內營建工程招標程序，定作人通常會在有效等標期間內，提供領標人對於招標文件提出疑義之機會。前述之領標人的疑義提出，與定作人對該提出疑義之解釋說明的期間，實務上多稱之為釋疑期間。而該釋疑期間之日數，則係以該次招標之等標期間為其日數計算之基礎。前述之等標期間，通常係指自政府採購公報所示之領標日起，至截止投標日止之期間，先予說明。

　　然此一招標文件之釋疑期間的日數，一般均多明文在投標須知內容。而投標須知係由定作人所預擬訂定，領標人多無置喙餘地。惟領標人之招標文件疑義的提出，與定作人對該提出疑義之解釋說明，對於領標人而言，不但關係投入金錢、時間、人力、設備等之成本計算，亦影響領標人是否參與該次招標之投標意願。如釋疑期間不足，極易造成領標人之倉促、不安，甚至因欠缺釋疑而無法正確計算，對於當事人之程序利益，難謂無足輕重。在定作人為重行招標情形，因重行招標之等標期更為縮短[22]，前述因釋疑期間不足，造成領標人之倉促、不安，甚至因欠缺釋疑而無法正確計算等情形，更甚明顯。職是，合理之釋疑期間係程序利益衡平之所不能或缺。

　　以下就有關定作人之招標文件釋疑期間之相關行政命令、營建工程實務慣用之投標須知範本、WTO政府採購協定（Agreement on Government Procurement），以及美國聯邦採購規則FAR（The Federal Acquisition Regulation,

---

[21] 民法第245條之1：「契約未成立時，當事人為準備或商議訂立契約而有左列情形之一者，對於非因過失而信契約能成立致受損害之他方當事人，負賠償責任：一、就訂約有重要關係之事項，對他方之詢問，惡意隱匿或為不實之說明者。二、知悉或持有他方之秘密，經他方明示應予保密，而因故意或重大過失洩漏之者。三、其他顯然違反誠實及信用方法者。前項損害賠償請求權，因二年間不行使而消滅。」

[22] 政府採購法施行細則第56條：「廢標後依原招標文件重行招標者，準用本法第四十八條第二項關於第二次招標之規定。」政府採購法第48條第2項：「第一次開標，因未滿三家而流標者，第二次招標之等標期間得予縮短，並得不受前項三家廠商之限制。」

FAR）之釋疑期間約款等，分別說明之。

第一款　行政命令

　　有關工程承攬招標之釋疑期間，政府採購法施行細則以及招標期限標準等二者，均有其相關之明文。另，前述之政府採購法施行細則以及招標期限標準，均屬機關發布之命令[23]，合先敘明。

一、政府採購法施行細則

　　在適用政府採購法情形，當事人所簽訂工程承攬契約，係以行政院公共工程委員會所頒布製作之工程採購契約範本，作爲工程契約製作之基礎。然此一工程採購契約範本，係以政府採購法及其施行細則，作爲其契約整體設計之依據與基礎。機關辦理工程招標之投標須知，除個案之特別需求的另加條件外，亦係以政府採購法及其施行細則作爲其該投標須知內容製作的依據。是對於營建工程實務，政府採購法施行細則是重要且常用的機關命令之一。

　　按政府採購法施行細則有關釋疑之規定，於採公開招標程序者，領標人得請求定作人釋疑之期限，通常爲等標期間日數的四分之一，而定作人最後釋疑之次日起算至截止投標日或資格審查截止收件日之日數，一般在原等標期間日數之四分之一[24]。

　　舉例而言，如定作人於113年1月1日上午8點開放領標，規定在同年1月12日下午6點截止投標，則該次招標程序之有效等標期間爲12個日曆天。按前開政府採購法施行細則之規定，則領標人請求定作人釋疑的提出期間爲1月1日至1月3日，超過此一期間之釋疑請求提出，定作人得不予受理。而定作人之最後釋疑日，依最後釋疑之次日起算至截止投標日或資格審查截止收件日之日數，

---

[23] 中央法規標準法第3條：「各機關發布之命令，得依其性質，稱規程、規則、細則、辦法、綱要、標準或準則。」

[24] 政府採購法施行細則第43條：「機關於招標文件規定廠商得請求釋疑之期限，至少應有等標期之四分之一；其不足一日者以一日計。選擇性招標預先辦理資格審查文件者，自公告日起至截止收件日止之請求釋疑期限，亦同。廠商請求釋疑逾越招標文件規定期限者，機關得不予受理，並以書面通知廠商。機關最後釋疑之次日起算至截止投標日或資格審查截止收件日之日數，不得少於原等標期之四分之一，其未滿一日者以一日計；前述日數有不足者，截止日至少應延後至補足不足之日數。」

不得少於原等標期之四分之一的規定，則爲1月9日。

二、招標期限標準

　　行政院公共工程委員會於中華民國88年4月26日，以行政院公共工程委員會（88）工程企字第8805500號令發布招標期限標準，並經中華民國91年5月8日行政院公共工程委員會（91）工程企字第91017694號令修正、中華民國98年8月31日工程企字第09800380570號令修正。前述招標期限標準，營建工程承攬實務上多從之，合先敘明。

　　前述招標期限標準，係依政府採購法第28條規定訂定之[25]。該招標期限標準明文規定機關辦理**公開招標**，其公告自刊登政府採購公報日起至截止投標日止之等標期，應視案件性質與廠商準備及遞送投標文件所需時間合理訂定之。而等標期，除本標準或我國締結之條約或協定另有規定者外，不得少於下列期限：（一）未達公告金額之採購：七日；（二）公告金額以上未達查核金額之採購：14日；（三）查核金額以上未達巨額之採購：21日；（四）巨額之採購：28日[26]。若係辦理**選擇性招標**者，該次選擇性招標之等標期，除本標準或我國締結之條約或協定另有規定者外，不得少於下列期限：（一）未達公告金額之採購：七日；（二）公告金額以上未達巨額之採購：10日；（三）巨額之採購：14日[27]。

---

[25] 招標期限標準第1條：「本標準依政府採購法（以下簡稱本法）第二十八條規定訂定之。」

[26] 招標期限標準第2條：「機關辦理公開招標，其公告自刊登政府採購公報日起至截止投標日止之等標期，應視案件性質與廠商準備及遞送投標文件所需時間合理訂定之。前項等標期，除本標準或我國締結之條約或協定另有規定者外，不得少於下列期限：一、未達公告金額之採購：七日。二、公告金額以上未達查核金額之採購：十四日。三、查核金額以上未達巨額之採購：二十一日。四、巨額之採購：二十八日。依本法第四十二條第二項規定辦理後續階段之邀標，其等標期由機關視需要合理訂定之。但不得少於七日。」

[27] 招標期限標準第3條：「機關辦理選擇性招標之廠商資格預先審查，其公告自刊登政府採購公報日起至截止收件日止之等標期，應視案件性質與廠商準備及遞送資格文件所需時間合理訂定之。前項等標期，除本標準或我國締結之條約或協定另有規定者外，不得少於下列期限：一、未達公告金額之採購：七日。二、公告金額以上未達巨額之採購：十日。三、巨額之採購：十四日。機關邀請第一項符合資格之廠商投標，其自邀標日起至截止投標日止之等標期，準用前條第二項規定。」

第二款　投標須知範本

　　機關辦理工程招標之投標須知，除個案之特別需求的另加條件外，亦係以政府採購法及其施行細則作為其該投標須知內容製作的依據。在營建工程承攬實務，於當事人適用政府採購法情形，則該次招標文件之一的投標須知，須以行政院公共工程委員會頒布之投標須知範本為製作依據。即便該次工程承攬不在政府採購法適用之列，該定作人所預擬之投標須知條款，亦多以前述投標須知範本為製作之參考或比照採用，合先敘明。

　　前述投標須知範本第20點，即明文廠商對招標文件內容有疑義者，應以書面向招標機關請求釋疑之期限，自公告日或邀標日起等標期之四分之一，其尾數不足一日者，以一日計[28]。另有關定作人回覆投標人提出之疑義，投標須知範本第21點，明文定作人之釋疑答覆需以書面方式作成，並依政府採購法施行細則第43條第3項規定[29]，作為釋疑答覆之期限。

第三款　WTO政府採購協定

　　除以上國內關於招標文件之釋疑期間，WTO政府採購協定在其第12條招標文件，第3項各機關提供招標文件之條款內容[30]，有關於招標文件釋疑之明

---

[28] 投標須知範本（112.6.30版）二十、廠商對招標文件內容有疑義者，應以書面向招標機關請求釋疑之期限：自公告日或邀標日起等標期之四分之一，其尾數不足1日者，以1日計。

[29] 投標須知範本（112.6.30版）二十一、機關以書面答復前條請求釋疑廠商之期限：依採購法施行細則第43條第3項規定。（機關最後釋疑之次日起算至截止投標日或資格審查截止收件日之日數，不得少於原等標期之四分之一，其未滿1日者以1日計；前述日數有不足者，截止日至少應延後至補足不足之日數）。

[30] Agreement on Government Procurement

Article XII

Tender Documentation

Forwarding of Tender Documentation by the Entities

(a) In open procedures, entities shall forward the tender documentation at the request of any supplier participating in the procedure, and shall reply promptly to any reasonable request for explanations relating thereto.

(b) In selective procedures, entities shall forward the tender documentation at the request of any supplier requesting to participate, and shall reply promptly to any reasonable request for

文。

　　觀諸前述WTO政府採購協定第12條第3項內容，明文於公開招標程序或選擇性招標程序中，各招標機關應依參與此一程序之所有供應商之要求，對其提供招標文件，並應對其就與招標文件有關且合理之要求說明事項，迅速予以答覆，以及參加招標程序之供應商合理要求相關資料時，該招標機關應予迅速答覆。可知在適用WTO政府採購協定情形，無論係採何種招標程序，招標機關均有對任何參與該程序之廠商提供招標文件，及就與招標文件有關且合理要求之事項為說明之義務。其中對於說明，並應迅速予以答覆。換言之，**在有效等標期間內之任一時點**，參與程序之廠商**均得為招標文件釋疑的提出**，且招標機關需對於該提出部分為迅速之釋疑。

第四款　美國聯邦採購規則FAR

　　有關招標文件之釋疑，參諸美國聯邦採購規則FAR第52.214-6條對潛在投標者的解釋，即明文任何潛在投標人如需對招標、圖說、規格等進行解釋或說明，必須儘快以書面形式提出要求，以便所有潛在投標人在提交投標書之前都能得到答覆[31]。

---

explanations relating thereto.

(c) Entities shall reply promptly to any reasonable request for relevant information submitted by a supplier participating in the tendering procedure, on condition that such information does not give that supplier an advantage over its competitors in the procedure for the award of the contract.

第12條 招標文件

各機關提供招標文件

(a) 於公開招標程序中，各機關應依參與此一程序之所有供應商之要求，對其提供招標文件，並應對其就與招標文件有關且合理之要求說明事項，迅速予以答覆。

(b) 於選擇性招標程序中，各機關應對所有申請參加投標之供應商，提供招標文件，並應對其就與招標文件有關且合理之要求說明事項，迅速予以答覆。

(c) 參加招標程序之供應商合理要求相關資料時，機關應迅速答覆，但以該項資料不致使該供應商於決標程序取得較其他競標者更有利之地位者為限。

[31] FAR

§ 52.214-6 Explanation to Prospective Bidders

As prescribed in 14.201-6(c)(2), insert the following provision:

Explanation to Prospective Bidders (Apr 1984)

　　前述美國聯邦採購規則FAR第52.214-6條對潛在投標者的解釋明文，雖未明確指出定作人之釋疑期間，惟依任何潛在投標人如需對招標、圖說、規格等進行解釋或說明，必須儘快以書面形式提出要求，以便所有潛在投標人在提交投標書之前都能得到答覆的意旨，應可解爲在有效等標期間內，投標人均得爲釋疑之提出，且定作人在該期間內需對投標人之提出爲釋疑。前述情形，在定作人決標前以口頭的解釋或指示，則不具約束力。

第五款　本文觀點

　　本文以爲，前述政府採購法施行細則與投標須知範本，其二者所規定之釋疑期間似嫌過短。釋疑期間之不足，極易造成該未經正確釋疑之領標人，在倉促、不安或投機之情形下，逕爲投標。或者，甚至因欠缺釋疑而無法正確爲金錢、時間、人力、設備等之成本計算，影響領標人是否參與該次招標之投標意願。此對於定作人在正當程序所期待之合理利益，亦會因此受影響。例如，謹慎廠商參與的減少是。而不論係領標人的倉促投標，或係參與投標廠商數量的減少，對於當事人程序利益的期待與保護，均有不足。

　　營建工程招標之程序開啓者，在其創作規劃程序利益之同時，亦難免製造程序上之危險。在危險合理分配之原則下，**程序開啓者應合理地避免其危險的**

Any prospective bidder desiring an explanation or interpretation of the solicitation, drawings, specifications, etc., must request it in writing soon enough to allow a reply to reach all prospective bidders before the submission of their bids. Oral explanations or instructions given before the award of a contract will not be binding. Any information given a prospective bidder concerning a solicitation will be furnished promptly to all other prospective bidders as an amendment to the solicitation, if that information is necessary in submitting bids or if the lack of it would be prejudicial to other prospective bidders.

第52.214-6條 對潛在投標者的解釋

根據14.201-6(c)(2)的規定，插入以下條款：

對潛在投標者的解釋（1984年4月）

任何潛在投標人如需對招標、圖說、規格等進行解釋或說明，必須儘快以書面形式提出要求，以便所有潛在投標人在提交投標書之前都能得到答覆。決標前的口頭解釋或指示不具約束力。如果某潛在投標人獲得的任何有關招標的資訊對其投標是必要的，或如果缺乏該資訊會對其他潛在投標人造成損害，則該潛在投標人應被立即獲得該資訊，作爲對招標的修正。

發生，以保護當事人程序上之利益。例如，在有效等標期間內，提供合理的釋疑期間是。

下述以臺北市松山區西松國民小學學生活動中心新建工程（該工程標案案號1120101C0001）[32]為例，該新建案預算金額為新臺幣2,062,984,356元，原公告日為112年11月1日，截止投標日為112年12月12日10時，開標時間為112年12月12日14時，履約期限為1,200個日曆天。

一、釋疑請求之提出期間

本件臺北市松山區西松國民小學學生活動中心新建工程，預算金額為新臺幣20億6,200萬餘元，屬於巨額採購，採公開招標。按前述招標期限標準第2條第2項第4款明文，巨額採購之等標日應為28日，本件等標期間為41日，符合前述招標期限標準之規定。另按前述政府採購法施行細則第43條有關釋疑之規定，於採公開招標程序者，領標人得請求定作人釋疑之期限，通常為等標期間日數的四分之一。今假設本件定作人於112年11月2日上午8時開放領標，規定在同年12月12日上午10時截止投標，則該次招標程序之有效等標期間為12個日曆天[33]。按前開政府採購法施行細則與投標須知範本之規定，則領標人釋疑請求的提出期間為11月2日至11月13日，超過此一期間所提出之釋疑請求，定作人得不予受理。今如領標人係於11月2日上午8時立即領標，距離釋疑提出截止期日不過12個日曆天。在如此短暫期間，令領標人仔細閱讀預算金額為新臺幣20億6,200萬餘元，履約期限為1,200個日曆天之巨額採購的全部招標文件內容、發現疑義並為提出者，恐難以期待。畢竟，新臺幣20億6,200萬餘元，且履約期限為1,200個日曆天之建築物新建工程，其圖說內容的錯綜與複雜性，以及工作的繁瑣與數量之多，不難想像。是本件領標人需於10個日曆天期間

---

[32] 參閱政府採購網，https://web.pcc.gov.tw/（最後瀏覽日期：2023年12月1日）。

[33] 招標期限標準第11條：「本標準所定等標期或截止收件期限，其敘明自公告日或邀標日起算者，應將公告或邀標之當日算入。前項等標期或截止收件期限，招標文件規定之截止投標日或截止收件日，以當日下班時間為其截止投標或收件時間者，始算一日；未達下班時間者，該日不算入。截止投標日或截止收件日為星期例假日、國定假日或其他休息日者，以其休息日之次日代之。截止投標日或截止收件日為辦公日，而該日因故停止辦公致未達原定截止投標或收件時間者，以其次一辦公日之同一截止投標或收件時間代之。休息日在期間中而非末日者，算一日。」

內，發見疑義並為釋疑請求的提出，實不具合理期間之期待。對於領標人程序請求權行使期間的限制，未免過苛，難謂符合領標人程序上之期間利益。

該次招標之工作契約預算金額，係在巨額採購金額以上者，具有較長之等標期間，然其釋疑請求期間仍嫌不足。在選擇性招標情形，依招標期限標準第3條之明文，有14日之等標期。按政府採購法施行細則規定，領標人之釋疑請求提出期間為四日。要之，對於如此龐大且複雜之營造建築工程，僅給予公開招標之領標人七日之釋疑請求提出期間，選擇性招標之領標人四日之釋疑請求提出期間，仍難謂充裕。

本文以為，有關釋疑請求之提出期間，實無須以前述法規命令之廠商得請求釋疑之期限，至少應有等標期之四分之一的規定為限制。如立法者對於領標廠商請求釋疑之期間，仍有受到限制的必要，或應以該次公告等標期間的二分之一或三分之一的日數，作為提出期間，似較妥適。換言之，領標人對招標文件內容有疑義者，得於自招標公告日或邀標日起，至截止投標日之有效等標期間之二分之一或三分之一的日數內為釋疑請求之提出。如此期間，對於領標人之程序參與利益，較為合理。蓋具備充足之釋疑發見與提出期間，始能令領標人避免倉促、錯誤或不安，對於領標人程序利益的保護，或較周全。

二、最後釋疑日之期限

同前述例，定作人之最後釋疑日，按前述政府採購法施行細則第43條有關釋疑之規定，依最後釋疑之次日起算至截止投標日或資格審查截止收件日之日數，不得少於原等標期之四分之一的規定，則為11月30日。如若定作人在11月30日作出回覆，雖該釋疑回覆並未違反規定，然而，對於領標人而言，其仍有11個日曆天，可為投標文件內容的製作，惟於此一截標日前之11個日曆天的等標期間，如有需要釋疑之情形，則該領標人顯然陷於釋疑上之探知障礙。前述之釋疑期間日數，對於領標人之投標文件製作的完整性、成本計算的精確，以及參與投標之猶豫期，實難謂已然充裕。在該次招標適用前述招標期限標準、政府採購法施行細則與投標須知範本情形，其釋疑期間之不足，清楚可見。

有關定作人之釋疑回覆的最後釋疑日，本文之見，其期限應毋庸以最後釋疑之次日起算，至截止投標日或資格審查截止收件日之日數，不得少於原等標期之四分之一等法規命令，作為定作人之釋疑回覆的期間限制。蓋**招標文件係由定作人所預擬製作**，在領標人之招標文件釋疑請求提出時，定作人對該需解

釋之疑義部分，應相當熟悉而不陌生。質言之，**定作人之釋疑回覆，並無造成定作人費時之慮，或經濟上的負擔**。然在定作人已經為釋疑請求之回覆後，領標人仍需相當時間為投標文件之製作，以及程序參與決定的深思。是合理之釋疑回覆的最後釋疑日，意味著充裕的投標文件製作期間，以及提供程序參與決定的熟慮機會。

　　本文以為，在程序當事人探知利益保護的前提下，領標人有釋疑提出之權利，定作人有釋疑回覆的義務，實無限制該釋疑之提出與回覆期間的必要。如若仍有限制之必要，在有效等標期間之計算基礎，仍應給予合理之釋疑請求提出期間及最後釋疑期日，始能提供領標人充裕的投標文件製作期間，以及提供其程序參與決定的熟慮機會。如此，除能保護領標人之程序利益、定作人擇優利己的期待，以及提供所有程序參與者公平競爭的機會外，對於因未完足釋疑而造成之紛爭，亦有消弭及防免的作用。蓋釋疑提出期間或回覆期間的不足，**無異剝奪程序參與人締約前置程序上之利益，甚至是製造倉促投標，以及當事人僥倖或投機的危險**。前述行政命令與投標須知規範，以不同之招標方式作為區分，並限制參與程序之廠商，僅得在等標期間之特定期間內，為招標文件釋疑的提出，以及定作人僅需在等標期間之特定期間內，始為釋疑回覆之規定，難謂妥適。相對於此，觀諸前述WTO政府採購協定與美國聯邦採購規則FAR，其無論係採何種招標程序，招標機關均有對任何參與該程序之廠商提供招標文件，並就與招標文件有關且合理要求之事項為說明，且應迅速予以答覆的規定，似較公平合理，且符合程序當事人之正當期待。

　　綜上，基於投標人程序上探知利益的保護，以及定作人開啟程序之擇優利己的目的實現，在營建工程承攬招標，定作人無論係採何種招標程序，其均應對任何參與該程序之廠商提供完整內容之招標文件，並就與招標文件有關且合理要求之事項為完整的說明，且應迅速予以答覆，而毋庸一再墨守行政命令之招標期限標準或投標須知範本等之規定，以一定比例之期間為探知之提出與釋疑的限制。

第三項　程序當事人之誠實告知義務與違反之效果

　　契約，通常藉由當事人之要約與承諾而成立[34]，亦可因當事人之要約交錯

---

[34] 最高法院94年度台上字第824號民事判決：「惟按當事人互相表示意思一致者，契約

而成立契約[35]。是要約人之要約，係為契約成立的必要行為之一。因此，要約人要約內容之誠實告知，以及相對人對於要約內容真實的信賴，均應在締約前置程序利益的涵攝範圍。

如要約人未能誠實告知，恐造成善意信賴要約之他方利益的損害，例如因此未能締結契約，或締結不利益之契約[36]是。觀諸國內營建工程承攬實務，程序上之誠實告知義務，以及其違反效果之負擔，似多偏重於承攬要約人即投標人一方，特別在適用政府採購法情形，尤甚明顯[37]。前述實務上之陋習，造成當事人程序上責任的失衡。是以下就程序當事人之誠實告知義務，與誠實告知義務違反之效果等議題，分述說明之。

第一款　程序當事人之誠實告知義務

觀諸國內工程承攬實務，當事人可經由招標程序，或非招標之簡易程序為工程契約的締結。然無論係招標程序或非招標之簡易程序，其均為因當事人之要約與承諾而成立契約。

要約人為要約行為之本意，國內通說認係為喚起要約相對人對該要約為承諾，而當事人之目的則為契約的締結，前已述及。對於要約成立之要件，國內學者有謂：「要約之成立，須具備之要件如下：(1)須由特定人為之；(2)須向相對人為之；(3)須足以決定契約之內容[38]。」可知要約成立的要件之一，係該

始能成立。是以契約當事人之一方有數人時，除可分之情形外，其要約或承諾之意思表示，應向全體或由全體為之，方能謂對全體當事人發生效力。」

[35] 最高法院105年度台上字第1526號民事判決：「而契約，須當事人互相表示意思一致（一方為要約，他方承諾或雙方同時為內容完全一致之要約即要約交錯）或意思實現，始得成立。」

[36] 林更盛、黃正光，工程承攬契約中的異常地質狀態——評最高法院108年度台上字第1479號民事判決，月旦實務選評，第3卷第1期，2023年1月，頁115至123。

[37] 政府採購法第31條第2項：「廠商有下列情形之一者，其所繳納之押標金，不予發還；其未依招標文件規定繳納或已發還者，並予追繳：一、以虛偽不實之文件投標。二、借用他人名義或證件投標，或容許他人借用本人名義或證件參加投標。三、冒用他人名義或證件投標。四、得標後拒不簽約。五、得標後未於規定期限內，繳足保證金或提供擔保。六、對採購有關人員行求、期約或交付不正利益。七、其他經主管機關認定有影響採購公正之違反法令行為。」參諸前述政府採購法，僅規定投標人或承攬人不誠實之效果，似未見定作人違反誠實義務的相關明文。

[38] 鄭玉波著，陳榮隆修訂，民法債編總論，三民，2010年3月，修訂二版，頁54。

要約須足以決定（或確定）契約之內容。司法實務見解認為，要約係以訂立契約為目的之須受領的意思表示，且其內容需確定或可得確定而包括契約必要之點，得因相對人之承諾而成立契約[39]。

除前述學者觀點與司法實務見解外，另參閱聯合國國際商品買賣公約第14條第1項規定[40]，亦可知要約成立的要件之一，係要約須足以決定（或確定）契約之內容。

綜上，要約成立的要件之一，係該要約須足以決定或確定契約之內容。此一決定或確定契約之要約內容，通常可認為係**該次契約締結之基礎**。是該契約締結基礎內容之提出人即要約人，關於其所提出之要約內容，應認其對於該要約之相對人，**有誠實告知的義務**。要之，即便在程序階段預為將來契約內容的一部提出，對於該預為提出之內容，提出人仍須為誠實告知。

第二款　工程實務上違反誠實告知義務之效果

就完整的營建工程承攬招標程序言，定作人與投標人皆為契約締結準備之人，是在契約締結前，其二者均有誠實告知的義務。

在開啟程序之定作人部分，因其所提出之招標文件，嗣均成為契約內容之一部，對於該預為提出之將來契約內容之一部，如屬於締約基礎者，定作人仍有締約前之誠實告知義務，始能避免投標人對於締約基礎的誤判，以致影響當事人合理利益之期待。

至於工程契約之要約人即投標人部分，於通常情形，其於締約前之誠實告知的內容，應僅係在於有關投標人參與程序地位適格的提出。

---

[39] 最高法院109年度台上字第2957號民事判決。

[40] United Nations Convention on Contracts for the International Sale of Goods (Vienna, 1980) (CISG)

Article 14

(1) A proposal for concluding a contract addressed to one or more specific persons constitutes an offer if it is sufficiently definite and indicates the intention of the offeror to be bound in case of acceptance. A proposal is sufficiently definite if it indicates the goods and expressly or implicitly fixes or makes provision for determining the quantity and the price. United Nations Convention on Contracts for the International Sale of Goods. https://uncitral.un.org/en/texts/salegoods/.

　　惟無論該次工程承攬係經由何種招標程序而成立，定作人與投標人，其各自均有於預約或本約成立前之告知事項，且其違反誠實告知義務之效果，亦應有所不同。以下就開啓程序之定作人與參與程序之投標人，其二者違反締約前誠實告知義務之效果，分別述之。

一、定作人違反告知義務之效果

　　於開放領標時，定作人所提出之招標文件，即爲將來契約內容之一部的預爲提出，前已述及。其中除定作人預擬之聲明書、切結書、連帶保證書與權利拋棄書等外，有關於投標須知、設計或施工圖說、標的座落之地質現況、施工方法與規範、材料之品項與數量及施工限制等資料，均可謂係投標人之資質適格與否、成本投入、資金流用、人員調度、工期計算與利益期待的依據。定作人是否誠實提供正確之內容，對於他方當事人之程序上及契約上之成本與利益的變動，以及其是否參與該次競爭之選擇，具直接影響性。例如，定作人提出之設計圖說、施工方法、地質探勘結果報告，與現況說明書等資料的完整及正確性，即爲適例。

　　換言之，對於營建工程承攬，該定作人提出之設計圖說、施工方法及地質探勘結果報告與現況說明書，屬於領標人之參與投標的評估，以及投標人之施工計畫書的製作、施工方法及施作機具廠商選擇、材料種類及成本計算、施工期間與風險管理等之依據。

　　營建工程實務上，在定作人違反締約前誠實告知情形，一般常見於現場地質狀況資料之不確實、消極不告知，或有意的隱匿[41]。亦有對於工程項目內容之缺漏，爲消極不告知，或有意的隱匿等情形[42]。

　　然觀諸國內工程承攬實務，定作人違反締約前誠實告知義務的效果，似乎大多僅爲嗣後之契約內容的改動。例如，在締約後開始工作前，或於履約期間發現現場地質與圖說不符，或有工程漏項等情形，當事人僅爲圖說或施工法的

---

[41] 有關標的座落之地質現況的問題，請參閱林更盛、黃正光，工程承攬契約中的異常地質狀態──評最高法院108年度台上字第1479號民事判決，月旦實務選評，第3卷第1期，2023年1月，頁115至123。

[42] 關於工程項目缺漏之問題，請參閱林更盛、黃正光，論營建工程承攬契約之「漏項」的相關問題──評最高法院106年度台上字第964號民事判決，全國律師，第25卷第10期，2021年10月，頁74至83。

變更設計、報酬數額追加減[43]，或施工期間展延[44]。換言之，在定作人違反締約前誠實告知義務之情形，通常並無相關罰則，顯示於招標文件或契約內容，僅為嗣後契約內容的調整事項之一。

二、承攬要約人違反告知義務之效果

承攬要約人，其在締約前之告知事項，通常並不因該次工程契約是否經由招標程序訂立，而有所差異。

就承攬要約人，其所製作之承攬要約文件內容的提供，有關於投標人之當事人資質的相關文件或書證資料，係為重要之誠實告知的事項。蓋若提供該等資料之投標人，提供不實之資質文件或書證資料，或提出之訊息不正確者，不但對於承攬要約之相對人即定作人，因該承攬要約之不實訊息，造成判斷上之

---

[43] 工程採購契約範本（112.11.15修正）第4條 契約價金之調整

（八）契約履約期間，有下列情形之一（且非可歸責於廠商），致增加廠商履約成本者，廠商為完成契約標的所需增加之必要費用，由機關負擔。但屬第13條第7款情形、廠商逾期履約，或發生保險契約承保範圍之事故所致損失（害）之自負額部分，由廠商負擔：1.戰爭、封鎖、革命、叛亂、內亂、暴動或動員。2.民眾非理性之聚眾抗爭。3.核子反應、核子輻射或放射性污染。4.善盡管理責任之廠商不可預見且無法合理防範之自然力作用（例如但不限於山崩、地震、海嘯等）。5.機關要求全部或部分暫停執行（停工）。6.機關提供之地質鑽探或地質資料，與實際情形有重大差異。7.因機關使用或佔用本工程任何部分，但契約另有規定者不在此限。8.其他可歸責於機關之情形。

[44] 工程採購契約範本（112.11.15修正）第7條 履約期限

（三）工程延期：1.履約期限內，有下列情形之一（且非可歸責於廠商），致影響進度網圖要徑作業之進行，而需展延工期者，廠商應於事故發生或消滅後__日內（由機關於招標時載明；未載明者，為7日）通知機關，並於__日內（由機關於招標時載明；未載明者，為45日）檢具事證，以書面向機關申請展延工期。機關得審酌其情形後，以書面同意延長履約期限，不計算逾期違約金。其事由未逾半日者，以半日計；逾半日未達1日者，以1日計。(1)發生第17條第5款不可抗力或不可歸責契約當事人之事故。(2)因天候影響無法施工。(3)機關要求全部或部分停工。(4)因辦理變更設計或增加工程數量或項目。(5)機關應辦事項未及時辦妥。(6)由機關自辦或機關之其他廠商之延誤而影響履約進度者。(7)機關提供之地質鑽探或地質資料，與實際情形有重大差異。(8)因傳染病或政府之行為，致發生不可預見之人員或貨物之短缺。(9)因機關使用或佔用本工程任何部分，但契約另有規定者，不在此限。(10)其他非可歸責於廠商之情形，經機關認定者。

錯誤，除侵害其他承攬要約人之締約期待利益外，亦損害定作人可得有利於己之締約利益的期待。

　　然於承攬要約人違反誠實告知之情形，通常爲積極地虛僞其適格地位，或以錯誤之相關文件資料的提出。前者如借用或冒用他人名義或證件投標，後者爲投標、定約或履約文件的不確實。在當事人適用政府採購法之情形，承攬要約人違反誠實告知之效果，除定作人得沒收押標金[45]、不予開標或決標[46]、終止或解除契約、損害賠償請求[47]外，更需負擔刑事責任[48]及行政上之不利益[49]。

第三款　本文觀點

　　誠實信用原則（good faith），係一開放性原則。在誠實信用原則之基礎上，發展出許多適用之相關（子）原則。例如，權利濫用禁止原則、締約過失

---

[45] 政府採購法第31條第2項：「廠商有下列情形之一者，其所繳納之押標金，不予發還；其未依招標文件規定繳納或已發還者，並予追繳：一、以虛僞不實之文件投標。二、借用他人名義或證件投標，或容許他人借用本人名義或證件參加投標。三、冒用他人名義或證件投標。……」

[46] 政府採購法第50條第1項：「投標廠商有下列情形之一，經機關於開標前發現者，其所投之標應不予開標；於開標後發現者，應不決標予該廠商：一、未依招標文件之規定投標。二、投標文件內容不符合招標文件之規定。三、借用或冒用他人名義或證件投標。四、以不實之文件投標。五、不同投標廠商間之投標文件內容有重大異常關聯。六、第一百零三條第一項不得參加投標或作爲決標對象之情形。七、其他影響採購公正之違反法令行爲。」

[47] 政府採購法第50條第2項：「決標或簽約後發現得標廠商於決標前有第一項情形者，應撤銷決標、終止契約或解除契約，並得追償損失。但撤銷決標、終止契約或解除契約反不符公共利益，並經上級機關核准者，不在此限。」

[48] 政府採購法第87條第3項：「以詐術或其他非法之方法，使廠商無法投標或開標發生不正確結果者，處五年以下有期徒刑，得併科新臺幣一百萬元以下罰金。」第5項：「意圖影響採購結果或獲取不當利益，而借用他人名義或證件投標者，處三年以下有期徒刑，得併科新臺幣一百萬元以下罰金。容許他人借用本人名義或證件參加投標者，亦同。」

[49] 政府採購法第101條第1項：「機關辦理採購，發現廠商有下列情形之一，應將其事實、理由及依第一百零三條第一項所定期間通知廠商，並附記如未提出異議者，將刊登政府採購公報：一、容許他人借用本人名義或證件參加投標者。二、借用或冒用他人名義或證件投標者。……四、以虛僞不實之文件投標、訂約或履約，情節重大者。……」

責任、情事變更原則、從給付義務與附隨義務等是。學者認爲，民法第245條之1規定，使誠實信用原則，由行使權利及履行義務的方法進而作爲發生先契約義務（說明、保密）的依據[50]。

本文以爲，民法第245條之1第1項規定，所謂契約未成立時，除解釋爲「本約」未成立，亦應包括「預約」未成立情形。蓋預約亦係經當事人合意之契約，無由將其排除在保護範圍之外。當事人之惡意隱匿，或爲不實說明等行爲之禁止，藉由同條項第1款之規定，已經可認係在誠信原則之解釋下，當事人在契約未成立前，對於接觸之他方保護責任成立的明文。前述規定，應無僅限於本約之未成立情形始得適用。

再者，觀諸民法第245條之1的立法理由，立法者所謂當事人爲訂立契約而進行準備或商議，即已建立特殊信賴關係，如一方未誠實提供資訊、嚴重違反保密義務或違反進行締約時應遵守之誠信原則，致他方受損害，既非侵權行爲，亦非債務不履行之範疇，原法對此未設有賠償責任之規定，有失周延等語[51]，亦可知立法者之立法本意，係認當事人於該系爭契約締結前，即有誠實提供資訊之義務。蓋當事人爲訂立契約而進行準備或商議時，即已經建立彼此間之特殊信賴關係。準此，在契約締結前之準備階段，參與之當事人均應遵守誠實信用原則。亦即，當事人就契約之訂定與締結，有重要關係之事項，對於他方當事人之詢問，不得爲惡意隱匿、消極之不告知或不實的說明。

又本文以爲，所謂「不得爲惡意隱匿，或爲不實之說明」者，不應僅限於他方當事人有詢問之情形。當事人一方對於其之要約內容，只要與該次締約條件或契約目的有關者，即具有積極自主提供說明之必要。且對於在該次要約內容已經提出說明部分，則須擔保該部分之眞實性。亦即，當事人對於該次締約基礎與契約目的有關事項，有積極自主告知該事項資訊之義務，及對於其所提供資訊之眞實性確保的義務。而非僅限於消極之「對於他方當事人之詢問，不得爲惡意隱匿，或爲不實之說明」。蓋對於要約相對人而言，該要約人之要約

---

[50] 王澤鑑，債法原理，三民，2006年9月，再版，頁268以下。
[51] 民法第245條之1立法理由：「一、當事人爲訂立契約而進行準備或商議，即已建立特殊信賴關係，如一方未誠實提供資訊、嚴重違反保密義務或違反進行締約時應遵守之誠信原則，致他方受損害，既非侵權行爲，亦非債務不履行之範疇，原法對此未設有賠償責任之規定，有失周延，爰增訂第一項。二、爲早日確定權利之狀態，而維持社會之秩序，明定『前項損害賠償請求權，因二年間不行使而消滅。』」

內容，有須提供說明之部分，或已經提供說明於該次要約內容者，均係要約相對人為承諾與否之判斷基礎，及嗣後契約利益考量之依據。

　　另觀諸美國AIA Document A201–2017 General Conditions of the Contract for Construction建築契約之通用條款第2.3.4條，即指出業主應提供調查報告，說明項目地點的自然特徵、法律限制和公用設施位置，並提供法律說明[52]。另在其第2.3.5條，則明文業主應根據契約文件要求，合理及時地提供資訊或服務。定作人還應在收到承包商關於提供資訊或服務的書面請求後，合理及時地提供在業主控制下與承包商履行工程相關的任何其他資訊或服務[53]。是在適用美國AIA Document A201–2017 General Conditions of the Contract for Construction建築契約之通用條款情形，業主即定作人，有及時合理提供任何與工作有關之資訊的義務。而其中所謂契約文件要求者，應包括與契約締結有關之任何文件及資訊。

　　於營建工程承攬，定作人在締約前所提供的資料，絕大部分為與該次契約

---

[52] AIA Document A201–2017 General Conditions of the Contract for Construction § 2.3.4

The Owner shall furnish surveys describing physical characteristics, legal limitations and utility locations for the site of the Project, and a legal description of the site. The Contractor shall be entitled to rely on the accuracy of information furnished by the Owner but shall exercise proper precautions relating to the safe performance of the Work.

第2.3.4條

業主應提供調查報告，說明專案地點的自然特徵、法律限制和公用設施位置，並提供法律說明。承包商應有權依賴業主提供的資訊的準確性，但應採取與安全施工有關的適當預防措施。

[53] AIA Document A201–2017 General Conditions of the Contract for Construction § 2.3.5

The Owner shall furnish information or services required of the Owner by the Contract Documents with reasonable promptness. The Owner shall also furnish any other information or services under the Owner's control and relevant to the Contractor's performance of the Work with reasonable promptness after receiving the Contractor's written request for such information or services.

第2.3.5條

業主應根據契約文件要求，合理及時地提供所需的資訊或服務。業主還應在收到承包商關於提供資訊或服務的書面請求後，合理及時地提供業主控制下且與承包商履行工程相關的任何其他資訊或服務。

締結有關之條件資料，而此類條件資料，係投標人所爲信賴和計算之依據。此外，該等締約條件之相關資料，嗣亦成爲契約內容之一部。舉例而言，在國內營建工程實務常見者，乃於締約後，發生工作所在基地之現況，無法依定作人提出之圖說或施工方法爲施作，或是與圖說標示之數量不符情形。當事人因此而爭執者，定作人多主張承攬人係專業廠商，於投標時自可判斷，故承攬人具有過失[54]，以之作爲抗辯之理由。然國內營建工程實務，在招標程序之有效等標期間經過前，定作人幾乎未給予領標人進入工作所在基地現況探勘的權利。且基地現況之實際探勘，並非領標人之專業範圍，除須一定之時間耗費外，亦所費不貲。再者，預擬投標文件之定作人，對於工作所在基地之現況，具有認識上之優勢，亦係具避免危險與控制能力之一方，領標人對其之信賴，實屬自然。是以領標人之專業爲由，作爲要約內容一部之消極不告知或訊息錯誤風險之轉嫁者，實不符程序正當與契約利益之期待，亦與誠實信用原則相違背。

工程契約當事人，各有其所期待之程序契約上之利益，亦應有不同程度之責任。惟在締約前未能誠實告知，可否謂因當事人地位之不同，即令其違反之效果亦有所不同，甚至存在程度上輕重之重大差異，非無疑問。從現行民法承攬一節觀之，其規定多係以定作人之利益，作爲立法出發點，在承攬係爲定作人利益的立場，原無可厚非。惟契約締結前之誠實告知義務，當事人應均爲遵守，且其責任亦應相當。要不能謂契約係爲一方當事人之利益，即容許程度上巨大差異之締約前的責任。蓋利益與責任係爲一體共存，不應失其衡平。

在誠實信用原則下，民法第245條之1第1項規定之「契約」未成立時，應

---

[54] 最高法院108年度台上字第1479號民事判決：「按損害之發生或擴大，被害人與有過失者，法院得減輕賠償金額或免除之，民法第217條第1項定有明文。此項規定之目的，在謀求加害人與受害人間之公平，故在裁判上法院得以職權減輕或免除之，不待當事人之主張或抗辯。原審本其採證、認事及解釋契約之職權行使，綜合相關事證，合法認定第七河川局未於招標時將系爭工程工址之地質鑽探報告及水文資料提供予招標廠商，復未能符合現場實際狀況而指示正確工法，致義發營造公司無法依系爭設計圖說施工，須改採以9公尺鋼板樁擋土支撐工法完成基礎工程，第七河川局就其不適當之指示自有過失。義發營造公司於投標前僅以肉眼觀察現場地形、水位，未以儀器爲地質探測，亦未對於招標文件及工程圖說依系爭工程投標須知第6條規定提出釋疑，且對於系爭工程『施工中擋抽排水費』、『施工中臨時擋土設施費』工項，未詳實評估工法與成本，分別以超低估價投標，違反專業廠商應具備之判斷能力，就損害之發生與有過失，應減輕第七河川局50%賠償金額，因以上揭理由，分別爲兩造不利之判決，經核於法並無違背。」

解爲包含**本約未成立**，以及**預約未成立**二者均有其適用餘地。蓋不論預約或本約，係經由當事人之要約承諾，要約相對人對要約爲承諾的基礎，係來自其對於要約的認識與衡量。要約人如若提供不實之要約內容，或該要約內容不明確，抑或資訊不完整者，均直接影響要約相對人對於該要約的認識，而造成其對於要約內容判斷的錯誤。因前述情形而產生錯誤之結果，終非要約相對人所樂見。此一危險的製造與錯誤結果，除有違誠信原則之他方當事人保護的精神外，亦非一個公平、合理的契約締結者所能允許。

綜上，本文以爲，**不論係工程承攬契約之程序開啓人，抑或係承攬要約人，無論在預約或本約成立前，均應有積極自主誠實告知、提供資訊正確，以及完整性擔保的義務，且其責任亦應相當**。如此，始符合準備締約之**當事人的程序利益保護與衡平、合理信賴與交易安全的期待，以及危險分配之合理化**。例如，承攬人於締約後開始施作時，始發現工作所在之基地現況與圖說標示不符，而無法依定作人提出之圖說或施工方法爲施作者是。於此情形，應許承攬人得因此而解除契約，或增加工作報酬及施作期間，並請求因此所生損害之賠償。蓋因定作人違反誠實告知義務，致締結不利內容契約之情形，應許該他方當事人得以締約上過失之法理爲救濟。要之，就完整的營建工程承攬招標程序言，無論係定作人或係投標人，其各自於預約或本約成立前，均有誠實告知之義務，要不能僅因承攬契約係爲定作人之利益而開啓，即可謂定作人得因此而不具誠實告知之義務。

是不論係開啓工程承攬契約前置程序之人，抑或係承攬要約人，在預約或本約成立前，如有違反積極自主之誠實告知、資訊之正確提供，以及內容眞實與完整性等義務者，應視該義務違反之情形，以及所造成之結果或影響輕重，允許他方當事人得因此爲拒絕締約、損害賠償、適度調整工作期間與報酬，或契約解除等權利之行使。

第二節　決標與契約之成立

觀諸國內營建工程承攬實務之交易習慣，定作人或其招標辦理人於決標程序中，決定該次招標之得標人後，仍須由定作人與該確定得標人，依投標須知規定或約定之方式，在一定期間內，爲該次工程承攬契約之締結。前述情形，

由政府採購法第31條第2項第4款之規定，亦可得知[55]。要之，當事人僅以決標時之投標文件，即得作為該次工程承攬契約之全部完整內容，而無須再另為契約締結情形，可謂罕見。因此，縱使認為決標屬於承諾之性質，但非謂此一當事人間對於契約必要之點（工作範圍與承攬報酬數額）為同意者，即謂該次工程承攬之本約已經成立。

決標之法律性質的明確，攸關當事人程序上與契約上之權利義務的變動，例如，預約當事人與本約當事人，其二者可得行使之權利與義務違反之效果不同。是本節就決標之法律性質、預約之成立，以及預約未履行之效果的衡平等議題分述之。

第一項　決標之法律性質

在討論決標之法律性質前，本文認為需先說明者，不論該次承攬契約締結前置程序之招標公告、領標（即招標文件領取）、開標、審標、比減價（或減價、比減價）、協商以及決標等不同階段之各個行為，均應屬於當事人為該次工程承攬契約締結的準備行為。

契約成立之原因諸多，其中以經由當事人之要約與承諾而成立者，較為普遍。觀諸國內工程承攬實務，營建工程契約，仍多以經由招標程序而締結，或係由當事人直接為契約之締結。然無論係經由招標程序而締結，或係由當事人直接為契約之締結，仍係因要約與承諾而成立。在非適用政府採購法情形，定作人決標之法律性質，固可認係對於承攬要約的承諾。然於適用政府採購法情形，定作人決標之法律性質，究屬私法行為之承諾，或係公法上之單方高權行為，直接影響當事人之法律適用，以及救濟程序的確定，實值探討。

第一款　司法實務

關於定作人之決標，最高法院之見解認為，上訴人如欲承諾（決標）自須照被上訴人之要約為之，其將要約變更而為承諾者，視為拒絕原要約而為新要

---

[55] 政府採購法第31條第2項第4款：「廠商有下列情形之一者，其所繳納之押標金，不予發還；其未依招標文件規定繳納或已發還者，並予追繳：四、得標後拒不簽約。」

約（民法第160條第2項[56]）。依前述最高法院之見解，可認定作人之決標，係對於投標人之要約為承諾之意思表示。

　　另參諸最高行政法院庭長法官聯席會議之決議要旨[57]，指出立法者已就政府採購法中廠商與機關間關於招標、審標、決標之爭議，規定屬於公法上爭議，其訴訟事件自應由行政法院審判。若依此一最高行政法院庭長法官聯席會議之決議要旨，在適用政府採購法情形，定作人之決標，則屬於公法上之行為。

第二款　學說

　　目前國內學者有關定作人決標的觀點，多與前述司法實務所涉案例之見解相同，認為定作人決標之法律性質，係定作人對於投標人之要約為承諾之意思表示，政府採購法中廠商與機關間關於招標、審標、決標之爭議，規定屬於公

---

[56] 原最高法院62年台上字第787號民事判例：「查投標單載明『投標人今願承包貴府工程，估計總價為七十六萬七千元』等語，此為被上訴人要約之表示，上訴人如欲承諾（決標）自須照被上訴人之要約為之，其將要約變更而為承諾者，視為拒絕原要約而為新要約（民法第一百六十條第二項）。被上訴人另所出具之包商估價單，既非其要約之表示，上訴人於開標後宣佈，估價單之總價低於投標單時，以估價單為準，係變更被上訴人之要約而為新要約，被上訴人未為承諾之表示，契約即不成立。」

[57] 最高行政法院97年5月份第1次庭長法官聯席會議（二）決議要旨：「政府採購法第74條規定：『廠商與機關間關於招標、審標、決標之爭議，得依本章規定提出異議及申訴。』採購申訴審議委員會對申訴所作之審議判斷，依同法第83條規定，視同訴願決定。準此，立法者已就政府採購法中廠商與機關間關於招標、審標、決標之爭議，規定屬於公法上爭議，其訴訟事件自應由行政法院審判。機關依政府採購法第50條第1項第5款取消廠商之次低標決標保留權，同時依據投標須知，以不同投標廠商間之投標文件內容有重大異常關聯情形，認廠商有同法第31條第2項第8款所定有影響採購公正之違反法令行為情形，不予發還其押標金。廠商對不予發還押標金行為如有爭議，即為關於決標之爭議，屬公法上爭議。廠商雖僅對機關不予發還押標金行為不服，而未對取消其次低標之決標保留權行為不服，惟此乃廠商對機關所作數不利於己之行為一部不服，並不影響該不予發還押標金行為之爭議，為關於決標之爭議之判斷。因此，廠商不服機關不予發還押標金行為，經異議及申訴程序後，提起行政訴訟，行政法院自有審判權。至本院93年2月份庭長法官聯席會議決議之法律問題，係關於採購契約履約問題而不予發還押標金所生之爭議，屬私權爭執，非公法上爭議，行政法院自無審判權，與本件係廠商與機關間關於決標之爭議，屬公法上爭議有間，附此敘明。」

法上爭議，其訴訟事件自應由行政法院審判。此不多予贅述。

第三款　比較觀點

關於定作人之決標，在比較觀點部分，可從德國建築工程採購與契約規範之採購規範部分VOB/A、美國聯邦採購規則FAR第36部分——施工和建築師——工程師契約等約款內容，窺知一二。

在國際諮詢工程師聯合會FIDIC標準契約條款2017 Red Book、德國建築工程採購與契約規範之一般契約規範部分VOB/B、美國AIA Document A201–2017 General Conditions of the Contract for Construction建築契約之通用條款、中華人民共和國民法典、中華人民共和國政府採購法、中華人民共和國招標投標法、中華人民共和國招標投標法實施條例，與WTO政府採購協定Agreement on Government Procurement（GPA）等，似無特別關於定作人決標性質之明文。

一、德國建築工程採購與契約規範之採購規範部分VOB/A

德國建築工程採購與契約規範之採購規範部分VOB/A，係規範政府採購之採購規範範本。前述VOB/A，雖未直接明文定作人決標之性質，惟從其第18條約款第(2)項，如果有任何補充、限制或改動，或者決標時間遲延，應在決標時請投標人立即聲明同意[58]之明文，似可認定作人決標之性質，應非屬公法上之高權行為。

---

[58] VOB/A - Abschnitt 1

§ 18 Zuschlag

(1) Der Zuschlag ist möglichst bald, mindestens aber so rechtzeitig zu erteilen, dass dem Bieter die Erklärung noch vor Ablauf der Bindefrist (§ 10 Absatz 4 bis 6) zugeht.

(2) Werden Erweiterungen, Einschränkungen oder Änderungen vorgenommen oder wird der Zuschlag verspätet erteilt, so ist der Bieter bei Erteilung des Zuschlags aufzufordern, sich unverzüglich über die Annahme zu erklären.

第18條 決標結果

(1) 契約應儘快授予，但至少要及時讓投標人在約束期結束前收到聲明（第10節第4至6段）。

(2) 如果有任何補充、限制或改動，或者決標時間遲延，應在決標時請投標人立即聲明同意。

二、美國聯邦採購規則FAR第36部分

美國聯邦採購規則FAR第36部分——施工和建築師——工程師契約之約款內容，其第36.213-4條決標通知第(e)款[59]，即說明決標通知應指明開工日期，或告知將發出開工通知。由前述約款內容，應可認定於決標時，該工程契約業已經成立。是可認定作人之決標，係對於該得標人之要約為承諾。

第四款 本文觀點

一般情形，契約多經由當事人之要約與承諾而成立。關於承諾，國內學者之看法，有謂承諾乃答覆要約之同意的意思表示[60]；有謂承諾者，以與要約人訂立契約為目的，所為的意思表示[61]。通說認為，要約係以訂立契約為目的之須受領的意思表示，且其內容需確定或可得確定[62]而包括契約必要之點，得因

---

[59] FAR

§ 36.213-4 Notice of Award

When a notice of award is issued, it shall be done in writing or electronically, shall contain information required by 14.408, and shall-

(a) Identify the invitation for bids;

(b) Identify the contractor's bid;

(c) State the award price;

(d) Advise the contractor that any required payment and performance bonds must be promptly executed and returned to the contracting officer;

(e) Specify the date of commencement of work, or advise that a notice to proceed will be issued.

第36.213-4條 決標通知

在發布決標通知時，應以書面或電子方式進行，應包含第14.408條所要求的資訊，並應

(a) 指明招標；

(b) 指明承包商的出價；

(c) 列明決標價格；

(d) 告知承包商必須立即簽署任何所需的付款和履約保證書並將其交還給訂約官；

(e) 指明開工日期，或告知將發出開工通知。

[60] 鄭玉波，民法債編總論，三民，2010年3月，修訂二版，頁62。

[61] 孫森焱，民法債編總論（上冊），自版，2012年2月，修訂版，頁57。

[62] 陳聰富，論契約上之要約，月旦法學雜誌，第312期，2021年5月，頁70至85。

相對人之承諾而成立契約[63]。

在當事人適用政府採購法之情形，於營建工程承攬招標程序，定作人或招標辦理人所為之決標，究屬公法上之高權行為的性質，抑或為私經濟上之承諾的意思表示性質，對於當事人程序上利益之變動，可謂為重要之依據，例如法律的適用，以及救濟程序之途徑的確定等是。

以下就適用政府採購法之情形，分別就公法上之行政行為，以及私經濟契約成立因素等各面向，逐一探討定作人決標之法律性質，以及政府採購法第74條規定的檢討。

一、公法上之行政行為

所謂行政程序，係指行政機關作成行政處分、締結行政契約、訂定法規命令與行政規則、確定行政計畫、實施行政指導及處理陳情等行為之程序[64]。換言之，行政機關作成行政處分、締結行政契約、訂定法規命令與行政規則、確定行政計畫、實施行政指導及處理陳情等行為，屬於行政行為。於前述法律列舉之行為外，則應不屬於機關之行政行為。

觀諸行政程序法第92條第1項，明文行政處分係指行政機關就公法上具體事件所為之決定，或其他公權力措施，而對外直接發生法律效果之單方行政行為。因之，不論就行政決定或係行政處分而言，其二者均應係指行政機關對外直接發生法律效果之單方行為。是不論係行政決定或行政處分，均屬於機關單方之高權行為[65]，其等行為之合法性，原則上須接受全面審查[66]。

---

[63] 最高法院109年度台上字第2957號民事判決。

[64] 行政程序法第2條：「本法所稱行政程序，係指行政機關作成行政處分、締結行政契約、訂定法規命令與行政規則、確定行政計畫、實施行政指導及處理陳情等行為之程序。本法所稱行政機關，係指代表國家、地方自治團體或其他行政主體表示意思，從事公共事務，具有單獨法定地位之組織。受託行使公權力之個人或團體，於委託範圍內，視為行政機關。」

[65] 最高行政法院111年度抗字第6號行政裁定：「行政院基於中央監督機關的立場，依地方制度法第30條第4項規定函告直轄市議會所通過的自治條例無效，係自治監督機關針對地方自治團體之特定對象，就其議決通過的自治條例有無牴觸憲法、法律或基於法律授權之法規的具體事件，所為對外直接發生使自治條例無效之法律效果的單方行政決定，應屬行政處分無誤，且屬對地方自治團體自治立法權限予以限制的負擔處分。」

[66] 最高行政法院109年度判字第255號行政判決：「次按人民對行政機關根據不確定法律

綜上，在當事人適用政府採購法之情形，於營建工程承攬招標程序，定作人或招標辦理人所爲之決標，應非機關就公法上具體事件所爲之決定，或其他公權力措施，而對外直接發生法律效果之單方行政行爲。是在營建工程承攬招標程序之決標階段，機關所爲確定得標人之決標行爲，應非屬於公法上之行政行爲的性質。

二、私經濟契約成立因素

司法實務認爲，投標之法律性質，係投標人之要約，決標之法律性質，係定作人對於投標人要約之承諾[67]。然而，此一定作人對於承攬要約所爲承諾之法律性質，不應因當事人是否適用政府採購法而有所變動。蓋承諾者，係要約相對人對於要約爲同意之意思表示，其目的在以要約人之要約內容爲基礎，而爲契約之成立。故而，承諾人所爲同意要約之意思表示，應屬契約成立因素之一。

在適用政府採購法情形，如認營建工程承攬係屬私經濟之範疇，縱使一方爲公法人或行政機關，該一方對於他方要約所爲之承諾，其性質**應屬私經濟契約成立因素，而非爲機關之單方行爲**。是定作人或招標辦理人所爲之決標，係對於得標人之承攬要約爲同意之意思表示，其性質應屬私經濟契約成立因素之一，並非行政上之單方行爲。德國通說亦認爲，在公共工程招標程序中，決標

概念所作成之行政決定，提起行政爭訟時，基於憲法保障人民基本權利及訴訟權之精神，行政法院原則上應對該行政決定之合法性，爲全面之審查。僅對於具有高度屬人性之評定（如國家考試評分、學生之品行考核、學業評量、教師升等前之學術能力評量等）、高度科技性之判斷（如與環保、醫藥、電機有關之風險效率預估或價值取捨）、計畫性政策之決定及獨立專家委員會之判斷，則基於尊重其不可替代性、專業性及法律授權之專屬性，而承認行政機關就此等事項之決定，有判斷餘地，對其判斷採取較低之審查密度。」

[67] 最高行政法院98年度判字第38號判決：「若廠商依照招標公告而提出投標，採購機關並無法隨意拒絕投標，必須依照招標文件所示條件，決標給最低標或最有利標之投標廠商。此與一般要約引誘之情形，原則上潛在的交易相對者對於要約引誘之內容，在民法上並無表示異議之權，且要約引誘人無必然要與某一提議訂約者締結契約之義務，有所不同，此亦爲本院向來見解，即以招標公告爲要約引誘，廠商之投標爲要約，而採購機關之決標，爲承諾性質，且以決標時點意思合致爲雙方契約成立時點。」

通知（Zuschlagerteilung）是工程契約的成立要件[68]，可資參考。

　　綜上，行政處分係指行政機關就公法上具體事件，所爲之決定或其他公權力措施，而對外直接發生法律效果之單方行政行爲。而定作人或招標辦理人之決標行爲，係對於投標人之承攬要約爲同意之意思表示。因之，就承諾與行政處分二者之成立要件觀之，定作人或招標辦理人之決標行爲，應係屬對於要約人之要約爲同意之承諾，而非行政機關就公法上具體事件所爲之決定，或其他公權力措施，而對外直接發生法律效果之單方行政行爲。其二者之要件，迥然相異。是決標之性質，係定作人對於承攬要約之承諾行爲，屬於民事法律行爲之範疇。要不能謂定作人具公法人或機關之地位，而得因此變更其對承攬要約所爲承諾之性質。

三、政府採購法第74條規定的檢討

　　在當事人適用政府採購法情形，如發生關於決標之爭議，投標人得向機關提出異議或申訴，政府採購法第74條定有明文[69]。而所謂得向機關提出異議或申訴者，該被當事人所爲異議或申訴之標的，應係人民對於行政機關所作之行政決定或行政處分。

　　然定作人或招標辦理人所爲之決標行爲，係對於投標人之承攬要約爲同意之意思表示，非屬單方行爲，前已述及。故而，不論定作人或招標辦理人係積極地同意該承攬要約，或積極地拒絕承攬要約，或係消極地不爲同意，抑或未於相當期間內，對承攬要約爲承諾等情形，均應不屬於行政高權行爲，或係單方行爲。再者，立法者於政府採購法第74條修正的立法理由，亦指出政府採購係屬於私經濟行爲[70]。要之，前述政府採購法第74條規定有關決標之爭議，得

---

[68] Kapellmann/Messerschmidt/Stickler/Mädler, 8. Aufl. 2023, VOB/A § 18 Rn. 7
Die herrschende Auffassung geht hingegen zutreffend davon aus, dass die Beschaffung von Waren und Dienstleistungen durch die öffentliche Hand einen fiskalischen Vorgang darstellt und die Zuschlagserteilung dem Zivilrecht unterliegt.

[69] 政府採購法第74條：「廠商與機關間關於招標、審標、決標之爭議，得依本章規定提出異議及申訴。」

[70] 參閱政府採購法第74條立法理由（91.2.6修正）：「一、政府採購行爲一向被認定爲『私經濟行爲』，故已有契約關係之履約或驗收爭議應循民事訴訟途徑解決，使救濟制度單純化；且本法設有調解制度，已足可提供救濟管道。本條原規定履約或驗收之私法爭議，得由得標廠商自由選擇適用申訴程序或仲裁、起訴，將造成救濟體系積極

向機關提出異議或申訴之明文，應有可檢討之餘地。

　　綜上，本文以為，基於法律之安定性，在私經濟行為之工程採購，將締約前置程序之行為，刻意從完整契約關係中抽離，而異其法律性質，難未妥適。職是之故，適用政府採購法之定作人的決標，係定作人對於承攬要約之承諾行為，仍屬於民事法律行為之範疇。要不能謂定作人具公法人或機關之地位，即得因此變更其對承攬要約所為承諾之性質。故而，在當事人適用政府採購法情形，如發生關於決標之爭議，當事人仍應依民事訴訟為救濟途徑，而非投標人或得標人得向機關提出異議或申訴。有關定作人或招標辦理人之決標的法律性質的認定，對於當事人程序上利益的變動影響甚鉅，不能不辨。有關前述因定作人或招標辦理人之決標，造成程序上利益變動影響等問題，容後於第三章第一節第四項預約履行之擔保與救濟，再為詳細說明。

第二項　預約之成立 ── 經減價、比減價或協商之決標

　　關於預約及本約，最高法院認為，預約係約定將來訂立一定契約（本約）之契約。倘將來係依所訂之契約履行而無須另訂本約者，縱名為預約，仍非預約[71]。契約有預約與本約之分，兩者異其性質及效力，預約權利人僅得請求對方履行訂立本約之義務，不得逕依預定之本約內容請求履行，又就買賣預約，非不得就標的物及價金之範圍先為擬定，作為將來訂立本約之張本，但不能因此即認買賣本約業已成立[72]。

　　就定作人之決標，最高行政法院認為，決標係定作人對於投標廠商之要約為承諾，因之而成立契約[73]。此一最高行政法院之見解，固非無的。惟於營建

衝突，實有不宜。爰予刪除。」
[71] 最高法院64年台上字第1567號民事判例裁判要旨。
[72] 最高法院61年台上字第964號民事判例裁判要旨。
[73] 最高行政法院98年度判字第38號判決：「若廠商依照招標公告而提出投標，採購機關並無法隨意拒絕投標，必須依照招標文件所示條件，決標給最低標或最有利標之投標廠商。此與一般要約引誘之情形，原則上潛在的交易相對者對於要約引誘之內容，在民法上並無表示異議之權，且要約引誘人無必然要與某一提議訂約者締結契約之義務，有所不同，此亦為本院向來見解，即以招標公告為要約引誘，廠商之投標為要約，而採購機關之決標，為承諾性質，且以決標時點意思合致為雙方契約成立時點。」

工程承攬之招標，此一因決標而成立之契約類型，究係預約或係本約，目前尚無特定的見解。

定作人之決標行為，不為公開招標所獨有，選擇性招標與限制招標亦須為決標行為。換言之，定作人決標之目的，係在於決定該次招標之得標人，並不因該次招標方式有所不同，而異其決標之目的。要之，決標可謂係定作人對於得標人之承攬要約為承諾之意思表示，當事人因此而成立契約關係。如定作人係就得標人之原投標文件內容為決標者，可認因此成立契約。惟若定作人係經減價、比減價或協商的結果而為決標，則其所成立者，究係工程契約之預約，抑或本約，涉及當事人權利義務的基礎。例如，當事人一方因該決標之成立，而可得向他方為請求者，係履行預約義務之本約的締結，抑或本約之內容的履行，至關重要，應予釐清。

關於前述情形，本文就非對原承攬要約為承諾、工作範圍與報酬數額的預為擬定，以及意定要式契約等議題，探討定作人經由減價、比減價或協商等程序之決標，其所成立者之契約類型。

第一款　非對原承攬要約為承諾

觀諸國內工程承攬實務，決標之確定報酬數額，大多與得標人之原投標文件所列之報酬數額相異。尤其是該次招標係在採最低價標為決標條件，且經由減價、比減價或協商等程序而作成決標情形，最為常見。然而，決標後之書面契約的簽訂，必須以決標時所確定之報酬數額作為依據。亦即，工程實務上之交易習慣，需得標人將投標文件內容之相關部分作相應之改動，嗣再將該符合決標時所確定之報酬數額的改動內容，經由定作人之審視同意後，始作為系爭工程契約之內容。若非如此，則將造成各項清單、報價單及其他相關文件所列報酬數額之總和，與決標之報酬數額相異。

本文以為，若定作人之決標，非對得標人之原投標文件內容為之，而係經由減價、比減價或協商等程序，始作成決標者，則該決標之性質，應認僅係預約之成立，尚不能謂本約業已成立。此從當事人為新要約之提出，以及本約締結之張本等方面觀之，應可得知。

一、新要約之提出

今如定作人之決標，係直接就投標人之原投標書內容爲之者，始可認定作人係就投標人之原承攬要約爲承諾。若該決標係經由減價、比減價或協商等行爲作成，而該決標內容與投標人之投標文件內容並非一致者，即應認定作人拒絕投標人之承攬要約。蓋若定作人將原投標文書內容爲擴張、限制或其他變更而爲決標者，要不能認因此而成立該次之工程契約[74]。

（一）減價程序之新承攬要約的提出

實務上之一般交易習慣，如合於招標文件規定之投標廠商之最低標價超過底價時，定作人通常洽該最低標廠商爲減價[75]。換言之，在減價程序，係由該最低標價之廠商**取得優先減價提出之地位**。如定作人對此減價結果作成決標，該被決標之報酬數額，係**由該取得優先參與減價程序之投標人，於減價程序所提出**，因其相異於該投標人之原投標文件的報酬數額，則應認屬於該優先參與減價程序之**投標人之新的承攬要約**。亦即，在減價程序所爲之決標，係定作人對於該取得優先參與減價程序之投標人，給予第二次提出承攬要約機會，令該取得優先參與減價程序之投標人，於同一招標程序，提出不同於原投標文件所

---

[74] 最高法院103年度台上字第1844號民事判決：「關於承攬契約之成立，民法未設特別規定，依債編通則之規定，自須當事人雙方就承攬必要之點，即『完成一定之工作』與『給付報酬』兩項要素（原素），意思表示一致，始能成立（同法第一百五十三條第二項參照）。又契約如因要約與承諾而成立者，其承諾之內容必須與要約之內容完全一致（客觀上一致），契約始能成立；若當事人將要約擴張、限制或爲其他變更而承諾者，應視爲拒絕原要約而爲新要約（同法第一百六十條第二項），契約尚不能成立。」

[75] 政府採購法第53條：「合於招標文件規定之投標廠商之最低標價超過底價時，得洽該最低標廠商減價一次；減價結果仍超過底價時，得由所有合於招標文件規定之投標廠商重新比減價格，比減價格不得逾三次。前項辦理結果，最低標價仍超過底價而不逾預算數額，機關確有緊急情事需決標時，應經原底價核定人或其授權人員核准，且不得超過底價百分之八。但查核金額以上之採購，超過底價百分之四者，應先報經上級機關核准後決標。」第54條：「決標依第五十二條第一項第二款規定辦理者，合於招標文件規定之最低標價逾評審委員會建議之金額或預算金額時，得洽該最低標廠商減價一次。減價結果仍逾越上開金額時，得由所有合於招標文件規定之投標廠商重新比減價格。機關得就重新比減價格之次數予以限制，比減價格不得逾三次，辦理結果，最低標價仍逾越上開金額時，應予廢標。」

列報酬數額之新的承攬要約，並經定作人對之爲承諾，而使該原取得優先參與減價程序之投標人取得該次招標之確定得標人地位。

（二）比減價程序之新承攬要約的提出

如在減價程序，仍未能爲決標者，此時通常即會進入比減價程序[76]。此一比減價程序，可謂定作人於同一招標程序，給予該取得優先參與減價程序之投標人第三次提出新的承攬要約機會，以及其他投標人第二次提出新的承攬要約機會。令該等投標人於比減價程序，提出不同於原投標文件所列報酬數額之新要約，並經定作人對其之新要約爲承諾，而使該被決標之新要約投標人，取得該次招標之確定得標人地位。

（三）協商程序之新承攬要約的提出

在經由減價、比減價程序，仍無法爲決標者，於一定條件下，定作人可再經由協商程序，對該次招標作成決標。在適用政府採購法情形，此一減價、比減價程序之後協商程序，可認係定作人提供該次合於規定之投標人第三次，或第四次提出新承攬要約之機會[77]。除前述外，協商程序亦有因定作人變更工作範圍、施工方法，或其他條件等，而達成協商結果，惟此不在本文討論之列。

如定作人之決標，係經由協商程序所作成者，因定作人並非係對該得標人之原承攬要約爲承諾，而係該等投標人於協商程序，提出不同於原投標文件所列報酬數額之新要約，並經定作人對其之新要約爲承諾，而使該被決標之新要約投標人，取得該次招標之確定得標人地位。

綜上，在定作人經由減價、比減價或協商等程序，始作成決標情形，因定作人並非對得標人之原投標文件內容爲決標，而係對該得標人之新承攬要約爲承諾，需該得標人將其原投標文件內容，與其新承攬要約內容之相關部分作相應之改動，嗣再將該符合決標時所確定之報酬數額的改動內容，作爲系爭工程契約之內容。是該經由減價或比減價等程序之決標，定作人所承諾者，並非係該得標人之原承攬要約內容，論其性質，應認僅係預約之成立，尚不能謂本約業已成立。

---

[76] 同前註。

[77] 政府採購法第55條：「機關辦理以最低標決標之採購，經報上級機關核准，並於招標公告及招標文件內預告者，得於依前二條規定無法決標時，採行協商措施。」

二、本約締結之張本

　　經由減價、比減價或協商等行為，始作成決標者，係定作人拒絕對於投標人之原承攬要約為承諾。因之，應認當事人於減價、比減價或協商等程序所提出之報酬數額，係為定作人或承攬人所為之新要約，前已述及。在前述二者之情形，不論該新的報酬數額的要約，係由定作人提出，或係由投標人提出，均應僅得認係當事人只就工作及報酬之範圍先為擬定，而作為將來訂立本約之張本。是該被決標之異於原投標文件的工作報酬數額，無論係於協商程序由定作人提出，或係由投標人於減價、比減價等程序提出，均應認係預定報酬數額之新要約的提出。故不能因一方對他方新要約之預定報酬數額為承諾，即謂本約業已成立。

　　蓋投標文件所列之報酬數額，係由投標人按照圖說及施工方法，依所有材料、設備、機具、運輸、工項等個別成本計算加總而得出。今若決標之報酬數額與投標文件之報酬數額相異者，非謂可就特定之個別項目作價額加減，或按一定比例為全部各項價額之升降而令其報酬總數額相同即可。蓋所有材料、設備、機具、運輸、工項等個別的成本與計價均不相同，如將此一重要因素棄置不論，而就新的報酬數額為基礎，並以之為原投標文件所列數額的加減升降計算，實倒果為因，並違反個別計價之原則。且經由減價、比減價或協商等行為作成之決標，其決標內容與投標人之投標文件內容並非一致，於此一減價、比減價或協商等程序進行之短暫時間，投標人斷不可能為投標文件各項內容的重新計算與製作。因之，僅得認此一決標，係將來訂立本約之工作及報酬數額範圍的先為擬定。

　　是本文以為，前述定作人或投標人所為提出相異於原投標文件所列報酬數額之新要約，僅為該次工作及報酬數額等二者範圍的預為擬定，而非完整的本約內容。再者，工程契約當事人所為實際履行者，係符合決標所確定之工作及報酬數額的工程契約，而非改動前之投標文件內容。在決標所確定之報酬數額與得標人投標書所列報酬數額不同之情形，該投標書內容有關報酬總額、分項報酬數額、材料單價、各種單價分表單及管理利潤等，均須隨之改動，始能符合決標所為確定之報酬數額，並以該改動後之內容作為該次承攬契約之內容的一部。換言之，除定作人係直接就投標人之投標書內容為決標者，始可認定作人係就投標人之原承攬要約為承諾外。若該決標係經由減價、比減價或協商等行為作成，**因該決標內容與得標人之原投標文件內容並非一致，此一決標，應**

僅認係當事人就工作及報酬之範圍的先爲擬定，並以之作爲將來訂立本約的張本，不能因此即認工程承攬之本約業已成立。

第二款　工作範圍與報酬數額的預爲擬定

投標人製作投標文件內容，目的係在於與定作人締結該次招標之工程承攬契約，已如前述。因此，在投標人將其所製作之投標文件及其相關資料，備妥並完成封標爲遞出或交寄後，該等由投標人製作之投標文件（承攬要約），即發生要約之形式拘束力。亦即，該等由投標人製作內容之投標文件，於一定期間內（在此係指營造建築工程承攬實務所稱招標程序之有效等標期間），該要約行爲人（即投標人）不得將要約內容擴張、限制、撤銷、變更。前述由投標人製作內容之文件，一旦於要約相對人（即招標人或定作人）對該要約爲承諾（此指決標程序之得標人的確定）之意思表示時，該投標文件所示之內容，即對承諾人發生拘束力。

所謂預約係爲相對於本約之契約類型概念。預約之本旨，即預定將來成立一定契約的契約。而該預約義務的履行，即爲本約之締結，而非將來本約所定內容的實現。此觀諸國內司法實務關於預約與本約的案例見解[78]，不難明瞭。

---

[78] 原最高法院64年台上字第1567號民事判例之裁判要旨：「預約係約定將來訂立一定契約（本約）之契約。倘將來係依所訂之契約履行而無須另訂本約者，縱名爲預約，仍非預約。本件兩造所訂契約，雖名爲『土地買賣預約書』，但除買賣坪數、價金、繳納價款、移轉登記期限等均經明確約定，非但並無將來訂立買賣本約之約定，且自第三條以下，均爲雙方照所訂契約履行之約定，自屬本約而非預約。」最高法院108年度台上字第2312號民事判決：「按當事人訂立之契約，究爲本約或係預約，應就當事人之意思定之，當事人之意思不明或有爭執時，應通觀契約全體內容是否包含契約之要素，及得否依所訂之契約即可履行而無須另訂本約等情形決定之。倘將來無法依所訂之契約履行而須另訂本約者，縱名爲本約，仍屬預約。兩造就系爭備忘錄究屬預約或本約有爭執，原審認定兩造所訂系爭備忘錄就合建之土地、資金、分屋比例、搬遷費用及房租補償等雖有約定，惟就工期、建物之構造、建材及設備，合建完成後土地及建物之點交、移轉等一般合建房屋契約之重要事項均未約定，且約定須另訂合建契約以補充之，可見兩造無從逕依系爭備忘錄履行合建義務，而須另訂合建契約本約以爲履約之依據，因認系爭備忘錄屬預約，並未違背法令。又原審係依系爭契約第6條第1項後段、第3項之約定及證人鄧鵬之證詞，認定兩造須另訂合建契約本約作爲履約之依據，非謂系爭備忘錄第6條第1項後段之約定，係兩造成立合建契約之停止條件，上訴人執此指摘原判決違背法令，顯有誤會。」

　　在國內工程承攬實務，於公開招標程序，尤其在適用政府採購法情形，定作人通常將其預擬或制式之空白契約書作爲招標文件之一[79]。前述情形，領標人雖得預覽該定作人預擬或制式之空白契約書，惟仍須於確定得標後之一定期間內，再與定作人簽訂該空白契約。其中需當事人簽訂及作爲契約內容之附件部分，均須經決標確定最終報酬數額，再由得標人**改動原來投標文件內容**後，始得簽訂並成爲契約之內容。然該由得標人改動原來得標文件內容，始得簽訂並成爲契約內容的部分，多係涉及工作給付與報酬。是就決標而言，應僅係該次招標之**工作範圍與報酬數額的預爲擬定**，而非爲本約的成立。

　　綜上，本文以爲，應將決標之確定得標結果，認係當事人間之預約的成立，須經預約當事人再爲本約之締結，始可謂該契約之本約業已成立。

第三款　意定要式契約

　　如就民法第490條規定明文觀之，民法第490條並未規定承攬契約需以書面方式爲之，故於決標時，契約業已成立，不得推諉書面契約未簽訂，而主張契約尚未成立。惟觀諸國內營建工程承攬實務之交易習慣，在開啓招標程序情形，於定作人決標後之一定期間，當事人須爲書面契約之簽訂。即便未經招標程序，當事人亦多以書面形式締結工程契約。要之，此一書面契約之簽訂，應

---

[79] 投標須知範本（112.6.30版）七十七、全份招標文件包括：（可複選；刊登於政府電子採購網之本案招標公告爲招標文件之一部分，不另檢附）
　□(1)招標投標及契約文件。
　□(2)投標須知。
　□(3)投標標價清單。
　□(4)投標廠商聲明書。
　□(5)契約條款。
　□(6)招標規範。
　□(7)技術服務或工程採購案，「廠商參與公共工程可能涉及之法律責任」及廠商切結書（行政院公共工程委員會101年1月13日工程企字第10100017900號函修訂）：
　　□切結書1
　　□切結書2（工程技術顧問公司執業技師）
　　□切結書3（營造業專任工程人員）
　　□切結書4（營造業工地主任）
　□(8)資訊服務採購案，資訊服務費用估算表。
　□(9)其他（由招標機關敘明，無者免填）。

可認係當事人之意定要式契約。

前述書面契約之性質，應屬於工程契約本約的成立要件，而非保存證據之用。此觀諸政府採購法之相關規定，應可明瞭。政府採購法第31條第2項第4款，明文廠商於得標後不為簽約者，定作機關得因此沒收該得標廠商所繳納之押標金[80]。此一規定之法律效果，應認係得標廠商**未履行預約義務之效果**，而非該得標廠商違反保存證據之效果。如若將前述政府採購法第31條第2項第4款廠商於得標後拒不簽約，沒收得標廠商所繳納押標金之效果，解釋為法律課以契約一方當事人違反保存證據義務之效果，恐非妥適。再者，以數額龐大之程序擔保性質的押標金[81]，作為證據保存之義務履行的擔保，除不符其程序擔保之性質外，亦明顯**違反比例原則**，對於當事人程序利益而言，難謂公平合理。因之，可認前述規定之法律效果，係得標廠商未履行預約義務之效果。是在前述法律規定效果的基礎上，應將經由經減價、比減價或協商之定作人決標，解釋為預約之成立。

綜上，本文以為，經由當事人之要約與承諾所成立者，除本約外，預約亦應在成立之列。當事人對於本約重要之點已有合意，依其內容具有足以探知本約內容之可確定性，且約定將來訂立本約者，即屬有效預約[82]。經由減價、比減價或協商程序之定作人決標，因當事人對於本約重要之點，即工作範圍與報酬數額已有合意，依其內容具有足以探知本約內容之可確定性，且約定將來訂立本約即書面契約之簽訂，是應將前述情形之決標，解釋為預約之成立。

---

[80] 政府採購法第31條第2項：「廠商有下列情形之一者，其所繳納之押標金，不予發還；其未依招標文件規定繳納或已發還者，並予追繳：一、以虛偽不實之文件投標。二、借用他人名義或證件投標，或容許他人借用本人名義或證件參加投標。三、冒用他人名義或證件投標。四、得標後拒不簽約。五、得標後未於規定期限內，繳足保證金或提供擔保。六、對採購有關人員行求、期約或交付不正利益。七、其他經主管機關認定有影響採購公正之違反法令行為。」

[81] 押標金保證金暨其他擔保作業辦法第9條第1項、第2項：「押標金之額度，得為一定金額或標價之一定比率，由機關於招標文件中擇定之。前項一定金額，以不逾預算金額或預估採購總額之百分之五為原則；一定比率，以不逾標價之百分之五為原則。但不得逾新臺幣五千萬元。」

[82] 最高法院108年度台上字第1006號民事判決：「按預約係約定將來訂立一定契約（即本約）之契約。當事人對於本約重要之點已有合意，依其內容具有足以探知本約內容之可確定性，且約定將來訂立本約者，即屬有效預約。至於當事人尚未達成合意之其他非重要之點，得於預約中約定將來繼續協商並訂立本約，並不影響預約之效力。」

是定作人經由經減價、比減價或協商之決標，其所成立者，應認係屬於預約，仍須於嗣後書面契約內容確認並經簽訂者，始得謂該工程承攬之本約業已成立。如此，較符合一般招標文件規定得標人於得標後，需在一定期間爲書面契約簽訂之意定要式契約的意旨。

第三項　預約未履行之效果

如前所述，在工程承攬招標，於工作要約人即定作人，在決標程序對該承攬要約爲承諾時，該工程承攬契約之預約即已成立。此時，定作人即得請求得標人於規定或約定之期間內，履行締結該次招標公告所示標的之工程承攬契約之預約義務。若該確定得標人，未於規定或約定期間內履行契約締結之預約義務者，則定作人可因此對之請求債務不履行的損害賠償。

關於給付期間屆至，債務人拒絕履行給付之效果，國內學者有認爲：「於履行期屆至時之拒絕給付，此時應視同債務人給付不能之情形，不能強求債權人繼續等待。此時，認爲應如同債務人給付不能之情事，而債權人得主張類推適用第二百二十六條給付不能之規定，而主張債務不履行之損害賠償。」「於雙務契約時，債權人得類推適用第二百五十六條及第二百六十條對給付不能之規定，毋庸催告而逕行解除契約[83]。」

損害賠償，除法律另有規定或契約另有訂定外，應以填補債權人所受損害及所失利益爲限，民法第216條第1項有明文。要之，債權人因債務人之債務不履行，對債務人所得請求之損害賠償，應爲債務不履行而所受之損害，及因此所失之利益的填補[84]。於營建工程承攬實務，因預約之一方不履行預約義務，導致該次招標公告所示標的之工程承攬契約無法被締結情形，他方可能因此而遭受損害。然而，此因一方不履行預約義務，導致該次工程承攬契約未被締結，他方所受之損害與其所失利益，應爲如何之認定，攸關預約義務不履行之損害賠償的責任範圍，誠有釐清之必要。

在營建工程承攬之招標程序，該決標行爲所成立之預約，應屬於**雙務性質**

---

[83] 姚志明，債務不履行之研究（一）──給付不能、給付遲延與拒絕給付，自版，2004年8月，初版，頁289以下。

[84] 王澤鑑，損害賠償法之目的：損害填補、損害預防、懲罰制裁，月旦法學雜誌，第123期，2005年8月，頁207至219。

之預約。換言之，一旦業經定作人決標予得標人，此時之定作人與得標人，雙方均有履行預約之義務。國內營建工程實務上，不乏明文須於得標後一定期間為書面契約之簽訂，否則視為得標人放棄得標，或定作人得取消其得標資格之條款，嗣又主張於決標時契約即已經成立，書面契約簽訂之有無，並不影響契約成立之情形。前述情形之當事人，除有違禁反言原則之嫌外，亦應認係屬預約義務之違反。

觀諸國內營建工程承攬實務，違反預約義務履行之態樣不一，其中較常見者，係為得標人拒不簽約之情形。是以下就得標人未為契約簽訂情形，分別就損害填補之範圍，以及再次締約之限制等，探討預約未履行之效果的衡平。

第一款　損害填補之範圍

最高法院認為，所受損害，係指既存財產因該損害事實的發生，造成其之減少情形，又稱積極損害[85]。而所謂損害，乃財產上或其他法益上實際所生之不利益。如被害人（債權人）因損害之原因將受有實際之損失，而基於法律規範之評價足以認定其為法律所認許或保護之權益本身之損害，即應容許被害人請求賠償，不以被害人對於相當於該損失之財產已確實支付為必要。又行為人所造成之客觀存在事實，依社會一般觀念及經驗定則觀察，通常均有發生同樣損害之可能者，該行為與損害間即有因果關係[86]。

觀諸國內營建工程承攬實務，定作人幾乎皆在投標須知或其他招標文件內容，明文以押標金作為得標人不為書面契約簽訂之代價。而押標金之數額，通常為數不斐[87]。且於發生押標金沒收或追繳之情形，亦不得主張酌減。惟本文以為，在發生得標人不為書面契約簽訂情形，其應屬於預約義務之違反，而非程序上秩序的破壞。是得標人不為書面契約簽訂之賠償範圍，仍應以定作人因

---

[85] 原最高法院52年台上字第2139號民事判例：「損害賠償，除法律另有規定或契約另有訂定外，不僅須填補債權人所失利益（即消極損害），並須填補債權人所受損害（即積極損害），民法第二百十六條規定甚明。」

[86] 最高法院104年度台上字第799號民事判決。

[87] 押標金保證金暨其他擔保作業辦法第9條：「押標金之額度，得為一定金額或標價之一定比率，由機關於招標文件中擇定之。前項一定金額，以不逾預算金額或預估採購總額之百分之五為原則；一定比率，以不逾標價之百分之五為原則。但不得逾新臺幣五千萬元。採單價決標之採購，押標金應為一定金額。」

他方預約義務不履行之所受損害，以及所失利益的完全填補為已足。

一、所受損害

在國內營建工程承攬實務，當定作人或招標人，於決標程序確定得標人時，該次工程承攬契約之預約業已成立。此時，該確定得標人有履行預約內容之義務，即按預約內容依所訂之期日，與定作人締結工程契約之義務。今如發生該確定得標人預示不履行該次工程契約之締結，或在所定締約期日經過，仍未履行該次工程契約締結義務情形。於工程承攬招標之當事人交易習慣，該定作人通常會與次低標、次合理標或次有利標之投標人，按原確定得標人之得標價額為基準，以減價、比減價或協商等方式，與該次低標、次合理標或次有利標之投標人，締結該次工程承攬契約[88]。

今需討論者，在前述實務當事人之交易習慣下，確定得標人不履行預約之本約締結義務，預約債權人即定作人因此所受之損害，究係為何。

本文以為，在前述定作人與次低標、次合理標或次有利標之投標人，按原確定得標人之投標價為標準，以減價、比減價或協商等方式，與該次低標、次合理標，或次有利標之投標人締結該次工程契約情形，定作人因確定得標人因此所受之損害範圍，應係在於其與次低標、次合理標或次有利標之投標人締結契約時，再次所為付出之時間、人員出席與相關費用等。

原最高法院48年度台上字第1934號民事判例之見解認為，在承攬之工程違約未予完成，應另行標建，須多支付酬金者，並非謂房屋如已完成可獲轉售之預期利益，因承攬人違約而受損失，定作人請求賠償者，最高法院認為屬一種積極損害，係在定作人所受之損害範圍[89]。如按前述最高法院之見解，則該再

---

[88] 政府採購法第58條：「機關辦理採購採最低標決標時，如認為最低標廠商之總標價或部分標價偏低，顯不合理，有降低品質、不能誠信履約之虞或其他特殊情形，得限期通知該廠商提出說明或擔保。廠商未於機關通知期限內提出合理之說明或擔保者，得不決標予該廠商，並以次低標廠商為最低標廠商。」

[89] 原最高法院48年度台上字第1934號民事判例之裁判要旨：「民法第二百十六條第一項所謂所受損害，即現存財產因損害事實之發生而被減少，屬於積極的損害。所謂所失利益，即新財產之取得，因損害事實之發生而受妨害，屬於消極的損害。本件被上訴人以上訴人承攬之工程違約未予完成，應另行標建，須多支付如其聲明之酬金，並非謂房屋如已完成可獲轉售之預期利益，因上訴人違約而受損失，是其請求賠償者，顯屬一種積極損害，而非消極損害。」

次締約之報酬，與原決標之工作報酬的增加部分，應認屬定作人固有利益之積極損害。

綜上，前述定作人與次低標、次合理標，或次有利標之投標人締結契約情形，定作人因此再次所為付出之時間、人員出席與相關費用，以及該再次締約之報酬，與原決標之工作報酬的增加部分等，均可認屬定作人固有利益之所受損害的範疇。除前述外，因預約義務不履行，所致該預約債權人即定作人之積極損害，或無其他。換言之，除定作人為前述之再次締約所付出之時間、人員之出席與相關費用，以及該再次締約之報酬，與原決標之工作報酬的增加部分等外，定作人之固有財產，因該原確定得標人不為契約之簽訂，而造成再另為積極減少者，似乎極微。

二、所失利益

所謂所失利益，係指新財產之取得，因損害事實之發生而受妨害，又稱消極損害[90]。且此一所失利益，係指依通常情形，或依已定之計畫、設備或其他特別情事，可得預期之利益[91]。於預約一方當事人，未履行其預約之本約締結義務，而有損害發生時，其應為損害賠償者，仍應以債權人因此所受之損害，及因此所失之利益，為其損害賠償之範圍[92]。

在定作人因原確定得標人未履行該次工程契約締結義務，其再次締約之承攬報酬的增加部分，屬定作人固有財產之積極損害，前已述及。是前述再次締

---

[90] 最高法院101年度台上字第376號民事判決：「按民法第216條第1項，損害賠償，除法律另有規定或契約另有訂定外，應以填補債權人所受損害及所失利益為限。該項所謂所失利益，係指新財產之取得，因損害事實之發生而受妨害之消極之損害而言。」

[91] 參閱民法第216條之立法理由。

[92] 最高法院107年度台上字第507號民事判決：「按預約當事人一方不履行訂立本約之義務負債務不履行責任者，他方得依債務不履行相關規定請求損害賠償，賠償範圍包括所受損害及所失利益。所謂所失利益包括依預約可得預期訂立本約而獲履行之利益。被上訴人於簽立系爭協議後，將系爭六戶房屋出售，應負不能成立本約之債務不履行責任，為原審所確定。原審亦認預約之買賣標的為系爭六戶房屋及價金已為特定。則上訴人主張系爭六戶房屋現市價每坪約達33萬元，較上開預定售價高達7至9萬元，伊因被上訴人不履行預約，受有以每坪3萬元差額計付之損害云云，並提出新建大樓各層銷售金額及價差表等為證〔見原審更（二）卷第82-84頁，更（一）卷38-40頁、151頁，一審卷（一）第60頁、93-96頁〕，似非全然無稽。」

約之承攬報酬的增加部分，即非屬所失利益之範疇。

　　除前述再次締約之承攬報酬的增加部分外，於締約期日屆至前，得標人預告或明示不履行該次工程契約之締結，或在締約期日經過，仍未履行該次工程契約締結義務情形，極易造成定作人之無瑕疵工作的取得，以及如期完竣工作之使用期間利益的不確定。

　　本文以為，前述定作人之無瑕疵工作的取得，以及能否如期完竣之工作使用期間利益等，亦應不在所失利益之範疇。蓋無瑕疵工作的取得，係定作人本於承攬關係之權利，屬於實際施作之承攬人的責任，要非專屬於該未締約之原得標人的義務。另在能否如期完竣工作，仍屬實際施作之承攬人的責任，亦非專屬於該未締約之原得標人的義務。再者，在原確定得標人預示或拒絕締結契約時，定作人通常即會通知次低標、次合理標或次有利標之投標人，與之磋商締結該次工程契約，其二者間之閒置天數，可謂極少。且對於前述該二者間之天數閒置浪費的危險，定作人係可為控制之人。亦即，在得標人拒絕履行預約義務之契約締結情形，定作人之所失利益，僅在定作人與該次低標、次合理標或次有利標之投標人締結該次工程契約之承攬報酬，與決標時該原確定得標人之承攬報酬所產生之報酬價差部分。

　　綜上，在得標人拒絕履行預約義務情形，該次工程承攬之承攬條件、標的完成之使用利益，及標的可為使用之期間利益，應不包括在內。畢竟，參與該次程序之各投標人，其對於預約成立之機會，均應有實質上的平等。該次承攬標的完成的使用利益，亦不應因不同之得標人為本約之締結，而發生相異之變化。至於工作可為使用的期間利益，係取決於實際施作之承攬人的履約狀態，屬於無法預測之不可控制的變動因素。因此，不能將該無法預測之不可控制的變動因素，列入預約義務不履行之債權人的所失利益範圍。蓋該另為締約之承攬條件，應與原確定得標人之承攬要約條件相同，始符合程序公平原則。

第二款　再次締約之限制

　　在契約自由原則下，除法律別有規定外，當事人對於契約之締結與否、締約之方式、締結之相對人、契約之內容，以及對於契約之變更或廢棄等，均得自由為之，而無須受到限制。

　　在發生確定得標人預示不履行該次工程契約之締結，或在所定締約期日經過，仍不為該次工程契約締結情形，定作人為達成該次程序開啟之目的，即得

就該相同之工作範圍，與第三人締結工程承攬契約。基於程序經濟原則，前述情形應可贊同。

惟就再次締約之報酬數額差價的危險，定作人係為接近該危險，亦具有控制該危險之能力者，而能以最小範圍之差價，以及最有效方式，排除該再次締約所生之危險。例如，任由原得標人以外之任一廠商為報酬之提出，定作人即以該廠商之報價為基礎，並與之締結工程契約，放任該再次締約之差價危險的發生與擴大，並將之轉嫁予原得標人是。因之，定作人之再次締約的自由，在合理範圍之內，對於締約相對人的選擇與締約之方式等，應受到部分之限制，始符合當事人程序利益之衡平。

一、締約相對人選擇之限制

國內營建工程承攬實務，如發生確定得標人預示不履行該次工程契約之締結，或在所定締約期日經過，仍不為該次工程契約締結情形，於工程承攬招標實務上之習慣，該定作人通常會與次低標、次合理標或次有利標之投標人，按原確定得標人之得標價額為基準，以減價、比減價或協商等方式，與該次低標、次合理標或次有利標之投標人，締結該次工程承攬契約，前已述及。而實務上之此一習慣，對於再次締約之成本經濟，以及參與同一招標程序之廠商的締約期待，殊值合理可取。

是於原得標人不為本約締結，定作人因此而需與他人再次締約情形，則該他人，應以參與原招標程序之次低標、次合理標或次有利標之投標人，為優先締約之適格廠商。如定作人不依循前述之與該次低標、次合理標或次有利標之投標人締結該次工程承攬契約之習慣，而任意與前述以外之第三人締結契約者，應可認該定作人之行為，與誠信原則相違背。換言之，基於程序當事人利益之衡平與危險分配合理化之原則，定作人再次締約之相對人的選擇自由，應受到限制。

二、締約方式之限制

除前述定作人與該次低標、次合理標或次有利標之投標人，締結該次工程承攬契約，對於再次締約之成本經濟，以及參與同一招標程序之廠商的締約期待外，基於程序正義與公平競爭原則，定作人不得與任一廠商為直接締約，仍應比照無廠商得標情形，經由減價、比減價或協商等正當程序，作為再次締結

之方式，並以原確定得標人之得標價額，作為決標之底價，或以之為再次締約之報酬數額的依據。

　　如定作人因原得標人不為書面契約之締結，而由其他廠商為報酬數額之任意提出，並以之作為再次締約之基礎，且將其報酬差額部分即所失利益，轉嫁予原得標人負擔者，恐有權利濫用之情形，亦難謂無定作人圖利該再次締約廠商之嫌[93]。是基於當事人程序上利益之衡平，於再次締約情形，定作人仍應盡其程序上之善意，避免該再次締約危險的擴大。亦即，在程序正義、公平競爭予當事人利益之衡平，以及危險之合理控制的原則下，定作人再次締約方式之自由，應受到限制。

　　綜上，本文以為，就再次締約情形，定作人係為該危險之控制者，而能以最低代價，以及最有效方式，排除或降低該再次締約所生差價之危險，與損害擴大的防免。要之，在發生原得標人業已預示不履行該次工程契約之締結，或在所定締約期日經過，仍不為該次工程契約締結情形，定作人在締約相對人的選擇與締約方式等自由，於合理範圍內，應受到部分之限制。定作人不得僅以程序經濟為由，即恣意或放任工作報酬之價差範圍擴大，並將該價差部分轉嫁予原得標人。如此，始能在程序經濟與當事人程序上利益二者之間，取得個案之利益衡平。

第三節　書面契約之簽訂——本約的成立

　　承攬契約，按民法第490條第1項[94]之明文，一方為他方完成一定之工作，他方俟工作完成，給付報酬者謂之。關於承攬關係之書面契約簽訂的性質，司法實務上有見解認為，依民法第490條第1項規定，並無明文承攬須依一定方式為之，故該書面契約之簽訂，非為契約成立之要件[95]。

---

[93] 國內營建工程承攬實務上，無論在締約階段，或係在履約期間，因再次締約之價差的責任轉嫁，而令定作人與再次締約廠商因此獲利情形，並非罕見。惟該部分不在本文探討之範圍。

[94] 民法第490條第1項：「稱承攬者，謂當事人約定，一方為他方完成一定之工作，他方俟工作完成，給付報酬之契約。」

[95] 最高法院110年度台上字第2797號民事判決：「按承攬契約，係當事人約定，一方為他方完成一定之工作，他方俟工作完成，給付報酬之契約，法無須以書面始得成立承

惟觀諸營建工程承攬實務上交易習慣，沒有書面契約作爲依據，而僅以當事人之合意，即爲該次工程承攬契約之成立與實質履約者，殊難想像。然在營建工程承攬實務，當事人因書面契約未簽訂，進而主張該次工程承攬契約成立與否而爲爭執者，則不乏有之。職是，對於契約給付內容繁瑣複雜、履約期間漫長，以及工作報酬數額龐大之營建工程承攬而言，如就工程契約必要之點的製作，以及意定要式契約等角度觀之，前述司法實務關於工程承攬契約成立的見解，非無推研餘地。

是本節就契約必要之點的製作、意定要式契約，以及比較觀點等，分別逐一探討書面契約之簽訂與營建工程承攬契約成立之關係。

第一項　契約必要之點的製作

於營建工程承攬，該書面契約之簽訂，究應屬於該次工程承攬契約成立之要件，或僅係當事人作爲證據之用，尚無特別的討論。然而，該書面契約之性質的認定，直接造成當事人權利義務之重大影響。例如，實務上常見之廠商於得標後拒不簽約，即沒收押標金，並撤銷得標資格等是。

在國內工程承攬實務，於公開招標程序，或有定作人將其預擬之制式空白契約書作爲招標文件之一，以提供領標人預爲閱覽。前述情形，領標人雖得預覽該定作人預擬制式之空白契約書，惟仍須於確定得標後之一定期間內，製作該契約書之完整內容，嗣再與定作人簽訂而爲該契約完整內容之製作完成。其中，需當事人親自製作及作爲契約內容之附件部分，均須以該經決標確定最終報酬數額爲基礎，再由得標人改動其原來投標文件之各款表單的分項內容，以符合決標之報酬數額，並成爲該契約之內容。若非如此，則原來投標文件內容之各分項報酬數額的總和，即與該最後確定之報酬數額相左。然該由當事人改動原來得標文件內容，始得簽訂並成爲契約內容部分，係涉及工作之給付範圍（例如經協商程序爲決標，而有部分工作範圍變動情形）與工作報酬之數額（例如經減價、比減價或協商程序爲決標，而決標之報酬數額，與得標人之原投標文件所列數額相異情形是）。

前述之工作範圍與報酬數額，均爲工程契約的必要之點。要之，於定作人

攬契約之明文，自應適用民法第153條第1項規定，於當事人互相表示意思一致，無論其爲明示或默示，契約即爲成立。」

決標時，發生係涉及工作之給付範圍的變動，或該決標之報酬數額與得標人之原投標文件所列數額相異情形，則當事人對其二者範圍的確定（決標），僅係作爲將來本約訂定之張本，仍需待當事人將其二者之詳細內容製作完成，始得謂該次工程契約之本約業已成立。蓋在當事人對於必要之點的改動內容爲最終確定前，契約（本約）尚未成立。

今以前述該經決標確定最終報酬數額爲基礎，再由得標人改動其原來投標文件之分項內容，以符合該最終確定之報酬數額情形爲例，如於該次工程契約關係存續中，尚未竣工前，發生契約解除或終止之情形，當事人必須對於已經施作之部分爲結算。然而，此種情形之結算，在工作給付數量並無爭執之前提下，其報酬數額的計算，究係以得標人原投標文件所列之單價爲計算基礎，或係以其改動原來投標文件後之分項內容爲計算基礎，恐非無疑。國內工程實務上，或有定作人以其決標之報酬數額，與得標人原投標文件所列報酬總額二者之除數的百分比，作爲分部給付或未竣工之工作報酬數額的計算乘數。然此種計算方式，無非係以定作人之意思強行爲概括計價，而不顧承攬人以其專業所爲的成本計算、危險控制與利潤分配。此一情形，除極易造成當事人之爭執外，亦不符當事人契約上利益的衡平。舉例而言，在建築改良物之新建工程，結構體之主要材料（鋼筋、鋼構、模板及混凝土）的單價、設備機械、勞務工資與運輸費用等，分別輕重契約成本之比例，且其各自之占比明顯懸殊，如將主要材料的單價、設備機械、勞務工資、運輸費用與管理利潤等，一概以同一百分比作爲乘數而計算前述費用，則造成主要材料費用被削減之數額部分，可能超過管理利潤之總額，顯然非常不利益於該得標人。

綜上，本文以爲，應將決標之確定得標的意思表示，認係該次工程契約之預約的成立，須經預約當事人再爲本約之締結，始可謂該次工程契約之本約業已成立。如吾人所認識者，所謂預約是指與本約相對的概念。預約之本旨，即預定將來成立一定契約的契約。而該預約義務的履行，即爲本約之締結，而非將來本約所定內容的實現，此觀諸國內司法實務關於預約與本約所涉案例之見解[96]，不難明瞭。是在決標內容與得標人之原投標文件，發生工作範圍或報酬

---

[96] 原最高法院64年台上字第1567號民事判例之裁判要旨：「預約係約定將來訂立一定契約（本約）之契約。倘將來係依所訂之契約履行而無須另訂本約者，縱名爲預約，仍非預約。本件兩造所訂契約，雖名爲『土地買賣預約書』，但除買賣坪數、價金、繳納價款、移轉登記期限等均經明確約定，非但並無將來訂立買賣本約之約定，且自第

數額相異情形，該定作人之決標，應認僅係對於工作範圍與報酬的預爲同意，係爲預約之成立，仍需待當事人製作契約必要之點，始可謂本約業已成立。

第二項　意定要式契約

按民法第490條第1項之規定，承攬契約並非要式契約，前已述及。惟若當事人約定需爲書面契約之簽訂者，此時之書面契約的性質，應認係意定要式契約之性質。無論係國內或國外，於營建工程承攬實務上，由當事人一方預擬規定，或經由雙方約定，該次工程承攬契約需以書面形式爲之者，幾乎係交易常態。反之，營建工程承攬不以書面形式之契約爲之者，實屬罕見。

在國內工程承攬實務，於當事人適用政府採購法情形，必須以行政院公共工程委員會製作頒布之投標須知範本以及工程採購契約範本，作爲程序與履約之操作依據。即便當事人不在政府採購法適用之列情形，亦多以前述之投標須知範本及工程採購契約範本，作爲投標須知及工程採購契約之規範與約款製作的範本或依據，合先敘明。

第一款　投標須知範本

在國內營建工程承攬實務，於當事人適用政府採購法情形，則該次招標文件之一的投標須知，須以行政院公共工程委員會頒布之投標須知範本爲製作依

三條以下，均爲雙方照所訂契約履行之約定，自屬本約而非預約。」最高法院108年度台上字第2312號民事判決：「按當事人訂立之契約，究爲本約或係預約，應就當事人之意思定之，當事人之意思不明或有爭執時，應通觀契約全體內容是否包含契約之要素，及得否依所訂之契約即可履行而無須另訂本約等情形決定之。倘將來無法依所訂之契約履行而須另訂本約者，縱名爲本約，仍屬預約。兩造就系爭備忘錄究屬預約或本約有爭執，原審認定兩造所訂系爭備忘錄就合建之土地、資金、分屋比例、搬遷費用及房租補償等雖有約定，惟就工期、建物之構造、建材及設備，合建完成後土地及建物之點交、移轉等一般合建房屋契約之重要事項均未約定，且約定須另訂合建契約以補充之，可見兩造無從逕依系爭備忘錄履行合建義務，而須另訂合建契約本約以爲履約之依據，因認系爭備忘錄屬預約，並未違背法令。又原審係依系爭契約第6條第1項後段、第3項之約定及證人鄧鵬之證詞，認定兩造須另訂合建約本約作爲履約之依據，非謂系爭備忘錄第6條第1項後段之約定，係兩造成立合建契約之停止條件，上訴人執此指摘原判決違背法令，顯有誤會。」

據。前述投標須知範本第55點第1項第4款，即明文得標後拒不簽約者，定作人得沒收或追繳投標人所提出之押標金[97]。

由前述投標須知範本第55點第1項第4款之明文，應認此一得標後之書面契約的簽訂，非僅屬當事人保留證據之用，而係如同本文所云之預約義務的履行，即本約的締結。在前述預擬條款之「得標後一定期間簽訂書面契約」的解釋下，尚難認在該書面契約未簽訂前，僅因該預擬契約條款之一方，就工作範圍及報酬數額之先為擬定的決標意思表示，即謂該次工程承攬契約之本約業已成立。若非如此，則該書面契約之簽訂與否，應無由成為當事人財產上巨大變動[98]的原因事項。

第二款　工程採購契約範本

觀諸國內工程承攬實務，在該次承攬標的工作為營造建築工程者，幾乎均有書面契約之簽訂。僅該書面契約之內容，或為簡要，或為繁瑣，而該書面契約內容，無論係為簡要或繁瑣複雜，其內容所記載者，均為當事人契約上之權利義務等事項，事涉當事人之履約利益或固有利益的變動。要之，營建工程承攬關係存續，卻無書面契約情形，殊難想像。

如該工程承攬適用政府採購法者，則該工程契約，必須以行政院公共工

---

[97] 投標須知範本（112.6.30版）五十五、廠商有下列情形之一者，其所繳納之押標金，不予發還；其未依招標文件規定繳納或已發還者，並予追繳：（無需押標金之案件免列）
（一）以虛偽不實之文件投標。
（二）借用他人名義或證件投標，或容許他人借用本人名義或證件參加投標。
（三）冒用他人名義或證件投標。
（四）得標後拒不簽約。
（五）得標後未於規定期限內，繳足履約保證金或提供擔保。
（六）對採購有關人員行求、期約或交付不正利益。
（七）其他經主管機關認定有影響採購公正之違反法令行為者。
前項追繳押標金之情形，屬廠商未依招標文件規定繳納者，追繳金額依招標文件中規定之額度定之；其為標價之一定比率而無標價可供計算者，以預算金額代之。
[98] 押標金保證金暨其他擔保作業辦法第9條：「押標金之額度，得為一定金額或標價之一定比率，由機關於招標文件中擇定之。前項一定金額，以不逾預算金額或預估採購總額之百分之五為原則；一定比率，以不逾標價之百分之五為原則。但不得逾新臺幣五千萬元。採單價決標之採購，押標金應為一定金額。」

程委員會製頒之工程採購契約範本爲締結。實務上，於非適用政府採購法之情形，當事人亦多以前述工程採購契約範本之條款內容，作爲契約製作或預擬條款之參考依據。參諸行政院公共工程委員會製作頒布此一工程採購契約範本的本意，應在規範當事人於工作與報酬之意思合致後，作爲契約成立之書面契約的簽訂，非僅將該契約範本的簽訂，作爲當事人專爲保存證據之用。

第三項　比較觀點

在比較觀點部分，觀諸國際諮詢工程師聯合會FIDIC標準契約條款2017 Red Book、中華人民共和國民法典建設工程合同，以及中華人民共和國招標投標法實施條例等，亦可從其中之約款內容或法規明文，得知在工程承攬，該書面工程契約之性質，非僅爲當事人間用於保留證據之用。

第一款　國際諮詢工程師聯合會FIDIC標準契約條款2017 Red Book

國際諮詢工程師聯合會FIDIC標準契約條款2017 Red Book，在其第1條之一般條款的第1.6條約款第1項內容，即指出除當事人另有約定外，應在承包商收到得標通知書後35日內簽署契約協議。契約協議，應以專用條件所附的格式爲基礎。與簽訂契約協議有關之法律規定的印花稅以及類似費用（如果有），應由定作人承擔。同條第2項則說明，如果承包商由合資企業組成，則合資企業各成員的授權代表應簽署契約協議[99]。

---

[99] FIDIC 2017 Red Book

General Provisions

§ 1.6 Contract Agreement

The Parties shall sign a Contract Agreement within 35 days after the

Contractor receives the Letter of Acceptance, unless they agree otherwise. The Contract Agreement shall be based on the form annexed to the Particular Conditions. The costs of stamp duties and similar charges (if any) imposed by law in connection with entry into the Contract Agreement shall be borne by the Employer.

If the Contractor comprises a JV, the authorised representative of each member of the JV shall sign the Contract Agreement.

第1.6條 契約協議

　　參諸前述國際諮詢工程師聯合會FIDIC標準契約條款2017 Red Book第1.6條約款明文，應可知在國際間之工程承攬實務交易習慣，書面契約之簽訂係屬於意定要式契約的一種。換言之，在國際工程承攬實務，於當事人採用國際諮詢工程師聯合會FIDIC標準契約條款情形，除當事人以特約排除契約協議之簽訂外，該書面契約協議的簽訂，係當事人所必須遵守履行的義務。

第二款　中華人民共和國民法典

　　關於建築工程之書面契約，規定於中華人民共和國民法典第三編合同，第二分編典型合同之第十八章建設工程合同，其中第789條即明文建設工程合同，應當採用書面形式[100]。由此一中華人民共和國民法典建設工程合同的規定明文，可知在與我國營建工程背景及實務交易習慣相似之中華人民共和國的建設工程契約，係法定之要式契約。亦即，在適用中華人民共和國民法典情形，該建設工程承攬之書面契約的簽訂，係法定之契約成立的方式，顯非僅為當事人保留證據之用。

第三款　中華人民共和國招標投標法實施條例

　　除前述中華人民共和國民法典外，中華人民共和國招標投標法實施條例第57條第1款，亦明文招標人和中標人應當依照招標投標法和本條例的規定簽訂書面合同，且該合同的標的、價款、品質、履行期限等主要條款，應當與招標文件和中標人的投標文件內容一致。此外，招標人和中標人不得再行訂立背離合同實質性內容的其他協定[101]。

　　除非當事人另有約定，否則應在協議承包商收到得標通知書35日內簽署契約。契約協議應以專用條件所附的格式為基礎。與簽訂契約協議有關的法律規定的印花稅和類似費用（如果有）應由定作人承擔。

　　如果承包商由合資企業組成，則合資企業各成員的授權代表應簽署契約協議。

[100] 中華人民共和國民法典第789條：「建設工程合同應當採用書面形式。」

[101] 中華人民共和國招標投標法實施條例第57條：「招標人和中標人應當依照招標投標法和本條例的規定簽訂書面合同，合同的標的、價款、質量、履行期限等主要條款應當與招標文件和中標人的投標文件的內容一致。招標人和中標人不得再行訂立背離合同實質性內容的其他協議。招標人最遲應當在書面合同簽訂後5日內向中標人和未中標的投標人退還投標保證金及銀行同期存款利息。」

　　由前述中華人民共和國招標投標法實施條例第57條第1款規定可知，建築工程承攬契約在中華人民共和國，係屬於法定要式契約。且從其中之「合同的標的、價款、質量、履行期限等主要條款應當與招標文件和中標人的投標文件的內容一致」，亦可知定作人之招標文件，與中標人即確定得標人之投標文件二者，均受到要約與承諾拘束力之作用，且嗣後並成爲契約內容之一部。此外，該法定書面合同之簽訂，對於當事人在簽訂書面合同後，再爲背離合同實質性內容之其他協定，具有排除的作用。前述情形，有助於契約當事人契約上地位的安定，以及權利義務之明確。可見該書面合同之簽訂，在交易上的重要性。

第四項　本文觀點

　　本文以爲，在營建工程承攬書面契約之簽訂，應屬該營建工程承攬契約之本約的成立，非若前述司法實務所涉案例之見解，認爲營建工程承攬並非要式契約，於決標時即已經成立契約。以下就當事人之意定要式約定、契約必要之點的確定，以及法規適用之解釋等，逐一分述書面契約之簽訂，應屬營建工程承攬契約之本約的成立。

第一款　意定要式契約

　　在投標須知已經明文投標人於得標後，須在一定期日或期間內，爲定作人提供之一定形式書面契約簽訂者，應認該書面契約之簽訂，係爲當事人間所約定之要式行爲。此觀前述行政院頒布之投標須知範本第55點第1項第4款，於定作人決標後，仍需當事人爲該一定形式之書面契約簽訂的規定，應可作爲意定要式契約之論述依據。亦即，在投標須知已經明文投標人需於得標後，在一定期日或期間內爲書面契約簽訂者，應認該書面契約之簽訂，係爲當事人間所約定之要式行爲，即意定要式契約。

　　此外，觀諸前述比較觀點國際諮詢工程師聯合會FIDIC標準契約條款2017 Red Book第1.6條約款內容，簽署書面契約係爲工程承攬契約成立之要件，亦可得知在適用FIDIC標準契約條款2017 Red Book情形，書面契約的簽訂，係爲意定要式契約。另在中華人民共和國招標投標法實施條例第57條第1款規定，可知建築工程承攬契約在中華人民共和國，係屬於法定要式契約。

第二款　契約必要之點的確定

另在決標內容，與得標人之原始投標文件內容非爲一致情形，則該決標行爲，應認僅係當事人就工作及價金範圍的先爲預定，前已述及。

前述情形，須待當事人爲該約定形式之書面契約的簽訂，始爲該次工程承攬契約本約之成立。蓋決標內容與得標人之原始投標文件內容非爲一致，而需於決標後改動原始投標文件內容，始符合決標內容。該決標行爲，應認僅係當事人就工作及價金範圍的先爲擬定。亦即，當事人就工作及價金範圍先爲擬定之決標行爲，僅係爲將來本約成立之張本的預約，要不能謂前述情形之決標意思表示作成時，該工程承攬契約業已成立。仍需於決標後，經當事人爲該約定之書面契約的簽訂，該工程承攬契約始爲成立。

第三款　相關法規之解釋

有關經招標程序而成立之營建工程承攬，其書面契約簽訂之性質，現行法規並無明文。惟若從民法承攬一節，參諸關於法定承攬人抵押權之規定，以及政府採購法與土地登記規則之明文等，應可窺知一二。

一、民法第513條

承攬之工作爲建築物或其他土地上之工作物，或爲此等工作物之重大修繕者，承攬人得就承攬關係報酬額，對於其工作所附之定作人之不動產，請求定作人爲抵押權之登記，民法第513條第1項前段定有明文。觀其立法理由，立法者在其理由之第一點，即說明因原條文抵押權範圍，爲承攬人就承攬關係所生之債權，其債權額於登記時尚不確定，故修正爲以訂定契約時已確定之約定報酬額爲限。第五點亦說明，於承攬人單獨申請抵押權，或預爲抵押權登記之程序，應提出之證明文件及應通知定作人等詳細內容，宜由該管登記機關在登記規則內妥爲規定[102]。

---

[102] 民法第513條立法理由：「一、法定抵押權之發生，實務上易致與定作人有授信往來之債權人，因不明該不動產有法定抵押權之存在而受不測之損害，修正第一項爲得由承攬人請求定作人會同爲抵押權登記，並兼採『預爲抵押權登記』制度，因原條文抵押權範圍爲『承攬人就承攬關係所生之債權』，其債權額於登記時尚不確定，故修

前述立法理由之第一點，立法者既然以「訂定契約時」已確定之約定報酬額為限，作為承攬人就承攬關係所生之債權，其債權額於登記時尚不確定之修正理由，可見該理由中所謂訂定契約時，應係指書面契約訂定之時，而非定作人為決標之意思表示之時。

再者，該立法理由之第五點，既指出承攬人於其單獨申請抵押權，或預為抵押權登記之程序，應提出之證明文件及應通知定作人等詳細內容，並由該管登記機關在登記規則內妥為規定，則該所謂承攬人為登記時，必須為提出之證明文件及應通知定作人等詳細內容，應係指該次承攬之書面契約，而非為定作人之決標的意思表示。蓋決標文件，僅能說明該投標人具該次招標之得標人地位，亦無立法者所指之應為登記的詳細內容。且決標文件所列者，係得標人之程序上地位，與承攬人之契約上地位，尚未盡相同。而民法第513條明文之適格抵押權人，係為建築物，或其他土地上之工作物，或為此等工作物重大修繕工程契約之承攬人，而非該類建築物或其他土地上之工作物，或為此等工作物重大修繕工程招標之得標人。

是如該一方當事人僅具程序上之得標人地位，而尚未具備契約上之承攬人地位者，恐無法為民法第513條規定權利之行使。若否，如以前述司法實務所涉案例之見解，認為系爭工程承攬契約，於決標時即已經成立者，則於定作人作成決標之意思表示，並於該決標意思表示之受領人，為該決標之意思表示之受領時，該受領人應即得主張民法第513條之權利。如此情形，是否仍可謂之合理，非無商榷之餘地。

二、政府採購法

政府採購法第31條第2項第4款，明文得標廠商於得標後不為簽約者，定作

正為以訂定契約時已確定之『約定報酬額』為限。二、為確保承攬人之利益，爰增訂第二項，規定前項請求，承攬人於開始工作前亦得為之。三、承攬契約內容業經公證人作成公證書者，雙方當事人之法律關係自可確認，且亦足認定作人已有會同前往申辦登記抵押權之意，承攬人無庸更向定作人請求，爰增訂第三項。四、建築物或其他土地上之工作物，因修繕而增加其價值，則就因修繕所增加之價值限度內，因修繕報酬所設定之抵押權，當優先於成立在先之抵押權，始為合理，爰增訂第四項。五、單獨申請抵押權或預為抵押權登記之程序，應提出之證明文件及應通知定作人等詳細內容，宜由登記機關在登記規則內妥為規定。」

機關得因此沒收該得標廠商所繳納之押標金[103]。此一規定之法律效果，造成得標人財產上之重大變動。是應將其解為得標人未履行預約義務之效果，而非得標人未保留證據之代價。若非如此，如仍堅持認決標之意思表示即為契約之成立，毋寧承認於書面契約之簽訂僅係證據保存之用。如此一來，定作人得主張得標人所繳納之押標金不予發還，或未依招標文件規定繳納或已發還者，並予追繳之理由，即係因該得標人未履行證據保存之義務。

　　質言之，現行政府採購法第31條第2項第4款之得標後拒不簽約，應認係得標人之本約締結義務的違反，較符合是項擔保金擔保之旨。如將是項擔保金之旨，解釋為法律課以契約一方當事人保存證據之義務，恐非妥適。再者，以數額龐大之程序擔保性質的押標金，作為證據保存之義務履行的擔保，除不符其程序擔保之性質外，亦明顯違反比例原則，難謂公平合理。

三、土地登記規則

　　前述民法第513條立法理由第五點，明文單獨申請抵押權或預為抵押權登記之程序，應提出之證明文件及應通知定作人等詳細內容，宜由登記機關在登記規則內妥為規定。其中，所指宜由登記機關在登記規則內，妥為規定之登記規則者，即為土地登記規則。

　　按土地登記規則第117條規定，除承攬契約經公證者，承攬人得單獨申請登記，登記機關於登記完畢後，應將登記結果通知定作人外，承攬人亦應提出相關證明文件，並會同定作人申請之[104]。其所指之相關證明文件，為建築執照或其他建築許可文件，以及登記證明文件與他項權利證明書[105]。前述應提出之

---

[103] 政府採購法第31條第2項：「廠商有下列情形之一者，其所繳納之押標金，不予發還；其未依招標文件規定繳納或已發還者，並予追繳：一、以虛偽不實之文件投標。二、借用他人名義或證件投標，或容許他人借用本人名義或證件參加投標。三、冒用他人名義或證件投標。四、得標後拒不簽約。……」

[104] 土地登記規則第117條：「承攬人依民法第五百十三條規定申請為抵押權登記或預為抵押權登記，除應提出第三十四條及第四十條規定之文件外，並應提出建築執照或其他建築許可文件，會同定作人申請之。但承攬契約經公證者，承攬人得單獨申請登記，登記機關於登記完畢後，應將登記結果通知定作人。承攬人就尚未完成之建物，申請預為抵押權登記時，登記機關應即暫編建號，編造建物登記簿，於標示部其他登記事項欄辦理登記。」

[105] 土地登記規則第34條：「申請登記，除本規則另有規定外，應提出下列文件：一、登

證明文件，除該承攬契約已經公證，而無須為他項權利證明書之提出外[106]，如有該等證明書之欠缺者，登記機關應不予登記。質言之，欲為是項權利登記之當事人，應提出能明確權利義務之證明文件，始得令該管登記機關為正確之權利義務的記載。

再觀諸土地登記規則，明文登記機關應備登記之書、表、簿、冊、圖、狀等[107]，亦可推知如當事人僅提出決標文件者，恐不具備登記要件。蓋即便定作人將其決標之意思表示，作成書面之決標文件，該決標文件所載內容，亦僅能為他方當事人在程序上，取得得標人地位的證明，而無法為當事人系爭契約上之權利義務的說明。是當事人仍應為書面契約之提出，始具備抵押權登記之要件。如此一立論為真，則在承攬關係，當事人書面契約之簽訂，始為契約上之權利行使與義務負擔之開始。

綜上，本文以為，在招標文件內容，已經明文得標後當事人需為書面契約簽訂者，或當事人明確約定於得標後須為書面契約簽訂者，除有相反之約定外，應認該書面契約之簽訂，係為意定之要式行為，並應認該書面契約簽訂的完成，係該次工程契約之成立要件。是應將該書面契約之簽訂完成，認係該次工程契約本約之成立。要之，若當事人明確約定其契約須用一定方式，而非以

記申請書。二、登記原因證明文件。三、已登記者，其所有權狀或他項權利證明書。四、申請人身分證明。五、其他由中央地政機關規定應提出之證明文件。前項第四款之文件，能以電腦處理達成查詢者，得免提出。」

[106] 土地登記規則第35條：「有下列情形之一者，得免提出前條第一項第三款之文件：一、因徵收、區段徵收、撥用或照價收買土地之登記。二、因土地重劃或重測確定之登記。三、登記原因證明文件為法院權利移轉證書或確定判決之登記。四、法院囑託辦理他項權利塗銷登記。五、依法代位申請登記。六、遺產管理人之登記。七、法定地上權之登記。八、依原國民住宅條例規定法定抵押權之設定及塗銷登記。九、依土地法第三十四條之一第一項至第三項規定辦理之登記，他共有人之土地所有權狀未能提出。十、依民法第五百十三條第三項規定之抵押權登記。十一、依本規則規定未發給所有權狀或他項權利證明書。十二、祭祀公業或神明會依祭祀公業條例第五十條或地籍清理條例第二十四條規定成立法人，所申請之更名登記。十三、其他依法律或由中央地政機關公告免予提出。」

[107] 土地登記規則第14條：「登記機關應備下列登記書表簿冊圖狀：一、登記申請書。二、登記清冊。三、契約書。四、收件簿。五、土地登記簿及建物登記簿。六、土地所有權狀及建物所有權狀。七、他項權利證明書。八、地籍圖。九、地籍總歸戶冊（卡）。十、其他必要之書表簿冊。」

該方式作為保全契約之證據為目的，其意思已明顯者，即應認係屬契約成立之要件[108]。亦即，在當事人一方於招標文件規定，或雙方明確約定須於得標後簽訂書面契約情形，該營建工程契約本約之成立，應為書面契約簽訂之時，而非定作人作成決標之意思表示之時。是在當事人未完成書面契約之簽訂前，該工程契約之本約，尚未成立。

　　除前述外，觀諸國內營建工程承攬實務，招標文件內容規定得標廠商，須於決標後一定期間內開工，已是交易上多年之常態習慣。是僅憑決標後締約前之開工、施作準備，或人員、機具、材料等進場之事實行為，應無法作為契約業已成立或生效之立論依據。解釋契約，固須探求當事人立約時之真意，不能拘泥於契約之文字，但契約文字業已表示當事人真意，無須別事探求者，即不得反捨契約文字而更為曲解，此為司法實務向來一致之見解。因之，如當事人因書面契約未簽訂，各自主張契約成立或不成立而有所爭執者，承審法院應不得恝置當事人之約定而不問，僅以一方於得標後，書面契約簽訂前之進場或施作準備等事實行為，作為強行解釋契約成立之依據，並因此改變當事人之法律關係，始不違反私法自治之精神。亦即，如對於該營建工程契約是否已經成立或生效，當事人有所爭執者，應綜合觀察當事人之約定、業內交易習慣，以及進場施作之本意等各種因素，並以之為判斷的基礎。

第四節　締約條件之變更

　　一個完整之工程契約關係，原則上包括契約締結前置程序、契約締結與契約履行。而不論係在締約前置程序、契約締結、契約履行，乃至後契約義務等各個階段，均可看到圖說的存在。要之，圖說可認係屬於締約基礎之一。

　　觀諸國內營建工程實務，在經由招標程序而成立契約情形，定作人於確定得標人之後，在契約締結前，為原圖說變更之情形，並非罕見。然而，前述定

---

[108] 原最高法院28年滬上字第110號民事判例：「契約當事人約定其契約須用一定之方式者，在該方式未完成前，推定其契約不成立，固為民法第一百六十六條所明定。但當事人約定其契約須用一定之方式，有以保全其契約之證據為目的者，亦有為契約須待方式完成始行成立之意思者，同條不過就當事人意思不明之情形設此推定而已，若當事人約定其契約須用一定方式，係以保全契約之證據為目的，非屬契約成立之要件，其意思已明顯者，即無適用同條規定之餘地。」

作人於契約締結之際，以變更之圖說替代原圖說爲提出者，究應認係程序當事人之契約締結條件的片面變更，抑或屬於契約內容之變更，非無疑問。前述情形，事涉程序上利益之變動，例如，因一方變更締約條件致契約未能締結，或締結不利益契約之危險。此外，在決標已經成立契約情形，則於書面契約締結時，一方以相異於決標之圖說爲提出者，或可認係單方片面變更契約內容，則因此造成他方無預知之契約上權利義務的變動。在權利義務對稱原則下，於定作人利益所需之圖說變更，與得標人安定之締約期待二者間，究應如何分配程序上不安定之危險，以及調整契約上之權利義務，實爲重要議題。

是本節就圖說之法律性質，以及締約時變更圖說之相關議題，分別就國內實務、比較觀點與本文觀點等，逐一說明。

第一項　圖說之法律性質

營造建築工程承攬實務中，設計或施工之藍晒圖說（drawings，以下簡稱圖說），係爲營建工程承攬之根本。在國內營建工程承攬之交易習慣，除統包性質之統包承攬，圖說係由統包承攬人爲設計及提出外[109]，圖說多係由定作人所提供[110]。本文僅就定作人提供圖說情形，作爲探討議題之標的，合先敍明。

自定作人開啓締約前置程序開始，歷經契約存續期間，至後契約關係，圖說始終存在，其作用可謂貫穿完整之工程契約。蓋不論係該次工程承攬之施工期間、施作材料的種類與數量、承攬施作的工種、施作工法、承攬報酬數額計

---

[109] 統包實施辦法第3條：「機關以統包辦理招標，其併於同一採購契約辦理招標之範圍如下：一、工程採購，含細部設計及施工，並得包含基本設計、測試、訓練、一定期間之維修或營運等事項。二、財物採購，含細部設計、供應及安裝，並得包含基本設計、測試、訓練、一定期間之維修或營運等事項。」第6條：「機關以統包辦理招標，除法令另有規定者外，應於招標文件載明下列事項：一、統包工作之範圍。二、統包工作完成後所應達到之功能、效益、標準、品質或特性。三、設計、施工、安裝、供應、測試、訓練、維修或營運等所應遵循或符合之規定、設計準則及時程。四、主要材料或設備之特殊規範。五、甄選廠商之評審標準。六、投標廠商於投標文件須提出之設計、圖說、主要工作項目之時程、數量、價格或計畫內容等。」

[110] 工程採購契約範本（112.11.15修正）第1條 契約文件及效力
（九）機關應提供＿份（由機關於招標時載明，未載明者，爲1份）設計圖說及規範之影本予廠商，廠商得視履約之需要自費影印使用。除契約另有規定，如無機關之書面同意，廠商不得提供上開文件，供與契約無關之第三人使用。

算，以及瑕疵的認定與擔保或保固範圍等，均須以該等圖說為根據[111]。亦即，定作人之程序開啓、投標人之程序參與，以及契約之締結、契約目的之達成，若無圖說為據，根本不能實現。質言之，在營建工程承攬，圖說係重要資料訊息之一，亦係當事人締約條件及履約依據之所在，鮮少能見例外。

　　除前述外，就國內營建工程承攬實務，於當事人發生履約爭議時，例如該次工程承攬之漏項工程報酬計算，或定作人指示錯誤情形，該等圖說亦作為契約解釋以及有關爭議解決之重要依據[112]。因此，關於此等圖說，可認係工程承攬契約上，所有相關問題解釋的基礎，對於當事人之程序與契約上權利義務的變動，可謂重要。

第一款　實務

　　觀諸國內營建工程實務，該次工程契約不論係經由招標程序，或係由當事人直接締結而成立，均應認係當事人以法律行為成立該次工程契約。亦即，無論係經由招標程序或當事人直接為工程契約之締結，均係以當事人之要約與承諾，作為該次工程契約成立之基礎。而當事人為使契約成立，所為之要約與承諾的內容，亦成為契約內容之一部。蓋要約人所為之要約，需足以決定契約之內容，而要約相對人所為承諾之標的，即為決定該次契約內容之要約。

一、營建工程實務

　　觀諸國內營建工程實務，在當事人適用政府採購法情形，須以行政院公共工程委員會制頒之工程採購契約範本作為該次契約之依據。於當事人非適用政府採購法情形，交易上亦多習慣以前述工程採購契約範本作為契約條款製作或

---

[111] 最高法院109年度台上字第2600號民事判決：「次按無法律上之原因而受利益，致他人受損害者，應返還其利益。民法第179條前段定有明文。所謂受有利益，包括財產之積極增加及應減少而未減少之消極增加。原審係認附圖B部分非系爭契約施工範圍，屏東林管處受領建發公司施作之附圖B部分土方清運工程，係無法律上原因而受有利益。」

[112] 最高法院109年度台上字第1055號民事判決：「又台灣省土木技師公會鑑定報告，已載明系爭鑑定意見係以兩造提供之系爭契約、圖說、工程明細表等相關施工紀錄檔等資料為鑑定依據（見外放鑑定報告2頁），原審以系爭鑑定意見未斟酌系爭工程採日曆天為計算工期為由，認為不足為據，亦待究明澄清。」

參考之基礎，合先敘明。

參諸工程採購契約範本第1條[113]，第1款即指出契約文件包括招標文件與依契約所提出之履約文件或資料；第3款則說明契約所含各種文件之內容如有不一致之處，除另有規定外，依大比例尺圖者優於小比例尺圖者為原則處理。

圖說為招標文件之一，亦屬於依契約所提出之履約文件或資料之一種，又為契約文件解釋之依據，是依前述工程採購契約範本之條款內容，圖說係屬於契約文件內容之一部。

二、司法實務

按國內司法實務目前之見解，係以定作人決標此一節點，作為法院管轄權之分水嶺[114]。因之，關於決標前之招標與投標文件之法律性質，應以最高行政法院目前之見解作為立論依據，合先說明。

（一）契約締結前──定作人之要約引誘

在經由招標程序而為工程契約締結情形，有關於招標及投標文件，與當事人所為要約引誘、要約與承諾等二者間關係的認定，最高行政法院所涉相關案

---

[113] 工程採購契約範本（112.11.15修正）第1條 契約文件及效力

（一）契約包括下列文件：1.招標文件及其變更或補充。2.投標文件及其變更或補充。3.決標文件及其變更或補充。4.契約本文、附件及其變更或補充。5.依契約所提出之履約文件或資料。

（三）契約所含各種文件之內容如有不一致之處，除另有規定外，依下列原則處理：1.招標文件內之投標須知及契約條款優於招標文件內之其他文件所附記之條款。但附記之條款有特別聲明者，不在此限。2.招標文件之內容優於投標文件之內容。但投標文件之內容經機關審定優於招標文件之內容者，不在此限。招標文件如允許廠商於投標文件內特別聲明，並經機關於審標時接受者，以投標文件之內容為準。3.文件經機關審定之日期較新者優於審定日期較舊者。4.大比例尺圖者優於小比例尺圖者。……

[114] 最高行政法院97年5月份第1次庭長法官聯席會議（二）決議要旨：「政府採購法第74條規定：『廠商與機關間關於招標、審標、決標之爭議，得依本章規定提出異議及申訴。』採購申訴審議委員會對申訴所作之審議判斷，依同法第83條規定，視同訴願決定。準此，立法者已就政府採購法中廠商與機關間關於招標、審標、決標之爭議，規定屬於公法上爭議，其訴訟事件自應由行政法院審判。採購申訴審議委員會對申訴所作之審議判斷，依同法第83條規定，視同訴願決定。準此，立法者已就政府採購法中廠商與機關間關於招標、審標、決標之爭議，規定屬於公法上爭議，其訴訟事件自應由行政法院審判。」

例之見解，有認為：「**政府採購程序中的公告**，即政府採購法第27條第1項規定：『機關辦理公開招標或選擇性招標，應將招標公告或辦理資格審查之公告刊登於政府採購公報並公開於資訊網路。公告之內容修正時，亦同。』**在締結採購契約的過程中，應僅屬於要約引誘性質，而並非要約，然其與民法上之要約引誘並無任何法律上之拘束力者並不完全相同。**……若廠商依照招標公告而提出投標，**採購機關並無法隨意拒絕投標，必須依照招標文件所示條件，決標給最低標或最有利標之投標廠商。**此與一般要約引誘之情形，原則上潛在的交易相對者對於要約引誘之內容，在民法上並無表示異議之權，且要約引誘人無必然要與某一提議訂約者締結契約之義務，有所不同，此亦為本院向來見解，**即以招標公告為要約引誘，廠商之投標為要約，而採購機關之決標，為承諾性質，且以決標時點意思合致為雙方契約成立時點**[115]。」「**本件拆除大樓工程之『招標公告』，其性質係屬私法上之要約引誘，相對人為上開招標公告，僅係藉此公告誘引合格廠商日後與之成立私法上之承攬契約，故該公告並未對抗告人產生規制作用。抗告人所指之上開招標公告，顯非屬對抗告人之行政處分或決定**[116]。」

　　前述最高行政法院所涉案例之見解，認為機關在締結採購契約的過程中，應僅屬於要約引誘性質，而並非要約，然其與民法上之要約引誘並無任何法律上之拘束力者並不完全相同。招標公告為要約引誘，廠商之投標為要約，而採購機關之決標，為承諾性質，且以決標時點意思合致為雙方契約成立時點。對於招標文件之性質，前述見解雖未說明於理由項下，惟就其以廠商之投標為要約的見解觀之，或可謂其認為招標文件屬要約之引誘，乃表示意思，並不發生法律上效果，其性質為意思通知。

　　營建工程實務上，如該次工程契約係經由招標程序而締結者，在契約締結前之招標程序中，一般咸認為，圖說係屬招標文件之一。要之，由前述最高

---

[115] 最高行政法院98年度判字第38號判決。

[116] 最高行政法院90年度裁字第646號裁定：「本件拆除大樓工程之『招標公告』，其性質係屬私法上之要約引誘，相對人為上開招標公告，僅係藉此公告誘引合格廠商日後與之成立私法上之承攬契約，故該公告並未對抗告人產生規制作用。抗告人所指之上開招標公告，顯非屬對抗告人之行政處分或決定。抗告人依行政訴訟法第一百十六條第二項之規定聲請停止執行，核與該條所規定停止執行之要件不合，乃駁回抗告人之聲請。經核並無不合。」

行政法院所涉案例之見解，可知招標文件於招標階段，其法律性質係屬於定作人之要約引誘。

(二) 契約締結後——契約內容之一部

當事人成立契約所為之要約與承諾的內容，亦成為契約內容之一部，前已述及。蓋要約需足以決定契約之內容，而要約相對人所為承諾之標的，即為決定契約內容之要約。因之，不論該次營建工程契約，係由當事人直接締結，或經由招標程序而締結，在該工程契約成立後，圖說之法律性質即應屬於契約內容之一部。

對於工程契約締結後之圖說性質的問題，最高法院所涉案例之見解，有認為：「本合約附件（含投標須知、標單，單價分析表）視為本合約之一部分，具備與本合約同等之效力，參加投標廠商應至施工現場實際勘查及按照圖說規定精確估算等語，足證系爭工程係採總價承包，標單所載數量僅供參考，非以實作實算，僅於變更設計致工程項目或數量有增減時，始得就變更部分辦理加減帳[117]。」「依系爭契約第1條約定，該契約施工說明及設備規範內容優於工程數量明細表，設計圖說之內容優於施工說明及設備規範。被上訴人既依上訴人備查同意之第二版施工計畫書併新設計圖完成工程，自應以之作為議定價格之基礎[118]。」

---

[117] 原最高法院91年台上字第812號民事判例：「本工程結算時，如因變更設計致工程項目或數量有增減時，應就變更部分按合約條款第六條辦理加減帳結算。第三十三條約定：『本合約附件（含投標須知、標單，單價分析表）視為本合約之一部分，具備與本合約同等之效力』，投標須知第八條第一款約定：『標單以總價為準，並以總價為決標之依據。』系爭工程費總表並載明『本工程以總價決標』、『本標單總數量僅供參考之用』、『參加投標廠商應至施工現場實際勘查及按照圖說規定精確估算』等語，足證系爭工程係採總價承包，標單所載數量僅供參考，非以實作實算，僅於變更設計致工程項目或數量有增減時，始得就變更部分辦理加減帳。上訴人雖以系爭工程建築師之設計、指示有錯誤，伊按設計圖施工，多支出估算工程數量百分之二十五之用料量，因認系爭工程有變更、追加之情形云云。但查系爭工程既係以總價承包，上訴人於投標前應按照圖說規定精確估算所需要之材料數量，其提出之材料重量明細表及台灣省土木技師公會鑑定報告書，僅能證明其用料之數量，不足以證明系爭工程有變更設計之情事。」

[118] 最高法院109年度台上字第282號民事判決：「依系爭契約第1條約定，該契約施工說明及設備規範內容優於工程數量明細表，設計圖說之內容優於施工說明及設備規範。被上訴人既依上訴人備查同意之第二版施工計畫書併新設計圖完成工程，自應以之

　　由前述最高法院所涉案例之見解，可知作為招標文件之一的圖說，其法律性質，於契約締結前之招標階段，係屬於定作人所為之要約引誘；而在工程契約成立後，該圖說之法律性質，業已轉換成為工程契約內容之一部。

第二款　比較觀點

　　關於圖說，國際諮詢工程師聯合會FIDIC標準契約條款2017 Red Book、德國建築工程採購與契約規範之一般契約規範部分VOB/B，以及美國AIA Document A201–2017 General Conditions of the Contract for Construction建築契約之通用條款等，其三者之契約約款內容有較詳盡的明文。

一、國際諮詢工程師聯合會FIDIC標準契約條款2017 Red Book

　　有關圖說之性質，國際諮詢工程師聯合會FIDIC標準契約條款2017 Red Book在其General Conditions通用（一般）條款第1.1.10條，明文契約係指契約協議、得標函、投標函、契約協議中提及的任何附錄、本條件、規範、圖說、附表、承包商的建議書、合資承諾（如適用）以及契約協議或得標函中列出的其他文件[119]。亦即，圖說為契約文件所包括，屬契約內容之一部。在其第1.1.30條中，說明圖說是指契約中包含的工程圖說，以及定作人（或代表）

作為議定價格之基礎。至系爭工程之招標文件所編金額，依吉磊公司105年10月3日函文，係為避免綁標爭議及投標廠商據以推估底價，始以一式計價方式編列，並非實際金額，至多僅為辦理採購機關於估算及編列工程預算時之參考。」

[119] FIDIC 2017 Red Book

§ 1.1.10

"Contract" means the Contract Agreement, the Letter of Acceptance, the Letter of Tender, any addenda referred to in the Contract Agreement, these Conditions, the Specification, the Drawings, the Schedules, the Contractor's Proposal, the JV Undertaking (if applicable) and the further documents (if any) which are listed in the Contract Agreement or in the Letter of Acceptance.

第1.1.10條

「契約」是指契約協議、得標函、投標函、契約協議中提及的任何附錄、本條件、規範、圖說、附表、承包商的建議書、合資承諾（如適用）以及契約協議或得標書中列出的其他文件（如有）。

根據契約簽發的任何補充和修改圖說[120]；在第1.5條中，則指出圖說爲契約文件解釋的依據之一[121]。觀諸前述第1.1.10條、第1.1.30條與第1.5條等約款之明

---

[120] FIDIC 2017 Red Book

§ 1.1.30

"Drawings" means the drawings of the Works included in the Contract, and any additional and modified drawings issued by (or on behalf of) the Employer in accordance with the Contract.

第1.1.30條

「圖說」是指契約中包含的工程圖說，以及定作人（或代表）根據契約簽發的任何補充和修改圖說。

[121] FIDIC 2017 Red Book

§ 1.5 Priority of Documents

The documents forming the Contract are to be taken as mutually explanatory of one another. If there is any conflict, ambiguity or discrepancy, the priority of the documents shall be in accordance with the following sequence:

(a) the Contract Agreement;

(b) the Letter of Acceptance;

(c) the Letter of Tender;

(d) the Particular Conditions Part A – Contract Data;

(e) the Particular Conditions Part B – Special Provisions;

(f) these General Conditions;

(g) the Specification;

(h) the Drawings;

(i) the Schedules;

(j) the JV Undertaking (if the Contractor is a JV); and

(k) any other documents forming part of the Contract.

If a Party finds an ambiguity or discrepancy in the documents, that Party shall promptly give a Notice to the Engineer, describing the ambiguity or discrepancy. After receiving such Notice, or if the Engineer finds an ambiguity or discrepancy in the documents, the Engineer shall issue the necessary clarification or instruction.

第1.5條 文件的優先權

構成契約的文件應被視爲相互解釋彼此的。如果存在任何衝突、歧義或差異，文件的優先順序應按照以下順序：

(a) 契約協議；

(b) 錄取通知書；

(c) 投標函；

(d) 專用條件A部分—契約數據；

文，可清楚得知圖說之法律性質，係為**契約內容之一部**。

　　另在第1.8條文件的保管與提供，指出說明書和圖說應由定作人保管與管理[122]。可知圖說正本之保管及管理，係定作人之責任。且除當事人於契約別有約定外，定作人有向承攬人提供圖說的義務。是**圖說之保管、管理與提供，係定作人契約上之義務**。

　　第1.9條指出，如果承包商因工程師未能在合理的時間內發出通知的圖說或指示而遭受延誤和／或產生費用，並在通知中詳細說明並附有支持細節，則承包商有權根據第20.2條〔付款索賠和／或EOT〕到EOT和／或此類成本加利潤的付款[123]。參諸第1.9條約款明文，可知**圖說的及時提供，並非僅係定作**

────────

(e) 專用條件B部分—特殊規定；

(f) 一般條件；

(g) 規範；

(h) 圖說；

(i) 附表；

(j) 合資承諾（如果承包商是合資企業）；以及

(k) 構成契約一部分的任何其他文件。

如果一方發現文件中存在歧義或差異，該方應立即向工程師發出通知，說明歧義或差異。在收到此類通知後，或者如果工程師發現文件中存在歧義或不一致，工程師應發出必要的澄清或指示。

[122] FIDIC 2017 Red Book

§ 1.8 Care and Supply of Documents

The Specification and Drawings shall be in the custody and care of the Employer. Unless otherwise stated in the Contract, two copies of the Contract and of each subsequent Drawing shall be supplied to the Contractor, who may make or request further copies at the cost of the Contractor.

第1.8條 文件的保管與提供

說明書和圖說應由定作人保管與管理。除非契約中另有規定，否則應向承包商提供契約及每份後續圖說的兩份副本，承包商可以製作或要求更多副本，費用由承包商承擔（第1項）。

[123] FIDIC 2017 Red Book

§ 1.9 Delayed Drawings or Instructions

The Contractor shall give a Notice to the Engineer whenever the Works are likely to be delayed or disrupted if any necessary drawing or instruction is not issued to the Contractor within a particular time, which shall be reasonable. The Notice shall include details of the necessary drawing or instruction, details of why and by when it should be issued, and details

人[124]之對己義務。

第1.11條承包商使用定作人文件，則指出在雙方之間，定作人應擁有版權和其他由（或代表）定作人製作的規範和圖說以及其他文件中的知識產權。承

---

of the nature and amount of the delay or disruption likely to be suffered if it is late.

If the Contractor suffers delay and/or incurs Cost as a result of a failure of the Engineer to issue the notified drawing or instruction within a time which is reasonable and is specified in the Notice with supporting details, the Contractor shall be entitled subject to Sub-Clause 20.2 [Claims For Payment and/or EOT] to EOT and/or payment of such Cost Plus Profit.

However, if and to the extent that the Engineer's failure was caused by any error or delay by the Contractor, including an error in, or delay in the submission of, any of the Contractor's Documents, the Contractor shall not be entitled to such EOT and/or Cost Plus Profit.

第1.9條 圖說或指示之遲延

如果任何必要的圖說或指示未在合理的特定時間內向承包商發出，則每當工程可能延誤或中斷時，承包商應通知工程師。通知應包括必要的圖說或指示的詳細資訊、發出通知的原因和截止日期的詳細資訊，以及如果遲到可能遭受的延誤或中斷的性質和數量的詳細資訊（第1項）。

如果承包商因工程師未能在合理的時間內發出通知的圖說或指示而遭受延誤和／或產生費用，並在通知中詳細說明並附有支持細節，則承包商有權根據20.2條〔索賠付款和／或EOT〕到EOT和／或此類成本加利潤的付款（第2項）。

但是，如果工程師的失誤是由於承包商的任何錯誤或延誤造成的，包括承包商任何文件的錯誤或延誤，則承包商無權獲得此類EOT和／或成本加利潤（第3項）。

[124] FIDIC 2017 Red Book

§ 3.1 The Engineer

The Employer shall appoint the Engineer, who shall carry out the duties assigned to the Engineer in the Contract.

第3.1條 工程師

定作人應任命工程師，工程師應履行契約中指定給工程師的職責（第1項）。

§ 3.2 Engineer's Duties and Authority

Except as otherwise stated in these Conditions, whenever carrying out duties or exercising authority, specified in or implied by the Contract, the Engineer shall act as a skilled professional and shall be deemed to act for the Employer.

第3.2條 工程師之職責與權力

除非本條件另有規定，無論何時履行契約規定或默示的職責或行使權力，工程師均應作為熟練的專業人員行事，並應被視為代表定作人行事（第1項）。

從以上FIDIC標準契約條款2017 Red Book第3.1條第1項，以及第3.2條第1項明文，應可認工程師係定作人之履約輔助人。故而，第1.9條第1項圖說與指示的即時提供，仍應視為定作人之契約上責任。

包商可以出於契約目的複製、使用和傳播這些文件，費用由承包商承擔[125]。可知圖說係由定作人製作，並由定作人原始取得其版權。承包商複製、使用和傳播圖說，必須出於契約目的。亦即，圖說具有**定作人之智慧財產**的性質，以及具有**合目的性使用之限制**。

　　第2.5條現場數據和參考資料，明文定作人應已向承包商提供資訊，在基準日期之前，定作人擁有的關於工地地形和工地地下、水文、氣候和環境條件的所有相關數據，定作人應立即向承包商提供在基準日期之後定作人擁有的所有此類數據[126]。此第2.5條約款內容，明確指出圖說具有**資訊提供之義務**，且

---

[125] FIDIC 2017 Red Book

§ 1.11 Contractor's Use of Employer's Documents

As between the Parties, the Employer shall retain the copyright and other intellectual property rights in the Specification and Drawings and other documents made by (or on behalf of) the Employer. The Contractor may, at the Contractor's cost, copy, use and communicate these documents for the purposes of the Contract.

These documents (in whole or in part) shall not, without the Employer's prior consent, be copied, used or communicated to a third party by the Contractor, except as necessary for the purposes of the Contract.

第1.11條 承包商使用定作人文件

在雙方之間，定作人應擁有版權和其他由（或代表）定作人製作的規範和圖說以及其他文件中的知識產權。承包商可以出於契約目的複製、使用和傳播這些文件，費用由承包商承擔（第1項）。

未經定作人事先同意，承包商不得複製、使用或將這些文件（全部或部分）複製、使用或傳送給協力廠商，除非出於契約的目的而有必要（第2項）。

[126] FIDIC 2017 Red Book

§ 2.5 Site Data and Items of Reference

The Employer shall have made available to the Contractor for information,

before the Base Date, all relevant data in the Employer's possession on the topography of the Site and on sub-surface, hydrological, climatic and environmental conditions at the Site. The Employer shall promptly make available to the Contractor all such data which comes into the Employer's possession after the Base Date.

The original survey control points, lines and levels of reference (the "items of reference" in these Conditions) shall be specified on the Drawings and/or in the Specification or issued to the Contractor by a Notice from the Engineer.

第2.5條 現場數據和參考資料

定作人應已向承包商提供資訊，在基準日期之前，定作人擁有的關於工地地形和工地

須在領標人於投標截止日前之一定期日[127]，由定作人提供圖說及其完整相關數據予領標人。要之，應認定作人有**締約前誠實告知的義務**。

於第4.1條承包商的一般義務，明文承包商應根據契約執行工程。承包商承諾，工程的實施和已完成的工程將按照構成契約的文件進行，並依指示變更為改變或修改[128]。前述承包商承諾，工程的實施和已完成的工程將按照構成契約的文件進行，即國內營建工程實務所稱之按圖施工。既然承包商有按照圖說施工之義務，此時之圖說，具有**定作人指示之性質**。

綜觀上述國際諮詢工程師聯合會FIDIC標準契約條款2017 Red Book之通用（一般）條款中，各個與圖說有關之約款內容，可知圖說於工程契約上具有以下之法律性質與契約上之特性：（一）構成契約的文件之一，為契約內容一部之性質；（二）定作人指示之性質；（三）圖說之保管、管理與提供，係定作人契約上義務；（四）圖說亦具有定作人之智慧財產的法律性質；（五）定作人有在投標截止日前之一定期日，提供圖說及其完整數據予領標人之義務，其具有締約前誠實告知之義務；（六）定作人有即時提供圖說之義務；以及（七）圖說具有合目的性使用之限制。是參諸國際諮詢工程師聯合會FIDIC標準契約條款2017 Red Book對於圖說之各種性質的確定，可知招標文件中之圖

地下、水文、氣候和環境條件的所有相關數據。定作人應立即向承包商提供在基準日期之後定作人擁有的所有此類數據（第1項）。

原始測量控制點、參考線和水平面（本條件中的「參考項」）應在圖紙和／或規範中指定，或由工程師通過通知發給承包商（第2項）。

[127] FIDIC 2017 Red Book

§ 1.1.4

"Base Date" means the date 28 days before the latest date for submission of the Tender.

第1.1.4條

「基準日」是指最遲遞交投標書日期前28日的日期。

[128] FIDIC 2017 Red Book

§ 4.1 Contractor's General Obligations

The Contractor shall execute the Works in accordance with the Contract. The Contractor undertakes that the execution of the Works and the completed Works will be in accordance with the documents forming the Contract, as altered or modified by Variations.

第4.1條 承包商的一般義務

承包商應根據契約執行工程。承包商承諾，工程的實施和已完成的工程將按照構成契約的文件進行，並依指示變更為改變或修改（第1項）。

說的性質，非僅國內實務所謂招標文件僅具要約引誘之性質。

二、德國建築工程採購與契約規範之一般契約規範部分VOB/B

在比較契約，德國建築工程採購與契約規範之一般契約規範部分VOB/B，在其第2條Vergütung報酬與第3條Ausführungsunterlagen履約文件之約款內容，即有關於圖說之規定。其中，第2條第5項，明文若定作人變更建築圖說或其他指示，以至於作為契約約定給付之計算報酬的基礎有所變更，應參考成本之增減另行約定新的報酬價格[129]。第3條則指出，履約必要的文件應無償且及時地交付承攬人。確定結構的主要軸線，以及提供給承包商的地形邊界，並在結構附近建立必要的固定高度點，是定作人的責任。定作人所提供之空照圖、基準點及其他為履約所交付的文件，承攬人應受其拘束力。但在依規定履約的範圍內，定作人應審查上述文件是否有誤，並向承攬人告知有無隱藏或推測可能的瑕疵[130]。

---

[129] VOB/B

§ 2 Vergütung

(5) 1. Werden durch Änderung des Bauentwurfs oder andere Anordnungen des Auftraggebers die Grundlagen des Preises für eine im Vertrag vorgesehene Leistung geändert, so ist ein neuer Preis unter Berücksichtigung der Mehr- oder Minderkosten zu vereinbaren. 2. Die Vereinbarung soll vor der Ausführung getroffen werden.

第2條 報酬

(5) 1.若定作人變更建築藍晒圖或其他指示，以至於作為契約約定給付之計算報酬的基礎有所變更，應參考成本之增減另行約定新的報酬價格。2.上述約定應於契約開始履行前為之。

[130] VOB/B

§ 3 Ausführungsunterlagen

(1) Die für die Ausführung nötigen Unterlagen sind dem Auftragnehmer unentgeltlich und recht-zeitig zu übergeben.

(2) Das Abstecken der Hauptachsen der baulichen Anlagen, ebenso der Grenzen des Geländes, das dem Auftragnehmer zur Verfügung gestellt wird, und das Schaffen der notwendigen Höhen-festpunkte in unmittelbarer Nähe der baulichen Anlagen sind Sache des Auftraggebers.

(3) 1. Die vom Auftraggeber zur Verfügung gestellten Geländeaufnahmen und Absteckungen und die übrigen für die Ausführung übergebenen Unterlagen sind für den Auftragnehmer maßgebend. 2. Jedoch hat er sie, soweit es zur ordnungsgemäßen Vertragserfüllung gehört,

　　前述德國建築工程採購與契約規範之一般契約規範部分VOB/B第2條第5項規定，圖說係為計算報酬的基礎之一。第3條則規定定作人有無償且即時交付圖說予承攬人之義務，圖說中有關施工建物的基準點，以及提供承攬人施工區域的地界，直接鄰近建物的必要高度控制點的標示，係定作人的責任範圍。可知在適用德國建築工程採購與契約規範之一般契約規範部分VOB/B情形，設計或施工圖說的提出，係為定作人之責任，且該等設計或施工圖說為契約內容之一，亦係營建工程契約的必要履約文件之一。

三、美國AIA Document A201–2017 General Conditions of the Contract for Construction建築契約之通用條款

　　觀諸美國AIA Document A201–2017 General Conditions of the Contract for Construction建築契約之通用條款，在其第1條通用條款之第1.1.1條，即明文指出，契約文件列舉在業主和承包商之間的協議（以下簡稱協議）中，包括協議、契約條件（一般條件、補充條件和其他條件）、圖說、規格、契約執行前發布的附錄、協議中列出的其他文件，以及契約簽訂後發布的修改[131]。

---

auf etwaige Un-stimmigkeiten zu überprüfen und den Auftraggeber auf entdeckte oder vermutete Mängel hinzuweisen.

第3條 履約文件

(1) 履約必要的文件應無償且及時地交付承攬人。

(2) 確定結構的主要軸線，以及提供給承包商的地形的邊界，並在結構附近建立必要的固定高度點，是定作人的責任。

(3) 1.定作人所提供之空照圖、基準點，及其他為履約所交付的文件，承攬人應受其拘束力。2.但在依規定履約的範圍內，定作人應審查上述文件是否有誤，並向承攬人告知有無隱藏或推測可能的瑕疵。

[131] AIA Document A201–2017 General Conditions of the Contract for Construction

§ 1.1.1 The Contract Documents

The Contract Documents are enumerated in the Agreement between the Owner and Contractor (hereinafter the Agreement) and consist of the Agreement, Conditions of the Contract (General, Supplementary and other Conditions), Drawings, Specifications, Addenda issued prior to execution of the Contract, other documents listed in the Agreement, and Modifications issued after execution of the Contract. A Modification is (1) a written amendment to the Contract signed by both parties, (2) a Change Order, (3) a Construction Change Directive, or (4) a written order for a minor change in the Work issued by the

　　在第1.1.5條，說明圖說是契約文件的圖形和圖片部分，顯示工程的設計、位置和尺寸，通常包括平面圖、立面圖、剖面圖、細節、明細表和圖表[132]。在第1.1.7條，則說明圖說屬於服務手段，係建築師和建築師的顧問根據各自的專業服務協議，以任何現在已知，或以後開發的表達媒介進行的有形和無形創造性工作的表現[133]。第1.5.1條，則指出圖說為建築師之服務文件，建築師和建築師的顧問應被視為各自服務文件（包括圖說和規範）的作者和所有者，並保留其服務文件中的所有普通法、成文法和其他保留權利，包括版權[134]。

　　觀諸以上美國AIA Document A201–2017 General Conditions of the Contract for Construction建築契約之通用條款，可知在適用此條款情形，圖說屬於契約

Architect. Unless specifically enumerated in the Agreement, the Contract Documents do not include the advertisement or invitation to bid, Instructions to Bidders, sample forms, other information furnished by the Owner in anticipation of receiving bids or proposals, the Contractor's bid or proposal, or portions of Addenda relating to bidding or proposal requirements.

[132] AIA Document A201–2017 General Conditions of the Contract for Construction
§ 1.1.5 The Drawings
The Drawings are the graphic and pictorial portions of the Contract Documents showing the design, location and dimensions of the Work, generally including plans, elevations, sections, details, schedules, and diagrams.

[133] AIA Document A201–2017 General Conditions of the Contract for Construction
§ 1.1.7 Instruments of Service
Instruments of Service are representations, in any medium of expression now known or later developed, of the tangible and intangible creative work performed by the Architect and the Architect's consultants under their respective professional services agreements. Instruments of Service may include, without limitation, studies, surveys, models, sketches, drawings, specifications, and other similar materials.

[134] AIA Document A201–2017 General Conditions of the Contract for Construction
§ 1.5.1 The Architect and the Architect's consultants shall be deemed the authors and owners of their respective Instruments of Service, including the Drawings and Specifications, and retain all common law, statutory, and other reserved rights in their Instruments of Service, including copyrights. The Contractor, Subcontractors, Sub- subcontractors, and suppliers shall not own or claim a copyright in the Instruments of Service. Submittal or distribution to meet official regulatory requirements or for other purposes in connection with the Project is not to be construed as publication in derogation of the Architect's or Architect's consultants' reserved rights.

文件之一部，其內容為標的工作之設計、位置和尺寸，通常包括平面圖、立面圖、剖面圖、細節、明細表和圖表，並由定作之一方所製作與提供[135]。

第三款 本文觀點

於營建工程承攬實務上，除統包工程承攬外，在該次工程承攬契約尚未締結前，定作人均會提出該次標的工作之圖說，供有意願承攬者預為閱覽。而此一提供預先閱覽之圖說，其內容通常為標的之設計、大樣、施作方法、工作範圍、高程、建築線、各個施工項目、材料之名稱、規格、尺寸、數量、品牌與產地等。前述圖說內容，除為承攬人之該次工程承攬之施作方法、人員及廠商之安排調度、工作報酬數額之計算基礎，及完整施工計畫書之製作依據外，亦是定作人將來給付承攬報酬與工作受領之標準。

此一定作人於招標程序提供預先閱覽之圖說，如依前述國內司法實務所涉案例之見解，將招標文件之性質，一概認係定作人之要約引誘。相對於前述國內司法實務對於圖說之見解，前述國際諮詢工程師聯合會FIDIC標準契約條款2017 Red Book、德國建築工程採購與契約規範之一般契約規範部分VOB/B、美國AIA Document A201–2017 General Conditions of the Contract for Construction建築契約之通用條款相關內容，對於圖說之定性及說明，實較為詳盡。惟前述比較觀點之三種契約條款，係為一般之契約條款，非屬程序上之條款，故其並未針對締約前置程序之圖說的性質為定性說明。

觀諸國內營建工程實務上之交易習慣，以及工程承攬契約之常用契約條款，當事人亦均將圖說列為契約內容之一部[136]。此工程承攬當事人之交易習

---

[135] AIA Document A201–2017 General Conditions of the Contract for Construction § 2.3.2

The Owner shall retain an architect lawfully licensed to practice architecture, or an entity lawfully practicing architecture, in the jurisdiction where the Project is located. That person or entity is identified as the Architect in the Agreement and is referred to throughout the Contract Documents as if singular in number.

第2.3.2條

業主應在項目所在地聘請具有合法執業資格的建築師或合法執業的實體。該個人或實體在協議中被確定為建築師，並在整個契約文件中以單數形式提及。

[136] 參閱工程採購契約範本（112.11.15修正）第1條；最高法院93年度台上字第1763號民事判決：「而系爭合約第七條約定：『工程圖說：所有本工程之圖樣施工說明書及本

慣及營建工程常用之契約條款，亦能說明此一定作人提供預先閱覽之圖說的性質，應非僅屬於定作人之工作要約引誘。是不論係對於直接締結工程契約之承攬人，或實際參與招標程序之投標人而言，該定作人提供預先閱覽之圖說文件的性質，應非定作人之要約引誘性質所能完全解釋。

蓋對於參與程序之投標人，或係準備直接締約之承攬人，圖說對於該次承攬工作之施作計畫、風險及利潤之分配，與實際施作時之可能發生危險的預見及損害的防免，承攬人均係以圖說爲判斷之依據。可見在程序參與或契約締結之選擇，與嗣後契約之履行，當事人對圖說之信任與依賴，以及圖說對於營建工程承攬之重要性，可見一斑。因此，圖說對於當事人而言，應認具有**告知義務、解釋義務、警示義務、保護義務與公開之必要性**。

在營建工程承攬，圖說既然係該次工程承攬所必須，且又存續於各個不同之階段，因此，圖說之法律性質，應隨著其所在於各個階段的作用，有其明確之性質定義。亦即，在契約成立後，圖說除爲契約內容一部外，應將圖說在工程承攬招標程序之招標、投標與決標等三個階段之實際作用，作爲其各自於法律上定性分辨之依據。是關於圖說之性質，應按其所在之各個不同階段，作相應之性質認定。以下就圖說於招標、投標與決標等三個階段之作用，分別探討其不同之法律性質。

一、領標階段之圖說 —— 定作人之要約引誘

於一般營造建築工程承攬之招標程序言，定作人或招標辦理人之招標開啓行爲，應可認爲係要約引誘之行爲。於此時，定作人或招標辦理人所提供之設計或施工圖說，僅係要約引誘人之要約引誘的內容之一，應不具任何法律效果。換言之，欲參與該次工程承攬招標之潛在投標人即領標人，繳交領標費用，所領取由定作人或招標辦理人提供之設計或施工圖說，僅係要約引誘人之要約引誘的內容之一。抑或可將其解爲，投標人準備作成要約意思表示的參考資料之一。在該投標人以其爲基礎，爲要約意思表示前，該等圖說可認係**定作**

合約有關附件等，其優先順序依序爲開標記錄及投標須知補充規定、投標文件、特定條款（規範）或施工補充說明書、一般條款、合約圖說、一般施工規範。』則於完工結算時，自應按系爭合約第七條之約定，優先適用投標須知補充說明之規定，以實做數量計算其工程款。」

人之定作要約引誘，應不具拘束力。

二、投標階段之圖說——將來契約一部的預為提出

投標，就參與該次招標程序之投標人而言，係指按投標須知內容所示之投標所需要的相關文件（例如：有關投標人資格之相關資料、切結書或協議書、工程承攬施作期間、工程承攬價金、押標金提出之證明文件、施工計畫及其他資格證明文件等）確定、備妥，依照該次定作人或招標辦理人規定之方式將投標書封標，並寄送或遞交予定作人或招標辦理人之行為。故而，此一投標行為，應屬於該投標人之工作承攬要約行為。因此，該等標封後寄送或遞交之投標文件，即為該投標人之工作承攬要約的內容。

依營造建築工程承攬招標實務之習慣，投標人需將招標文件之一的圖說檢附，與其他必須提出之文件資料，一併於投標之標封袋內，同時送達予定作人或招標辦理人[137]。此時之圖說，**應認係將來契約一部的預為提出**。蓋於定作人決標時，該得標人所標封寄送之投標文件，均成為契約之內容。亦即，圖說除係投標人作成該次承攬要約內容之主要依據外，亦係定作人於決標程序，為承諾之承攬要約內容的一部。因此，該投標人作成該次承攬要約內容之主要，亦為必要依據之圖說，應屬於將來契約一部的預為提出，仍有要約拘束力之適用餘地。

據此，於投標人之工作承攬要約生效（標封送出）後，在該承攬要約存續期間內（通常係指該次招標公告或投標須知所示之有效等標期間），投標人應不得將其要約擴張、限制、撤銷、變更[138]。是在投標人將其所擬定之投標書文件，及其他招標文件與相關資料備妥，完成標封並為寄送或遞交後，即須受到

---

[137] 投標須知範本（112.6.30版）七十八、投標廠商應依規定填妥（不得使用鉛筆）本招標文件所附招標投標及契約文件、投標標價清單，連同資格文件、規格文件及招標文件所規定之其他文件，密封後投標。惟屬一次投標分段開標者，各階段之投標文件應分別密封後，再以大封套合併裝封。所有內外封套外部皆須書明投標廠商名稱、地址及採購案號或招標標的。廠商所提供之投標、契約及履約文件，建議採雙面列印，以節省紙張，愛惜資源。

涉及未得標廠商投標文件著作財產權，機關如欲使用該等文件，應經該廠商同意無償授權機關使用，或由機關給予報酬後，於彼此約定範圍內使用。

[138] 民法第154條第1項：「契約之要約人，因要約而受拘束。但要約當時預先聲明不受拘束，或依其情形或事件之性質，可認當事人無受其拘束之意思者，不在此限。」

要約不可撤回性之拘束。

綜上，本文以爲，在經由招標程序爲契約締結情形，該招標文件所附之圖說，若僅經領標人領取，但並未以之作爲投標文件內容製作之依據者，似仍得以要約引誘內容之一部看待。惟若經領標人領取，並以之作爲投標文件內容製作之依據者，則應認係定作人爲該將來契約一部的預爲提出。而實際參與投標之投標人，即係以其對此一將來契約一部的預爲提出爲同意的基礎上，對定作人作出承攬要約。蓋經由當事人之要約與承諾而成立契約者，該要約內容即成爲契約內容之一部。圖說既爲定作人招標文件之一，亦具投標人之承攬要約等性質，故應認圖說於投標階段之性質，係將來契約一部的預爲提出。

三、決標階段之圖說 —— 預約或本約內容之一部

關於招標程序各階段行爲之性質，國內司法實務所涉案例見解，認爲在適用政府採購法情形，以招標公告爲要約引誘，廠商之投標爲要約，而採購機關之決標，爲承諾性質，且以決標時點之意思合致，爲雙方契約成立時點。故而，採購契約內容於決標時即已確定[139]。在當事人非適用政府採購法情形，司法實務亦認爲以定作人之決標，作爲工程契約成立之時點[140]。

因之，於開標、審標、減價、比減價或協商等程序完結後，定作人或招標辦理人之決標（確認該次招標之得標人）行爲，則應爲承攬要約受領人之承諾

---

[139] 最高行政法院98年度判字第38號判決：「此與一般要約引誘之情形，原則上潛在的交易相對者對於要約引誘之內容，在民法上並無表示異議之權，且要約引誘人無必然要與某一提議訂約者締結契約之義務，有所不同，此亦爲本院向來見解，即以招標公告爲要約引誘，廠商之投標爲要約，而採購機關之決標，爲承諾性質，且以決標時點意思合致爲雙方契約成立時點。準此，採購契約內容於決標時即已確定，而嗣後契約之簽訂僅係將投標須知及公告相關事項，另以書面形式爲之，故簽約手續並非契約成立或生效要件，且雙方對締約內容並無任何磋商空間，自不能將形式上之簽約日期視爲契約實際成立時點，而應以決標日爲契約成立日。」

[140] 原最高法院62年台上字第787號民事判例：「查投標單載明『投標人今願承包貴府工程，估計總價爲七十六萬七千元』等語，此爲被上訴人要約之表示，上訴人如欲承諾（決標）自須照被上訴人之要約爲之，其將要約變更而爲承諾者，視爲拒絕原要約而爲新要約（民法第一百六十條第二項）。被上訴人另所出具之包商估價單，既非其要約之表示，上訴人於開標後宣佈，估價單之總價低於投標單時，以估價單爲準，係變更被上訴人之要約而爲新要約，被上訴人未爲承諾之表示，契約即不成立（即不得標），自無沒收押標金之可言。」

行為。此時，則係屬承攬要約之受領人即定作人，同意以該承攬要約人（即確定得標人）所為之意思表示內容（投標文件內容），與其訂立該次招標之工程契約為目的之承諾意思表示。此一部分，亦有要約拘束力之適用餘地。亦即，一旦於承攬要約受領人即定作人，對該承攬要約為承諾之意思表示時，即發生工作承攬要約與承諾之拘束力。易言之，該等設計或施工圖說，於定作人或招標辦理人為決標時，即應屬於要約受領人之**承諾內容的一部**。

除前述外，於國內營建工程承攬實務之交易習慣，當事人為該次招標之工程承攬契約締結時，均會將該設計或施工圖說，作為該次工程承攬契約之必要附件，前已述及。由是可知，該招標文件之一的設計或施工圖說，亦是該次工程承攬契約的主要內容之一。此觀諸營建工程承攬實務之契約作成習慣，於定作人與確定得標人締結該次工程契約時，均可見以圖說為解釋、計算及施作標準之條款明文。因此，不論決標係預約之成立，或係本約之成立，該確定得標人作成承攬要約內容之主要、必要依據之設計或施工圖說，可認屬於該次**工程契約內容之一部**。在契約成立時，圖說之法律性質，既已經從將來契約一部的預為提出，轉換成契約內容之一部。此時之圖說雖為契約內容一部，惟承攬人僅能按照圖說所示內容為施作，其並無片面變更圖說之權利。

綜上，本文以為，成為該次工程承攬契約內容一部之圖說之性質，在領標程序開啟時，可認屬該定作人要約引誘內容之一部。於投標程序之有效等標期間內，則屬於投標人之承攬要約內容的一部，以及將來契約一部內容的預為提出。於定作人決標時，則屬於預約或本約內容之一部。在當事人為該次工程契約締結時，即為該次工程承攬契約內容之一部。雖該等圖說所具備之性質及其實質意義，因投標、決標程序、契約締結、成立，與契約履行期間之各個不同階段，而各異其趣。然該等圖說於締約前置階段，仍應有拘束力之規範的適用，以利程序之安定。

第二項　締約時變更圖說

今如該營建工程承攬契約，係經由招標程序而成立者，實務上通常均會要求得標人在決標後一定期間，與定作人締結書面契約。於國內工程實務，定作人在書面契約締結時，提出與決標時相異之圖說，並以之作為書面契約締結之文件者，不乏有之。前述情形，直接造成他方程序上權利義務之變動，例如得標人可否以此作為拒絕締約，以及請求返還相關擔保金等之正當理由是。

　　因定作人之決標，可爲預約或本約的成立，前已述及。是以下就預約內容之變更以及本約內容之變更等，分別探討締約時定作人變更圖說之相關議題。

第一款　預約內容之變更

　　如本章所述，除定作人或招標辦理人，係直接就投標人之投標書內容爲決標者，始可認定作人係就投標人之原承攬要約爲承諾外，若該決標係經由減價、比減價或協商等行爲作成，因該決標內容與得標人之原投標文件內容並非一致，嗣仍須於修改或變動原投標文件內容後，始能爲書面契約簽訂之內容。故而，此一決標僅係就工作範圍及報酬數額先爲確定，並以之作爲將來訂立本約的張本，要不能謂於決標時，工程承攬之本約業已成立。是定作人之決標，係對承攬人之承攬要約爲承諾，並因此一承諾而成立契約。惟經此類決標所成立者，應屬預約而非本約。

一、拒絕履行預約之義務

　　預約之目的，係在於締結與預約內容不相違背之本約。因此，在預約有效成立後，預約當事人有依預約內容爲本約締結之義務。如前所述，經由減價、比減價或協商等行爲作成之決標，因該決標內容與得標人之原投標文件內容並非一致，此一決標僅係就工作及報酬之範圍先爲擬定，以之作爲將來訂立本約的張本。既是如此，則定作人與確定得標人，二者均應依決標時所確定之工作範圍與報酬總額，作爲本約締結之依據。如預約當事人之任一方，欲以**相異於決標內容之工作範圍**，作爲本約締結之內容者，應可認該一方當事人**欠缺以原預約之內容，爲本約締結之意思**。

　　於要約受領人即定作人，對該次承攬要約爲承諾時（於決標程序確定得標人），該確定得標人即有以其所作之承攬要約內容，與定作人締結該次工程承攬契約之義務。此時，該次招標文件之一的圖說，於有效等標期間內，即已經成爲該投標人之承攬要約內容之一部。如要約受領人已經爲承諾，則該次契約之締結，應係以該被承諾之承攬要約內容，作爲該次締結契約的內容。而該被承諾的承攬要約內容，係該承攬要約人，在同意定作人之將來契約一部的預爲提出的基礎上，所作成之承攬要約。若該定作人即承攬要約之承諾人，於契約締結時，主張以原承攬要約內容以外之意思表示內容，取代以該原承攬要約內

容爲該次契約之締結內容者，應認該原承攬要約之承諾人，係以新要約之意思表示，**拒絕以其所承諾之原承攬要約內容，履行該次契約締結之義務**。而非以新工作要約內容，即變更後之該等設計或施工圖說，取代原承攬要約內容之承諾。因該情形，究與要約相對人於要約達到時，先將要約擴張、限制或爲其他變更而承諾者，視爲拒絕原要約而爲新要約之情形不同[141]。

綜上，定作人之將來契約一部的預爲提出，**已經承攬要約人的同意，並以之爲投標文書之製作依據，且亦爲該投標文書完整內容之一部時，該將來契約一部的預爲提出部分，即成爲承攬要約內容之一部**。是該得標人之承攬要約，已經要約受領人爲承諾時，該次工程契約之預約業已成立。承諾人要不能對其所承諾之原承攬要約內容之一部，任意爲擴張、限制、撤銷或變更。如若在要約受領人爲承諾後，於履行契約締結義務時，該承諾人將其已經承諾之原承攬要約內容加以變更或改動，並以之作爲該次契約締結之內容者，應視爲該承諾人拒絕履行預約之本約締結的義務。

二、新工作要約的提出

契約，可因當事人之要約與承諾意思表示一致而成立。對此，國內學者有謂契約因要約與承諾意思表示一致而成立，法律判斷上，必須要先確定要約的存在，再判斷要約的相對人是否對要約的內容表示同意，要約與承諾的區別，相當重要[142]。如同要約人須有受要約拘束之意思，要約相對人也要有受承諾拘束的意思，即願意受到與要約相同條件內容契約的拘束。反之，若相對人僅證

---

[141] 民法第160條第2項：「將要約擴張、限制或爲其他變更而承諾者，視爲拒絕原要約而爲新要約。」最高法院81年度台上字第1907號民事判決：「按將要約擴張、限制或變更而爲承諾者，視爲拒絕原要約而爲新要約，民法第一百六十條第二項定有明文。前述大安國宅甲區互助會主張，陳子航要求延長（租期）三個月，不同意僅延長一個月，故未簽約，因而作罷云云（並參見原審卷六四頁正、反面），偏所言非虛。且該互助會所屬第一管理小組主任委員童承啓依據該小組七十九年四月十五日第六次委員會議之決議，同意延長租期一個月，爲原審認定之事實。經查該第六次委員會議紀錄記載：『租期延長一個月，請互助會協助完成租約加簽手續』等語（見外放證物上證十一號）。則第一管理小組似已將陳子航延長租期三個月之要約予以限制、變更，應視爲新要約。」

[142] 陳自強，契約之成立與生效，元照，2014年2月，三版，頁92。

實收到要約，或將要約擴張限制變更時，均無受承諾拘束的意思[143]。

準此，於定作人決標予該確定得標人時，該次招標之工程承攬契約，或者是該次本約締結之預約，即因該確定得標人擬定之投標文件內容，與定作人之承諾意思表示一致而成立，當事人均須受到拘束。因此，在定作人決標予確定得標人後，與該確定得標人締結該次招標之工程承攬契約時，定作人主張欲以經修正變更後之圖說，作為該次招標之工程承攬契約締結內容者，應認係**該定作人拒絕履行原契約之締結，而另為新工作要約之意思表示**，而非承諾人將承諾內容擴張限制變更，或無受原承諾拘束之意思。

三、拒絕承諾之權利

如前所述，此一該原承攬要約之承諾人，於契約締結時，主張原承諾以外之新要約，取代原要約內容基礎為締約情形，應可視為該原承諾人，拒絕以原要約內容締結契約。此時，該確定得標人應得以該變更後之圖說，係定作人之新要約，而非定作人原來承諾之內容，進而拒絕該次工程承攬契約締結。

蓋該變更後之設計或施工圖說，並非該次決標之確定得標人，於該次工程承攬招標程序，所為之承攬要約內容，亦非在該同一程序，定作人所為之工作要約。再者，對於定作人之圖說變更行為，該確定得標人無所預知，如該確定得標人並未對變更後之設計或施工圖說為承諾，自無須受到其之拘束。該確定得標人，應可拒絕以經修正變更後之設計或施工圖說，為該次招標公告所示標的之工程承攬契約締結，並催告該定作人於一定期間內，履行以決標內容為基礎之契約締結義務。如該定作人仍拒絕以決標內容為基礎之圖說締結契約者，則該確定得標人，應得以該定作人不以決標內容為締約情形，主張該定作人不履行締結本約之預約義務。

易言之，**定作人於締約時，變更該等設計或施工圖說之效果，可認係定作人拒絕履行原預約之義務**。而該工程契約之未能締結，係因該拒絕履行原預約義務之定作人所致，是定作人要無以得標後拒絕簽約為由，主張沒收得標人之押標金。此外，立於程序當事人利益之衡平，在定作人拒絕履行原預約義務之情形，如造成得標人因此而遭受損害者，該拒絕履行原預約義務之定作人，仍應負損害賠償之責。例如，該確定得標人參與程序之探勘、人員調度、交通及

---

[143] 陳自強，契約之成立與生效，元照，2014年2月，三版，頁96。

成本計算等費用，均在應賠償之範圍。

第二款　契約內容之變更

今如定作人係直接就投標人之投標書內容為決標者，則可認定作人係就投標人之原承攬要約為承諾。此時之決標，即可認該工程契約業已成立。如定作人在決標後之契約簽訂時，欲以修改或變動之圖說為契約締結者，應可認係定作人片面為**契約內容之變更**。

前述情形，屬於在契約簽訂時，定作人片面變更契約內容。關於一方為契約內容之變更，他方就該變更部分是否應為同意，仍應以對價相當性原則為審查，檢視該變更部分之變動結果，作為判斷的依據，不可一概而論。

一、工作內容或範圍之重大變更

當事人對於必要之點，意思一致，而對於非必要之點，未經表示意思者，推定其契約為成立，關於該非必要之點，當事人意思不一致時，法院應依其事件之性質定之，民法第153條第2項定有明文。按前開法律規定明文，可知如當事人對於契約必要之點意思不一致者，則契約不成立。

另有關非要式行為之債權契約的必要之點，最高法院所涉案例認為，當事人締結不動產買賣之債權契約，固非要式行為，惟對於契約必要之點意思必須一致，買賣契約以價金及標的物為其要素，價金及標的物，自屬買賣契約必要之點，苟當事人對此兩者意思未能一致，其契約即難謂已成立[144]。

如上述最高法院見解，在非要式行為，當事人對於契約必要之點的意思必須一致，苟當事人對此兩者意思未能一致，其契約即難謂業已成立。因之，於工程承攬契約，工作範圍與報酬數額二者，均係契約必要之點，如當事人對此二者之意思未能一致者，其契約難謂已經成立。

承攬契約，司法實務有認係屬於非要式契約[145]，固非無的。然在營建工程

---

[144] 原最高法院40年台上字第1482號民事判例要旨：「當事人締結不動產買賣之債權契約，固非要式行為，惟對於契約必要之點意思必須一致，買賣契約以價金及標的物為其要素，價金及標的物，自屬買賣契約必要之點，苟當事人對此兩者意思未能一致，其契約即難謂已成立。」相同見解，原最高法院69年台上字第1710號民事判例。

[145] 最高法院110年度台上字第2797號民事判決：「按承攬契約，係當事人約定，一方為

承攬契約，其中有關工作部分，該工作之類型、結構、大樣及標的座落等，均須確定或可得確定，始能謂爲契約成立的必要之點。舉例而言，即便當事人對於工作報酬數額已經同意，惟一方當事人僅空泛稱其欲爲一建築物之新建，而無法確定該新建建築物之類型、結構、大樣及標的座落等，恐仍欠缺契約成立必要之點的意思表示。是工作範圍及內容，必須確定或可得確定，始符合必要之點或契約要素合致而成立契約之意旨。換言之，當事人雙方均合意工作報酬數額，卻對工作內容或範圍未能確定或欠缺合致者，此情形仍難謂工程契約業已成立。

據此，本文以爲，如定作人以變更決標時之圖說，作爲契約簽訂之內容依據，若該經變更後之圖說，已經造成工作內容或範圍之重大變更或改動者，因得標人對此工作之重大變更未能預知，該確定得標人應得拒絕同意該工作內容之變更，並可因此而拒絕契約之簽訂。蓋此一經變更、改動後之圖說，與當事人於契約成立時所合致的必要之點，存有重大之偏離。

於前述情形，該確定得標人應得定相當期間，催告定作人以決標時之投標文件內容爲系爭契約之簽訂。如經合法催告之期間屆至，該定作人仍拒絕以決標內容與確定得標人簽訂該次工程承攬之書面契約者，則該確定得標人，應得以該定作人不依決標內容爲書面契約簽訂爲由，主張定作人不爲書面契約簽訂之責任。

二、非工作內容或範圍之重大變更

今如該經定作人變更後之設計或施工圖說，非屬工作內容或範圍之重大變更，且其所爲變更部分的改動性及重要性，皆未造成確定得標人之履約計畫的破壞，或契約履行之不利益負擔，例如部分配件之變更，但該變更並不影響配件之取得與成本者，可認爲其並非契約必要之點的變更。

締約前置程序當事人之善良本意，係以締結該次招標公告所示標的之工程契約，作爲程序開啟及參與之目的。是如定作人於契約締結時，以變更決標時之圖說，作爲契約簽訂之內容依據情形，若非屬工作內容或範圍之重大變更，

他方完成一定之工作，他方俟工作完成，給付報酬之契約，法無須以書面始得成立承攬契約之明文，自應適用民法第153條第1項規定，於當事人互相表示意思一致，無論其爲明示或默示，契約即爲成立。」

且其所為變更部分的改動性及重要性，亦未造成得標人之履約計畫的破壞，或契約履行之不利益負擔者，該得標人應同意定作人片面變動之契約內容，而不得拒絕契約之簽訂。惟考量契約內容之明確完整，並防免紛爭之發生，該確定得標人仍應主張以定作人決標之投標文件內容，作為該次招標所示標的之工程承攬契約之書面契約簽訂的內容，並將該原圖說之經更改、變動部分，以契約附件形式為記載。蓋圖說之任何的更改、變動，均屬將原契約之工作內容或範圍的擴張、縮減，或為其他之變更。

　　綜上，本文以為，基於契約經濟與誠信原則，如該圖說所為更改部分並非契約必要之點，且其未造成確定得標人之履約計畫的破壞，或契約履行之不利益負擔情形，該確定得標人仍需為該次書面契約之簽訂，不得以圖說變更作為拒絕契約簽訂的理由。惟當事人仍應以決標之確定得標文件內容，作為該次工程承攬書面契約簽訂之內容依據。僅係於書面契約簽訂時，再另以協商條款、附加補充條款或工程會議等正當程序，為該圖說變更部分之確定，例如已經變更後之施作方法、材料數量、施作期間及預算追加減等之確認。若於實際施作時，有造成當事人履約計畫需變動更改，或有不利益情形之虞者，仍需給予必要的補償，如適當地調整工作報酬，或增加施工期間等。如此，可在契約嚴守、對價相當性與誠信原則下，適度調整個案之權利義務，以符合當事人程序上與契約上利益之衡平。

第三章 ｜ 程序與報酬確保的調適

　　定作人開啓締約前置程序，多係在擇優利己的基礎上。為了維持該程序能穩定地進行，與程序目的的達成，定作人一般多設有程序上之擔保機制。此在契約利益實現與程序目的達成的檢視上，應可贊同。惟程序擔保，仍應符合必要性及目的性，避免過度之擔保。

　　領標人參與定作人開啓之締約前置程序後，當事人之間即發生程序上債之關係。為確保投標人能履行程序上之債務、秩序之遵守，並避免損害之發生及數額之舉證上的困擾，定作人多藉以押標金之提出，作為程序之確保。在適用政府採購法情形，除符合該法列舉之特殊事項外[1]，押標金之提出，係程序參與的適格要件之一[2]。

　　前述押標金，係定作人所為程序確保的手段之一，除確保定作人開啓程序目的之實現外，押標金之提出，事涉提出者之固有財產的變動，例如押標金之授信費用與利息的負擔，押標金沒收、追繳與發還等要件及數額的認定，以及押標金轉作他項擔保金等。基於程序目的實現與固有財產之保護，押標金之提出，應符合程序確保之目的性，其擔保範圍，亦應具合理性。參諸政府採購法第31條第2項規定，立法者將程序以外事項，明文在押標金不予發還或追繳之列，似未盡合理公平。蓋押標金之提出，係在於程序上秩序遵守的確保，以及

---

[1] 政府採購法第30條第1項：「機關辦理招標，應於招標文件中規定投標廠商須繳納押標金；得標廠商須繳納保證金或提供或併提供其他擔保。但有下列情形之一者，不在此限：一、勞務採購，以免收押標金、保證金為原則。二、未達公告金額之工程、財物採購，得免收押標金、保證金。三、以議價方式辦理之採購，得免收押標金。四、依市場交易慣例或採購案特性，無收取押標金、保證金之必要或可能。」

[2] 押標金保證金暨其他擔保作業辦法第4條：「押標金及保證金應以投標廠商或得標廠商名義繳納。」第11條：「廠商得將繳納押標金之單據附於下列投標文件檢送。但現金應繳納至指定之收受處所或金融機構帳號。一、公開招標附於投標文件。屬分段開標者，附於第一階段開標之投標文件。二、選擇性招標附於資格審查後之下一階段投標文件。三、限制性招標附於比減價或比價文件。比價採分段開標者，附於第一階段開標之投標文件。」

作為秩序違反之處罰。至於程序秩序遵守以外之事項，應非程序之確保，不在押標金之擔保範圍內。若動輒將程序秩序遵守以外事項，作為沒收押標金之原因，對於當事人未免過苛，亦有失公平。例如，投標人於得標後，未在一定期間內繳足保證金或提供擔保，定作人即得因此不予發還或追繳押標金是。

前述情形，似已經逾越程序秩序遵守，與程序目的達成之確保的範圍，應就該逾越程序確保之部分，在其擔保要件與擔保範圍等為適度地調整，避免在擇優利己的利益上，加諸他方當事人過多不必要的負擔，以致造成程序上利益失衡的結果。

關於工作報酬，係定作人取得約定工作，以及承攬人工作給付的對價，為工程契約的主要給付內容之一。觀諸民法第505條關於工作報酬給付時點之規定，明文於承攬人完成或交付工作時，定作人始為工作報酬之給付[3]。然時空變遷與社會進步，大規模之營建工程應運而生。營建工程實務上，前述大規模之營建工程承攬，當事人多有工程預付款的運用。此一工程預付款，依關定作人工作報酬預先給付之危險，以及承攬人工作給付之經濟利益。是關於工程預付款之給付以及該預付款之還款保證等，係當事人契約上利益衡量的重要議題之一。

承攬工作報酬之給付，係定作人契約上之主給付義務，民法第490條定有明文。工作報酬請求之擔保，事涉承攬人工作給付對價利益的實現。是承攬工作報酬請求之擔保，可謂係工程承攬契約主給付之對價利益實現的保障。對於承攬人而言，現行民法第513條關於工作報酬請求之擔保規定，可謂係其在契約上之主要的，也是現行法律少數可保障其契約利益的條款。惟觀諸現行民法第513條之規定，工作報酬請求之擔保的適用性與要件，難謂業已完善，對於當事人契約上利益之保護，或有疏漏，未盡周全。為保護承攬人工作給付之利益，前述規定之部分內容，似有修正之必要。

工作報酬之預先取得與報酬的確保，係承攬人在契約上主要及重要利益之一。在工作報酬預先取得情形，已然不同於報酬後付之一般原則。故而，應就預付款及預付款還款保證二者之性質為確定，以確保報酬後付原則變動下之當事人契約上利益。於工作報酬的確保部分，現行民法第513條之規定，對於該

---

3 民法第505條：「報酬應於工作交付時給付之，無須交付者，應於工作完成時給付之。工作係分部交付，而報酬係就各部分定之者，應於每部分交付時，給付該部分之報酬。」

條規定明文列舉以外之承攬人工作給付的對價，顯然保護不足。要之，似應修正現行民法第513條規定之部分要件，以利契約當事人利益之衡平。

是本章藉以權利義務對稱原則與對價相當性原則，就程序確保與擔保之救濟、工程預付款、預付款還款保證，以及民法第513條與拆除工程之工作報酬擔保等相關議題，於各節逐一分述之。

第一節　程序擔保與救濟

程序擔保提出之目的，應係在擔保程序秩序之遵守，亦即擔保該次程序之安定。程序之安定與否，攸關定作人之利己廠商的選擇、利己締約之期待，以及投標人公平競爭等之程序上利益。

在適用政府採購法之工程採購，政府採購法第31條第2項明文押標金之擔保範圍，包括程序參與人之地位適格的擔保、程序之秩序遵守的擔保、契約之締結、其他擔保金提出之擔保與誠實履約之擔保等[4]，含括程序進行、契約成立與履約，其之擔保範圍，不可謂之不廣。於非適用政府採購法情形，定作人預擬之押標金擔保範圍，亦多仿效之，合先敘明。

程序擔保之提出與救濟，關乎當事人程序上之利益，應考慮其所擔保之目的，始不致發生過度擔保情形。基於比例原則以及當事人程序與契約上利益衡平的考量，不論係程序上抑或契約上之擔保，當事人所為要求之各種擔保的提出，仍應有所節制。蓋任何一種擔保之提出，應在擔保原因事項發生時，以權利人之所失利益與所受損害，能得到完全之填補為已足。程序與契約上所涉利益未盡相同，前述擔保範圍甚廣之押標金，應就不同之擔保原因事項，而異其擔保要件與效果。

本節第一項首先就締約前置程序之擔保目的為說明，嗣就政府採購法第31條第2項第4款得標後拒不簽約、第5款得標後未於規定期限內繳足保證金或提

---

[4] 政府採購法第31條第2項：「廠商有下列情形之一者，其所繳納之押標金，不予發還；其未依招標文件規定繳納或已發還者，並予追繳：一、以虛偽不實之文件投標。二、借用他人名義或證件投標，或容許他人借用本人名義或證件參加投標。三、冒用他人名義或證件投標。四、得標後拒不簽約。五、得標後未於規定期限內，繳足保證金或提供擔保。六、對採購有關人員行求、期約或交付不正利益。七、其他經主管機關認定有影響採購公正之違反法令行為。」

供擔保等二者，分別在第二項及第三項探討程序確保之押標金擔保要件、擔保範圍，與轉作他項性質擔保金之合理性，末於第四項，就程序擔保之救濟議題等，逐一說明探討。

<h2>第一項　程序擔保之目的</h2>

　　觀諸國內營建工程承攬實務之交易習慣，開啟程序之定作人，其對於契約締結前置程序之重視，並不亞於任何一個契約履行之擔保，特別是在適用政府採購法情形，由甚明顯。因之，相較於工程承攬契約履行的擔保，該締約前置程序擔保的比重，幾乎可與之相提並論。

　　在契約自由之原則下，當事人一方為確保程序上之安定，自可要求他方為程序擔保的提出。惟無論係一方預擬之規定，或係經雙方約定之程序擔保，均不應背離誠信原則。例如，各類擔保之提出以及提出之數額等，均不應偏離擔保目的與比例原則，始不致發生過度擔保。

　　以下就招標程序秩序遵守的擔保，以及預約義務履行之擔保等議題，分別探討之。

<h3>第一款　招標程序秩序的遵守</h3>

　　觀諸國內營建工程承攬實務，一個完整之招標程序，通常包含招標公告、領標、投標、開標、審標、減價、比減價、協商與決標等各個接續之不同階段。前述之完整招標程序，即為完整契約關係中之締約前置程序。就國內營建工程承攬實務，定作人之所以要求投標人提出押標金，係為督促參與投標之廠商，能遵守締約前置程序之秩序，以及得標後必然為契約之簽訂。換言之，押標金提出之擔保目的，應係在於招標程序秩序的遵守，以及得標後之契約簽訂義務的履行。

　　有關投標人提出程序擔保金之目的，與擔保實現的要件，最高法院認為係在程序秩序遵守義務的擔保，而無關定作人是否因此而受有實際之損害[5]。亦

---

[5] 原最高法院59年台上字第1663號民事判例：「次按押標金除督促投標人于得標後，必然履行契約外，兼有防範投標人故將標價低於業經公開之底價，以達圍標或妨礙標售程序之作用，被上訴人既經公告標價低於底價者沒收押標金，原不以是否有實際損害

即，程序參與人即投標人提出之押標金，係以該次招標程序秩序之違反，作為沒收或追繳之要件，並非以定作人受有實際損害為沒收或追繳的要件。再就此一構成得為沒收或追繳押標金之原因事項，仍應經定作人於招標文件之投標須知內容列舉明示，在投標人發生有該列舉明示之原因事項時，定作人始得沒收或追繳該投標人所提出之押標金[6]。由前述司法實務之見解，可認押標金之擔保目的之一，係在於招標程序秩序的遵守，以及程序結果公平的擔保。

招標程序之秩序的遵守與否，不僅涉及定作人開啟程序之利益，亦與其他程序參與人之程序利益有關。實務上，程序秩序違反的可能，恐難完全杜絕匿跡。例如，發生某一投標人圍標情事，或刻意塗改投標文件令其之投標無效，而達到讓標結果之情形等。前述情形，除令定作人無法決標予對其實質有利之投標人外，亦造成其他投標人喪失程序上公平競爭的機會。質言之，程序秩序遵守的違反，直接或間接造成當事人程序上利益之侵害。是押標金之擔保目的之一，係在於招標程序秩序的遵守。

第二款　契約簽訂義務之履行

於營建工程承攬實務，定作人或招標辦理人開啟契約締結前置程序，其目的在於，藉由正當之締約前置程序，創造對定作人最為有利之條件，並於該最有利之條件下，與得標人締結該次招標公告所示標的之工程承攬契約。不論係招標文件之內容規定、程序參與人之資格設限、各個階段程序的時序安排，及程序擔保金的提出等，均能窺見定作人創造對其有利之目的。

國內營建工程招標實務，尤其在適用政府採購法情形，投標人欲參與程

為要件，上訴人以被上訴人未受損害，不得沒收押標金亦非可取等情，為其得心證之理由，爰將第一審所為不利於被上訴人之判決廢棄，變更為上訴人敗訴之判決，於法洵無不合。」

6 最高行政法院108年度判字第50號行政判決：「經查原判決以押標金僅於廠商有政府採購法第31條第2項各款法定情形，且經機關明文於招標文件中規定不予發還及其已發還並予追繳押標金者，機關始得不予發還或追繳押標金。倘招標文件並未記載押標金不予發還或追繳之事由，縱令廠商有政府採購法第31條第2項各款情事，機關仍不得不予發還或追繳押標金。而本件上訴人並未能舉證確於招標文件中規定不予發還及其已發還並予追繳押標金，從而縱令被上訴人有政府採購法第31條第2項各款情事，上訴人仍不得追繳被上訴人所繳之押標金，因將申訴審議判斷、異議處理結果及原處分均予撤銷，經核並無違誤。」

序者，幾乎均需提出一定比例或數額之押標金，以作為締約前置程序參與之擔保[7]。關於押標金之法律性質，最高法院所涉案例見解有認為，工程投標者所繳付之押標金，乃投標廠商為擔保其踐行投標程序時願遵守投標須知之規定，而向招標單位所繳交之保證金，必須於投標以前支付，旨在督促投標人於得標後，必然履行契約外，兼有防範投標人圍標或妨礙標售程序之作用[8]。按前述最高法院之見解，工程投標者所繳付之押標金，其作用在於投標人為擔保其於投標程序時遵守投標須知之規定，且督促投標人於得標後，必然履行契約。

如前所述，經由決標程序而成立契約關係之情形，該決標行為所成立者，可為本約，亦可為預約。其中，如該次經由決標行為所成立者，係為工程承攬或採購契約之本約，則該押標金之擔保目的應業已實現。蓋按國內通說之見解，決標係為本約之成立。既然決標係為本約成立之行為，則決標行為之另一意義，即代表**締約前置程序的終結**。換言之，依國內目前通說，於定作人為決標時，即為本約成立之時，則該定作人決標作成之時點，即應意味著締約前置程序已經終結。

然而，按前述最高法院之見解，固認押標金的作用之一，係督促投標人於得標後，必然履行契約。惟前述見解所指之必然履行之契約，並未言明係履行

---

7 政府採購法第30條：「機關辦理招標，應於招標文件中規定投標廠商須繳納押標金；得標廠商須繳納保證金或提供或併提供其他擔保。但有下列情形之一者，不在此限：一、勞務採購，以免收押標金、保證金為原則。二、未達公告金額之工程、財物採購，得免收押標金、保證金。三、以議價方式辦理之採購，得免收押標金。四、依市場交易慣例或採購案特性，無收取押標金、保證金之必要或可能。」押標金保證金暨其他擔保作業辦法第9條：「押標金之額度，得為一定金額或標價之一定比率，由機關於招標文件中擇定之。前項一定金額，以不逾預算金額或預估採購總額之百分之五為原則；一定比率，以不逾標價之百分之五為原則。但不得逾新臺幣五千萬元。採單價決標之採購，押標金應為一定金額。」

8 最高法院81年度台上字第2963號民事判決：「工程投標者所繳付之押標金，乃投標廠商為擔保其踐行投標程序時願遵守投標須知而向招標單位所繳交之保證金，必須於投標以前支付，旨在督促投標人於得標後，必然履行契約外，兼有防範投標人圍標或妨礙標售程序之作用。與違約金係當事人約定債務人不履行債務時，應支付之金錢或其他給付，必待債務不履行時始有支付之義務，旨在確保債務之履行有所不同，投標廠商所繳交之押標金應如何退還，悉依投標須知有關規定辦理，既非於債務不履行時始行支付，而係在履行契約以前，已經交付，即非屬違約金之性質，自無從依民法第二百五十二條規定由法院予以核減。」

預約，或係本約。本文以爲，該必然履行之契約，應係指預約之履行，而非本約之履行，似較妥適。蓋本約義務履行之擔保，或應藉諸履約保證金爲之。畢竟，締約前置程序押標金之性質，係爲程序擔保之性質，而非本約義務履行擔保之性質。是押標金之擔保性質，既係爲締約前置程序的擔保，則其之擔保範圍，應不及於本約義務履行之擔保。否則，在契約有履約擔保條款之情形，對該契約之履行，似有重複擔保之嫌。此種重複之履約擔保，顯係無由增加他方當事人不必要之負擔，亦不符擔保之適當性與合目的性[9]。

如前述，定作人開啓契約締結前置程序，其目的在於，藉由正當之締約前置程序，並在該最有利之條件下，與相對人締結該次招標公告所示標的工程之承攬或採購契約。依此，該締約前置程序的擔保期間，應係始於領標人之程序的參與，而止於契約之簽訂。換言之，於該次招標公告所示標的之工程承攬契約，如已經爲當事人所締結者，則該程序之目的已經達成。而所謂程序目的之達成，即意謂程序擔保之原因事項業已消滅。若該次決標所成立係爲工程契約之預約者，則前述程序擔保之目的，即在於該次招標公告所示承攬標的之工程契約，於一定期間內爲當事人所簽訂。是應可將此類之程序擔保目的，解釋爲**預約義務履行**之擔保。

觀諸國內營建工程承攬招標實務，招標文件之一的投標須知，通常均多預擬記載投標人於得標後拒不簽約者，定作人得沒收押標金之條款[10]。國內現

---

[9] 可參閱美國聯邦採購規則第28.105-1條有關於預付款保證的規定。該規定明文預付款保證的提出，僅在契約有約定預付款條款，且於承攬人未提供履約保證金之情形，始得爲之。換言之，承攬人之預付款返還的保證，僅在承攬人未提供履約保證金之情形，始有提出之義務。

FAR

§ 28.105-1 Advance Payment Bonds

Advance payment bonds may be required only when the contract contains an advance payment provision and a performance bond is not furnished. The contracting officer shall determine the amount of the advance payment bond necessary to protect the Government.

第28.105-1條 預付款保證金

只有在契約包含預付款條款且未提供履約保證金的情況下，才可能需要預付款保證金（第1句）。訂約官員應確定保護政府所需的預付款保證金的數額（第2句）。

[10] 參閱行政院公共工程委員會之投標須知範本（112.6.30版）五十五、廠商有下列情形之一者，其所繳納之押標金，不予發還；其未依招標文件規定繳納或已發還者，並予追繳：（無需押標金之案件免列）

行之相關法律，亦有如是之規定。有關契約解釋，國內司法實務認為，解釋契約固不能拘泥於契約之文字，但契約文字業已表示當事人眞意，無須別事探求者，即不得反捨文字而更爲曲解[11]。按前述司法實務之解釋契約的原則，即便該等條文未明示拒不簽「本約」，惟依交易習慣或當事人本意，應可認其所指係「本約」之簽訂。如本文前述，定作人之決標若係成立預約者，則得標人之預約義務的履行，即爲本約之簽訂。於此情形，應認爲在定作人於決標確定得標人時，該次締約前置程序已經結束。惟定作人開啓該前置程序，應以本約簽訂完成爲其程序目的的實現。因此，可認**於決標確定得標人時，該次締約前置程序已經結束，僅該次本約簽訂的目的尚未實現而已。**

綜上，程序擔保之目的，係在於招標程序秩序的遵守，以及契約簽訂義務之履行。開啓締約前置程序之定作人，雖於該程序完結後，以投標人所繳納或提出之程序擔保即押標金，作爲擔保該次預約目的實現之手段，或仍可認無過

（一）以虛僞不實之文件投標。

（二）借用他人名義或證件投標，或容許他人借用本人名義或證件參加投標。

（三）冒用他人名義或證件投標。

（四）得標後拒不簽約。

（五）得標後未於規定期限內，繳足履約保證金或提供擔保。

（六）對採購有關人員行求、期約或交付不正利益。

（七）其他經主管機關認定有影響採購公正之違反法令行爲者。

前項追繳押標金之情形，屬廠商未依招標文件規定繳納者，追繳金額依招標文件中規定之額度定之；其爲標價之一定比率而無標價可供計算者，以預算金額代之。

參閱行政院公共工程委員會108年9月16日工程企字第1080100733號令：「主管機關認定之情形如下：1.有採購法第48條第1項第2款之『足以影響採購公正之違法行爲者』情形。2.有採購法第50條第1項第5款、第7款情形之一。3.廠商或其代表人、代理人、受雇人或其他從業人員有採購法第87條各項構成要件事實之一。」

[11] 最高法院108年度台上字第1442號民事判決：「2.工程尾款543萬2,965元部分：按解釋契約，固不能拘泥於契約之文字，但契約文字業已表示當事人眞意，無須別事探求者，即不得反捨文字而更爲曲解。系爭契約第3條第2項約定：採契約價金總額結算給付者，工程之個別項目實作數量較契約所定數量增減達10%以上時，其逾10%之部分，得依原契約單價以契約變更增減契約價金。上開契約文字表明之『實作數量』，應指『已』施作之項目，即已施作之項目方生實作數量與契約所定數量相比較而增減價金之問題。則原審關於量化之工項實作數量爲0者，仍認應依上揭約定以契約數量之10%爲結算數量，並據以核計工程款，捨契約文字於不顧，核與上開契約解釋原則有違。」

度擔保，或無擔保目的不符之情形。要之，在符合比例原則與擔保目的之前提下，該前置程序開啓人如僅以程序之擔保金，作爲得標人之預約義務履行的擔保情形，似仍在當事人合理期待（reasonable expectation）的範圍。蓋就程序利益實現言，程序開啓人如僅以程序擔保金，作爲預約義務履行之**唯一擔保手段**者，則基於程序秩序遵守與程序目的實現之確保等理由，應可被程序當事人所接受。

第二項　契約簽訂之違反

　　國內司法實務對於押標金之性質的見解，係爲程序秩序遵守之擔保。是一旦發生違反程序秩序遵守之情形，則不以該程序秩序遵守之違反行爲，是否造成實際之損害，定作人即得沒收該程序秩序擔保之押標金[12]。前述司法實務之見解，可資贊同。蓋在締約前置程序，程序參與人違反程序秩序之遵守，不惟影響定作人之利己廠商的選擇、契約締結之期待，亦同時侵害其他投標人公平競爭之程序上利益。是在前述當事人程序利益保護的前提下，於投標人發生違反程序秩序遵守之情事時，定作人即得沒收或追繳押標金者，應符合其程序擔保之目的與正當性。

　　按國內司法實務見解[13]，契約於決標時即已成立。是於定作人決標確定得標人時，其所開啓之締約前置程序，業已結束。因此，契約義務之履行，應不在契約締結前置程序之範圍。要之，作爲程序秩序遵守擔保之押標金，於程序結束時，因其程序秩序遵守之擔保目的已經達成，應無續存之理。

　　惟觀諸現行政府採購法第31條第2項規定，程序擔保之押標金，在程序結束後，仍具其他程序以外原因事項之擔保作用，前已述及。在經由決標而成立工程契約預約之情形，得標人之未簽訂契約，屬預約義務的不履行。然該預約

---

[12] 原最高法院59年度台上字第1663號民事判例之裁判要旨：「押標金除督促投標人於得標後，必然履行契約外，兼有防範投標人故將標價低於業經公開之底價，以達圍標或妨礙標售程序之作用，被上訴人既經公告標價低於底價者沒收押標金，原不以是否有實際損害爲要件，上訴人以被上訴人未受損害，不得沒收押標金，自非可取。」

[13] 最高法院108年度台上字第80號民事判決：「原審本其採證、認事及解釋契約之職權行使，認定上訴人於98年11月6日公告系爭工程採購案決標時，兩造即成立系爭契約。」相同見解，最高法院107年度台上字第757號民事判決、最高法院103年度台上字第2553號民事判決。

義務的不履行，應僅損害定作人預約目的實現的利益，似未造成其他投標人程序上的不利益，以及其公平競爭之參與權利的侵害。因之，如若定作人將押標金作爲預約義務履行之擔保時，其擔保之要件與擔保之實現範圍，應與押標金在作爲程序秩序遵守之擔保時，有所不同。是在押標金作爲預約義務履行之擔保時，其之擔保要件與擔保之實現範圍，似有調整的必要。

以下就得標人違反契約簽訂義務之拒絕簽約與遲延簽約等二種態樣，分別探討押標金之擔保要件，以及擔保之實現範圍等相關議題。

第一款　得標人拒絕簽約

在決標確定得標人後，發生該確定得標人，預示或明示不履行該次工程承攬契約之締結，與在所定締約期日經過，仍未履行該次工程承攬契約締結義務者，其二者並非相同之情形。蓋在該確定得標人預示或明示不履行該次工程承攬契約之締結者，係爲預約債務人即得標人拒絕給付。前述拒絕給付，應屬於**預約成立後之預約債務不履行**。以下就得標人拒絕簽約情形，分別說明程序擔保金之擔保性質的轉換，以及擔保之實現範圍。

一、擔保性質的轉換

在得標人拒絕簽訂契約情形，既應屬預約成立後之預約債務不履行。則其**所侵害者，應係定作人預約上之利益**。此時，除非該程序擔保金即押標金，經當事人意思表示合致，將該程序擔保金之程序擔保性質，於程序結束且無擔保事項發生時，自動轉換爲預約義務履行擔保之履約擔保金，始得於該確定得標人不履行預約義務時，直接沒收該已經轉換性質之程序擔保金。否則，預約成立後之主觀上給付不能，應不在程序擔保的範圍。蓋於**定作人爲決標時，程序業已經完結**[14]。

如若認得標人不爲契約之簽訂，係屬於**違反預約義務**者，則該情形係爲契約義務之不履行，應在違約金之實現的範疇。按違約金之實現，係以契約當事人有債務不履行之事實發生爲要件，且違約金之提出，係須於當事人有債務不

---

[14] 通說認決標時，契約已經成立。惟本文認應視決標之方式，分別其所成立者，究係預約或本約。請參閱本書第二章之第三節與第四節。

履行之情事發生，並經他方當事人請求時，始爲違約金之提出。此與程序擔保金，係於投標人爲承攬要約行爲時，即需爲提出情形，究爲不同。即便係一方之預擬條款的規定，或係雙方當事人之約定，於程序終結後，將程序擔保金轉作違約金者，其提出之時點，仍與違約金之提出時點相左。再者，就法律效果觀之，於發生確定得標人預約義務不履行，而沒收或追繳該程序擔保金者，該未履行預約義務之確定得標人，認爲其沒收或追繳之金額有過高情形時，該得標人得否依民法第252條規定，向法院請求酌減，非無疑問。

退萬步言，當事人一方開啓締約前置程序，應非以沒收程序擔保金，作爲其程序開啓之目的。他方當事人參與該締約前置程序，亦非以故意違反程序秩序之遵守，作爲其參與程序之目的。如本文前述，預約仍屬契約之一種，而契約義務履行之擔保，應爲履約擔保之範疇。即便係該投標須知內容，已經有得標後拒不簽約得沒收押標金之明文，亦不能因此即將預約義務的履行，認係屬於程序擔保的性質。是唯有將投標人於得標後拒不簽約，認係屬於程序上秩序遵守違反的原因事項之一，定作人始得爲押標金之沒收或追繳。

然而，於定作人之決標，係成立預約情形[15]，得標後之契約簽訂行爲，仍應認係屬於預約上之義務，而非程序上秩序遵守違反的原因事項之一，似較妥適。觀諸營建工程承攬實務上之交易習慣，爲確保工程契約之義務能如實地履行，定作人幾乎皆會要求承攬人爲履約保證金的提出。就履約保證金之提出時點觀之，應係在契約締結前，或契約成立之時爲提出。如本文前述，若將得標人之契約簽訂，認係預約義務之履行者，則或可將此時尚未發還或返還之押標金，轉作預約履約保證金之性質，似較能合理化該押標金性質的轉作。就一般情形，承攬人交付履約保證金予定作人，係以擔保承攬債務之履行爲目的，信託讓與其所有權予定作人，乃信託讓與擔保性質，非使定作人終局地享有該給付。如當事人有「沒收約款」之約定者，該履約保證金在一定情況下，則得不予返還，乃具有督促履約功能，可認係當事人約定承攬人於一定違約情事發生時，即應爲一定金錢給付之違約金約定。於此一押標金轉作履約保證金情形，得標人已支付之履約保證金，於沒收約款所定違約事由，例如發生得標後拒不簽訂契約時，則得對該經轉作履約保證金之押標金爲沒收，除用以抵償因違約所生債務外，就超過擔保範圍之履約保證金，即因該「沒收約款」之約定而轉

---

[15] 請參閱第二章第二節決標與契約之成立。

為違約金，並有民法第252條規定之適用[16]。

綜上，本文以為，有關投標人於得標後拒不簽約，定作人因之沒收押標金一事，必須將該押標金約定為**附停止條件之擔保轉作**，於該投標人確定得標之條件成就時，自行轉作為預約之履約保證金，並約定為不發還或不返還之沒收約款，且將得標人拒不簽約情形，明列為沒收約款的原因事項之一，於得標人拒不簽約情形，始得將定作人之沒收押標金為合理的解釋，並符合預約義務履行擔保之性質。

二、擔保之實現範圍

債務人因主觀上之給付不能，而侵害債權人契約上之利益者，應以有損害發生為賠償之要件。亦即，在該得標人拒絕簽訂契約情形，似仍應以定作人之實際損害的發生，作為其因此所受損害及所失利益的範圍認定。蓋因債務不履行之損害賠償，係以損害填補為原則[17]。且損害之發生，必須與該行為具有其因果關係，始足當之[18]。

於此一押標金轉作履約保證金情形，得標人已支付之履約保證金性質的押標金，於沒收約款所定違約事由，例如發生得標後拒不簽訂契約時，則得對該經轉作履約保證金之押標金為沒收。而該經轉作履約保證金之押標金，除用以抵償因違約所生債務外，就超過擔保範圍之履約保證金，即因該「沒收約款」

---

[16] 最高法院105年度台上字第1292號民事判決：「承攬人交付履約保證金予定作人，係以擔保承攬債務之履行為目的，信託讓與其所有權予定作人，乃信託讓與擔保性質，非使定作人終局地享有該給付。擔保契約常見『抵充約款』及『沒收約款』之約定，前者係指定作人得以承攬人違約情事所致損害數額範圍內，以保證金抵償債務之約定，用以界定定作人得以保證金抵償債務之範圍，僅具宣示保證金擔保目的及範圍之功能；後者則係保證金在一定情況下不予返還之約定，乃具有督促履約功能，可認係當事人約定承攬人於一定違約情事發生時，即應為一定金錢給付之違約金約定。」

[17] 民法第216條：「損害賠償，除法律另有規定或契約另有訂定外，應以填補債權人所受損害及所失利益為限。依通常情形，或依已定之計劃、設備或其他特別情事，可得預期之利益，視為所失利益。」

[18] 最高法院110年度台上字第851號民事判決：「民法第227條第2項之規定，因可歸責於債務人之事由，致工作發生瑕疵者，並發生履行利益以外之損害時，即因承攬人完成之工作瑕疵，對於定作人之人身或該工作以外之其他財產等固有法益，所造成之損害，定作人亦得依不完全給付向債務人請求損害賠償，惟須其損害與債務不履行所發生之損害間須有因果關係，方得請求損害賠償。」

之約定而轉爲違約金，並有民法第252條規定之適用[19]。蓋得標人之預約義務不履行，應僅損害定作人之預約實現的利益，並未造成其他投標人程序上的不利益，以及其公平競爭的侵害。是該擔保之實現範圍，仍應以定作人因此所受損害及所失利益，作爲押標金沒收或追繳數額的認定，似較公平合理。

　　綜上，本文以爲，程序上秩序遵守之擔保的被實現，係以程序上秩序遵守事項的違反爲要件，且以押標金之沒收或追繳爲其效果。而契約義務履行擔保之被實現，需有契約義務不履行之發生爲要件，並以履約保證金之沒收，或違約金之提出者，爲該債務不履行的效果之一。且債務不履行之損害賠償，應以債權人因此所受損害及所失利益者，作爲損害塡補範圍的認定。即便將投標人於得標後拒不簽約情形，認係屬於程序上秩序遵守違反的原因事項之一，定作人得爲押標金之沒收或追繳，惟得標人之預約義務不履行，應僅損害定作人之預約實現的利益，似未造成其他投標人程序上的不利益，以及其公平競爭的侵害。故而，在押標金作爲得標人契約簽訂擔保之情形，該押標金之擔保實現範圍，仍應適用關於債務不履行之損害賠償的相關規定。亦即，此一得標人拒絕履行契約簽訂之義務，致定作人有損害發生者，該得標人應負契約上債務不履行之責任。債權人因此預約債務不履行，所得主張的損害賠償範圍，仍應以其所受損害及所失利益爲度。

第二款　得標人遲延簽約

　　觀諸國內營建工程實務，除前述得標人拒絕簽訂契約之情形外，投標人於得標後，未依約定或規定之期日簽訂契約者，並非鳳毛麟角。然得標人遲延簽

---

[19] 最高法院105年度台上字第1292號民事判決：「承攬人交付履約保證金予定作人，係以擔保承攬債務之履行爲目的，信託讓與其所有權予定作人，乃信託讓與擔保性質，非使定作人終局地享有該給付。擔保契約常見『抵充約款』及『沒收約款』之約定，前者係指定作人得以承攬人違約情事所致損害數額範圍內，以保證金抵償債務之約定，用以界定定作人得以保證金抵償債務之範圍，僅具宣示保證金擔保目的及範圍之功能；後者則係保證金在一定情況下不予返還之約定，乃具有督促履約功能，可認係當事人約定承攬人於一定違約情事發生時，即應爲一定金錢給付之違約金約定。定作人已支付之履約保證金，於『沒收約款』所定違約事由發生時，除用以抵償因違約所生債務外，就超過擔保範圍之履約保證金，即因該『沒收約款』之約定而轉爲違約金，並有民法第二百五十二條規定之適用。」

約情形，是否構成程序擔保事項的違反，非無疑義。如認為得標人遲延簽約情形，業已構成程序擔保事項的違反，則其擔保之實現，應為如何之範圍較公平合理，難謂無推延之餘地。以下就程序擔保金在得標人遲延簽約情形，分別說明其之擔保要件，以及擔保之實現範圍。

一、擔保要件

在所規定或約定之契約簽訂期日經過，該確定得標人雖未為拒絕簽約之表示，惟仍未與定作人簽訂該次工程承攬契約者，則應屬於**預約債務人之給付遲延**情形。是在債務人給付遲延情形，應屬侵害債權人契約上之權利，而非程序上秩序遵守的違反。

程序秩序之擔保，以當事人違反秩序遵守為擔保實現之要件。而契約義務履行之擔保，係以當事人契約上給付義務之違反為要件。即便現行政府採購法第31條第2項第4款將投標人於得標後拒不簽約情形，列舉為押標金不予發還或追繳之原因事項，惟所謂得標後不簽約者，應屬於該預約義務人拒絕履行預約之義務，而預約義務不履行之效果，仍應適用法律關於債務不履行之損害賠償的相關規定。非謂一旦發生一方締約遲延之情形，即可不問他方有否發生損害，而以秩序違反之處罰作為締約遲延的代價。

觀諸國內營建工程承攬招標實務，定作人或招標辦理人之決標行為，須依招標文件所示之方式進行決標，並將該決標結果依其所規定之原則、期間、方式為公告，並通知各投標人時，始為合法有效[20]。經合法有效之決標，始可謂該工程承攬契約之預約業已成立。由此可知，**預約須經由一定之決標行為而成立，仍屬契約須依一定方式始能成立**之情形。

按民法第166條規定，契約須用一定方式為之者，在尚未依該一定方式完

---

[20] 政府採購法第45條：「公開招標及選擇性招標之開標，除法令另有規定外，應依招標文件公告之時間及地點公開為之。」第52條：「機關辦理採購之決標，應依下列原則之一辦理，並應載明於招標文件中：一、訂有底價之採購，以合於招標文件規定，且在底價以內之最低標為得標廠商。二、未訂底價之採購，以合於招標文件規定，標價合理，且在預算數額以內之最低標為得標廠商。三、以合於招標文件規定之最有利標為得標廠商。四、採用複數決標之方式：機關得於招標文件中公告保留之採購項目或數量選擇之組合權利，但應合於最低價格或最有利標之競標精神。機關辦理公告金額以上之專業服務、技術服務、資訊服務、社會福利服務或文化創意服務者，以不訂底價之最有利標為原則。決標時得不通知投標廠商到場，其結果應通知各投標廠商。」

成前，推定該契約未成立[21]。然如當事人有預約者，在契約尚未成立前，亦可能有違約情事之發生。例如，預約之一方拒絕完成該一定之方式，而令契約不能成立者是。然而，預約義務之不履行，應仍屬債務不履行之範疇，非為程序秩序遵守的違反。因之，如當事人有預約義務不履行之損害賠償約定者，仍應以該預約義務不履行，有造成損害之發生，作為其損害賠償責任之要件，且其損害賠償範圍，應以填補債權人因此債務不履行所受之損害，及因此所失之利益為準[22]。

　　如前所述，工程承攬契約之預約的作成，係屬於當事人之意定要式契約之一種，應有民法第166條明文之要式契約規定的適用。於營建工程承攬實務之交易習慣，當事人均會要求書面契約之簽訂，該書面契約之簽訂應屬於當事人之意定要式的一種。是工程承攬契約之本約，亦有前開法律規定之適用，在書面契約未簽訂前，應認該工程契約尚未成立。因此，在當事人已經依一定方式成立預約後，嗣該預約一方當事人遲延為本約締結義務者，應認該情形係屬於預約債務人之給付遲延，屬於債務不履行的態樣之一，要非係程序秩序遵守的違反。是在得標人契約簽訂遲延情形，應無理由成為押標金不予發還或追繳之要件。

二、擔保之實現範圍

　　如前述，在決標成立預約情形，得標人遲延為契約簽訂者，應認係屬於預

---

[21] 民法第166條：「契約當事人約定其契約須用一定方式者，在該方式未完成前，推定其契約不成立。」

[22] 司法院院字第1278號解釋之解釋文：「（一）當事人約定之契約須用一定方式者。在未完成方式前。依法應推定為不成立。當事人自得變更其要約或承諾。（二）當事人就已成立之約定一定方式契約。欲延長其有效期間者。雙方倘無更須以一定方式訂立之表示，其延長即於雙方意思合致後發生效力。（三）一定方式之契約。未定違約賠償之責任者。如一方因違約請求賠償。自應以實在所受損害及所失利益為準。」最高法院107年度台上字第1696號民事判決：「而關於損害賠償之範圍，民法係採完全賠償主義，除法律另有規定或契約別有約定，應以填補債權人所受損害及所失之利益（民法第216條第1項參照），故法院對於損害賠償額預定性之違約金，除應審酌一般客觀事實、社會經濟狀況及債權人因債務已為一部履行所受之利益外，應以債權人實際所受之積極損害及消極損害（所失利益），作為主要之考量因素，以酌定其所約定之違約金是否過高。」

約債務人之給付遲延，屬於債務不履行的態樣之一，要非係程序秩序遵守的違反。契約上權利受侵害，應以有損害發生爲賠償之要件。亦即，在締約遲延情形，應以**他方之實際損害的發生，爲履約擔保被實現**之要件。若定作人在締約遲延之所受損害及所失利益外，另又主張程序秩序違反之處罰，進而沒收或追繳押標金者，恐有違比例原則，亦與程序擔保性質不符。蓋締約前置程序之擔保，係爲擔保程序上秩序之遵守，以維護當事人程序安定之利益。至於契約債務之履行與否，則應不在程序擔保之範圍。是在得標人締約遲延情形，應以履約擔保性質之保證金作爲擔保，並依定作人因此所受損害及所失利益，作爲履約擔保之實現範圍。

綜上，本文以爲，得標人遲延爲契約簽訂者，應認係屬於得標人之給付遲延，屬於債務不履行的態樣之一，要非係程序秩序遵守的違反。在發生得標人締約遲延情形，仍應適用關於債務不履行之損害賠償的相關規定，要無理由成爲程序擔保之實現要件。此一得標人遲延締約，致定作人有損害發生者，該得標人應負契約上債務不履行之責任。定作人因此債務不履行，所得主張之損害賠償範圍，仍應以其所受損害及所失利益爲準，要不能以沒收或追繳押標金作爲締約遲延之代價，始符合比例原則與個案利益之衡平。

第三項　於規定期限內繳足保證金或提供擔保

在適用政府採購法情形，投標人在得標後，未於規定期限內繳足規定之保證金或提供擔保者，得爲定作人沒收或追繳押標金之原因事項，政府採購法第31條第2項第5款定有明文。觀諸國內工程承攬實務，縱使當事人不在政府採購法適用之列，前述法律規定，亦多被定作人所仿效。因之，不論該繳足之保證金或提供之擔保的種類爲何，得標人一旦未於規定期限內繳足或提供者，即得成爲定作人沒收或追繳押標金之原因事項。

前述政府採購法，將投標人在得標後，未於規定期限內繳足保證金或提供擔保者，規定在沒收或追繳押標金的原因事項之一。所謂得標後未於規定期限內繳足保證金或提供擔保，此一期限究係在程序階段期間，或係契約已經成立之履約期間，語焉不詳。然該保證金或擔保之提供期限，如落在不同階段期間內，應認屬不同性質之義務。故而，該得標人於得標後之規定期限內，應繳足之保證金或提供之擔保者，其性質究屬預約義務之一，或係契約簽訂的要件之一，抑或契約上義務之一，實値推研。

　　舉例而言，如將規定期限內繳足保證金或提供擔保，認係屬於預約義務的履行要件之一，則為契約締結前之程序擔保範圍。其若係屬於契約簽訂的要件之一者，則應為契約簽訂之要件有否欠缺，及可否補正之問題。如將其認屬於契約上義務之一者，則未於規定期限內繳足保證金或提供擔保情形，即為債務不履行之責任。是於規定期限內繳足保證金或提供擔保之屬性的認定，對於當事人程序上或契約上之利益的變動，非謂無影響，應與明辨。

　　以下就預約之義務、契約簽訂之要件，以及契約上義務等不同角度，以政府採購法第31條第2項第5款所列之得標後未於規定期限內，繳足保證金或提供擔保之事項為基礎，探討押標金在作為他項擔保金繳足或提出之擔保時，其之擔保性質的轉換，與性質轉換的合理性。

第一款　預約之義務

　　如將投標人在得標後，於規定期限內應繳足保證金或提供擔保，認係得標人程序上義務之一者，除當事人別有約定外，得標人違反規定期限內應繳足保證金或提供擔保的效果，與程序上其他義務之違反的效果相同，皆為定作人沒收或追繳押標金。然而，前述所謂的程序上義務，係指遵守程序上秩序規定的義務，非指程序擔保之提出的義務。蓋程序擔保之提出，即為投標人之押標金提出，當事人未為程序擔保提出之效果，僅該未提出程序擔保之人，喪失程序參與之資格。而若當事人未遵守程序上秩序規定的效果，則係該違反之當事人所為提出或繳納之程序擔保金被沒收或追繳。是投標人在得標後，於規定期限內應繳足保證金或提供擔保者，應非屬得標人程序上秩序遵守義務之一。

　　今若將得標人於規定期限內應繳足保證金或提供擔保，認係得標人預約上義務之一者，則此一保證金繳足或擔保的提供，應認係**程序參與所附之停止條件**。亦即，參與程序之投標人，除須現實繳納或提出程序擔保金（押標金）外，亦須同時為他項保證金總數之繳足或足額擔保的提供者，僅該他項保證金繳足或足額擔保的提供，係**以確定得標為解除條件，並以該解除條件之成就，作為解消程序擔保的要件**。若非如此，則該他項保證金繳足或擔保的提供，難謂可認係投標人參與程序之秩序的遵守，或程序上擔保之提出的一種。

　　綜上，本文以為，須將保證金之繳足或擔保的提供，認係投標人參與程序之秩序遵守的義務之一，此時投標人所繳納之押標金，始具有令投標人於確定得標之條件成就時，必然遵守他項保證金的繳足或擔保提供之作用。惟基於法

律上之安定，似無將契約上之保證金繳足或擔保提供，解釋為程序秩序遵守義務的正當理由。蓋在通常情形，於定作人決標時，程序已然完結。要之，投標人於確定得標之條件成就時，其未於規定期間內，為保證金繳足或擔保之提供者，應視為違反預約義務的履行。如當事人已明文將押標金作為預約義務履行擔保之約款者，則得標人不為保證金繳足或擔保之提供者，即得成為定作人沒收或追繳押標金之原因事項。於此情形，程序秩序擔保性質之押標金，始因當事人間之特別約定，得轉作契約保證金繳足或擔保提供的擔保金。若未有前述之特別約定，是否可謂因當事人之默示同意而得轉作，則應嚴格檢視當事人之最初本意、締約利益與財產變動等因素，始符合擔保性質轉作之合理性。

第二款　契約簽訂之要件

如將保證金之繳足或擔保的提供，認係契約簽訂之要件的一種，則其違反之效果，應與違反程序秩序遵守之效果不同。蓋程序上擔保之提出，係為擔保程序秩序的遵守。如當事人參與程序，卻未為程序擔保提出者，應屬**程序參與資格的欠缺**，其**效果應係程序參與權利的喪失**。例如，投標人未為押標金之繳納或提出，於開標時，因該投標人之投標文件欠缺押標金之繳納或提出之證明，屬於投標文件不全情形，應予廢標。然而，如將契約上保證金繳足或擔保提供，認係契約簽訂之要件者，得標人違反保證金繳足或擔保提供之效果，應認僅係該得標人**喪失契約簽訂之權利**。

本文以為，前述得標人在規定或約定期限內，應為保證金之繳足或提供擔保，如認係屬於契約簽訂之要件者，在當事人有特別約定，將押標金作為契約簽訂要件滿足之擔保情形，得標人如有違反，應得成為定作人沒收或追繳押標金之原因事項。於此情形，程序秩序擔保性質之押標金，始可轉作因契約簽訂要件之欠缺，而令契約未能簽訂時之損害賠償的總額預定。蓋因得標人之契約簽訂要件的欠缺，而令契約未能簽訂情形，應可認其所侵害者，係定作人之締約期待利益，而非程序上秩序遵守的違反。惟基於契約經濟與誠信原則，即便定作人已經預擬不得補正之條款，在發生前述之契約簽訂要件欠缺情形，似仍應給予得標人可為補正之機會，較為公平。如得標人逾補正期間仍不為補正者，則該得標人即因此而喪失契約簽訂的權利。

第三款　契約上義務

　　今若將投標人在得標後，應爲繳足之保證金或提供擔保之期間，係規定於契約成立後之履約期限內，或該保證金之繳納或擔保提供之目的，係在於契約義務履行之擔保者，則該得標人之保證金繳足或提供擔保，應認係契約上義務之一。此時，如得標人於規定期限內，未爲保證金之繳足或提供擔保者，則爲契約上義務之不履行，屬於債務人之履約擔保的範疇。要之，前述未於規定期限內爲保證金繳足或提供擔保之情形，應不在程序秩序遵守的擔保範圍，定作人要無由以此沒收或追繳程序秩序擔保之押標金。

　　司法實務見解有認爲，預約當事人一方不履行訂立本約之義務負債務不履行責任者，他方得依債務不履行相關規定請求損害賠償，賠償範圍包括所受損害及所失利益。所謂所失利益，包括依預約可得預期訂立本約而獲履行之利益[23]。是如本文前述之預約履約保證金的論述，可爲成立者，則於發生契約義務履行擔保之原因事項時，仍應以因債務人未履行契約義務，所致債權人因此所受之損害及所失之利益爲限，作爲契約履約擔保金實現之範圍，似較妥適。亦即，如發生契約履約擔保之情事，係以債權人因此實際發生之損害，作爲該轉作預約履約擔保金之押標金的擔保實現數額，應可爲工程承攬實務當事人所接受。

　　另所謂違約金，係指當事人爲確保債務之履行，約定於債務人不履行債務時，應支付之金錢或其他給付，違約金之提出時期，係在發生債務人不履行債務時，債務人始須爲違約金之提出。而押標金係爲擔保程序秩序之遵守，押標金之提出時期，在該得標人爲投標文件標封前，即須提出或繳納。就違約金與

---

[23] 最高法院107年度台上字第507號民事判決：「按預約當事人一方不履行訂立本約之義務負債務不履行責任者，他方得依債務不履行相關規定請求損害賠償，賠償範圍包括所受損害及所失利益。所謂所失利益包括依預約可得預期訂立本約而獲履行之利益。被上訴人於簽立系爭協議後，將系爭六戶房屋出售，應負不能成立本約之債務不履行責任，爲原審所確定。原審亦認預約之買賣標的爲系爭六戶房屋及價金已爲特定。則上訴人主張系爭六戶房屋現市價每坪約達33萬元，較上開預定售價高達7至9萬元，伊因被上訴人不履行預約，受有以每坪3萬元差額計付之損害云云，並提出新建大樓各層銷售金額及價差表等爲證〔見原審更（二）卷第82-84頁，更（一）卷第38-40頁、151頁，一審卷（一）第60頁、93-96頁〕，似非全然無稽。原審就此未詳爲究明，徒以前揭理由爲不利上訴人之判決，不無可議。」

押標金之提出時期觀之，其二者之提出時期，顯然不同。要之，在以押標金作為履約擔保金情形，如發生約定數額過高者，該押標金仍無民法第252條違約金酌減之適用[24]。

本文以為，如該次投標須知或招標文件內容，明文投標人於確定得標後拒不簽約者，定作人即沒收押標金者，如當事人未得對之為個別磋商者，應有構成民法第247條之1的附合契約條款之可能[25]。在當事人規定或約定得標人於規定期限內，未為保證金之繳足或提供擔保，即得沒收或追繳押標金者，則應認該押標金，已由程序擔保轉作為履約擔保的性質。若該被實現之履約擔保金數額，與債權人之實際損害數額差距甚大者，債務人應可請求調整該預約履約擔保之被實現的數額。亦即，應以債權人實際發生之損害及所失利益，作為損害填補範圍，如有剩餘者，仍應返還予債務人。如此，始符合比例原則與個案利益之衡平。

綜上，契約義務之履行，與締約前置程序之秩序遵守的擔保無涉。如當事

---

[24] 最高法院109年度台上字第1442號民事判決：「五、按契約債務人交付履約保證金予債權人，係以擔保契約債務之履行為目的，信託讓與其所有權予債權人，乃信託讓與擔保性質，其擔保範圍包括債務不履行之損害賠償、違約金等。至當事人為督促履約，約定債務人於一定違約情事發生時，即應為一定金錢給付或債權人得沒收履約保證金或不予返還，乃違約金之約定，自有民法第252條規定之適用，此與履約保證金之性質為何，係屬二事。」

[25] 最高法院104年度台上字第472號民事判決：「法院應於具體個案中加以審查與規制，妥適調整當事人間不合理之狀態，苟認該契約一般條款之約定，與法律基本原則或法律任意規定所生之主要權利義務過於偏離，而將其風險分配儘移歸相對人負擔，使預定人享有不合理之待遇，致得以免除或減輕責任，再與契約中其他一般條款綜合觀察，其雙方之權利義務有嚴重失衡之情形者，自可依民法第二百四十七條之一第一款之規定，認為該部分之約定係顯失公平而屬無效，初與相對人是否為公司組織及具有磋商機會無必然之關係。蓋任何法律之規定，均係立法者在綜合比較衡量當事人之利益狀態後，所預設之價值判斷，乃為維護契約正義與實現公平之體現。縱其為任意規定，亦僅許當事人雙方以其他正當之規範取代之，尚不容一方恣意片面加以排除。況相對人在訂約之過程中，往往為求爭取商機，或囿於本身法律專業素養之不足，對於內容複雜之一般條款，每難有磋商之餘地；若僅因相對人為法人且具有磋商之機會，即認無民法第二百四十七條之一規定之適用，不啻弱化司法對附合契約控制規整之功能，亦有違憲法平等原則及對於契約自由之保障（司法院釋字第五七六號、第五八○號解釋參照）。」曾品傑，附合契約與定型化契約之基本問題，東海大學法學研究，第25期，2006年12月，頁39至74。

人仍需將程序擔保性質之押標金，作爲當事人契約義務履行之擔保者，則**應於決標時，同時將該押標金轉作履約保證金**。亦即，應將該程序擔保之押標金，**賦予開始條件之效力，以投標人之得標，作爲開始條件之成就**，而使該程序擔保性質之押標金，轉作契約之履約保證金。倘若不以前述之開始條件的成就，作爲押標金之擔保性質轉換的解釋，則當事人一方以預擬條款，強行將程序秩序遵守擔保之押標金，逕自作爲契約義務不履行之違約金，似無法就押標金與違約金二者之擔保性質，以及其之提出時期等，清楚說明其合理性。是唯有藉前述開始條件之成就，爲押標金性質的轉作行爲，始符合履約保證金之繳納或提出的時期與方法，亦與契約義務之履行擔保性質相互吻合。

第四項　程序擔保之救濟

　　觀諸國內營建工程承攬招標實務，一旦決標程序完結，則該投標人即因確定得標，而必須與定作人締結該次招標公告所示標的之工程承攬契約。在經由決標成立預約情形，締結該次招標公告所示標的之工程承攬契約，係預約義務之履行。蓋因定作人之決標，即對於該投標人之承攬要約爲承諾時，程序當事人之契約簽訂的預約義務即已經成立[26]。

　　據此，如該確定得標人未於約定時期，與定作人締結該次招標公告所示標的之工程承攬契約，或未依約提供相關本約履行之擔保者，則該確定得標人即未依預約本旨爲給付，應負預約債務不履行之責任。而其預約債務不履行的效果，即爲定作人沒收其所繳納或提出之押標金[27]。於前述情形，如得標人對於定作人沒收或追繳程序擔保金之情事有異議者，似應視該原因事項係屬程序上或契約上義務之違反，而決定訴訟程序之救濟途徑。

　　詳言之，如當事人不在政府採購法之適用範圍內，則該次招標之投標人或確定得標人，對於其所繳納或提出之程序擔保金即押標金，被沒收或追繳之情

---

[26] 參閱政府採購法第31條之立法理由：「（四）現行條文第五款修正移列爲第四款，審酌法院實務見解認，廠商之投標爲要約，**而機關之決標爲承諾，無需廠商再爲同意或接受之表示，故無廠商不接受決標之情形**，爰刪除『開標後應得標者不接受決標』之文字，並酌作文字修正。」

[27] 政府採購法第31條第2項：「廠商有下列情形之一者，其所繳納之押標金，不予發還；其未依招標文件規定繳納或已發還者，並予追繳：……四、得標後拒不簽約。五、得標後未於規定期限內，繳足保證金或提供擔保。……」

事有所爭執者,該投標人或確定得標人應循民事訴訟為其救濟途徑。亦即,在該次工程承攬非為適用政府採購法情形,該締約前置程序當事人,於發生程序上事件之爭執者,應以民事訴訟為其救濟途徑。蓋其為程序當事人之私法上權義的爭執,應無所議。

惟若該次當事人係適用政府採購法情形,則該投標人或確定得標人,對於其所繳納或提出之程序擔保金即押標金,被沒收或追繳之情事有異議,該投標人或確定得標人之救濟途徑,則不若前述當事人之私法上權義的爭執,得以民事訴訟為其救濟途徑。亦即,在該次工程承攬為適用政府採購法情形,當事人發生程序上事件之爭執者,究係以行政爭訟程序為救濟,或循民事訴訟為其救濟途徑,不無疑問。

第一款　司法實務

有關前述問題,最高行政法院較早之見解認為,「雙階理論」之私法、公法區別之「雙階」終究係為救濟途徑所虛構之法律概念,於實際程序上如何區辨「雙階」實過於複雜困難,且原本一個社會關係竟強分為兩個法律關係,亦脫離現實,是以行政私法行為是否採「雙階理論」,應依實務之慣行(如國有財產之標售,實務認為私法關係,不採「雙階理論」)及立法者制度規劃以判斷之。政府採購法沒收押標金事件,應屬私權糾紛而非公法爭議,行政法院無審判權[28]。

最高行政法院晚近見解認為,在該次工程承攬為適用政府採購法情形,該締約前置程序當事人,於發生程序上事件之爭執者,立法者已就政府採購法中廠商與機關間關於招標、審標、決標之爭議,規定屬於公法上爭議,其相關爭

---

[28] 最高行政法院95年判字第1996號判決:「惟『雙階理論』藉由解釋為公權力之作用,使主管機關在進入訂約程序前,其認為依相關法規或行使裁量權結果之決定,受到公法的約束,而使訂約相對人受到基本權利保護(特別是平等權)和主管機關之決定受到司法控制,惟『雙階理論』之私法、公法區別之『雙階』終究係為救濟途徑所虛構之法律概念,實際程序上如何區辨『雙階』實過於複雜困難,且原本一個社會關係竟強分為兩個法律關係,亦脫離現實,是以行政私法行為是否採『雙階理論』,應依實務之慣行(如國有財產之標售,實務認為私法關係,不採『雙階理論』)及立法者制度規劃以判斷之。本件係屬政府採購法沒收押標金事件,依上開本院決議應屬私權糾紛而非公法爭議,行政法院無審判權。」

議決定、異議決定亦應相對定性爲行政處分，以利止爭[29]。觀諸此一最高行政法院之見解，係採二元論[30]，當事人於採購程序階段所生之爭執，應以行政爭訟爲其訴訟救濟之途徑。

　　除前述見解外，最高行政法院97年5月份第1次庭長法官聯席會議認爲，立法者已就政府採購法中廠商與機關間關於招標、審標、決標之爭議，規定屬於公法上爭議，其訴訟事件自應由行政法院審判。廠商對不予發還押標金行爲如有爭議，即爲關於決標之爭議，屬公法上爭議。廠商雖僅對機關不予發還押標金行爲不服，而未對取消其次低標之決標保留權行爲不服，惟此乃廠商對機關所作數不利於己之行爲一部不服，並不影響該不予發還押標金行爲之爭議，爲關於決標之爭議之判斷。因此，廠商不服機關不予發還押標金行爲，經異議及申訴程序後，提起行政訴訟，行政法院自有審判權。至本院93年2月份庭長法官聯席會議決議之法律問題，係**關於採購契約履約問題而不予發還押標金所生之爭議，屬私權爭執，非公法上爭議，行政法院自無審判權**，與本件係廠商與機關間關於決標之爭議，屬公法上爭議有間[31]。

---

[29] 最高行政法院104年度判字第286號判決：「『廠商與機關間關於招標、審標、決標之爭議，得依本章規定提出異議及申訴。』依同法第76條規定，廠商對於公告金額以上採購案異議之處理結果不服者，得向主管機關、直轄市或縣（市）政府所設之採購申訴審議委員會提出申訴，該採購申訴審議委員會所爲之申訴審議判斷，依同法第83條之規定，視同訴願決定。準此，立法者已就政府採購法中廠商與機關間關於招標、審標、決標之爭議，規定屬於公法上爭議，其相關爭議決定、異議決定亦應相對定性爲行政處分，以利止爭。是以，經申訴審議判斷所撤銷之爭議決定及異議決定，依行政程序法第118條前段規定，溯及既往失其處分效力。易言之，爭議審定及異議決定經申訴審議判斷撤銷者，即不復存在，無從成爲爭訟對象。本件上訴人原審起訴請求撤銷『原處分（即爭議決定）、異議決定及申訴審議判斷不利於上訴人部分』，……其內容包含追繳上訴人系爭2工程及『全興工業次要道路機能強化工程』之押標金。惟本件原處分及異議決定關於將追繳『全興工業次要道路機能強化工程』押標金部分業經申訴審議判斷撤銷，原處分及異議決定關於此部分規制效力，不復存在。」

[30] 陳英鈐，追繳押標金之救濟途徑，月旦法學雜誌，第78期，2009年4月，頁17至19。

[31] 最高行政法院97年5月份第1次庭長法官聯席會議（二）決議要旨：「政府採購法第74條規定：『廠商與機關間關於招標、審標、決標之爭議，得依本章規定提出異議及申訴。』採購申訴審議委員會對申訴所爲之審議判斷，依同法第83條規定，視同訴願決定。準此，立法者已就政府採購法中廠商與機關間關於招標、審標、決標之爭議，規定屬於公法上爭議，其訴訟事件自應由行政法院審判。機關依政府採購法第50條第1項第5款取消廠商之次低標決標保留權，同時依據投標須知，以不同投標廠商間之投

　　另參諸最高行政法院102年11月份第1次庭長法官聯席會議，其決議認為政府採購法第31條第2項乃規定機關得於招標文件中規定廠商有所列各款情形之一者，其所繳納之押標金不予發還；已發還者，並予追繳。法文明定機關得以單方之行政行為追繳已發還之押標金，乃屬機關對於投標廠商行使公法上請求權，應有行政程序法第131條第1項關於公法上請求權消滅時效規定之適用[32]。

　　由前述最高行政法院晚近之見解，以及最高行政法院庭長法官聯席會議決議可知，於定作人為行政機關或公法人之情形，最高行政法院偏向以定作人決標之時點，作為當事人法律救濟途徑適用之分水嶺。渠等均認為，在完整招標程序，於決標前之任一階段，包含決標程序自身，其行為在法律上的屬性，均屬於高權之公法行為。而在嗣後之履約行為，則屬於私法領域之私權行為。換言之，即便當事人所爭執者，同為押標金之沒收或追繳一事，卻因押標金被沒收或追繳之原因事項不同，而異其救濟程序。

第二款　本文觀點

　　在適用政府採購法情形，當事人因締約前置程序所生之爭執，究應屬公法

標文件內容有重大異常關聯情形，認廠商有同法第31條第2項第8款所定有影響採購公正之違反法令行為情形，不予發還其押標金。廠商對不予發還押標金行為如有爭議，即為關於決標之爭議，屬公法上爭議。廠商雖僅對機關不予發還押標金行為不服，而未對取消其次低標之決標保留權行為不服，惟此乃廠商對機關所作數不利於己之行為一部不服，並不影響該不予發還押標金行為之爭議，為關於決標之爭議之判斷。因此，廠商不服機關不予發還押標金行為，經異議及申訴程序後，提起行政訴訟，行政法院自有審判權。至本院93年2月份庭長法官聯席會議決議之法律問題，係關於採購契約履約問題而不予發還押標金所生之爭議，屬私權爭執，非公法上爭議，行政法院自無審判權，與本件係廠商與機關間關於決標之爭議，屬公法上爭議有間，附此敘明。」

[32] 最高行政法院102年11月份第1次庭長法官聯席會議：「依政府採購法第30條第1項本文、第31條第1項前段規定，機關辦理招標，應於招標文件中規定投標廠商須繳納押標金，並於決標後將押標金無息發還未得標廠商。是廠商繳納押標金係用以擔保機關順利辦理採購，並有確保投標公正之目的，為求貫徹，政府採購法第31條第2項乃規定機關得於招標文件中規定廠商有所列各款所定情形之一者，其所繳納之押標金不予發還，已發還者，並予追繳。法文明定機關得以單方之行政行為追繳已發還之押標金，乃屬機關對於投標廠商行使公法上請求權，應有行政程序法第131條第1項關於公法上請求權消滅時效規定之適用。」

上事件的爭執，或係私法上權義的爭執，涉及當事人解決紛爭之法律適用的依據、訴訟上之救濟途徑與審級利益等。前述司法實務對於締約前置程序、契約締結及契約履行之法律性質的見解，就理論上而言，或不無道理。

惟本文以為，締約前置程序，係為契約之本約締結而開啟、存在。是該**締約前置程序，仍應屬於完整之契約關係的一部分**。如前所述，定作人之決標行為，對該預約要約人之要約為承諾的行為。然預約之成立，係為履行本約之締結。是當事人所欲締結者，係該次招標公告所示標的之工程承攬本約，要非不具詳細約定內容之預約。

據此，將同屬私經濟領域之預約的成立，與本約締結之二行為性質，以預約之要約受領人的承諾行為，作為劃分前述二行為之法律性質的節點，強行割劃為高權之行政行為與私經濟行為之意思表示，進而異其法律之適用與救濟程序，是否能謂仍屬妥適，實值商榷。再者，若以前述二元論作為法律關係認定之基礎，則決標前均為公法關係的適用結果，不具法律效果之招標公告，即屬於公法上要約引誘，恐有欠妥當。又，如決標係公法行為，則對於得標以外之未得標，例如分段投標分段開標，或一次投標分段開標等之未得標部分，究仍屬公法上之行政行為，或係私經濟行為之意思表示，在法律適用上，實徒增困擾。

關於程序擔保之救濟途徑的問題，本文嘗試從完整契約關係之一部、私經濟行為之意思表示，與私經濟行為之秩序違反的處罰等角度，分別逐一探討程序擔保之救濟途徑，以及政府採購法第31條第4項規定之檢討等議題。

一、完整契約關係之一部

定作人之所以開啟招標程序，或因其自身所需工作之定作利益的考量，或因法律之明文規定[33]。然不論該招標程序之開啟原因若何，定作人開啟該標的

---

[33] 政府採購法第3條：「政府機關、公立學校、公營事業（以下簡稱機關）辦理採購，依本法之規定；本法未規定者，適用其他法律之規定。」第4條：「法人或團體接受機關補助辦理採購，其補助金額占採購金額半數以上，且補助金額在公告金額以上者，適用本法之規定，並應受該機關之監督。藝文採購不適用前項規定，但應受補助機關之監督；其辦理原則、適用範圍及監督管理辦法，由文化部定之。」第19條：「機關辦理公告金額以上之採購，除依第二十條及第二十二條辦理者外，應公開招標。」

工作之招標程序，均係以該次招標之標的工作契約的締結爲其目的。

　　觀諸國內營建工程承攬之招標程序，一般包括招標公告、領標、投標、開標、審標、減價、比減價、協商與決標等各個階段。然前述之決標前的各個階段，均係爲締結契約而所爲之前置行爲。其中招標公告之性質，係爲該次標的工作之定作的要約引誘；投標之法律性質，係爲工作承攬之要約；而決標之法律性質，則爲對該承攬要約之承諾。

　　本文以爲，**完整之契約關係，應包含契約締結之準備行爲、契約之締結以及契約之履行**。是完整之工程契約，應包含契約締結之前置程序、契約締結、成立、生效與履行。要之，應無由將契約締結之前置程序，從一完整契約關係中分離。更遑論將該前置程序中的決標行爲，再自該前置程序中抽離，而令其獨立於完整的契約關係之外。關於前述，德國法不採二階段理論，德國聯邦憲法法院認爲本件招標機關並非以基本法第19條第4項實施公權力的機關身分而有所作爲。國家在此乃是以市場上的需求者出現，以滿足其對特定給付或貨物的需求。作爲一個市場上的需求者角色，它和參與市場上的其他參與者，基本上並無不同。在招標相關決定時，它並不是行使其上位的公法上權力，因此並無理由將其舉措歸類爲基本法第19條第4項之行使公權力[34]。另，德國聯邦行政法院認爲，在授予公共契約時，國家充當市場買方，以滿足對某些商品和服務的需求。作爲需求者，國家與其他市場參與者原則上並無本質區別。公共部門簽訂的承攬契約和僱傭契約完全屬於私法範疇。這同樣適用於締約前的招標

---

[34] BVerfG, Beschlußvom 13. 6. 2006 - 1 BvR 1160/03
[52] 2. Die VergabestellehandeltvorliegendnichtalsTrägerinöffentlicherGewalti.S. des Art. 19 IV GG. Der StaatwirdalsNachfrager am Markttätig, um seinenBedarf an bestimmtenGüterno derLeistungenzudecken. In dieser Rolle alsNachfragerunterscheidet er sichnichtgrundlegend von anderenMarktteilnehmern. Auf seine übergeordneteöffentlicheRechtsmachtgreift er beiei nerVergabeentscheidungnichtzurück, so dasskeinAnlassbesteht, seine MaßnahmealsAusübun göffentlicherGewalti.S. des Art. 19 IV GG einzuordnen.
聯邦憲法法院2006年6月13日裁定
（涉及道路交通安全設施的工程／Saarland邦）
[52] 本件招標機關並非以基本法第19條第4項實施公權力的機關身分而有所作爲。國家在此乃是以市場上的需求者出現，以滿足其對特定給付或貨物的需求。作爲一個市場上的需求者角色，它和參與市場上的其他參與者，基本上並無不同。在招標相關決定時，它並不是行使其上位的公法上權力，因此並無理由將其舉措歸類爲基本法第19條第4項之行使公權力。

程序，該程序的作用是使得公部門在多個投標人中作出選擇。契約談判的開始，就在公部門的定作人和投標人之間建立一個私法的法律關係，這種關係一直持續到將契約授予其中一個投標人。在這一招標程序中，公部門作出一個有關私法上意思表示的決定，該決定是具有其所企求的民法上法律行為的性質。公共契約的授予，應被認為是一個統一的程序，並全部被歸類為私法領域[35]，

---

[35] BVerwG, Beschlußvom 2. 5. 2007 - 6 B 10/07, Rn 6, NJW 2007, 2275

[6] aa) Bei der VergabeöffentlicherAuftprägewird der StaatalsNachfrager am Markttätig, um einenBedarf an bestimmtenGütern und Dienstleistungenzudecken. In dieser Rolle alsNachfragerunterscheidet er sichnichtgrundlegend von anderenMarktteilnehmern (BVerfG, NJW 2006, 3701 [3702] = NZBau 2006, 791 Rdnr. 52). Die von der öffentlichen Hand abgeschlossenenWerk- und Dienstverträgegehörenausschließlich dem Privatrecht an (BVerwGE 5, 325 [326] = NJW 1958, 394; BVerwGE 14, 65 [72, 76] = NJW 1962, 1535, und BVerwGE 35, 103 [105] = Buchholz 310 § 40 VwGO Nr. 88, S. 11 [12]; BGHZ 36, 91 [96] = NJW 1962, 196; NJW 1967, 1911 und NJW 1977, 628 [629]; OVG Lüneburg, NVwZ-RR 2006, 843 [844]; Gröning, ZWeR 2005, 276 [280]; Gurlit, in: Erichsen/Ehlers, Allg. VerwaltungsR, 13. Aufl. [2005], § 29 Rdnr. 6; Maurer, Allg. VerwaltungsR, 16. Aufl. [2006], § 17 Rdnr. 31; Sodan, in: Sodan/Ziekow, § 40 Rdnr. 334; Vygen, in: Ingenstau/Korbion, VOB, 15. Aufl. [2006], Einl. Rdnr. 10). Das gleiche gilt für das dem Abschluss des VertragsvorausgehendeVergabeverfahren, das der Auswahl der öffentlichen Hand zwischenmehrerenBieterndient. Mit der Aufnahme der Vertragsverhandlungenentstehtzwischen dem öffentlichenAuftraggeber und den BieterneinprivatrechtlichesRechtsverhältnis, welches bis zurAuftragsvergabe an einen der Bieterandauert. Die öffentliche Hand trifft in diesemVergabeverfahreneineEntscheidungüber die AbgabeeinerprivatrechtlichenWillenserklärung, die dieRechtsnatur des beabsichtigtenbürgerlich-rechtlichenRechtsgeschäftsteilt. Die VergabeöffentlicherAuftprägeistalseinheitlicherVorganginsgesamt dem Privatrechtzuzuordnen (BVerwGE 14, 65 [72, 77] = NJW 1962, 1535; BGHZ 49, 77 [80] = NJW 1968, 547; Ehlers, in: Schoch/Schmidt-Aßmann/Pietzner, VwGO, § 40 Rdnr. 250; ders., in: Erichsen/Ehlers, § 3 Rdnr. 47; Gurlit, in: Erichsen/Ehlers, § 29 Rdnr. 6; Jaeger, ZWeR 2006, 366 [381]; Maurer, § 17 Rdnr. 31; Siegel, DÖV 2007, 237 [241f.]; Ziekow/Siegel, ZfBR 2004, 30 [32f.]). BVerwG, Beschlußvom 2. 5. 2007 - 6 B 10/07, Rn 6, NJW 2007, 2275)

聯邦行政法院2007年5月2日裁定

[6] aa)在授予公共契約時，國家充當市場買方，以滿足對某些商品和服務的需求。作為需求者，國家與其他市場參與者原則上並無本質區別（文獻略）。公共部門簽訂的承攬契約和僱傭契約完全屬於私法範疇（文獻略）。這同樣適用於締約前的招標程序，該程序的作用是使得公部門在多個投標人中作出選擇。契約談判的開始，就在公部門的定作人和投標人之間建立一個私法的法律關係，這種關係一直持續到將契約授

可資參考。是在完整契約關係之前提下，該次契約所包含之各個階段行為的法律性質，均應與該次契約之法律性質相同。

綜上，如該系爭契約屬於私法上契約之性質，則該契約所包含之各個階段行為的法律屬性，仍應與該次契約為相同屬性之私經濟行為，要不能因契約之當事人是否適用政府採購法，即將該契約締結前置程序之各個階段行為，自完整契約關係中抽離，強行改變其法律性質，以安定當事人紛爭解決之法律適用的依據、訴訟上之救濟途徑與審級利益等。

二、私經濟契約成立之因素

一般情形，契約多經由當事人之要約與承諾而成立，營建工程契約之成立亦係如此。投標人之投標行為，係其對於定作人之工作所為之承攬要約，屬於私經濟領域之意思表示。而定作人之決標，係定作人對於該承攬要約的承諾。既然定作人之決標，係對於投標人之承攬要約所為之承諾，則該對於承攬要約為承諾之意思表示，仍應與其所為承諾之承攬要約的法律性質相同，屬於私經濟契約成立的因素之一。亦即，對於私經濟之要約所為的承諾，仍屬於私經濟行為之意思表示，並不會因其是否適用政府採購法，而相異其性質。

蓋不論該次工程契約是否適用政府採購法，就當事人之契約目的與市場需求而言，營建工程契約應屬於私法上契約。於完整之營建工程承攬關係，當事人一方之承攬要約以及要約受領人的承諾，二者均應屬當事人令契約成立的要件之一。是此類營建工程契約成立之要約與承諾，一為投標人喚起定作人與其締結私經濟契約之意思表示，另一為定作人同意按其投標內容締結私經濟契約的答覆，**其二者均應為私經濟契約成立因素之一的意思表示**。如僅因要約或承諾之表意人，具有適用政府採購法之地位，即將其所為之要約或承諾的意思表示，解為公法行政之高權行為的行政決定或處分者，似未妥適。畢竟，以私經濟行政（國庫行政）形式所為的工程承攬，係以標的工作之取得與利用為目的，此與公法行政之行政契約，係利用契約行為，以契約設定、變更或消滅該

予其中一個投標人。在這一招標程序中，公部門作出一個有關私法上意思表示的決定，該決定是具有其所企求的民法上法律行為的性質。公共契約的授予，應被認為是一個統一的程序，並全部被歸類為司法領域（文獻略）。

公法關係之目的[36]，係屬二事。

綜上，本文以爲，當事人對於私經濟之要約所爲的承諾，仍屬於私經濟行爲之意思表示，並不會因其是否適用政府採購法，而相異其性質。要之，即便在適用政府採購法情形，定作人對該締結私經濟契約之要約所爲的承諾，仍屬私經濟契約成立因素之一的意思表示，而非機關對外直接發生公法上效果之行政高權行爲。退萬步言，於完整招標程序中之各階段，有關投標人之異議說明的決定、資格審視的決定、比減價次數的決定、比減價廠商及其廠商家數決定，以及可爲協商項目或事項之決定等，或可認係爲機關之行政行爲。除此之外，縱使該定作人具有公法人或行政機關地位，只要其立於私經濟契約之定作人地位，對於締結私經濟契約之要約所爲的承諾，仍應認係爲私法領域之意思表示。若否，則決標程序之減價、比減價及協商等行爲，如具有高權行政行爲之成分者，恐非符合當事人意思自由之減價、比減價及協商之本旨。

三、私經濟契約之秩序違反的處罰

在適用政府採購法情形，定作人爲押標金沒收或追繳之性質，究係私經濟契約之秩序違反的處罰，抑或高權行爲之管制性不利處分，非無疑義。前述定作人爲押標金沒收或追繳之性質的認定，關乎當事人程序擔保紛爭解決之法律適用的依據、訴訟上之救濟途徑與審級利益等，實值探討。

此一問題，最高行政法院102年11月份第1次庭長法官聯席會議，對於機關依政府採購法規定，向廠商追繳已發還之押標金，有無消滅時效之適用的法律問題，其決議文所採之肯定說認爲，政府採購法第31條第2項並針對招標文件中明文規定，投標廠商如有不當或違法圍標行爲介入，所繳納之押標金依法即得不予發還或追繳爲規範。足見投標廠商繳納押標金目的，在於確保投標之公正，此係辦理招標機關所爲之管制，以避免不當或違法行爲介入。因此，押標

---

[36] 行政程序法第135條：「公法上法律關係得以契約設定、變更或消滅之。但依其性質或法規規定不得締約者，不在此限。」最高行政法院109年度裁字第1323號行政裁定：「因爲本案被上訴人依系爭契約第6條約款之約定，本有權單方片面終止及調整契約約定事項。因此其實際取消系爭4項工程之施作，尚與行政程序法第146條及第147條有關『終止及調整行政契約』法定權利之行使無關。上訴人自不得援用該等規定，據爲其本件金錢給付請求之法規範基礎。該等法律見解對本案之全面適用，即使在代辦費之請求上，亦無二致。」

金的追繳，性質上屬管制性不利處分（核其性質乃以公權力強制實現廠商參與投標時所為之擔保，屬於「管制性不利處分」），自行政罰法所謂裁罰性不利處分，係以違反行政法上義務，而對過去不法行為所為之制裁，並不相同[37]。

所謂管制性（預防性）不利處分，係行政機關基於行政管制的目的，對於人民所為限制或剝奪權利之不利處分，僅為達特定行政目的所為之行政管制措施。行政罰是一種不利處分，而且具有制裁性，故稱為裁罰性不利處分，係對一過去違反行政法上義務行為之非難，應與「預防性（或管制性）不利處分」有所區別，蓋基於預防或防止危害之發生或擴大，法律有時會授權行政機關得課予人民一定義務，例如命除去違法狀態或停止違法行為即屬之，此類「預防性（或管制性）不利處分」目的不在非難，當無行政罰法之適用[38]。

---

[37] 最高行政法院102年11月份第1次庭長法官聯席會議：「**法律問題：機關依政府採購法規定，向廠商追繳已發還之押標金，有無消滅時效之適用？表決結果：採乙說。乙說：**肯定說（一）按採購法第30條第1項前段規定：『機關辦理招標，應於招標文件中規定投標廠商須繳納押標金。』第31條第2項並針對招標文件中明文規定，投標廠商如有不當或違法圍標行為介入，所繳納之押標金依法即得不予發還或追繳為規範。足見投標廠商繳納押標金目的，在於確保投標之公正，此係辦理招標機關所為之管制，以避免不當或違法行為介入。因此，押標金的追繳，性質上屬管制性不利處分（核其性質乃以公權力強制實現廠商參與投標時所為之擔保，屬於『管制性不利處分』），自行政罰法所謂裁罰性不利處分係以違反行政法上義務而對過去不法行為所為之制裁並不相同。（二）又權利之行使應有時效之限制，不論私法上或公法上之權利皆然。是於行政法律關係中，財產法性質之請求權，均應有消滅時效之適用，始符合法律安定之要求，追繳押標金之原處分為不利處分，『並為』行政主體為公法上財產請求權之行使，應有行政程序法第131條第1項、第2項規定之適用。（三）追繳押標金處分屬管制性不利處分，係行政主體為公法上財產請求權之行使，關於權利行使的時間上限制，採購法既無特別規定，自應適用行政程序法第131條第1項五年時效期間的規定。又追繳押標金之規定，係屬公法上的請求權，依行政程序法第131條第1項規定：『公法上請求權，除法律有特別規定外，因五年間不行使而消滅。』惟上開時效應自何時起算，行政程序法並未規定，即應類推適用民法第128條之規定，依該條前段規定：『消滅時效，自請求權可行使時起算。』是追繳押標金之請求權時效，即應自請求權可行使時起算。因此追繳押標金為公法上請求權，應適用行政程序法第131條第1項之五年期間之規定。」

[38] 最高行政法院104年度判字第157號行政判決：「（四）再按行政罰是一種不利處分，而且具有制裁性，故稱為裁罰性不利處分，係對一過去違反行政法上義務行為之非難，應與『預防性（或管制性）不利處分』有所區別，蓋基於預防或防止危害之發生或擴大，法律有時會授權行政機關得課予人民一定義務，例如命除去違法狀態或停止

然而，此類管制性（預防性）不利處分之目的，雖不在非難，但仍係行政機關基於行政管制之目的，對於人民所為限制或剝奪權利之不利處分，為達特定行政目的所為之行政管制措施。機關沒收或追繳押標金，造成投標人、得標人或承攬人之固有財產不利益的變動，並非機關得課予人民除去違法狀態或停止違法行為的作為或不作為義務，可否謂其不具制裁性、非難性？前述司法實務認為押標金的追繳，性質上屬管制性不利處分之見解，難謂無推研餘地。

在當事人適用政府採購法情形，營建工程之採購，仍屬於私經濟（國庫）行為，前已述及。是營建工程締約前置程序擔保之提出，恐難謂係定作人以公權力強制實現廠商參與投標時所為之擔保。要之，**私經濟契約之程序上秩序的遵守，應非係行政機關基於預防或防止危害之發生或擴大之目的，對於人民所為限制或剝奪權利之不利處分，所為特定行政目的之行政管制措施的對象**。蓋締約前置程序的秩序遵守，係為達成私經濟契約締結之目的，而非屬行政機關公權力之行政管制目的，亦非為達特定行政目的所為之行政管制措施。且締約前置程序的秩序遵守，要非屬基於預防或防止危害之發生或擴大，法律授權行政機關得課予人民一定之義務的原因事項。

綜上，本文以為，在適用政府採購法情形，有關工程採購之預約的成立及其義務的履行，二者均應係私經濟之契約行為，而非公法上之行政行為。是有關擔保預約義務履行之押標金，其本質屬於私經濟契約之擔保，當事人如有發生爭執情形，應循民事訴訟程序為其救濟途徑。要之，關於擔保預約義務履行之押標金返還、沒收、追繳等之請求權時效，仍應依民法關於承攬之規定，要非以行政程序法為該請求權時效之依據。

四、政府採購法第31條第4項規定之檢討

政府採購法第31條第4項，明文機關追繳押標金之請求權，因五年間不行使而消滅。立法者在立法理由中指出，為免追繳廠商押標金之法律關係，長期處於不確定之狀態，故而規定機關追繳押標金之請求權，因五年間不行使而消滅[39]。

違法行為即屬之，此類『預防性（或管制性）不利處分』目的不在非難，當無行政罰法之適用。」

[39] 參閱政府採購法第31條立法理由（108.5.22修正）：「五、增訂第四項，為免追繳

　　觀諸國內營建工程承攬實務，定作人於投標須知，或在其預定之契約條款內容，將締約前置程序之擔保預約義務履行之程序擔保金，於投標人得標後，逕自轉作該次預約義務履行之擔保，或本約之他項義務履行擔保金者，時有可見[40]。然此一程序擔保之擔保金，於程序擔保原因事項消滅，逕自將之轉作契約義務履行擔保，而不返還予該程序擔保提供者之情形，現行法律並未禁止[41]。即便該程序擔保金之質變條款，係由定作人一方預擬訂定，將得標人預約義務履行之擔保金，在某一時點逕自質變，轉作本約義務履行之擔保者，該得標人幾無與之磋商餘地。

　　實務上，縱使該次工程契約已經締結，當事人將該締約前置程序擔保金不

廠商押標金之法律關係長期處於不確定之狀態，定明追繳押標金之請求權時效為五年。」

[40] 最高法院108年度台上字第1470號民事判決：「又依系爭投標須知第11條第4項約定，決標後廖孟良等3人所繳交之押標金應無息移作履約保證金，該押標金，乃為擔保其踐行投標程序時願遵守投標須知而向招標單位所繳交之保證金，旨在督促其於得標後履行契約，兼有防範投標人圍標或妨礙標售程序之作用，應否退還，應依投標須知或系爭合資契約有關約定辦理，與違約金旨在確保債務之履行有所不同，非屬違約金，法院自無從依民法第252條規定予以核減。」（註：本案例之定作人為國軍退除役官兵輔導委員會）。最高法院84年度台上字第848號民事判決：「查投標須知第四條及第十條規定：得標廠商之押標金須保留作為履約保證金，至工程驗收完成後，始得發還。顯然係對依約訂立工程承攬契約者，始有其適用。本件上訴人並未訂立工程承攬契約，原判決固未就押標金於訂立工程承攬契約後之性質併為論述，惟並不影響判決之基礎，尚難指原判決為違法。」臺灣高等法院臺中分院95年度上易字第154號民事判決：「依本件台灣菸酒股份有限公司南投酒廠工程投標須知十一：『押標金：玖拾萬元整。得標廠商原繳押標金由本廠轉為履約保證金，若該保證金不足投標總價百分之十之金額，須於決標日起五日內補足』；另依台灣菸酒股份有限公司國內標購一般規定捌：履約、差額及保固保證金：『得標廠商應於與本廠簽訂合約時繳付全部履約保證金，履約保證金未繳者，本廠得取消其得標資格並沒收押標金。』等規定，上訴人於九十三年十二月二十八日以最低價新台幣（下同）壹仟柒佰捌拾貳萬元得標，依上開投標須知約定，應繳納投標總價百分之十之金額即壹佰柒拾捌萬貳仟元，上訴人並未依上開約定補足履約保證金，並經被上訴人催告後，亦不補足，被上訴人自得依上開台灣菸酒股份有限公司南投酒廠工程投標須知及台灣菸酒股份有限公司國內標購一般規定之約定，將系爭押標金沒收。」

[41] 押標金保證金暨其他擔保作業辦法第14條第1項：「得標廠商以其原繳納之押標金轉為履約保證金者，押標金金額如超出招標文件規定之履約保證金金額，超出之部分應發還得標廠商。」

予返還，並將之轉作契約義務履行擔保金之情形，並非罕見。前述情形，應認該程序擔保金之擔保性質與擔保目的，均已經契約當事人之合意而被轉換。此時，如發生契約義務履行擔保之原因事項，而定作人為押標金之沒收或追繳之主張者，應依民事訴訟程序為救濟途徑。即便該被轉換後之程序擔保金，並未更換該擔保金之原來名稱，或未為原提出之擔保書狀的實質替換，仍無礙於其為契約義務履行擔保之性質，亦不因系爭契約之定作人，具有公法人或行政機關之地位，而異其救濟程序之適用，更不會因該被轉換之程序擔保金，係在締約前置程序期間為繳納或提出，而令當事人之救濟程序途徑，有所不同。

　　然而，按政府採購法第31條第4項規定，定作人追繳押標金之請求權時效，因五年間不行使而消滅，是否仍謂妥適，非無疑義。關於此一問題，國內司法實務有認為，在適用政府採購法情形，定作人追繳押標金，乃屬機關對於投標廠商行使公法上請求權，應有行政程序法第131條第1項關於公法上請求權消滅時效規定之適用[42]。

　　惟本文以為，於適用政府採購之營建工程採購，如有發生得為沒收押標金之原因事由，在投標人未依招標文件規定繳納押標金，或該押標金已經發還之情形，定作人追繳押標金之請求權的消滅時效，仍應為一年之短期時效，似較妥適。此由營建工程採購契約之私經濟性質，與民法第514條第1項規定之立法意旨，應得以之為立論依據。

（一）私經濟契約

　　營建工程承攬契約，在適用政府採購法情形，該營建工程承攬仍屬於私經濟契約關係之範疇，並非公法上契約或具體事件。且締約前置程序，係為完整契約關係之一部分，前已述及。因此，營建工程承攬契約締結之前置程序，仍屬於私經濟行為之一部分，而無由將該締約前置程序從中抽離，令其成為公法上之行為。是關於締約前置程序之擔保金的請求權，其消滅時效仍應以私法上之法律規定為依據。

　　按政府採購法第31條第6項規定，明文追繳押標金，自不予開標、不予決

---

[42] 最高行政法院104年度判字第470號行政判決：「又採購機關於招標文件中規定廠商有政府採購法第31條第2項所列各款所定情形之一者，其所繳納之押標金不予發還，已發還者，並予追繳。法文明定機關得以單方之行政行為追繳已發還之押標金，乃屬機關對於投標廠商行使公法上請求權，應有行政程序法第131條第1項關於公法上請求權消滅時效規定之適用，已經本院102年11月份第1次庭長法官聯席會議決議在案。」

標、廢標或決標日起逾15年者，不得行使。參諸其立法理由，立法者係為避免
追繳押標金之法律關係懸而未決持續過久[43]，爰增列此項規定。然而，觀諸該
追繳請求權自不予開標、不予決標、廢標或決標日起逾15年者，不得行使之明
文，立法者似以民法第125條規定之一般請求權消滅時效之精神[44]，作為政府
採購法第31條第6項追繳押標金請求權消滅時效規定之基礎。今有疑義者，若
前述押標金之追繳，係屬於公法上請求權之性質，則該請求權之消滅時效，
應依行政程序法之規定，自該請求權得為行使時起，機關經過五年，人民經過
10年間不行使而當然消滅[45]。何來所謂的機關追繳押標金之請求權，自不予開
標、不予決標、廢標或決標日起逾15年者，不得行使之道理。前述政府採購法
第31條第4項與第6項，就體系上與價值上之判斷，顯然並不一致。

　　詳言之，按該政府採購法第31條第6項之請求權消滅時效明文，該定作人
追繳押標金請求權之性質，應屬私經濟契約上之請求權。既是如此，則不應將
政府採購法第31條第4項追繳押標金之請求權，歸屬為公法上之請求權[46]，因

---

[43] 政府採購法第31條立法理由：「七、增訂第六項，為避免追繳押標金之法律關係懸而
　　未決持續過久，爰規定自不予開標、不予決標、廢標或決標日起逾十五年者，不得行
　　使。」
[44] 民法第125條立法理由：「謹按通常債權之請求權消滅時效，其期間之長短，各國立
　　法例亦不一致。本法定期限為十五年，自請求權可以行使時起算，（第一二八條）經
　　過十五年而不行使者，則其請求權消滅。但請求權之消滅期限，法律定有較短期間
　　者，如後列第一二六條、第一二七條之規定是，則依其所定期間為準，蓋以請求權永
　　久存在，足以礙社會經濟之發展。故設本條以明示其旨。」
[45] 行政程序法第131條第1項：「公法上之請求權，於請求權人為行政機關時，除法律另
　　有規定外，因五年間不行使而消滅；於請求權人為人民時，除法律另有規定外，因十
　　年間不行使而消滅。」
[46] 最高行政法院102年11月份第1次庭長法官聯席會議：「一、依政府採購法第30條第1
　　項本文、第31條第1項前段規定，機關辦理招標，應於招標文件中規定投標廠商須繳
　　納押標金，並於決標後將押標金無息發還未得標廠商。是廠商繳納押標金係用以擔保
　　機關順利辦理採購，並有確保投標公正之目的，為求貫徹，政府採購法第31條第2項
　　乃規定機關得於招標文件中規定廠商有所列各款所定情形之一者，其所繳納之押標金
　　不予發還，已發還者，並予追繳。法文明定機關得以單方之行政行為追繳已發還之押
　　標金，乃屬機關對於投標廠商行使公法上請求權，應有行政程序法第131條第1項關於
　　公法上請求權消滅時效規定之適用。二、政府採購法第31條第2項各款規定機關得向
　　廠商追繳押標金之情形，其構成要件事實既多緣於廠商一方，且未經顯現，猶在廠商
　　隱護中，難期機關可行使追繳權，如均自發還押標金時起算消滅時效期間，顯非衡

五年間不行使而消滅。嗣又在政府採購法第31條第6項，以私經濟契約上之請求權的一般消滅時效，作為追繳押標金請求權之消滅時效。易言之，在私經濟契約關係，對於投標人或得標人之押標金的追繳，本係屬於定作人之私經濟上行為，要不能因該定作人具有公法人或機關之地位，即認其對於已經發還之押標金的追繳行為，係屬機關之單方行政行為，而令其在私經濟契約上之請求權，變更為機關對於人民之公法上的請求權，且又藉以民法之一般請求權的規定，賦予其較長之請求權消滅時效。

　　綜上，本文以為，營建工程承攬屬於私經濟契約之範疇，不應因當事人是否適用政府採購法，即改變其法律屬性，將私經濟契約上之行為認係公法上行為。準此，基於營建工程承攬之締約前置程序，仍屬於私經濟行為之一部分，應無由將該締約前置程序從完整契約關係中抽離，令其成為公法上之行政行為。是關於程序擔保性質之押標金擔保實現的請求權，其消滅時效仍應以私法上之法律規定為依據。

（二）民法第514條第1項規定之適用

　　定作人之瑕疵修補請求權、修補費用償還請求權、減少報酬請求權、損害賠償請求權或契約解除權，均因瑕疵發見後一年間不行使而消滅，民法第514條第1項定有明文。立法者認因承攬關係所生之權利，均以從速行使為宜，否則徒滋糾紛，於事實殊鮮實益[47]。

　　舉例而言，在承攬契約關係存續中，發生情事變更而有所請求者，其請求權時效，現行法未有明文，前述請求權之消滅時效，應如何計算之？對此，最高法院所涉案例有認為，按當事人依民法第227條之2情事變更原則規定，請求法院增加給付者，乃形成之訴。該形成權之除斥期間，法律雖無明文，然審酌本條係為衡平而設，且規定於債編通則，解釋上，自應依各契約之性質，參考債法就該契約權利行使之相關規定定之。而關於承攬契約之各項權利，立法上咸以從速行使為宜，除民法第127條第7款規定承攬人之報酬請求，因二年間不行使而消滅外，同法第514條就定作人、承攬人之各項權利（包括請求權及形

平，亦與消滅時效制度之立意未盡相符。故上述公法上請求權應自可合理期待機關得為追繳時起算其消滅時效期間。至可合理期待機關得為追繳時，乃事實問題，自應個案具體審認。」
[47] 參閱民法第514條之立法理由。

成權）行使之期間，均以一年爲限[48]。

前述最高法院106年度台上字第4號民事判決，就民法第514條定作人與承攬人基於承攬關係之各項權利（包括請求權及形成權）行使之期間，均以一年爲限之見解，實値贊同。要之，雖然承攬契約締結前之前置程序的請求權時效，法無明文，然而，既謂爲契約締結之前置程序，則該前置程序**即屬完整契約關係之一部分**，是締約前置程序之請求權時效，亦應與契約上請求權時效等同視之。蓋若因投標人違反程序規定之遵守，或得標人於得標後拒不簽約而侵害定作人之權利者，定作人因前述侵害事實所得爲行使之權利，仍屬該被侵害之定作人**於完整契約關係上之損害賠償請求權**。如此，始不致締約前置程序上的請求權時效，遠長於契約上請求權之短時效，造成價值上判斷的不一致。因之，關於定作人追繳押標金的請求權，其消滅時效仍應以民法第514條第1項規定之一年間不行使而消滅爲宜。如此始無違立法者就定作人與承攬人基於承攬關係之各項權利（包括請求權及形成權）行使之期間，均以一年爲限之立法旨意，亦避免當事人陷於法律上之不安定，符合當事人程序上利益的衡平。

綜上述之私經濟契約性質與契約完整性，以及法律規定之體系與價值判斷的一致性，本文以爲，在適用政府採購法之工程採購，仍應屬私經濟（國庫）行爲之性質，有關於私經濟之預約的成立及其內容的實現等，均應係私經濟行爲之範疇，而非公法上之行政行爲。是有關擔保預約履行之押標金，因其本質屬於預約義務履行之擔保，如有發生爭執情形，當事人應循民事訴訟程序爲其救濟途徑。是關於擔保預約義務履行之押標金的返還、沒收、追繳，與相關爭議之請求權時效，仍應依民法關於承攬之規定爲準，要非以行政程序法之相關規定，作爲該請求權時效之依據。如此，始符合私經濟契約上紛爭之救濟程序的明確，以及相關請求權時效之安定。

---

[48] 最高法院106年度台上字第4號民事判決：「惟按當事人依民法第227條之2情事變更原則規定，請求法院增加給付者，乃形成之訴。該形成權之除斥期間，法律雖無明文，然審酌本條係爲衡平而設，且規定於債編通則，解釋上，自應依各契約之性質，參考債法就該契約權利行使之相關規定定之。而關於承攬契約之各項權利，立法上咸以從速行使爲宜，除民法第127條第7款規定承攬人之報酬因2年間不行使而消滅外，同法第514條就定作人、承攬人之各項權利（包括請求權及形成權）行使之期間，均以1年爲限。職是，承攬人基於承攬契約，依情事變更原則請求增加給付，亦宜從速爲之，否則徒滋糾紛。」

第二節　工程預付款──工作報酬後付原則之例外

　　承攬之工作報酬，應於工作交付時給付之，無須交付者，應於工作完成時給付之。工作係分部交付，而報酬係就各部分定之者，應於每部分交付時，給付該部分之報酬，民法第505條定有明文。前述法律規定，係屬承攬報酬後付原則的任意規定。

　　預付款（advance payment），於國內營建工程實務，當事人一般多以工程預付款（project advance payment）稱之。所謂工程預付款，係指在該次工程契約締結時，或其後一定期間，定作人按系爭工程契約之工作報酬數額，或當期預計完成工程量之報酬數額，二者其中之一項的一定比例或一定數額，預先撥付予承攬人之工作報酬。在較大型之營建工程，尤其是新建工程承攬，通常在招標公告或招標文件，告知得為工程預付款之申請。在一般規模營建工程之交易習慣，通常大多仍採工作報酬後付原則。

　　相對於民法第505條規定，工程預付款係為工作報酬後付之一般原則的例外。此一報酬後付之例外，方便承攬人之資金運用，同時造成定作人期前給付工作報酬的壓力。因應目前社會進步與經濟之發展，當事人對於營造建築工程之標的，不再侷限於小規模之需求，該工程款項之預付，已經不再稀罕。此一工程款項之預付，牽涉定作人報酬預先給付之危險，以及承攬人工作成本經濟之利益。

　　是本節就國內之工程預付款，與比較觀點之工程預付款等二者為基礎，分別逐一探討工程預付款之法律性質、預付款給付違反之法律效果，以及預付款還款保證等之相關議題。

第一項　國內之工程預付款

　　有關國內之工程預付款，在政府採購法未有相關明文；在押標金保證金暨其他擔保作業辦法，則有預付款之相關規定。前述押標金保證金暨其他擔保作業辦法，係行政院公共工程委員會依據政府採購法所發布之行政命令[49]，合先

---

[49] 押標金保證金暨其他擔保作業辦法第1條：「本辦法依政府採購法（以下簡稱本法）第三十條第三項規定訂定之。」中央法規標準法第3條：「各機關發布之命令，得依其性質，稱規程、規則、細則、辦法、綱要、標準或準則。」

敘明。

除前述行政命令外，於行政院公共工程委員會頒布之工程採購契約範本，亦有關於工程預付款之條款內容。在適用政府採購法情形外，如當事人對於工程預付款別有約定者，則應以該當事人之約定為準，自屬當然。

第一款　押標金保證金暨其他擔保作業辦法

機關辦理招標，應於招標文件中規定投標廠商須繳納押標金；得標廠商須繳納保證金，或提供或併提供其他擔保，政府採購法第30條第1項前段定有明文。國內營建工程承攬實務，有關程序上或契約上之擔保，均以行政院頒布之押標金保證金暨其他擔保作業辦法作為基礎。交易習慣上，在非適用政府採購法之情形，當事人亦多以之為擔保作業的參考。

在押標金保證金暨其他擔保作業辦法第8條中，明文預付款還款保證金之作用[50]。嗣於第四章預付款還款保證之第21條，明文規定機關得視案件性質及實際需要，提供得標廠商得支領預付款及其金額，廠商支領預付款前應先提供同額預付款還款保證。機關並得通知廠商說明支領預付款後之使用情形[51]。第22條規定，則說明預付款還款保證之返還，及利息計算之方法[52]。第23條則規定廠商之預付款還款保證的提出方式，及有關預付款還款保證之有效期間等[53]。

---

[50] 押標金保證金暨其他擔保作業辦法第8條：「保證金之種類如下：一、履約保證金。保證廠商依契約規定履約之用。二、預付款還款保證。保證廠商返還預先支領而尚未扣抵之預付款之用。三、保固保證金。保證廠商履行保固責任之用。四、差額保證金。保證廠商標價偏低不會有降低品質、不能誠信履約或其他特殊情形之用。五、其他經主管機關認定者。」

[51] 押標金保證金暨其他擔保作業辦法第21條：「機關得視案件性質及實際需要，於招標文件中規定得標廠商得支領預付款及其金額，並訂明廠商支領預付款前應先提供同額預付款還款保證。機關必要時得通知廠商就支領預付款後之使用情形提出說明。」

[52] 押標金保證金暨其他擔保作業辦法第22條：「預付款還款保證，得依廠商已履約部分所占進度或契約金額之比率遞減，或於驗收合格後一次發還，由機關視案件性質及實際需要，於招標文件中訂明。廠商未依契約規定履約或契約經終止或解除者，機關得就預付款還款保證尚未遞減之部分加計利息隨時要求返還或折抵機關尚待支付廠商之價金。前項利息之計算方式及機關得要求返還之條件，應於招標文件中訂明，並記載於預付款還款保證內。」

[53] 押標金保證金暨其他擔保作業辦法第23條：「廠商以銀行開發或保兌之不可撤銷擔保

第二款　工程採購契約範本

　　行政院公共工程委員會制頒之工程採購契約範本，在其第5條契約價金之給付條件第1款第1目預付款[54]，分別明文契約預付款之預付比例、付款條件、預付款還款保證提出、預付款撥付期日、撥付途徑，及預付款之扣回方式。在第14條第1款[55]，規定預付款還款保證之發還辦法。於第14條第7款[56]，規定廠商未依契約約定履約或契約經終止或解除時，定作機關得就廠商提出之預付款還款保證加計利息，以及定作機關得隨時要求廠商返還工程預付款，或折抵機關尚待支付廠商之價金等。在第19條連帶保證第3款[57]，則規定連帶保證廠商

信用狀、銀行之書面連帶保證或保險公司之保證保險單繳納預付款還款保證者，除招標文件另有規定外，其有效期應較契約規定之最後施工、供應或安裝期限長九十日。廠商未能依契約規定期限履約或因可歸責於廠商之事由致無法於前項有效期內完成驗收者，預付款還款保證之有效期應按遲延期間延長之。」

[54] 工程採購契約範本（112.11.15修正）第5條 契約價金之給付條件
　（一）除契約另有約定外，依下列條件辦理付款：
1.□預付款（由機關視個案情形於招標時勾選；未勾選者，表示無預付款）：
(1)契約預付款為契約價金總額__%（由機關於招標時載明；查核金額以上者，預付款額度不逾30%），其付款條件如下：_____（由機關於招標時載明）
(2)預付款於雙方簽定契約，廠商辦妥履約各項保證，並提供預付款還款保證，經機關核可後於__日（由機關於招標時載明）內撥付。
(3)預付款應於銀行開立專戶，專用於本採購，機關得隨時查核其使用情形。
(4)預付款之扣回方式，應自估驗金額達契約價金總額20%起至80%止，隨估驗計價逐期依計價比例扣回。
[55] 工程採購契約範本（112.11.15修正）第14條 保證金
　（一）保證金之發還情形如下（由機關擇定後於招標時載明）：
□預付款還款保證，依廠商已履約部分所占進度之比率遞減。
□預付款還款保證，依廠商已履約部分所占契約金額之比率遞減。
□預付款還款保證，依預付款已扣回金額遞減。
□預付款還款保證，於驗收合格後一次發還。……
[56] 工程採購契約範本（112.11.15修正）第14條 保證金
　（七）廠商未依契約約定履約或契約經終止或解除者，機關得就預付款還款保證尚未遞減之部分加計年息__%（由機關於招標時合理訂定，如未填寫，則依機關撥付預付款當日中華郵政股份有限公司牌告一年期郵政定期儲金機動利率）之利息（於非可歸責廠商之事由之情形，免加計利息），隨時要求返還或折抵機關尚待支付廠商之價金。
[57] 工程採購契約範本（112.11.15修正）第19條 連帶保證

接辦後，應釐清或確認工程預付款扣回方式，並以書面提報機關同意或備查。

由前述押標金保證金暨其他擔保作業辦法之規定，明確預付款之提供，係屬定作機關之契約上權利。在行政院頒布之工程採購契約，從有關預付款之相關條款內容，亦可看出預付款之撥付不易、擔保沉重等情形。

第二項　比較觀點

關於預付款，在比較觀點部分，於國際諮詢工程師聯合會FIDIC標準契約條款2017 Red Book、德國建築工程採購與契約規範之一般契約規範部分VOB/B，以及美國聯邦採購規則FAR等，分別就預付款有其明文。

以下針對國際諮詢工程師聯合會FIDIC標準契約條款2017 Red Book、德國建築工程採購與契約規範之一般契約規範部分VOB/B、美國聯邦採購規則FAR，以及德國民法等，就其有關預付款之約款內容，分別說明之。

第一款　國際諮詢工程師聯合會FIDIC標準契約條款2017 Red Book

在國際諮詢工程師聯合會FIDIC標準契約條款2017 Red Book第14條契約價金與付款（Contract Price and Payment）之子條款內容，有預付款相關說明與規定。其中第14.2條預付款[58]第2項，明文在收到預付款證明後，定作人應支付預

（三）連帶保證廠商接辦後，應就下列事項釐清或確認，並以書面提報機關同意／備查：1.各項工作銜接之安排。2.原分包廠商後續事宜之處理。3.工程預付款扣回方式。4.未請領之工程款（得包括已施作部分），得標廠商是否同意由其請領；同意者，其證明文件。5.工程款請領發票之開立及撥付方式。6.其他應澄清或確認之事項。

[58] FIDIC 2017 Red Book
§ 14.2 Advance Payment
If no amount of advance payment is stated in the Contract Data, this Sub-Clause shall not apply.
After receiving the Advance Payment Certificate, the Employer shall make an advance payment, as an interest-free loan for mobilisation (and design, if any). The amount of the advance payment and the currencies in which it is to be paid shall be as stated in the Contract Data.
第14.2條 預付款

付款，作爲無息貸款用於調度（以及設計，如果有的話）。

在第14.2.1條預付款保證書[59]，第1項指出承包商應（由承包商承擔費用）

如契約基礎中未註明預付款金額，則本子條款不適用（第1項）。

在收到預付款證明後，定作人應支付預付款，作爲無息貸款用於調度（以及設計，如果有的話）。預付款的金額和支付的貨幣應在契約基本資訊中說明（第2項）。

[59] FIDIC 2017 Red Book

§ 14.2.1 Advance Payment Guarantee

The Contractor shall obtain (at the Contractor's cost) an Advance Payment Guarantee in amounts and currencies equal to the advance payment, and shall submit it to the Employer with a copy to the Engineer. This guarantee shall be issued by an entity and from within a country (or other jurisdiction) to which the Employer gives consent, and shall be based on the sample form included in the tender documents or on another form agreed by the Employer (but such consent and/or agreement shall not relieve the Contractor from any obligation under this Sub-Clause).

The Contractor shall ensure that the Advance Payment Guarantee is valid and enforceable until the advance payment has been repaid, but its amount may be progressively reduced by the amount repaid by the Contractor as stated in the Payment Certificates.

If the terms of the Advance Payment Guarantee specify its expiry date, and the advance payment has not been repaid by the date 28 days before the expiry date:

(a) the Contractor shall extend the validity of this guarantee until the advance payment has been repaid;

(b) the Contractor shall immediately submit evidence of this extension to the Employer, with a copy to the Engineer; and

(c) if the Employer does not receive this evidence 7 days before the expiry date of this guarantee, the Employer shall be entitled to claim under the guarantee the amount of advance payment which has not been repaid.

When submitting the Advance Payment Guarantee, the Contractor shall include an application (in the form of a Statement) for the advance payment.

第14.2.1條 預付款保證書

承包商應（由承包商承擔費用）取得與預付款相等的金額和貨幣的預付款保證，並應將其提交給定作人，同時將副本提交給工程師。該擔保應由定作人同意的國家（或其他管轄區）內的一個實體出具，並應以招標檔案中的樣本表格或定作人同意的其他表格爲基礎（但這種同意和／或協議不應免除承包商在本條款下的任何義務）（第1項）。

承包商應確保預付款保證在預付款還清之前有效且可執行，但其金額可以根據付款證書中規定的承包商償還的金額逐步減少（第2項）。

如果預付款保證書的條款規定了其到期日，並且預付款在到期日的28日前仍未償還：

取得與預付款相等的金額和貨幣的預付款保證，並應將其提交給定作人，同時將副本提交給工程師。第2項明文承包商應確保預付款保證在預付款還清之前有效且可執行，但其金額可以根據付款證書中規定的承包商償還之金額逐步減少。第3項則規定如果預付款保證書的條款規定了其到期日，並且預付款在到期日的28日前仍未償還者，承包商應延長本保證書的有效期，直至預付款已付清，如果定作人在本保證書到期日前七日仍未收到該證明，則定作人有權根據保證書要求追償未償還的預付款。

在第14.2.2條預付款證明[60]，明文工程師應在14日內為預付款簽發預付款證書之情形。有關預付款之償還，第14.2.3條預付款的償還[61]即指出，除非契

(a) 承包商應延長本保證書的有效期，直至預付款已付清；

(b) 承包商應立即向定作人提交延期的證據，並向工程師提交一份副本；以及

(c) 如果定作人在本保證書到期日前七日仍未收到該證明，則定作人有權根據保證書要求追償未償還的預付款（第3項）。

提交預付款保證書時，承包商應附上預付款申請書（以聲明的形式提出）（第4項）。

[60] FIDIC 2017 Red Book

§ 14.2.2 Advance Payment Certificate

The Engineer shall issue an Advance Payment Certificate for the advance payment within 14 days after:

(a) the Employer has received both the Performance Security and the Advance Payment Guarantee, in the form and issued by an entity in accordance with Sub-Clause 4.2.1 [Contractor's Obligations] and Sub-Clause 14.2.1 [Advance Payment Guarantee] respectively; and

(b) the Engineer has received a copy of the Contractor's application for the advance payment under Sub-Clause 14.2.1 [Advance Payment Guarantee].

第14.2.2條 預付款證明

工程師應在下列情況發生後14日內為預付款簽發預付款證書：

(a) 定作人已分別收到實體根據第4.2.1條〔承包商的義務〕和第14.2.1條〔預付款保證書〕的形式和簽發的履約擔保和預付款保證；和

(b) 工程師已收到承包商根據第14.2.1條〔預付款保證書〕申請預付款的副本。

[61] FIDIC 2017 Red Book

§ 14.2.3 Repayment of Advance Payment

The advance payment shall be repaid through percentage deductions in Payment Certificates. Unless other percentages are stated in the Contract Data:

(a) deductions shall commence in the IPC in which the total of all certified interim payments

約基本資訊中規定了其他的百分比，否則預付款應通過付款證書中的百分比扣除來償還。如果預付款在工程接收證書簽發前，或根據第15條定作人終止、第16條承包商暫停和終止，或第18條異常事件終止之前未償還，當時未結清的全部餘額應立即到期並由承包商支付給定作人。

關於預付款的支付，第14.7條支付[62]，明文在定作人收到預付款證書後，

---

in the same currency as the advance payment (excluding the advance payment and deductions and release of retention moneys) exceeds ten percent (10%) of the portion of the Accepted Contract Amount payable in that currency less Provisional Sums; and

(b) deductions shall be made at the amortisation rate of one quarter (25%) of the amount of each IPC (excluding the advance payment and deductions and release of retention moneys) in the currencies and proportions of the advance payment, until such time as the advance payment has been repaid.

If the advance payment has not been repaid before the issue of the Taking-Over Certificate for the Works, or before termination under Clause 15 [Termination by Employer], Clause 16 [Suspension and Termination by Contractor] or Clause 18 [Exceptional Events] (as the case may be), the whole of the balance then outstanding shall immediately become due and payable by the Contractor to the Employer.

第14.2.3條 預付款的償還

預付款應通過付款證書中的百分比扣除來償還。除非契約基本資訊中規定了其他的百分比：

(a) 扣除應在IPC中開始，其中與預付款相同貨幣的所有經證明的中期付款總額（不包括預付款和扣除和釋放保留金）超過部分的百分之十（10%）這已接受的以該貨幣支付的契約金額減去暫定金額；並且

(b) 應按每項IPC金額的四分之一（25%）的攤銷比率（不包括預付款和扣除和釋放保留金）以預付款的貨幣和比例進行扣除，直至該時間因爲預付款已經還清（第1項）。

如果預付款在工程接收證書簽發前或根據第15條〔定作人終止〕、第16條〔承包商暫停和終止〕或第18條〔異常事件〕終止之前未償還（視情況而定），當時未結清的全部餘額應立即到期並由承包商支付給定作人（第2項）。

[62] FIDIC 2017 Red Book

§ 14.7 Payment

The Employer shall pay to the Contractor:

(a) the amount certified in each Advance Payment Certificate within the period stated in the Contract Data (if not stated, 21 days) after the Employer receives the Advance Payment Certificate;

(b) the amount certified in each IPC issued under:

或在工程師收到聲明和證明檔案後，定作人應按契約基礎資訊規定的期限，或一定之期限內，向承包商支付預付款，並應將以每種貨幣支付的應付金額存入契約規定的（該貨幣）付款國的承包商指定之銀行帳戶。

從前述國際諮詢工程師聯合會FIDIC標準契約條款2017 Red Book約款內容，可知在契約有預付款之情形，承攬人必須提出合於約定或規定之預付款保證書。而定作人或建築師在收到該項預付款保證書證明後，定作人即有支付預付款之義務。

第二款　德國建築工程採購與契約規範之一般契約規範部分VOB/B

在比較契約部分，德國建築工程採購與契約規範之一般契約規範部分VOB/B第16條給付報酬第2項[63]有關於預付款之約款內容，明文在當事人約定

(i) Sub-Clause 14.6 [Issue of IPC], within the period stated in the Contract Data (if not stated, 56 days) after the Engineer receives the Statement and supporting documents; or

(ii) Sub-Clause 14.13 [Issue of FPC], within the period stated in the Contract Data (if not stated, 28 days) after the Employer receives the IPC; and

(c) the amount certified in the FPC within the period stated in the Contract Data (if not stated, 56 days) after the Employer receives the FPC.

Payment of the amount due in each currency shall be made into the bank account, nominated by the Contractor, in the payment country (for this currency) specified in the Contract.

第14.7條 支付

定作人應向承包商支付：

(a) 在定作人收到預付款證書後，在契約基本資訊規定的期限內（如果沒有規定，則為21日），支付每份預付款證書中證明的金額。

(b) 根據以下條件簽發的每個IPC中認證的數量：

(i) 第14.6條〔簽發IPC〕，在工程師收到聲明和證明文件後，在契約基礎資料中規定的期限內（如果沒有規定，則為56日）；或者

(ii) 第14.13條〔簽發FPC〕，在定作人收到IPC後契約基本資訊中規定的期限內（如果沒有規定，為28日）；並且

(c) 在定作人收到FPC後，在契約基本資訊規定的期限內（如果沒有規定，則為56日）在FPC中證明的金額（第1項）。

應將以每種貨幣支付的應付金額存入契約規定的（該貨幣）付款國的承包商指定的銀行帳戶（第2項）。

[63] VOB/B

§ 16 Zahlung

預先支付報酬情形，定作人有請求承攬人提供相當之擔保之權利。此外，報酬
之預先支付，於當事人未另有約定情形，則應以民法第247條之基本利率外加
3%計算其利息。

第三款　美國聯邦採購規則FAR

　　有關美國聯邦政府機關之採購，一般係以美國聯邦採購規則作為規範，合
先敘明。

　　前述美國聯邦採購規則，在其第28.105-1條預付款保證金[64]之明文，可知
預付款保證的提出，僅在契約有約定預付款條款，且於承攬人未提供履約保
證金之情形，始得為之。換言之，承攬人之預付款返還的保證，僅在承攬人
未提供履約保證金之情形，始有提出之義務。第52.232-12條[65]，在預付款支付
部分，指出預付款僅能以支票存入承包商之特別帳戶的方式為撥付（52.232-
12(a)）。在資金的使用部分，承包商只能從特別帳戶中提取資金用於支付

---

(2) 1. Vorauszahlungen können auch nach Vertragsabschluss vereinbart werden; hierfür ist
auf Ver-langen des Auftraggebers ausreichende Sicherheit zu leisten. Diese Vorauszahlungen
sind, sofern nichts anderes vereinbart wird, mit 3 v. H. über dem Basiszinssatz des § 247
BGB zu verzinsen.

2. Vorauszahlungen sind auf die nächstfälligen Zahlungen anzurechnen, soweit damit
Leistungen abzugelten sind, für welche die Vorauszahlungen gewährt worden sind.

第16條 給付報酬

(2) 1.締約後得約定預先支付報酬；定作人得請求提供相當之擔保。報酬之預先支付，
若當事人未另有約定，應以民法第247條之基本利率外加3%計算其利息。

2.預先支付之報酬、得計入最近到期之報酬，但以後者和該預支報酬的對價是給付相
同為前提。

[64] FAR

§ 28.105-1 Advance Payment Bonds

Advance payment bonds may be required only when the contract contains an advance
payment provision and a performance bond is not furnished. The contracting officer shall
determine the amount of the advance payment bond necessary to protect the Government.

第28.105-1條 預付款保證金

只有在契約包含預付款條款且未提供履約保證金的情況下，才可能要求預付款保證金
（第1句）。訂約官員應確定保護政府所需的預付款保證金的數額（第2句）。

[65] 本條完整內容與翻譯請參閱本章附錄一。

可適當分配、可允許和合理的直接材料費、直接人工費和間接費用（52.232-12(c)）。在預付款的返還，只要管理部門提出書面要求，承包商應向政府償還管理部門認為超出承包商當前需求或本條款(a)段規定數額的未扣抵預付款的任何部分（52.232-12(d)）。另於政府認為必要的範圍內，在根據本契約支付的任何預付款仍未結清的情況下，承包商未經管理辦公室事先書面同意，該承包商之他項權利的行使，受到部分的限制，例如不得抵押、質押或以其他方式占用或允許占用承包商現在擁有或以後獲得的任何資產，或允許任何先前存在的抵押權、留置權或其他占用權繼續留在或附加在承包商分配用於執行本契約和政府根據本契約對其擁有留置權的任何資產上；出售、轉讓、轉移或以其他方式處置應收帳款、票據或到期或即將到期的債權；宣布或支付任何股息（以公司股票支付的股息除外），或對其任何股本進行任何其他分配，或購買、贖回或以其他方式獲取其任何股票的價值，但在制定這些預付款規定時向管理辦公室報告的償付基金或贖回安排所要求的情況除外等（52.232-12(p)）。

第三項　本文觀點

在國內營建工程承攬實務，工程預付款的運用，日漸頻繁。此工程款項之預付，牽涉定作人報酬預先給付之危險，以及承攬人工作成本經濟之利益，直接影響當事人契約給付之利益。當事人因工程預付款相關問題所致之紛爭，亦時有所見。例如，在有工程預付款之工程契約，定作人通常認為工程預付款應作為材料預買之用，承攬人不得再為物價調整之主張，以致契約上權利受到限縮是。又如承攬人之還款保證的提出不完全，導致押標金被追繳，或未依約定撥付預付款等，造成承攬人履約之負擔，皆涉及當事人契約利益及固有財產之變動，應依權利義務對稱原則與對價相當性原則審視之。以下就工程預付款之法律性質、預付款撥付違反，與預付款還款保證等相關議題，分別逐一說明。

第一款　工程預付款之法律性質

觀諸國內營建工程承攬實務，定作人通常會於該次工程承攬之投標須知或工程承攬契約之專用條款內，明示該次工程預付款之申辦辦法、還款保證提出、撥付時間、數額及逐次扣回之比例與方式等相關內容。一般而言，工程預

付款之撥付時點，大多在契約工作之實際進場施作前。承攬人通常將工程預付款運用在契約工作所需材料的購置、設備、前期之臨時工程或假設工程等。營建工程實務上，有關工程預付款之實際操作的內容，當事人係根據各承攬工程類型、契約施作工期及承攬方式等不同條件而為約定。然不論如何，對於承攬人經濟上負擔的減輕，可謂明顯。

關於工程預付款之法律性質，司法實務所涉案例見解，認為依承攬人之請求而支付之預付款，應如何抵充工程（估驗）款，預付款之扣回時期與方法，及預付款還款保證責任於何時解除均已有所約定，當事人皆應受上開約定之拘束，不得任作相反之主張。足見系爭預付款之法律性質應屬工程款之預付，而非消費借貸關係[66]。

本文以為，工程預付款之性質，應屬於工作報酬之一部先付。除工程預付款之文義解釋外，亦可由其返還之方式得知。前述司法實務所謂預付款非消費借貸關係的見解，可資贊同。質言之，該已經定作人撥付之工程預付款，係依實際工作數量之工作報酬部分，以扣回之方式作為返還之途徑，應可認該工程預付款係屬於工作報酬之預先給付。亦即，工程預付款即為**該次工程承攬報酬之預先撥付**，屬定作人承攬報酬後付原則之例外，而非該定作人與承攬人間之消費借貸關係。

蓋若將工程款之預付，認係承攬關係存續中之消費借貸，則該工程款之預付約定，即為獨立於工程契約以外之另一契約，且與該工程契約為契約聯立之關係。惟工程款之預付契約，與該工程契約具有一定依存關係之結合，工程款預付契約之效力或存在，依存於工程契約之效力或存在。亦即，如該工程契約

---

[66] 臺灣高等法院臺南分院97年度重上字第32號判決所涉案例：「本院判斷：（一）系爭減振工程契約之預付款之法律性質為何？系爭減振工程契約所定之『預付款』，係載於該契約第5條〔契約價金之給付條件〕第（一）項第1款之下（見一審卷第13-14頁），而依該條項第1.(6)款約定：『工程進度達百分之35、50、65時，亦即廠商支領之預付款經依第5條（一）1.(7)約定由機關逐期平均扣回達預付款百分之25、50、75時，無息發還相同比例之擔保，或依相同比例分段解除保證責任；俟預付款全部扣回時，始無息發還擔保之餘額或解除保證責任全部』，可認被上訴人依鴻華公司之請求而支付鴻華公司之預付款，應如何抵充工程（估驗）款，預付款之扣回時期與方法，及預付款還款保證責任於何時解除均已有所約定，被上訴人與鴻華公司皆應受上開約定之拘束，不得任作相反之主張。足見系爭預付款之法律性質應屬工程款之預付，而非鴻華公司主張之消費借貸關係。」

不成立、無效、撤銷或解除時，則工程款預付契約亦應同其認定[67]。而消費借貸契約之存續，通常並非以該工程契約之存在為必要。是如將工程預付款認係消費借貸關係，恐不符消費借貸契約之法律性質。再者，按民法第475條之1規定[68]，在有利息或其他報償之消費借貸，於消費借貸預約成立後，當事人之一方於預約成立後，成為無支付能力者，預約貸與人得撤銷其預約。於無報償之消費借貸，於消費借貸預約成立後，除預約借用人已請求履行預約而預約貸與人未即時撤銷者外，預約貸與人得撤銷其約定。觀諸前述消費借貸之明文，亦可得知消費借貸與工程預付款二者性質之不同。

另一方面，受任人因處理委任事務支出之必要費用，委任人應償還之，並付自支出時起之利息，民法第546條第1項，定有明文。是即便當事人約定工程預付款之一部，需作為工作材料購置之用，然承攬人並無法因此而向定作人請求必要支出之費用，故此情形與定作人提供材料價金，而由承攬人代為購置之委任性質，仍不相同。

綜上，工程預付款係工作報酬的預先撥付，於承攬人提出合於規定之預付款還款保證時，定作人即須為工程預付款之撥付。亦即，可認工程預付款之約定撥付期日，即為**該約定數額之工作報酬的清償期**。換言之，該契約工作報酬一部之請求權，於契約生效時即已發生，僅係其清償期尚未屆至，於工程預付款之約定撥付期日屆至時，定作人即須為該約定數額之工作報酬的清償。因此，工程預付款可認為係當事人以契約約定，排除法律之工作報酬後付之任意規定的適用。其對於承攬人而言，應屬於工作報酬預先請求之契約上的**期前利益**。此一工作報酬後付原則例外之目的，係為承攬人可於期前運用該預付之工作報酬，以利工作之進行。是工程預付款之約定，雖與民法第505條第1項工作報酬後付原則[69]相左，惟此一工作報酬預先撥付之目的仍屬正當，應為法律所許。

---

[67] 最高法院94年度台上字第1348號民事判決。另參閱曾品傑、張岑仔，聯立契約——最高法院110年度台上字第2765號，裁判解讀：民事法，第2023:4期，2023年4月，頁1至3。

[68] 民法第475條之1：「消費借貸之預約，其約定之消費借貸有利息或其他報償，當事人之一方於預約成立後，成為無支付能力者，預約貸與人得撤銷其預約。消費借貸之預約，其約定之消費借貸為無報償者，準用第四百六十五條之一之規定。」

[69] 民法第505條第1項：「報酬應於工作交付時給付之，無須交付者，應於工作完成時給付之。」

第二款　預付款撥付違反之法律效果

定作人預付款撥付之違反情形，通常係在承攬人已經提出合於規定之預付款還款保證，而定作人未在約定時日，為該工程預付款之給付。另一情形，則為承攬人已經提出合於規定之預付款還款保證，而定作人於該期日所撥付之工程預付款，與約定應為撥付之數額不相符。

在前述承攬人已經提出合於規定之預付款還款保證，發生定作人拒絕撥付工程預付款，或定作人遲延撥付工程預付款，或定作人未依約定數額撥付工程預付款等情形，其之法律效果，應視該各個情形而有所不同。

一、拒絕撥付

按當事人約定，在承攬人已經提出合於規定之預付款還款保證，應認該工程預付款撥付之清償期日，已經屆至。定作人在該約定期日屆至時，即有為該工程預付款撥付之義務。雖然工程承攬仍屬報酬後付原則，但於有工程預付款約定情形，於約定期日屆至時，定作人明示不為該工程預付款之撥付，而無正當理由者，仍應認係定作人拒絕為主給付義務之履行。

（一）同時履行抗辯

如前所述，國內營建工程承攬之交易習慣，除當事人別有約定外，通常仍係以工作報酬後付為原則。工程預付款之本質，係為該次工程契約之工作報酬。即便工程預付款為該次工程契約報酬價金一部之預先給付，係為承攬報酬後付原則的例外，屬於部分承攬報酬預先撥付之一種便宜原則，然工作報酬仍係完成工作之兩相滿足的對價。故而，在承攬人已經提出合於規定之預付款還款保證，於約定工程預付款撥付期間屆至時，定作人明示拒絕為工程預付款之撥付，而無正當理由者，承攬人應得因此而主張同時履行抗辯，拒絕為契約工作之施作。

本文以為，工程預付款之撥付，雖係一便宜條款約定，其目的係承攬人履約時之經濟負擔的減輕。然工程預付款之本質，係為該次工程契約之報酬，而報酬係為工作給付之對價，且該工作報酬，既經當事人合意於開始工作前撥付，如可認當事人之本意，係於定作人工作報酬預先撥付之同時或撥付後，承攬人始開始工作者，則**該工作報酬之預先撥付，應認係定作人之先為給付的義務**。換言之，在當事人約定工作報酬預先給付情形，則定作人即有先為給付之

義務，非僅係便宜原則下之恩惠行為。是在承攬人已經提出合於規定之預付款還款保證，於約定工程預付款撥付期間屆至時，定作人明示拒絕為工程預付款之撥付，而無正當理由者，承攬人得因此而主張同時履行抗辯，拒絕為契約工作之施作。蓋該預付款撥付之約款，即為當事人約定報酬先為給付，或係當事人合意排除現行法應先為工作給付之任意規定。是於定作人未為工程預付款撥付前，承攬人得拒絕自己之工作給付。

在承攬人為同時履行抗辯情形，該工程契約之**約定工作期間，應於定作人為該項工程預付款之實際撥付完成時，重行起算**。如於該期間經過前，發生交易上之薑物指數有重大變化，而造成承攬人履約之負擔增加者，定作人仍須就該負擔增加部分負責。

（二）不安抗辯

承前述，該工作報酬之預先撥付，應認係定作人先為給付之義務。今如不認工程預付款係先為給付者，若定作人經承攬人之合法催告，仍拒絕履行該項工程預付款之撥付，係因為締約後定作人發生財產顯形減少，或有現行法律明文之有關不安抗辯權得為行使之要件情形，則承攬人得據此一原因事項，依民法第265條之規定，對定作人主張不安抗辯權之行使，**於定作人提出相當之擔保，或履行是項工程預付款撥付義務前，拒絕自己之給付**[70]。

於承攬人為不安抗辯主張之情形，該工程契約之原定工作期間，應於定作人提出相當之擔保，或履行該項工程預付款給付義務完成時，重新起算。如於該期間經過前，發生交易上之薑物指數有重大變化，而因之造成承攬人履約之負擔增加者，則定作人仍須就該負擔增加部分負責。

（三）以訴請求撥付

工程預付款之撥付，屬一便宜條款約定，雖其目的係承攬人履約時之經濟負擔的減輕，然工程預付款之本質，仍係為該次工程契約之報酬，而工作報酬係為完成工作之對價，前已述及。

此一工程預付款之性質，既屬工作報酬之一部的預先給付，則**基於契約嚴守原則**，定作人即有該一部工作報酬預先給付之義務。是在承攬人已經提出合

---

[70] 民法第265條：「當事人之一方，應向他方先為給付者，如他方之財產，於訂約後顯形減少，有難為對待給付之虞時，如他方未為對待給付或提出擔保前，得拒絕自己之給付。」

於規定之預付款還款保證，於約定工程預付款撥付期間屆至時，定作人明示拒絕爲工程預付款之撥付，而無正當理由者，應肯認承攬人得以訴請求定作人爲該一部工作報酬之給付。

（四）契約解除

在承攬人已經提出合於規定之預付款還款保證，於約定工程預付款撥付期間屆至時，可能發生定作人不具正當理由，拒絕爲工程預付款之撥付情形。此一情形，在國內營建工程承攬實務，或因事實上之障礙，例如定作人之資金調度發生困難，或因主觀上之因素，例如定作人暫時不欲該工程契約如期履行之利益，或係欲由承攬人以外之第三人爲工作等原因事由所致。

然定作人不具正當理由，拒絕爲工程預付款之撥付情形，如係因事實上之障礙，或因主觀上之因素等原因事由所致，則可認該定作人已經喪失繼續履行該工程契約之意願。是在承攬人已經提出合於規定之預付款還款保證，於約定工程預付款撥付期間屆至時，定作人如因前述情形，不具正當理由而拒絕爲工程預付款之撥付，嗣經承攬人合法催告，仍拒不撥付者，應肯認承攬人得因此爲契約之解除，並得請求契約解除之所失利益與所受損害之賠償。

二、未依約定期日撥付

按當事人約定，在承攬人已經提出合於規定之預付款還款保證，應認該工程預付款撥付之清償期日，已經屆至。定作人在該約定期日屆至時，即有爲該工程預付款撥付之義務。雖然工程承攬仍屬報酬後付原則，但於有工程預付款約定情形，該定作人未依約定期間，爲該工程預付款之給付者，仍應認係定作人未按工程預付款之本旨，履行工程預付款撥付之義務。而此一情形，應已經令定作人陷於給付遲延。

（一）同時履行抗辯

在承攬人已經提出合於規定之預付款還款保證，定作人未依約定期間爲該工程預付款撥付情形，除契約當事人有不得爲同時履行抗辯之特別約定外，承攬人應得於是項工程預付款未爲實際撥付前，拒絕自己工作之給付。其與前述定作人拒絕撥付工程預付款，應爲相同之效果，此不予贅述。

（二）不安抗辯

在發生定作人未依約定期日撥付工程預付款情形，如係因定作人之財

產，於工程契約締結後顯形減少，有難為對待給付之虞時，應與定作人因前述情形拒絕給付為相同之效果，此不予贅述。

（三）違約罰

如前所述，在承攬人已經提出合於規定之預付款還款保證，定作人未依約定期間為該工程預付款之給付者，應認定作人業已陷於給付遲延。

工程預付款此一便宜條款約定，雖係承攬人履約時之經濟負擔的減輕，但非謂於此一便宜條款約定下，於是項工程預付款撥付前，承攬人即不得為任何工作給付的準備與實際施作。然而，該承攬人工作給付的準備與實際施作，係基於履約善意，以及對定作人是項工程預付款如期撥付之信任。

因之，在承攬人已經提出合於規定之預付款還款保證，定作人未依約定期間為該工程預付款撥付情形，應認定作人之給付遲延，侵害承攬人工作給付之期前經濟利益。是定作人於該約定工程預付款撥付期日屆至時起，即應負給付遲延責任。其中，或應令該定作人負擔者，係與承攬人工作給付遲延責任相當之效果。亦即，將該未按約定給付之工程預付款數額，依目前國內營建工程承攬之交易習慣，以工作遲延之違約罰每日千分之一至每日千分之三的範圍，計算該款項給付遲延的效果。如此，始符合權利義務對稱原則與對價相當性原則，以及一方當事人工作給付之期前經濟利益的保護。

（四）契約解除

今如申辦工程預付款之承攬人，於規定之期間內，已經為合於約定之預付款還款保證之提出，惟定作人於該工程預付款撥付期日屆至時，仍不為該項工程預付款之撥付者。此時，承攬人得否主張此一工程預付款之約定，係為定作人之契約上協力義務，於定作人不為該項協力義務時，主張解除系爭工程承攬契約，不無疑義。

如前所述，此一工作報酬預先撥付之便宜原則，係為方便承攬人履約之經濟運用，論其本質，仍係為該次工程承攬契約之工作給付的對價。然此一便宜原則之部分工作報酬預先撥付的遲延，除當事人別有約定外，並非現行法定之承攬契約解除要件。蓋一方當事人契約上一部期前經濟利益的遲延實現，應非造成契約續存與否之必要原因事項。因此，除該工程預付款之遲延撥付，已經契約當事人特別約定為契約解除要件外，承攬人應不得因定作人遲延撥付是項工程預付款，而為該工程承攬契約解除之主張。

綜上，本文以爲，工程報酬一部之預先撥付，雖其性質仍屬工作報酬，係爲工作完成之對價的一部，**惟該期前之一部經濟利益的實現，並非工作完成之必要事項**。是工程預付款之撥付行爲，應非屬定作人於工程承攬契約上之協力義務，承攬人不得以該項工程預付款撥付遲延情形，係定作人之協力義務的違反，進而爲契約解除之主張。質言之，除當事人別有約定外，承攬人應不得據此一工程預付款的遲延撥付，作爲契約解除之主張。

（五）損害賠償

在債務人遲延情形，債權人得請求其賠償因遲延而生之損害。債務人於遲延中，對於因不可抗力而生之損害，亦應負責，民法第231條定有明文。換言之，在定作人遲延撥付工程預付款情形，如有因該遲延撥付而發生損害者，定作人於遲延中，對於因不可抗力而生之損害，亦應負責。如某材料之預定，因遲延撥付預付款，致該材料之預定被取消，嗣該材料之價格大漲，對於此一材料價差之危險，應由遲延撥付預付款之定作人負擔。惟承攬人應不得主張遲延後之給付，對於承攬人並無利益，拒絕定作人遲延後之工程預付款的給付，而請求賠償因不履行而生之損害。

三、未依約定數額撥付

在承攬人已經提出合於規定之預付款還款保證，而定作人於該期日所撥付之工程預付款，與約定應爲撥付之數額不相符者，可能有下列二種情形。

（一）實際撥付數額較多於約定數額

今如確定得標人或承攬人，已經提出合於約定之預付款還款保證，若定作人於撥付期日所撥付之預付款數額，較多於約定之預付款應撥付數額者，則該較多於約定數額部分之預付款，因屬尚未屆至清償期之工作報酬，定作人並無期前預先給付之義務，定作人得隨時取回該溢撥部分之預付款。

（二）實際撥付數額短少於約定數額

按當事人約定，在承攬人已經提出合於規定之預付款還款保證，應認定作人在約定時日，有爲該工程預付款撥付之義務，前已述及。今如申辦工程預付款之承攬人，於定作人規定之一定期間內，已經爲與其申辦該項工程預付款相同額度之預付款還款保證之提出。如若定作人於工程預付款撥付之期屆至時，未依約定之數額爲工程預付款之撥付者（此處所指係低於約定數額），則應認

該定作人未按債之本旨爲工程預付款撥付之提出。就前述定作人未依債之本旨爲撥付之數額部分，應認定作人已經陷於給付遲延。

前述定作人於工程預付款撥付之期屆至時，未依約定之數額爲工程預付款之撥付情形，應認係定作人之給付遲延，其法律效果，與前述定作人未依約定期日爲工程預付款撥付相同，此不贅述。惟於此情形，承攬人不得主張該未撥付之工程預付款，係屬無利益之遲延後的給付，拒絕該不足部分之撥付，而請求定作人賠償因不履行而生之損害[71]。

綜上，本文以爲，工程預付款之撥付，雖係一便宜條款約定，其目的係承攬人履約時之經濟負擔的減輕，然工程預付款之本質，係爲該次工程契約之報酬，而報酬係爲工作之對價，既經當事人合意於開始工作前撥付，可認該工作報酬之撥付，應認係定作人契約上先爲給付之義務。是在承攬人已經提出合於規定之預付款還款保證，於約定工程預付款撥付期間屆至時，定作人未依約定爲工程預付款之撥付，而無正當理由者，承攬人得視該不依約撥付之情形，而分別爲同時履行抗辯、不安抗辯之主張，拒絕爲契約工作之施作，並得爲契約罰、契約解除或損害賠償之請求。

第三款　預付款還款保證之相關問題

工程預付款之主要作用，係在於承攬人購買契約標的工程所需材料和設備等費用之經濟上負擔的減輕。此一承攬報酬後付原則例外之目的，係爲該承攬人期前運用工作承攬報酬的便宜方式。其本質仍爲工作報酬，僅係其清償期尚未屆至，已如前述。於營建工程承攬實務之交易習慣，對於該工作報酬清償期前給付之工程預付款，定作人通常皆會要求承攬人爲一定之預付款還款保證（refund bond for advance payment）的提出。而預付款還款保證之提出，涉及定作人工作報酬預先給付的保全，以及承攬人履約成本之負擔與利益變動。以下就預付款還款保證之法律性質、預付款還款保證之合理期間，以及還款保證提出違反的法律效果等，分別逐一探討。

---

[71] 民法第232條：「遲延後之給付，於債權人無利益者，債權人得拒絕其給付，並得請求賠償因不履行而生之損害。」

一、預付款還款保證之法律性質

　　工程預付款，係爲工作報酬預爲請求之期前利益，其本質仍屬工作報酬之一部，並非另一消費借貸關係，已如前述。是該工程預付款還款保證，係在承攬人以實際施作之工作報酬請求，爲工程預付款之抵扣返還外，另以其他種類保證之提出，作爲該項工程預付款返還的保證。觀諸行政院公共工程委員會頒布之預付款還款保證連帶保證書格式[72]所明文之內容，應可認預付款還款保證連帶保證之性質，係爲工作報酬預付之**還款保證契約**，非屬於履約擔保之性質。

　　前述預付款還款保證契約，與民法上之保證契約具有從屬性或補充性，應有不同。例如，在是項預付款已經撥付，尚未發生工作報酬可資扣抵，即發生契約解除之情形，該預付款還款保證仍有效存在。本文以爲，工程預付款之返還，係以承攬人可得請求之工作報酬，以扣抵方式作爲之。此一工程預付款之返還，係對既已發生之該工程預付款債權約定不確定清償期限。換言之，承攬人提出工程預付款保證，其所擔保者，係工作報酬請求之危險。亦即，工程預

---

[72] 預付款還款保證連帶保證書格式：

一、立預付款還款保證連帶保證書人（保證人）＿＿＿＿＿銀行＿＿＿＿＿分行（以下簡稱本行）茲因（得標廠商名稱）＿＿＿＿＿（以下簡稱得標廠商），得標（機關名稱）＿＿＿＿＿（以下簡稱機關）之（採購標的）＿＿＿＿＿（以下簡稱採購），依採購契約（以下簡稱契約：含其變更或補充）規定應向機關繳納預付款還款保證新臺幣或外幣（中文大寫）＿＿＿＿＿元整（NT$／外幣＿＿＿＿＿）（以下簡稱保證金額），該預付款還款保證由本行開具本連帶保證書（以下簡稱保證書）負連帶保證責任。

二、機關依契約規定認定有不發還得標廠商預付款還款保證之情形者，一經機關書面通知本行後，本行當即依機關書面通知所載金額（不逾保證金額）並加計年息__%之利息如數撥付（該利息自預付款給付予契約所載受款人之日起至機關領得還款金額之日止），絕不推諉拖延，且無需經過任何法律或行政程序。本行亦絕不提出任何異議，並無民法第745條之權利。預付款還款保證有依契約規定遞減者，保證總額比照遞減。

三、本保證書如有發生訴訟時，本行同意以機關所在地之法院爲第一審管轄法院。

四、本保證書有效期間自本保證書簽發日起，至民國__年__月__日止。

五、本保證書正本1式2份，由機關及本行各執1份，副本1份由得標廠商存執。

六、本保證書由本行負責人或代表人簽署，加蓋本行印信或經理職章並經公證或認證後生效。

行政院公共工程委員會，https://www.pcc.gov.tw/（最後瀏覽日期：2024年2月23日）。

付款還款保證，**係以定作人之請求（承攬人工作報酬請求權之消滅或障礙），為擔保實現之停止條件的擔保約款**。質言之，於有工程預付款存在情形，在承攬人工作報酬給付的扣抵立場，於該次工作驗收合格，承攬人為工作報酬請求提出時，無待定作人另為抵銷之意思表示，即得為該次應付工程款之扣抵。前述定作人之工程款扣抵權，係本於同一工程契約之相關權利義務關係所生，為工程款債權之約定抵銷權，其性質與法定抵銷權應屬有間。

　　前述行政院公共工程委員會之預付款還款保證書內容，明文機關依契約規定，認定有不發還得標廠商預付款還款保證之情形，一經機關書面通知擔保人後，擔保人即應依機關書面通知所載金額並加計年息，如數撥付予該機關。亦即，於機關一方認有擔保事由發生時，擔保人即應為一定之給付。可知，預付款還款保證係對**已經撥付款項返還**的擔保，此一預付款還款保證契約應具有獨立性，與工程契約之給付擔保並不相同。於被擔保人（承攬人）與擔保權利人（定作人）約定之擔保事由發生時，擔保人（出具保證書之銀錢業者）按該還款保證書之規定，即負有給付之義務，似不以主債務有效成立為必要。從而，擔保人自不得主張被擔保人對於擔保權利人在工程契約上所生之抗辯。

　　綜上，本文以為，就工程預付款之還款保證言，既係在該具工作報酬性質之金錢的實際撥付至約定或指定之帳戶前，承攬人在以其實際施作之工作報酬請求，為工程預付款之扣抵返還外，另以金錢以外之其他種類擔保的提出，作為該項工程預付款之扣抵後剩餘數額返還的擔保。論其性質，應係工作報酬請求存在的保證，獨立於該工程契約之工作義務以外之**預付工作報酬扣抵後餘額返還的保證契約**，與工程契約之工作給付義務履行的擔保無涉[73]。要之，預付款還款保證契約之本旨，係在發生工作報酬請求障礙之原因事項時，為該已經**撥付款項扣抵後之剩餘數額返還**的擔保。亦即，預付款還款保證之作用，係在定作人向出具保證書狀之銀錢業者為請求時，該銀錢業者即給付該保證書狀所載金額予定作人。是該預付款還款保證之擔保人，應不得援引被擔保人與權利人間之有否違反契約義務等約定，對抗權利人。

---

[73] 最高法院98年度台上字第1138號民事判決：「至鴻華公司完成之工程有無瑕疵、應否修繕等問題，乃被上訴人是否另負履約保證之問題，核與本件預付款還款之保證無涉。」

二、預付款還款保證之合理擔保期間

　　就目前國內營建工程承攬實務之交易習慣，於一般情形，預付款還款保證之提出，通常係以金錢種類以外之方式提出，蓋以金錢種類為還款保證提出者，並不符合工程預付款之便宜作用，合先敘明。是預付款還款保證，多係得標人或承攬人經由銀錢業者之授信，並支付一定數額或比例之授信費用，以換取該銀錢業者出具之預付款還款保證書狀。然該預付款還款保證書狀之授信費用，通常隨著保證期間之長短與保證數額之多寡而變動，對於得標人或承攬人之履約成本，難謂無影響。

　　今欲討論者，係押標金保證金暨其他擔保作業辦法關於預付款還款保證之有效期間規定，是否合理妥適。換言之，現行押標金保證金暨其他擔保作業辦法，明文廠商以銀行開發或保兌之不可撤銷擔保信用狀、銀行之書面連帶保證或保險公司之保證保險單繳納預付款還款保證者，除招標文件另有規定外，其有效期應較契約規定之最後施工、供應或安裝期限長90日[74]之規定，是否有修正之餘地。

　　按現行政府採購法施行細則之規定，採購之驗收，無初驗程序者，除契約另有規定者外，機關應於接獲廠商通知備驗或可得驗收之程序完成後30日內辦理驗收[75]。有初驗程序者，初驗合格後，除契約另有規定者外，機關應於20日內辦理驗收，並作成驗收紀錄[76]。且廠商應於工程預定竣工日前或竣工當日，將竣工日期書面通知監造單位及機關。機關應於收到該書面通知之日起七日內會同監造單位及廠商，確定是否竣工。工程竣工後，監造單位應於竣工後七日內，將竣工相關資料，送請機關審核。有初驗程序者，機關應於收受全部資料

---

[74] 押標金保證金暨其他擔保作業辦法第23條：「廠商以銀行開發或保兌之不可撤銷擔保信用狀、銀行之書面連帶保證或保險公司之保證保險單繳納預付款還款保證者，除招標文件另有規定外，其有效期應較契約規定之最後施工、供應或安裝期限長九十日。廠商未能依契約規定期限履約或因可歸責於廠商之事由致無法於前項有效期內完成驗收者，預付款還款保證之有效期應按遲延期間延長之。」

[75] 政府採購法施行細則第94條：「採購之驗收，無初驗程序者，除契約另有規定者外，機關應於接獲廠商通知備驗或可得驗收之程序完成後三十日內辦理驗收，並作成驗收紀錄。」

[76] 政府採購法施行細則第93條：「採購之驗收，有初驗程序者，初驗合格後，除契約另有規定者外，機關應於二十日內辦理驗收，並作成驗收紀錄。」

之日起30日內辦理初驗[77]。

目前國內營建工程承攬實務，於完成工作之驗收，通常皆有初驗程序，尤其是較大型之建築改良物的新建工程。今以需初驗之工作驗收為例，按前述政府採購法施行細則之規定，可知自工作完竣，至驗收完成迄，其最長期間為57日。因此，在工作已經驗收情形下，該預付款還款保證書之有效期限，應無延長至最後施工期限後90日之必要。蓋工作已經驗收者，承攬人即得請求工作報酬，並以之為扣抵，該預付款還款保證業已喪失擔保之標的。

另就國內營建工程承攬實務，承攬人所提出之預付款還款保證書，通常並不會隨著每次與工程報酬扣抵後，再以剩餘數額為保證數額之新的還款保證書取代之。然而，行政院制頒之工程採購契約範本第14條第10款，明文於保證書之有效期需延長情形，如廠商未依機關之通知予以延長者，機關即得於有效期屆滿前，就該保證書之金額請求給付，並暫予保管[78]。於營建工程承攬實務，前述情形，多發生於未能在預計期日完成工作驗收。

還款保證書擔保期間的不合理延長，直接造成被保證人之成本負擔，對於契約當事人之成本利益，難謂無損。關於前述，國際諮詢工程師聯合會FIDIC標準契約條款2017 Red Book第14.2.1條預付款保證書[79]，明文承包商應確保預

---

[77] 政府採購法施行細則第92條：「廠商應於工程預定竣工日前或竣工當日，將竣工日期書面通知監造單位及機關。除契約另有規定者外，機關應於收到該書面通知之日起七日內會同監造單位及廠商，依據契約、圖說或貨樣核對竣工之項目及數量，確定是否竣工；廠商未依機關通知派代表參加者，仍得予確定。工程竣工後，除契約另有規定者外，監造單位應於竣工後七日內，將竣工圖表、工程結算明細表及契約規定之其他資料，送請機關審核。有初驗程序者，機關應於收受全部資料之日起三十日內辦理初驗，並作成初驗紀錄。財物或勞務採購有初驗程序者，準用前二項規定。」

[78] 工程採購契約範本（112.11.15修正）第14條 保證金
（十）保證書狀有效期之延長：
廠商未依契約規定期限履約或因可歸責於廠商之事由，致有無法於保證書、保險單或信用狀有效期內完成履約之虞，或機關無法於保證書、保險單或信用狀有效期內完成驗收者，該保證書、保險單或信用狀之有效期應按遲延期間延長之。廠商未依機關之通知予以延長者，機關將於有效期屆滿前就該保證書、保險單或信用狀之金額請求給付並暫予保管。其所生費用由廠商負擔。其須返還而有費用或匯率損失者，亦同。

[79] FIDIC 2017 Red Book
§ 14.2.1 Advance Payment Guarantee
The Contractor shall obtain (at the Contractor's cost) an Advance Payment Guarantee in amounts and currencies equal to the advance payment, and shall submit it to the Employer

付款保證在預付款還清之前有效且可執行，但其金額可以根據付款證書中規定承包商償還的金額逐步減少（第2項）。如果預付款保證書的條款規定了其之到期日，並且預付款在到期日的28日前仍未償還者，承包商應延長本保證書

---

with a copy to the Engineer. This guarantee shall be issued by an entity and from within a country (or other jurisdiction) to which the Employer gives consent, and shall be based on the sample form included in the tender documents or on another form agreed by the Employer (but such consent and/or agreement shall not relieve the Contractor from any obligation under this Sub-Clause).

The Contractor shall ensure that the Advance Payment Guarantee is valid and enforceable until the advance payment has been repaid, but its amount may be progressively reduced by the amount repaid by the Contractor as stated in the Payment Certificates.

If the terms of the Advance Payment Guarantee specify its expiry date, and the advance payment has not been repaid by the date 28 days before the expiry date:

(a) the Contractor shall extend the validity of this guarantee until the advance payment has been repaid;

(b) the Contractor shall immediately submit evidence of this extension to the Employer, with a copy to the Engineer; and

(c) if the Employer does not receive this evidence 7 days before the expiry date of this guarantee, the Employer shall be entitled to claim under the guarantee the amount of advance payment which has not been repaid.

When submitting the Advance Payment Guarantee, the Contractor shall include an application (in the form of a Statement) for the advance payment.

第14.2.1條 預付款保證書

承包商應（由承包商承擔費用）取得與預付款相等的金額和貨幣的預付款保證，並應將其提交給定作人，同時將副本提交給工程師。該保證應由定作人同意的國家（或其他管轄區）內的一個實體出具，並應以招標檔案中的樣本表格或定作人同意的其他表格為基礎（但這種同意和／或協議不應免除承包商在本條款下的任何義務）（第1項）。

承包商應確保預付款保證在預付款還清之前有效且可執行，但其金額可以根據付款證書中規定的承包商償還的金額逐步減少（第2項）。

如果預付款保證書的條款規定了其到期日，並且預付款在到期日的28日前仍未償還：

(a) 承包商應延長本保證書的有效期，直至預付款已付清；

(b) 承包商應立即向定作人提交延期的證據，並向工程師提交一份副本；以及

(c) 如果定作人在本保證書到期日前七日仍未收到該證明，則定作人有權根據保證書要求追償未償還的預付款（第3項）。

提交預付款保證書時，承包商應附上預付款申請書（以聲明的形式提出）（第4項）。

的有效期，直至預付款已償還，如果定作人在本保證書到期日前七日仍未收到該保證書延長證明，則定作人有權根據保證書要求追償未償還的預付款（第3項），可資參考。

本文以為，還款保證書擔保期間的不合理延長，直接造成被保證人之成本負擔，不符權利義務對稱原則，造成當事人履約利益之減損。要之，關於預付款還款保證之有效期間的延長，應依個案之驗收程序定之，而非一概以行政命令規定為90日之延長期間。此外，若發生保證書之有效期需延長情形，如廠商未依機關之通知予以延長，機關於有效期屆滿前，就該保證書之金額請求給付的數額，應以就工作報酬抵扣後之剩餘數額部分為限。然該剩餘數額部分，除應扣減已經扣抵之工作報酬外，亦應包括被保留之工作報酬部分（保留款）。蓋該被保留之工作報酬部分，亦屬完成工作之對價的一部，係為可得請求之工作報酬，僅定作人尚未給付而已。是若未就每次之保留款作抵扣後之剩餘數額為實際保證數額之修正，如發生預付款還款保證書所列擔保之原因事項，定作人即為還款保證書所載數額為全部請求者，實難謂公平合理。

綜上，預付款還款保證，係報酬預先給付之扣回後剩餘數額返還的保證，為承攬人工作報酬請求權存在的擔保。有關押標金保證金暨其他擔保作業辦法第23條第1項，廠商以銀行開發或保兌之不可撤銷擔保信用狀、銀行之書面連帶保證或保險公司之保證保險單繳納預付款還款保證者，除招標文件另有規定外，其有效期應較契約規定之最後施工、供應或安裝期限長90日之規定，應有修正之餘地。蓋不論係約定工作之完成，或係分部給付工作的完成，工作報酬給付之清償期業已屆至，定作人即應為報酬給付。要不能將承攬人報酬請求存在的擔保，與工作瑕疵擔保或工作給付遲延等契約上責任，混為一談。

三、預付款還款保證提出違反之法律效果

於工程承攬實務，承攬人違反預付款保證提出之情形，大多發生於承攬人未在一定期間內，為預付款還款保證之提出，或未依約定之保證數額為預付款還款保證提出。前述二者不同之情形，承攬人之違反的效果，仍應有所不同。以下就承攬人未在一定期間內為預付款還款保證之提出，以及未依約定之保證數額為預付款還款保證提出等二情形，分別逐一述之。

（一）未於一定期間提出

在國內營建工程承攬實務之交易習慣，預付款還款保證的提出時間，一

般大多皆係在該工程預付款尚未爲實際撥付前，即須爲預付款還款保證之提出完成。而此一時間點，可能在該次工程承攬契約締結前，亦可能在契約締結後之一定期間內，該確定得標人或承攬人，必須爲該次工程預付款還款保證之提出。然而，就確定得標人在契約締結前，未於一定期間內爲預付款還款保證之提出，與承攬人未於契約約定之一定期間內，爲預付款還款保證之提出，其二者之法律效果，應分別看待。

1. 契約締結前未爲預付款還款保證提出

目前國內營建工程承攬實務，如發生確定得標人未按投標須知或相關文件規定，在契約締結前，爲預付款還款保證之提出者，通常需面對的，係其於投標時所繳納或提出之押標金，被定作人依此爲由而沒收[80]。另一情形是，定作人可能據此原因而撤銷其確定得標人資格，拒絕與其締結該次工程承攬契約。

工程預付款，係爲工作報酬預爲請求之期前利益。而該工程預付款還款保證之提出，係爲工作報酬預先撥付之未被扣抵部分的返還保證，應認係獨立於該工程契約以外之保證契約。是該預付款還款保證，係在承攬人以實際施作之工作報酬請求，爲工程預付款之抵扣返還外，另以其他種類保證之提出，作爲該項工程預付款之返還的保證，已如前述。因此，該工程預付款還款保證的提出，除作爲該已經實際撥付之工程預付款的返還保證外，並不具工程承攬契約上之義務履行之保證作用。

該確定得標人，之所以需爲工程預付款還款保證之提出，除其有該項工程預付款之需求外，係因爲該確定得標人已經確定得標。亦即，若參與該次工程承攬招標之投標人，未成爲確定得標人者，根本無該次招標承攬標的之工程預付款的需求，更無該次工程預付款還款保證提出之必要。然其所以成爲確定得標人，必因其業已經過完整之契約締結前置程序。而押標金之提出，係爲擔保該投標參與人，遵守該次招標公告所示之契約締結前置程序的秩序，與確定得標人之預約義務，即本約締結義務的履行。因此，於該次招標公告所示之契約締結前置程序完結，或本約締結義務已經履行者，則該押標金即已因該等擔保原因事項消滅，而喪失其擔保目的。

---

[80] 政府採購法第31條第2項第5款：「廠商有下列情形之一者，其所繳納之押標金，不予發還；其未依招標文件規定繳納或已發還者，並予追繳：五、得標後未於規定期限內，繳足保證金或提供擔保。」

　　然工程預付款之性質，係為工作報酬後付原則例外的便宜原則，屬於承攬人契約上之期前經濟利益，並非其契約上之負擔或義務。而預付款還款保證之提出，係為該實際撥付之工程預付款，在工作報酬扣抵返還發生障礙時，定作人得為請求工程預付款之剩餘部分返還的保證，其與契約締結前置程序之秩序遵守，二者目的並不相同，且該預付款還款保證之提出，亦與確定得標人預約義務履行目的之實現，分屬相異二事。

　　是本文以為，於該次工程承攬契約締結之際，如確定得標人仍未為該項工程預付款還款保證之提出者，**應僅生該工程預付款撥付申辦之事實上障礙的效果**。若定作人以確定得標人未提出工程預付款還款保證為由，進而沒收該確定得標人所繳納或提出之押標金者，因其二者之保證目的互異，應認定作人沒收押標金之主張為無理由。另如定作人以前述未提出預付款還款保證之事實，撤銷該確定得標人之確定得標資格，而拒絕與之締結契約者，該定作人之撤銷資格與拒絕締結契約行為，應不符比例原則，且不具正當理由。

　　是即便該得標人未於一定期間提出預付款還款保證情事，得成為沒收押標金，或撤銷確定得標資格、拒絕締結契約之原因事項，已經明文於該次招標之投標須知或契約之預擬內容者，仍應認該投標須知或契約之預擬內容，係為定作人一方所預擬之附合契約條款，而有使程序之他方當事人拋棄權利，或限制其行使權利，或其他於他方當事人有重大不利益者，而有顯失公平之情形，按民法第247條之1規定，則該部分約定或預擬之條款為無效。

2. 未於履約中約定時間提出

　　今如該預付款之申請，係於履約期間為之者，若發生承攬人未於規定期間提出預付款還款保證情形，亦僅生該承攬人喪失工程預付款之期前利益請求的法律效果，而不應認該承攬人未於規定期間為預付款還款保證之提出，係屬於契約義務之違反。要之，即便該次工程契約內容，有明文未依規定期間提出預付款還款保證，係為違約之原因事項者，定作人仍不得據此而主張違約金之發生。蓋承攬人未於規定期間提出預付款還款保證情形，僅生該承攬人喪失工程預付款之期前利益的請求，對於該次工程契約之工作給付義務的正常履行，並無影響。

　　綜上，如發生未於一定期間內為預付款還款保證之提出，應僅生該工程預付款撥付申辦障礙，而喪失期前利益之效果。若定作人以確定得標人未提出工程預付款還款保證為由，進而沒收該確定得標人所繳納或提出之押標金，因其二者之擔保目的互異，定作人應無由因此而沒收押標金。定作人亦不得因此而

撤銷該得標人之確定得標資格，而拒絕與之締結契約。蓋前述於一定期間內為預付款還款保證之提出，其目的係在發生工作報酬請求障礙之原因事項時，為該已經撥付款項扣抵後之剩餘數額返還的擔保，其與得標資格及締約權利的取得，要無實質關聯。是前述定作人因此而對程序相對人之財產為沒收，及剝奪其締約權利之行為，恐不符比例原則與通常交易之合理期待，且與誠信原則之當事人地位對等及互利的精神有相違之嫌。

（二）未依一定數額為保證提出

通常而言，若該次工程承攬有可為工程款預付之情形，則其數額、申請辦法、扣抵比例、還款保證之提出等相關要件的規定，亦均應於招標文件或投標須知等內容為明示[81]。按國內營建工程承攬實務之交易習慣，得申辦請領工程預付款之確定得標人，如欲申辦該次工程預付款者，則需於規定期間內，提供與該次工程預付款之相同額度的還款保證。惟營建工程實務，不乏定作人指定提供還款保證書之銀錢業者，其可能造授信費用提高或授信數額不足情形，例如承攬人並未與該銀錢業者有實際交易習慣是。

1. 期前利益之全部喪失

今如發生該確定得標人在締約前，雖已經為工程預付款還款保證之提出，但其提出之還款保證書提所列保證數額，較申辦工程預付款或預定撥付之數額為低，且於保證提出期間經過，仍未為該短少部分之保證數額的補正情形。此時，因該確定得標人或承攬人之預付款還款保證的提出，未符合規定之保證數額，仍應視為其未於一定期間內，為預付款還款保證之提出。

於前述情形，因確定得標人之預付款還款保證的提出，未符合規定之保證數額，視為未為預付款還款保證之提出，是該確定得標人或承攬人，即因此而喪失期前利益之全部。換言之，於此情形，定作人得因該預付款還款保證未依

---

[81] 押標金保證金暨其他擔保作業辦法第21條第1項：「機關得視案件性質及實際需要，於招標文件中規定得標廠商得支領預付款及其金額，並訂明廠商支領預付款前應先提供同額預付款還款保證。」第22條：「預付款還款保證，得依廠商已履約部分所占進度或契約金額之比率遞減，或於驗收合格後一次發還，由機關視案件性質及實際需要，於招標文件中訂明。廠商未依契約規定履約或契約終止或解除者，機關得就預付款還款保證尚未遞減之部分加計利息隨時要求返還或折抵機關尚待支付廠商之價金。前項利息之計算方式及機關得要求返還之條件，應於招標文件中訂明，並記載於預付款還款保證內。」

規定提出，而無須為該工程預付款之撥付。

　　惟於此一未為足額之預付款還款保證提出情形，與確定得標人未為提出工程預付款還款保證者同，應僅生該工程預付款撥付或申辦之事實上的障礙。若定作人以確定得標人未提出足額之工程預付款還款保證為由，進而沒收該確定得標人所繳納或提出之押標金者，因其二者各自之保證目的互不相同，應認該沒收押標金之主張為無理由。另外，如定作人以前述未提出足額預付款還款保證之情事，撤銷該確定得標人之確定得標資格，而拒絕與之締結契約者，該定作人之撤銷資格與拒絕締結契約行為，應不符比例原則，欠缺正當之理由。

2. 期前利益之一部喪失

　　除前述期前利益之全部喪失的效果外，本文以為，基於誠信原則之立於他方契約上利益考量，或可認該未為足額之預付款還款保證提出情形，僅發生期前利益一部喪失之效果。是在發生前述未為足額還款保證提出之情形，定作人非不得按該承攬人所提出之預付款還款保證的有效數額，作為預付款之撥付數額的計算基礎，並以之為該項預付款之實際撥付。蓋工程預付款的本旨，係為承攬人工作報酬之期前經濟作用的契約上利益，承攬人未為足額之還款保證的提出，應僅發生期前利益一部喪失之效果。

　　綜上，本文以為，在定作人尚未為預付款之實際撥付前，確定得標人未於規定期間內，為該項工程預付款還款保證之提出，或未依規定之保證數額為提出者，並無礙當事人締約之主要目的，亦無影響定作人之契約利益，應僅生該承攬人**喪失工程預付款請求之期前利益的法律效果**。於此一情形，即便該次投標須知或契約預擬內容，明文未於規定期間提出預付款還款保證，得為沒收押標金或撤銷該得標資格之原因事項者，定作人仍不得據此為由，進而沒收押標金之全部，或撤銷該確定得標人之確定得標資格，而拒絕該次工程承攬契約之締結。如此，似較符合誠信原則與比例原則。蓋確定得標人未為工程預付款還款保證之提出而喪失工程預付款請求之期前利益情形，**並未造成程序或契約上給付的危險**。

第三節　民法第513條與拆除工程工作報酬之確保

　　營建工程承攬契約關係存續中，契約當事人給付之履行與確保，均應符合權利義務對稱原則、對價相當性原則，以及比例原則。除當事人自由的約定

外，在民事法律有所明文者，於工作部分，有定作人之瑕疵修補請求權、修補費用償還請求權、減少報酬請求權、損害賠償請求權或契約解除權等。而在報酬部分，除特別情形外[82]，則有承攬人就承攬工作報酬額，對於其工作所附之定作人之不動產，請求定作人為抵押權之登記，或對於將來完成之定作人之不動產，請求預為抵押權之登記。前述法定之承攬人抵押權，其目的應係就其承攬關係所生之債權，對於其工作所附之定作人之不動產，予以法定之抵押權，以保護工作報酬請求，實現工作給付之契約上利益，兼以保護其他債權人之債權[83]。

　　觀諸民法第513條第1項規定明文[84]，可知於建築物或其他土地上之工作物，或為此等工作物之重大修繕的承攬，承攬人得就承攬關係報酬額，對於其工作所附之定作人之不動產，請求定作人為抵押權之登記，或對於將來完成之定作人之不動產，請求預為抵押權登記之登記抵押標的，係指該契約工作所附

---

[82] 促進民間參與公共建設法第51條：「民間機構依投資契約所取得之權利，除為第五十二條規定之改善計畫或第五十三條規定之適當措施所需，且經主辦機關同意者外，不得轉讓、出租、設定負擔或為民事執行之標的。民間機構因興建、營運所取得之營運資產、設備，非經主辦機關同意，不得轉讓、出租、設定負擔。違反前二項規定者，其轉讓、出租或設定負擔之行為，無效。民間機構非經主辦機關同意，不得辦理合併或分割。」

[83] 民法第513條之立法理由（88.4.21修正）：「一、法定抵押權之發生，實務上易致與定作人有授信往來之債權人，因不明該不動產有法定抵押權之存在而受不測之損害，修正第一項為得由承攬人請求定作人會同為抵押權登記，並兼採『預為抵押權登記』制度，因原條文抵押權範圍為『承攬人就承攬關係所生之債權』，其債權額於登記時尚不確定，故修正為以訂定契約時已確定之『約定報酬額』為限。二、為確保承攬人之利益，爰增訂第二項，規定前項請求，承攬人於開始工作前亦得為之。三、承攬契約內容業經公證人作成公證書者，雙方當事人之法律關係自可確認，且亦足認定作人已有會同前往申辦登記抵押權之意，承攬人無庸再向定作人請求，爰增訂第三項。四、建築物或其他土地上之工作物，因修繕而增加其價值，則就因修繕所增加之價值限度內，因修繕報酬所設定之抵押權，當優先於成立在先之抵押權，始為合理，爰增訂第四項。五、單獨申請抵押權或預為抵押權登記之程序，應提出之證明文件及應通知定作人等詳細內容，宜由登記機關在登記規則內妥為規定。」

[84] 民法第513條第1項規定：「承攬之工作為建築物或其他土地上之工作物，或為此等工作物之重大修繕者，承攬人得就承攬關係報酬額，對於其工作所附之定作人之不動產，請求定作人為抵押權之登記；或對於將來完成之定作人之不動產，請求預為抵押權之登記。」

之定作人之有形的不動產，或將來完成之定作人之有形的不動產。

然而，營建工程承攬之標的，亦有該承攬工作所附之定作人之不動產，或將來完成之定作人之不動產，因不具備市場融通性，或非私人可得自由處分等要件，而無法為抵押及強制執行之標的者，例如所有權登記於公法人或行政機關之不動產是，或有基於法律規定，不得為抵押負擔設定者[85]。

觀諸繁瑣複雜的營建工程承攬，其承攬工作內容，並非僅有新建工程、增建工程、改建工程或修繕工程等。除前述得為法定抵押權規定之抵押標的提出之工程承攬外，於營建工程承攬實務，亦不乏有工作報酬數額不斐之拆除工程[86]。惟拆除工程，因約定工作完成，即為工作所附建築物之拆解移除的完成，是無法為前述法定抵押權規定之抵押標的提出。

前述諸情形，承攬人因工作承攬關係而發生之工作報酬的實現，似無法依現行法律有關承攬人抵押權的規定，加以保護。現行法律於此情形，應有其保護欠缺之部分的討論必要。以下就民法第513條之法律性質、民法第513條規定之檢討與建議，以及拆除工程法定抵押權之適用、拆除工程之抵押標的等議題，分別於本節各項逐一說明之。

第一項　民法第513條之法律性質

民法第513條於民國88年修法後，當事人基於承攬報酬之抵押權，其性質究屬登記生效要件，或係登記對抗要件，司法實務目前尚無一定之見解。其中有認民法第513條之抵押權，非經登記不生效力[87]；有認承攬人法定抵押權固

---

[85] 促進民間參與公共建設法第51條。

[86] 高雄市雷屬風行打掉市內多處陸橋後，位在愛河下游，破損程度達U3等級的九如橋，也將斥資4.6億元經費打除改建（2023.3.16聯合報高雄即時報導）。聯合報新聞網，https://udn.com/。

[87] 最高法院109年度台上字第2863號民事判決：「按承攬之工作為建築物或其他土地上之工作物，或為此等工作物之重大修繕者，承攬人得就承攬關係報酬額，對於其工作所附之定作人之不動產，請求定作人為抵押權之登記；或對於將來完成之定作人之不動產，請求預為抵押權之登記，民法第513條第1項定有明文。是民法第513條之抵押權，非經登記不生效力；而所稱預為抵押權之登記，乃係就將來完成之定作人之不動產預先為暫時之抵押權登記，與抵押權設定登記尚屬有間，須俟不動產完成，定作人辦理所有權第一次登記及地政機關將該抵押權登記內容登載於建築物他項權利部，始生預為登記之抵押權轉換為抵押權登記之效力，該抵押權方能成立。」

不待登記即生效力，然依法律行為移轉該法定抵押權之處分行為，仍須先為法定抵押權登記後，再經該法定抵押權之移轉登記完訖，始生其物權移轉之效力[88]。學者有謂，民法第513條條文文字雖然變更，但是承攬人的抵押權作為法定抵押權的性質並不因此而變更，不應解釋為未經登記即不得主張抵押權[89]。

　　二者爭論實益在於，承攬人在「得請求承攬報酬時」至「辦理抵押權登記完畢時」之間的這段期間，是否取得抵押權？

　　如採登記生效要件說，則承攬人於此期間，其承攬報酬債權僅為「普通債權」，與定作人的其他普通債權人（不論善惡意）立於平等地位。因此，承攬人不得對抗第三人；若採登記對抗要件說，則承攬人於此期間內，已取得「抵押權」，只是不得對抗「善意且具物權地位」的第三人，而仍得優先於其他第三人（惡意或普通債權）而受償。

　　本文以為，民法第513條承攬人之抵押權的登記，並非法定抵押權之生效要件，應屬法定抵押權之對抗要件。承攬人不為是項抵押權之登記，應僅不得對抗善意第三人。其理由如下：

　　一、觀諸民國88年修法之立法理由[90]，立法者明文「兼採」預為抵押權登記制度，而非「改採」預為抵押權登記制度，是並未變更其原來之抵押權登記對抗的性質。要之，應毋庸因條文「預為抵押權登記」之文字，即將其解釋為登記生效要件。再者，就本條文規定：「承攬人得就承攬關係報酬額，對於其工作所附之定作人之不動產，請求定作人為抵押權之登記；或對於將來完成之

---

[88] 最高法院107年度台上字第88號民事判決：「次按法定抵押權，係指承攬人就承攬關係所生之債權，對於其工作所附之定作人之不動產，有就其賣得價金優先受償之權，倘無承攬關係所生之債權，不能依雙方之約定而成立法定抵押權。又不動產物權，依法律行為而取得、設定、喪失及變更者，非經登記，不生效力，民法第758條第1項定有明文。是以『承攬人法定抵押權』固不待登記即生效力，然依法律行為移轉該法定抵押權之處分行為，仍須先為法定抵押權登記後，再經該法定抵押權之移轉登記完訖，始生其物權移轉之效力。

[89] 謝哲勝，承攬人法定抵押權的拋棄，月旦法學教室，第61期，2007年11月，頁8至9。

[90] 民法第513條立法理由（88.4.21修正）：「一、法定抵押權之發生，實務上易致與定作人有授信往來之債權人，因不明該不動產有法定抵押權之存在而受不測之損害，修正第一項得由承攬人請求定作人會同為抵押權登記，並兼採『預為抵押權登記』制度，因原條文抵押權範圍為『承攬人就承攬關係所生之債權』，其債權額於登記時尚不確定，故修正為以訂定契約時已確定之『約定報酬額』為限。」

定作人之不動產，請求預為抵權之登記。」觀之，該條文之意表示於承攬報酬關係發生時，承攬人之是項抵押權業已存在，僅係經登記後始生公示，與對抗善意第三人之效力。

二、就承攬人言，如採登記對抗要件，承攬人未辦理抵押權之登記，尚得對定作人或惡意第三人主張抵押權之效力。此相較於生效要件說，承攬人未經登記即無從取得抵押權之見解，自屬提供承攬人較為合理之保護。如此，較符合立法者自立法以來之保護承攬人工作報酬的意旨。

三、另就善意第三人（抵押權人）言，對抗要件說與生效要件說，其二者行使之效果，並無顯著的差異，蓋因承攬人未辦理抵押權登記者，皆不得以此對於其他善意之抵押權人，主張抵押權之存在以及優先受償之地位。職是，採對抗要件說足以達成保護交易安全之目的，自無必要過度剝奪立法者對於承攬人之保護。

四、再就市場交易習慣觀之，一般對於不動產具有授信之能力者，其通常為經濟市場交易之強勢。該授信者為授信行為前，本有詳為標的徵信之善良管理人義務，其亦具有詳為徵信之優勢與能力。是採登記對抗要件，對該授信者之保護已足。

綜上，本文以為，本於立法者立法以來之保護承攬人工作報酬之意旨初衷，以及對於其他善意第三人之保護，應認民法第513條承攬人就承攬報酬所為之抵押登記，係為登記對抗要件。如此，對於承攬人契約上給付之對價的保護，可謂較為周全，亦無影響善意第三人之利益。

第二項　民法第513條規定之檢討與建議

民法第513條規定，係立法者為保護承攬人之契約上利益所設，惟細觀司法實務對於民法第513條規定之適用，似在前述立法者之保護意旨下，隱藏著客體限縮之意，而令承攬關係所生之工作報酬的可受保護，未能周全。或可言，因可被保護之客體的限縮，造成契約上危險的分配，未盡合理。

第一款　民法第513條第1項

　　觀諸現行民法第513條第1項[91]，明文承攬之工作為建築物或其他土地上之工作物，或為此等工作物之重大修繕者，始得為主張法定抵押權之適格承攬關係。換言之，承攬之工作為建築物或其他土地上之工作物，或為此等工作物之重大修繕以外之承攬關係，即無法定抵押權之適用餘地。

　　法定抵押權與意定抵押權二者，於其生效要件之差別，在於法定抵押權無須經當事人為該抵押權之登記，即發生效力。而意定抵押權，非經登記不生效力。亦即，法定抵押權，係因法律規定而取得，而非法律行為所由來。然因法律規定而取得之抵押權，必有法律所欲為保護之目的。今民法第513條所欲保護之目的，應係承攬工作報酬請求的實現。立法者鑑於有關不動產工作承攬關係之工作報酬數額龐大、履約期間久長、該等工作完成之相當價值，及不動產易為市場交易等，均為普羅大眾所能認識，而將其之承攬工作報酬請求，以法律規定保護之，令其能為實現之意，可資贊同。

　　今問題在於，既然因不動產工作承攬關係之工作報酬數額龐大、履約期間漫長、工作完成之相當價值，以及有形不動產之交易融通等，而將其之工作報酬請求以法律規定保護之，又為何將該法定抵押權欲為保護的對象，限於新建工程之建築物、地上工作物，與建築物或地上物之重大修繕者。而具有工作報酬數額龐大、履約期間漫長，及該等工作完成之相當價值等，同樣要素之其他不動產工作承攬，例如拆除工程承攬、土地或河川整治改良及相類之大地工程，或航空器與船舶的工作承攬等，則不在適用之列，實令人費思。其可能解釋者，或因時空背景，或因立法之遺漏。

　　本文以為，若民法第513條規定的立法意旨，仍係在於有關不動產工作承攬關係之工作報酬數額龐大、履約期間久長、該等工作完成之相當價值，及不動產易為市場交易等因素，且該等因素均能為普羅大眾所能認識與接受，故而將其等之不動產承攬工作報酬請求，以法律規定保護之者，則具有相同要素之其他有關不動產之工作承攬關係，仍應在保護令其工作報酬能為實現之列，而

---

[91] 民法第513條第1項：「承攬之工作為建築物或其他土地上之工作物，或為此等工作物之重大修繕者，承攬人得就承攬關係報酬額，對於其工作所附之定作人之不動產，請求定作人為抵押權之登記；或對於將來完成之定作人之不動產，請求預為抵押權之登記。」

無排除適用之必要。前述拆除工程承攬、土地或河川整治改良及相類之大地工程等，與民法視爲不動產之航空器與船舶的工作承攬報酬請求，均有保護之必要，應在法定抵押權適用之列。此由前述最高法院關於承攬人法定抵押權所涉案例，認僅工作所附之定作人不動產，始爲適法之抵押標的之見解，亦可得到解釋。蓋如該次承攬人之承攬工作，若係屬於土地整治改良工程者，則依前述最高法院之見解，承攬人對於工作所附之定作人不動產，即該整治改良之定作人的土地，有法定抵押權。

綜上，爲了能落實能符合立法者對於具有工作報酬數額龐大、履約期間久長、工作完成之相當價值，以及有形不動產之市場交易融通等特性之工作承攬關係，保護承攬人之工作報酬請求的初衷旨意[92]，本文建議，或可將現行民法第513條第1項：「承攬之工作爲建築物或其他土地上之工作物，或爲此等工作物之重大修繕者，承攬人得就承攬關係報酬額，對於其工作所附之定作人之不動產，請求定作人爲抵押權之登記；或對於將來完成之定作人之不動產，請求預爲抵押權之登記。」爲如下之一部修改：「承攬之工作爲建築物或其他土地上之工作物，**或爲此等工作物之重大修繕、整治改良者**，承攬人得就承攬關係報酬額，對於其工作所附之定作人之不動產，請求定作人爲抵押權之登記；或對於將來完成之定作人之不動產，請求預爲抵押權之登記。」

第二款　民法第513條第2項

民法第513條第2項規定：「前項請求，承攬人於開始工作前亦得爲之。」其立法理由（民國88年4月21日）：「二、爲確保承攬人之利益，爰增訂第二項，規定前項請求，承攬人於開始工作前亦得爲之。」前述民法第513條第2項之立法理由，已經明文係爲確保承攬人之利益，規定民法第513條第1項之承攬人的抵押權請求，承攬人於開始工作前亦得爲之。既然立法者已經明文該條項之規定，係爲保護承攬人之契約上利益，實無須以工作開始給付之「工作前」行爲節點，作爲承攬人契約上利益保護之開始時點的基準。

其理由在於，所謂工作前，可能存在二種情形，其一，契約已經成立，工

---

[92] 參閱民法第513條立法理由（18.11.22修正）：「謹按工匠技師及其他承攬人，爲定作人於不動產上施工作者，就其承攬關係所生之債權，對於其工作所附之定作人之不動產，應與以法定之抵押權，以保護其利益。此本條所由設也。」

作尚未開始；其二，契約尚未成立，工作業已開始。民法第513條第2項規定之適用，在前述第一種情形，故無疑問。惟在第二種之契約尚未成立前，已經開始工作情形，其在適用上恐有疑義。

如前所述，承攬人之工作報酬請求權，於系爭工作承攬契約成立時，業已存在，僅係於該次工作報酬清償期屆至時，始得為該次工作承攬報酬之請求。於通常情形，民法第513條第1項前段所明列之工作承攬契約，在當事人之交易習慣下，可視為意定要式契約。觀諸國內營建工程承攬實務之交易習慣，於承攬之工作為建築物或其他土地上之工作物，或為此等工作物之重大修繕者，大多須於該次工作承攬契約簽訂後，始於約定之期日進場施作。惟交易習慣上，仍不乏在契約簽訂前，即已經進場開始工作情形。要之，在工程承攬契約尚未成立情形，該承攬人應如何適用民法第513條第2項規定，於工作前，主張其法定抵押權之登記數額，不無疑問。

當事人契約上之權利，當係源自契約之成立或生效。在營建工程承攬，承攬人工作報酬請求之權利，於系爭工程契約成立之時即已發生。民法第513條第1項所列舉之承攬工作報酬保護的時點，亦應為如此之解釋。惟如於系爭工程已經開始實際施作，工程承攬契約尚未締結前，發生定作人資金調度障礙或清償能力減少，或定作人嗣未與該實際施作之承攬人締約，而與第三人締結系爭工程承攬契約等情形，因該工程契約尚未成立，承攬人似無法依民法第513條第2項規定為抵押登記而保全其報酬債權。

綜上，基於立法者對承攬人契約上權利所生之利益的保護，本文建議，在工作已經實際施作，而契約尚未成立前，應許承攬人得依現行民法第513條第2項規定，**將當事人合意之契約工作報酬數額，以最高限額抵押權方式為之，並於契約成立時為原債權之確定**。則如發生前述系爭工程已經開始實際施作，工程承攬契約尚未締結前，發生定作人資金調度障礙或清償能力減少，或定作人嗣未與該實際施作之承攬人締約，而與第三人締結系爭工程承攬契約等情形，承攬人即得為抵押登記而保全其報酬債權，而無須陷於當事人爭執之不當得利或侵權行為之舉證的不利益。若能如此，除符合立法者對於承攬人因契約所生利益之保護的意旨外，更能與現行民法第513條第1項，將承攬關係報酬額作為抵押登記要件之一的規定，相互呼應，並能在不破壞契約當事人的信賴基礎之下，賦予當事人契約上利益的保護。

第三款　民法第513條第4項

　　現行民法第513條第4項：「第一項及第二項就修繕報酬所登記之抵押權，於工作物因修繕所增加之價值限度內，優先於成立在先之抵押權。」其立法理由（民國88年4月21日）：「四、建築物或其他土地上之工作物，因修繕而增加其價值，則就因修繕所增加之價值限度內，因修繕報酬所設定之抵押權，當優先於成立在先之抵押權，始爲合理，爰增訂第四項。」

　　觀諸前述立法理由，立法者認爲因修繕而增加其價值，則就因修繕所增加之價值限度內，因修繕報酬所設定之抵押權，當優先於成立在先之抵押權，始爲合理。立法者此一部分之工作報酬請求的保護，對於承攬人之契約上利益的實現而言，有其實質正面。然而，就修繕報酬所登記之抵押權，於工作物因修繕所增加之價值限度內，優先於成立在先之抵押權的內文觀之。不難發現，立法者將此一法定抵押權順序，優先於成立在先之抵押權情形，僅限於在既存建築物或地上工作物的重大修繕。亦即，民法第513條第4項成立之要件有三：一、既有存在之建築物或地上工作物；二、重大修繕承攬；三、既有存在之建築物或地上工作物已經有其他抵押權登記。就此部分，因需有既存之建築物或地上工作物，始有發生修繕事實之可能，可爲理解。然而，該等既有存在之建築物或地上工作物，除有發生修繕事實，令其原有價值增加外，亦有其他之工作類型或事實，可使該等既存之建築物或地上工作物之原有價值增加情形。例如，既存建築物或地上工作物的合法增建工程，即爲一適例。

　　今日建築物或地上工作物的設計及施作工法，不同昔日而語。建築高程及面積的預留，並非稀罕。舉例而言，某知名賣場因營業需要，將其原有地上三層建築改良物，經合法程序，增建爲地上五層之建築改良物，並由原來既有建築面積15,000平方公尺（每層樓地板面積爲5,000平方公尺），於該增建工程承攬完成後，增加爲建築總面積25,000平方公尺。此一合法增建工程，其所具備者，與民法第513條第1項所列之修繕工程，係在既有存在的建築物或地上工作物上爲工作，並令該既有存在之建築物或地上工作物，因該工作而增加原有建築物或地上工作物之價值等要件相同，應無所議。

　　然而，就前述所舉之合法增建工程承攬案例，其工作結果，令既有存在之建築物或地上工作物的價值增加部分，相對於相同面積的修繕工程而言，在一般情形下，其所增加之價值，應有過之而無不及。即便該增建部分，僅有主體結構之施作，亦是如此。惟若依現行民法第513條第4項規定，基於該合法增建

工程承攬關係，所發生之工作報酬數額的法定抵押權，並無法優先順序於成立在先之抵押權。此一結果，是否仍能謂之妥適，恐有疑問。亦即，現行民法第513條第4項之抵押權順序優先規定，明列須以重大修繕行為所增加之價值為要件，而排除其他工作類型所增加之價值的適用，難謂妥適。

蓋所謂既有存在之建築物或地上工作物，因修繕而令價值增加，其價值究係指該工作標的之市場交易價值的增加，抑或係工作標的之使用價值的增加，並未明確。該因修繕行為而增加價值，其增加部分之數額範圍的認定，恐因陷於主觀，而欠缺普遍交易認知的客觀評價標準。對於該次修繕工程承攬契約當事人及成立在先之抵押權人言，逕自依不確定標準之主觀價值判斷，而認定其權利與負擔範圍，恐有失公允。此一情形，觀諸國內不動產市場之交易習慣，交易標的之修繕結果，並不會令該交易標的之交易價格的增加，與其修繕費用劃上相等之數額，應可明瞭。舉一例言，以下交易情形，應時可聞之。某出賣人之不動產的前次移轉交易價格為一億元新臺幣，出賣人於購入後，立即投資5,000萬元新臺幣作為修繕費用，並在六個月期間完成該修繕工程。於一般情形，該出賣人之不動產的成交價格，並不會在原來的交易價格上，因此而另外增加5,000萬元的數額，此為市場之交易常態。再者，於前述某知名賣場之合法增建案例，投入5,000萬元以完成該合法增建工程，該不動產標的之市場交易價值增加部分，則通常大於或等於該增建工程之5,000萬元的工作報酬數額。理由在於，合法增建所增加的面積部分，具有普世認同之使用價值。而每個修繕工程之結果，對於修繕工程之定作人以外的第三人而言，並非均具有相同之使用價值，或交易上價值絕對增加之實質意義。

再者，所謂工作物因修繕所增加之價值，仍須於修繕工作完成後，再經由第三方之評估，始得為價值增加數額的認定。前述工作已經完竣，嗣經價值認定後，再由當事人至地政機關登記抵押權情形，似與工作報酬請求之預為保護的意旨，未盡相符。且對於同一標的，成立在先之抵押權人的抵押權利益，亦難謂公允。蓋前述以增加價值部分，優先於成立在先之抵押權，難謂無造成規避或稀釋原抵押權數額之危險。此情形於登記實務上，亦難期待登記機關之查驗發見。

綜上，本文以為，民法第513條第4項的立法本意，應係在於承攬人之**工作報酬請求的保護，而非工作物因工作之價值增加的認定**。若以工作物因修繕工作，作為工作報酬請求之優先受償之可否，以及其價值增加多寡，為數額的認定，恐與工作報酬請求保護之初衷不符。畢竟，工作物之**工作成本的投入數**

額，未必等於因此所增加價值取得之數額。換言之，前述之原有建築物或工作物，因合法增建工程施作所增加的面積部分，具有定作人所認同之使用價值。然而，每個修繕工程之工作結果，對於修繕工程之定作人以外的第三人而言，並非均具有相同之使用價值的認同，或交易上價值絕對增加之實質意義，且標的因修繕所增加之價值限度，亦缺乏普遍交易上之市場價值的認知，以及眾所公認之客觀計算標準。因此，如以工作報酬請求之實際發生數額，作為優先受償的標準者，則於保護工作報酬請求權人之利益的同時，亦未剝奪同一標的成立在先之抵押權人的利益。對於在同一建築物或工作物上之**工作報酬請求的保護**，以及既有抵押權人之**抵押權實現的危險分配**，應堪稱合理。

　　對於此，本文建議，或可將現行民法第513條第4項：「第一項及第二項就修繕報酬所登記之抵押權，於工作物因修繕所增加之價值限度內，優先於成立在先之抵押權。」修改為：「第一項及第二項就修繕報酬所登記之抵押權，於**該承攬關係報酬額數額內**，優先於成立在先之抵押權。」如此，除符合對價相當性，亦較能貫徹工作報酬請求之契約上利益保護的立法意旨，並免去當事人就該原有建築物或工作物，因修繕工作所致價值增加之數額的舉證困難，以及司法機關審理上的判斷不易。

第三項　拆除工程法定抵押權之適用

　　拆除工程，係指對於既有建築改良物的拆解移除工程。觀諸既有建築改良物之拆除，其原因多樣而不一，通常係因該既有建物業已不堪使用、或有危險之虞、或因建築上發生錯誤、或因使用目的之重大變更，或因政府政策等。無論係基於何種原因為既有建物之拆除，該拆除工程，係政府採購法明文所列採購工程的種類之一[93]，其亦須取得執照[94]，始得為標的建物之合法拆除。

　　按現行民法第513條第1項規定，承攬人如欲主張民法第513條之抵押權，

---

[93] 政府採購法第7條第1項：「本法所稱工程，指在地面上下新建、增建、改建、修建、拆除構造物與其所屬設備及改變自然環境之行為，包括建築、土木、水利、環境、交通、機械、電氣、化工及其他經主管機關認定之工程。」

[94] 建築法第28條：「建築執照分左列四種：一、建造執照：建築物之新建、增建、改建及修建，應請領建造執照。二、雜項執照：雜項工作物之建築，應請領雜項執照。三、使用執照：建築物建造完成後之使用或變更使用，應請領使用執照。四、拆除執照：建築物之拆除，應請領拆除執照。」

需滿足以下二個要件：一、承攬工作標的內容爲建築物或其他土地上工作物，或爲該等工作物之重大修繕；二、工作所附之定作人之不動產，或將來完成之定作人之不動產。

參諸民法第513條之立法本旨，係以承攬人之契約上利益，即承攬工作報酬請求得以實現，前已述及。此一承攬人法定抵押權，得由承攬人請求定作人會同爲抵押權登記，並兼採預爲抵押權登記制度。此一法定抵押權範圍，係爲承攬人就該承攬關係所生之債權。然而，因其債權額於登記時尚不確定，故以訂定契約時已確定之約定報酬額爲限。且爲確保承攬人之工作報酬利益，該法定承攬人抵押權登記，承攬人於該工作開始前，亦得爲之。

另如該次承攬契約之內容，業經公證人作成公證書者，雙方當事人之法律關係自可確定，且亦足認定作人已有會同前往申辦登記抵押權之意，承攬人毋庸更向定作人請求，得由該承攬人單獨申請之。另就建築改良物或其他土地上之工作物，因該承攬關係之修繕等，而令該建築改良物或其他土地上之工作物其原有價值有所增加者，則就因修繕所增加之價值限度內，因修繕報酬所設定之抵押權，優先於成立在先之抵押權。

第一款　學說

有關民法第513條之法定抵押權的成立，國內學說多認爲需具有承攬報酬債權存在、承攬之工作需爲土地上工作物之新建或重大修繕、法定抵押權之標的限於工作所付之定作人所有之不動產，以及法定抵押權之成立需經登記[95]。惟國內學說，對於拆除工程承攬之法定抵押權，目前尚未多有著墨。

第二款　司法實務

關於法定之承攬人抵押權的相關見解，最高法院所涉案例大多在於法定抵押權之成立與要件、適用法定抵押權之工作，以及有關法定抵押權之重大修繕的認定等。

---

[95] 邱聰智著，姚志明校訂，新訂債法各論（中），自版，2008年8月，初版，頁95以下；劉春堂，民法債編各論（中），三民，2004年3月，初版，頁77以下。

一、法定抵押權之成立與要件

關於民法第513條之法定抵押權的成立要件，最高法院所涉案例之見解認為，需以屬於定作人所有之不動產為限，始得對之主張法定抵押權。倘無承攬人與定作人之承攬關係，或**工作物非定作人所有，則不能謂就該定作物有法定抵押權**[96]。在新建工程情形，承攬人雖得對於該新建工程工作所附之定作人之不動產，有就其賣得價金優先受償之權，惟倘無承攬關係所生之債權，則不能依雙方之約定而成立法定抵押權。承攬人**雖依該新建工程合約，預為抵押權登記，惟無實際施作而未發生承攬報酬債權，則該抵押權並無擔保之債權**[97]。另

---

[96] 最高法院104年度台上字第2148號民事判決：「按民法第五百十三條之法定抵押權，係指承攬人就承攬關係所生之債權，對於其工作所附之定作人之不動產，有就其賣得價金優先受償之權，倘無承攬人與定作人之關係，或工作物非定作人所有，不能謂就定作物有法定抵押權。又八十八年四月二十一日修正前之民法第五百十三條規定之法定抵押權，固不待登記即生效力，但仍以屬於定作人所有之不動產為限，始得對之主張法定抵押權。而建物所有權之取得，除基於他人既存之權利而繼受取得者外，非不得因出資興建而原始取得其產權；至建造執照及使用執照之起造人名義，僅為依建築法規行政管理之措施，並非決定建物所有權歸屬之依據；另建物之所有權第一次登記通常有其原因關係，或基於買賣或互易或其他法律關係，不一而足，亦不能僅以第一次登記名義人，作為判斷原始取得建物產權之依據，進而推論為該建物承攬契約之定作人。」

[97] 最高法院107年度台上字第88號民事判決所涉案例：「按民法第66條第1項所謂土地上之定著物，指非土地之構成部分，繼續附著於土地，而達經濟上使用之目的，即得獨立為交易及使用之客體而言。次按法定抵押權，係指承攬人就承攬關係所生之債權，對於其工作所附之定作人之不動產，有就其賣得價金優先受償之權，倘無承攬關係所生之債權，不能依雙方之約定而成立法定抵押權。又不動產物權，依法律行為而取得、設定、喪失及變更者，非經登記，不生效力，民法第758條第1項定有明文。是以『承攬人法定抵押權』固不待登記即生效力，然依法律行為移轉該法定抵押權之處分行為，仍須先為法定抵押權登記後，再經該法定抵押權之移轉登記完訖，始生其物權移轉之效力。原審本其採證、認事及解釋契約之職權行使，合法認定系爭建物之地下層雖係船井公司委由啓阜公司施作，惟依社會通念，斯時並非定著物，亦非土地之部分，於船井公司將之交付被上訴人，所有權已移轉予被上訴人，被上訴人出資完成系爭大樓地上層興建，為系爭大樓所有權人，上訴人持對船井公司強制執行之拍賣抵押物裁定對系爭大樓強制執行，被上訴人依法得提起第三人異議之訴。系爭地下層雖係啓阜公司施作，對船井公司取得興建地下層報酬之法定抵押權，但未經登記，無法將該法定抵押權讓與上訴人。上訴人自啓阜公司受讓之系爭債權，並非其與船井公司間本於系爭新建工程合約之承攬關係所生債權。上訴人雖依該新建工程合約，預為之抵

在當事人雙方約定一方不動產由他方出資興建，並承認有法定抵押權之情形，若無承攬人與定作人之關係，仍不能依雙方之約定，而主張成立民法第513條規定之抵押權[98]。

　　由前述最高法院關於法定抵押權所涉案例之見解，承攬人行使法定抵押權之要件，係指承攬人就承攬關係所實際發生之債權，對於其工作所附之定作人的不動產，有就其賣得價金優先受償之權。倘當事人間並無承攬關係，或非因承攬關係所生之債權，即不能依雙方之約定而成立法定抵押權。縱具備承攬人與定作人之關係，如該系爭工作物非該定作人所有，亦不能謂承攬人就該定作物有法定抵押權。

二、適用法定抵押權之工作

　　關於適用法定抵押權之工作，最高法院所涉案例之見解有謂，承攬之工作為建築物或其他土地上之工作物，或為此等工作物之重大修繕者，承攬人就承攬關係所生之債權，對於其工作所附之定作人之不動產，有抵押權。乃民國84年4月21日修正前民法第513條基於公平原則之考量所為立法，即所謂之法定抵

押權登記，惟無實際施作而未發生承攬報酬債權，該抵押權並無擔保之債權，因以上揭理由，為上訴人不利之判決，經核於法並無違背。」

[98] 原最高法院61年度台上字第1326號民事判例：「按民法第五百十三條之法定抵押權，係指承攬人就承攬關係所生之債權，對於其工作所附之定作人之不動產有就其賣得價金優先受償之權，倘無承攬人與定作人之關係，縱雙方約定一方不動產由他方出資興建，並承認有法定抵押權，亦無從成立法定抵押權，本件訴外人陳雲慶即台北都市開發建設企業股份有限公司董事長，前在中和鄉○○○段外南勢角小段一八○之二等號地上興建國民住宅南山新一七六戶，嗣因資金短缺，雖曾與上訴人約定由上訴人墊款完成，並承認上訴人對興建房屋有法定抵押權，但依上訴人提出之台北地院請求返還土地事件和解筆錄，上訴人與都市開發公司訂立之協議書等有關契據記載，再參以興建上開房屋均係陳雲慶與委建戶訂立委託購置土地代建房屋合約之情形，上開房屋之定作人應係房屋各委建戶，承攬人則為陳雲慶及其公司，上訴人不過因供給資金與陳雲慶成立內部合夥或借貸關係而已，並無承攬人之地位，自無從享有法定抵押權，縱陳雲慶於調解時承認上訴人對上開房屋有法定抵押權存在，亦不發生使上訴人因而取得法定抵押權之效力，原審基以認定上訴人既無法定抵押權存在，茲對聲請執行查封上開房屋之被上訴人提起確認法定抵押權存在之訴，即屬難以准許，因而維持第一審所為上訴人敗訴之判決，業已說明其得心證之理由，於法洵無不合，上訴論旨徒就原審取捨證據判斷事實之職權行使，任意指摘，聲明廢棄原判決，不能謂為有理由。」

押權。依其規定意旨觀之，**法定抵押權之成立，必承攬人爲定作人施作建築物或地上工作物，或爲此等建築物、工作物之重大修繕，始足當之。**是以認定是否成立法定抵押權，須觀諸承攬之工作究否爲新建建築物、工作物，或爲相當於該建築物、工作物「重大修繕」之工程。此之謂「重大修繕」，係指就工作物爲保存或修理，其程度已達重大者而言[99]。

依前述最高法院所涉案例之見解，其是否得爲法定抵押權之工作的認定，須觀諸承攬之工作究否爲新建建築物、地上工作物，或爲相當於該建築物、工作物之重大修繕工程等。可知最高法院對於法定抵押權之工作的見解，承攬人法定抵押權之成立，必該承攬人所工作者，係爲建築物或地上工作物，或爲此等建築物、地上工作物之重大修繕，或爲相當於該建築物、地上工作物重大修繕之工程，始足當之。亦即，凡不屬於施作建築物或地上工作物，或爲此等建築物、地上工作物之重大修繕者，該承攬人即不得本其工作承攬關係及工作承攬報酬額，主張承攬人之法定抵押權。

三、法定抵押權之重大修繕的認定

關於工作物之重大修繕的認定，最高法院所涉案例有謂，承攬之工作，爲建築物或其他土地上之工作物或爲此等工作物之重大修繕者，承攬人就承攬關係所生之債權，對於其工作所附之定作人之不動產，有抵押權。法定抵押權是否成立，須視承攬之工作究否爲新建建築物、工作物，或爲相當於該建築物、工作物「重大修繕」之工程。**此之謂重大修繕，係指就工作物爲保存或修理，其程度已達重大者而言。**果爾，上訴人既與傑○公司簽訂系爭建物裝修新建工程之合約，由上訴人承攬施作上開內牆輕鋼架隔間及外牆立固牆等，則上訴人主張上開承攬施作工程係屬建築物之新建或重大修繕，即非全屬無據，凡此均與上訴人就系爭建物有無法定抵押權所關頗切。原審未遑詳查究明，遽以前揭情詞爲不利上訴人之認定，自嫌速斷[100]。

---

[99] 最高法院95年度台上字第1074號民事判決裁判要旨。

[100] 最高法院98年度台上字第2059號民事判決：「原審維持第一審所爲上訴人敗訴之判決，駁回其上訴，無非以：……又修正前民法第五百十三條規定所謂建築物，係指建築物本身結構體。至建築物之主要構造，係指基礎、主要樑柱、承重牆壁、樓地板及屋頂之構造。上訴人係施作系爭乙、丙棟建物之泥作、防水粉刷、磁磚、櫸木扶手、鋁門窗按裝、地坪軟底、鋁門窗水泥崁縫、防火鐵門、硫化銅門、木門框、木纖

　　由此一最高法院關於重大修繕所涉案例之見解，可知該隔間裝修工程承攬標的，雖非新建工程之主結構體部分，若因該隔間裝修工程承攬報酬，具報酬數額不斐情形，承攬人似仍可以此一工程承攬報酬數額不斐情形，作為該次隔間裝修工程承攬，是否為法律明文之重大修繕的判斷基礎。亦即，最高法院於此一案例，認為重大修繕之標的，非僅限於建築物本身結構體或建築物之基礎、主要梁柱、承重牆壁、樓地板及屋頂之主要構造，於該建築物之其他工作部分，例如該建物之泥作、防水粉刷、磁磚、櫸木扶手、鋁門窗安裝、地坪軟底、鋁門窗水泥崁縫、防火鐵門、硫化銅門、木門框、木纖門扇、塑鋼門、油漆、玻璃及安裝工程等裝修工程，就該工作物為保存或修理，其程度已達重大情形，即得為民法第513條明文之建築物或其他土地上之工作物，或為此等工作物之重大修繕。

第三款　本文觀點

　　拆除工程，於國內外營造建築工程承攬實務，係眾多工程類型中之一種[101]。拆除工程對於既有土地、地上物或建築改良物之利用，具有相當之重要

　　門扇、塑鋼門、油漆、玻璃及安裝工程等裝修工程，有工程合約書、結算證明書及比減價表可稽，該工程實係建築結構體完成後，用以增加建築物使用之效能，尚非建築物本身之新建，亦非建築物之重大修繕，無從據以主張法定抵押權。上訴人請求確認伊就系爭建物之○二一個房間及十四個公共設施區域，有一億一千八百十三萬九千五百六十一元及自八十八年一月十日起加計法定遲延利息之法定抵押權存在，不應准許等詞，為其判斷之基礎。惟按承攬之工作，為建築物或其他土地上之工作物或為此等工作物之重大修繕者，承攬人就承攬關係所生之債權，對於其工作所附之定作人之不動產，有抵押權，八十八年間修正前民法第五百十三條定有明文。法定抵押權是否成立，須視承攬之工作究否為新建建築物、工作物，或為相當於該建築物、工作物『重大修繕』之工程。此之謂重大修繕，係指就工作物為保存或修理，其程度已達重大者而言。……果爾，上訴人既與傑○公司簽訂系爭建物裝修新建工程之合約，由上訴人承攬施作上開內牆輕鋼架隔間及外牆立固牆等，則上訴人主張上開承攬施作工程係屬建築物之新建或重大修繕，即非全屬無據，凡此均與上訴人就系爭建物有無法定抵押權所關頗切。原審未遑詳查究明，遽以前揭情詞為不利上訴人之認定，自嫌速斷。」

[101] 政府採購法第7條第1項：「本法所稱工程，指在地面上下新建、增建、改建、修建、拆除構造物與其所屬設備及改變自然環境之行為，包括建築、土木、水利、環境、交通、機械、電氣、化工及其他經主管機關認定之工程。」

性，合先敘明。

參諸前述最高法院之見解，可知關於承攬人法定抵押權之成立，與承攬人行使法定抵押權之要件，係指承攬人就承攬關係所實際發生之債權，對於其工作所附之定作人的不動產，有就其賣得價金優先受償之權，倘無承攬關係所生之債權，不能依雙方之約定而成立法定抵押權。且當事人間若無承攬人與定作人之關係，或系爭工作物非該定作人所有，不能謂承攬人就該定作物有法定抵押權等。國內多數學說亦為相同之看法。

惟觀諸拆除工程之工作性質與施作內容，與民法第513條規定之可為承攬人抵押權之建築、重大修繕，以及有形不動產等要件，似均不相符合。蓋拆除工程承攬之主要工作內容，並非物之建築，亦非建築物或其他土地上工作物之重大修繕，乃係既存建築物或其他土地上工作物之拆毀、分離、除去，屬於拆離移除之性質。就立法者保護承攬人工作報酬之意旨[102]，此一既存建築物或其

BGB

§ 650a Bauvertrag

(1) 1. Ein Bauvertrag ist ein Vertrag über die Herstellung, die Wiederherstellung, die Beseitigung oder den Umbau eines Bauwerks, einer Außenanlage oder eines Teils davon. 2. Für den Bauvertrag gelten ergänzend die folgenden Vorschriften dieses Kapitels.

(2) Ein Vertrag über die Instandhaltung eines Bauwerks ist ein Bauvertrag, wenn das Werk für die Konstruktion, den Bestand oder den bestimmungsgemäßen Gebrauch von wesentlicher Bedeutung ist.

第650a條 建築契約

(1) 1.建築契約是製造、修復、拆除或更改結構、場地或其一部分的契約。2.本章的下列規定除適用於建築契約外。

(2) 如果一項結構物的維護工作對其建造、存在或預期用途至關重要，那麼該契約就是一項建築契約。

VOB/A - Abschnitt 1

§ 1 Bauleistungen

Bauleistungen sind Arbeiten jeder Art, durch die eine bauliche Anlage hergestellt, instand gehalten, geändert oder beseitigt wird.

第1條 建築工程

建築工程是生產、維護、修改或拆除結構的任何類型的工作。

[102] 參閱民法第513條立法理由（18.11.22修正）：「謹按工匠技師及其他承攬人，為定作人於不動產上施工者，就其承攬關係所生之債權，對於其工作所附之定作人之不動產，應與以法定之抵押權，以保護其利益。此本條所由設也。」

他土地上工作物之拆離移除的工作報酬，似仍應可得為前開現行法律之承攬人法定抵押權之適用。

　　以下就法定抵押權成立要件的調整與法定抵押權之重大修繕的認定等議題，逐一分述之。

一、法定抵押權成立要件的調整

　　本文以為，就此一法定承攬人抵押權成立要件之標的部分，之所以明列工作需為建築物、地上工作物，或此等建築物或地上工作物之重大修繕者，考其原因，應係源自該建築物、地上工作物，或此等建築物或地上工作物之重大修繕，其等之承攬報酬數額龐大，再加上該等工作之標的價值不斐，以及該等工作之完成，通常需要一定期間之故。另因有形之建築改良物，屬於市場交易之融通物，便於是項抵押權之實現，始於該類有形工作標的之承攬關係，賦予承攬人工作報酬請求實現之保護的明文。

　　如前述理由為真，則工作承攬報酬數額龐大、工作完成之標的價值不斐、工作完成需要一定期間，以及有形工作物等四個要素，即為法定抵押權成立要件要素。若是如此，民法將其視為不動產之航空器與航海器等，應仍具備法定抵押權成立之要件要素。建築物或地上物之拆除工程承攬，應認亦具備該等要素，蓋拆除工程之工作標的，不論係建築改良物或係地上物，必須座落於土地之上，而拆除工作完成後之該座落土地的利用與價值，相對於未為拆除前，應為明顯增加。換言之，拆除工程之工作完成，係令該被拆除標的原座落之土地增加價值，而該土地亦為具備市場交易融通之有形物的本質。

　　然而，法律解釋及適用原則，在無概括規定情形，如已明列其一者，則排除其他。因此，即便該承攬標的工作具備工作承攬報酬數額龐大、工作完成之標的價值不斐、工作完成需要一定期間，以及有形工作物等四個要素，仍因其不在明文列舉當中，而在法定抵押權規定適用之外。職是，該等視為不動產之航空器、航海器生產製作，或其之重大修繕的承攬，與建築物或地上物之拆除工程承攬不同，承攬人並不能以該承攬關係與工作報酬數額，對定作人主張法定抵押權的成立。如此，在該等工作承攬關係，承攬人契約上利益的實現，僅因未在規定明文之列，即失去法律的保護。而此一情形，管窺以為，應非立法者之立法本意。

　　再者，雖然拆除工程係既存建築物或其他土地上工作物之拆毀、分離、除

去，惟該被拆毀、分離、除去之建築物或其他土地上工作物，必然座落於一定
之基地上。在國內之交易市場，土地屬於通常市場交易之融通物，因之，基於
拆除工程之拆毀、分離、除去的特性，應認其工作結果係作用在被拆除標的所
座落之基地，並因該結果的作用而提升該座落基地之利用與交易價值。是拆除
工程對於定作人而言，其與新建工程或修繕工程等，均係創造利益或增加價值
之建築行為。

　　除前述外，觀諸德國民法第650a條第(1)項規定[103]，以及德國建築工程採
購與契約規範之採購規範部分VOB/A第一部分第1條約款[104]，均明文拆除工程
亦為建築工程之一種。由此亦可得知，在適用德國民法及德國建築工程採購與
契約規範之工程承攬，拆除工程與新建或修繕工程等，具有等同之地位。要
之，基於營建工程之工作報酬不斐、履約期間漫長，以及不可預見之變動等特
性，對於承攬人工作報酬之保護，實毋庸因工程項目名稱或類型之不同，而異
其效果。

　　綜上，本文以為，拆除工程之拆除標的所座落之基地，應在民法第513條
第1項明文承攬人得就承攬關係報酬額，對於其工作所附之定作人之不動產的

---

[103] BGB

§ 650a Bauvertrag

(1) 1. Ein Bauvertrag ist ein Vertrag über die Herstellung, die Wiederherstellung, die Beseitigung oder den Umbau eines Bauwerks, einer Außenanlage oder eines Teils davon. 2. Für den Bauvertrag gelten ergänzend die folgenden Vorschriften dieses Kapitels.

(2) Ein Vertrag über die Instandhaltung eines Bauwerks ist ein Bauvertrag, wenn das Werk für die Konstruktion, den Bestand oder den bestimmungsgemäßen Gebrauch von wesentlicher Bedeutung ist.

第650a條 建築契約

(1) 1.建築契約是製造、修復、拆除或更改結構、場地或其一部分的契約。2.本章的下列規定除適用於建築契約外。

(2) 如果一項結構物的維護工作對其建造、存在或預期用途至關重要，那麼該契約就是一項建築契約。

[104] VOB/A - Abschnitt 1

§ 1 Bauleistungen

Bauleistungen sind Arbeiten jeder Art, durch die eine bauliche Anlage hergestellt, instand gehalten, geändert oder beseitigt wird.

第1條 建築工程

建築工程是生產、維護、修改或拆除結構的任何類型的工作。

涵攝範圍內，蓋此一基地，係為**承攬工作結果的呈現所在**。要之，拆除工程之承攬人，得就承攬關係報酬額，對於其拆除工作所附之定作人之不動產，請求定作人為抵押權之登記，或對於將來拆除完成之定作人之不動產，請求預為抵押權之登記。關於此一部分，德國民法第650e條[105]第1句即明文承攬人可以要求在定作人的建築用地上，為其在契約項下的債權提供抵押，可資參考。目前實務對於民法第513條之適用標的，僅限於工作之建築物或其他土地上之工作物，而不及於該工作之建築物或其他土地上之工作物所座落之基地的見解，應係僅建立在以承攬關係之工作施作行為的標的上作判斷，而漏未就工作的施作結果為觀察考量。此對於承攬人工作報酬請求的保護，實難謂周全。

二、法定抵押權之重大修繕的認定

另外，觀諸前述民法第513條法定抵押權之成立要件，所謂相當於該建築物、地上工作物重大修繕之工程，其中所指之重大，究係以何標準為認定基礎，似有討論空間。於此，本文以為，**所謂重大與否，應以該修繕工程施作前與該修繕工程完成後，該修繕工程標的所有人或使用人之使用價值，與該修繕工程標的之市場交易價值及其客觀存在之可利用狀態等之變化，作為該建築物、地上工作物之修繕工程，是否具有重大之意義的判斷與認定基礎**。而非一概以該次建築物、地上工作物修繕工程之工程承攬報酬數額多寡，或該次修繕工程就標的工作物為保存或修理，其程度是否已達重大者，而以之為該次建築物、地上工作物之修繕工程是否為重大之認定理由。

今日，就吾人所能見者，所謂拆除工程承攬，係指依該拆除工程承攬契約

---

[105] BGB

§ 650e Sicherungshypothek des Bauunternehmers

1. Der Unternehmer kann für seine Forderungen aus dem Vertrag die Einräumung einer Sicherungshypothek an dem Baugrundstück des Bestellers verlangen. 2. Ist das Werk noch nicht vollendet, so kann er die Einräumung der Sicherungshypothek für einen der geleisteten Arbeit entsprechenden Teil der Vergütung und für die in der Vergütung nicht inbegriffenen Auslagen verlangen.

第650e條 承攬人的擔保抵押

1.承攬人可以要求在定作人的建築用地上為其在契約項下的債權提供抵押。2.如果工作尚未完成，他可以要求為與已完成的工作相對應的部分報酬和未包括在報酬中的費用授予擔保抵押權。

內容所示標的物之拆離移除工作。如從土地及建築改良物、地上工作物充分利用之原則出發，及日後專業營造趨勢之立場，除建築改良物與地上工作物之新建工程，具有建設及開發之重要性外，拆除工程承攬，對於此等建築改良物與地上工作物之新建工程言，亦顯其重要性與必要性，且對該拆除標的所座落之土地的交易價值與利用性的增加，具一定之意義。例如，危險建築物或工作物之拆除、喪失使用目的之建築物或工作物的拆除，或都更計畫之老舊建築物或工作物之拆除等是。

然而，前述之建築改良物或地上工作物之拆除工程承攬，其承攬標的，並未屬於現行法定承攬人抵押權明文之承攬工作，須為建築物或其他土地上工作物之新建，亦不符合為此等工作物之重大修繕者之明文規定之工作。

惟查現行民法第513條有關承攬人法定抵押權之立法理由，旨在保護特定工作承攬人之承攬報酬請求得以實現，其目的應係保護一方當事人之契約上利益。而於條文列舉之承攬工作，為建築物或其他土地上之工作物，或為此等工作物之重大修繕者，其意旨應係因該類不動產之工作報酬龐大、完成工作之價值不斐，且工作期間漫長，故有明文保護此類不動產工作承攬之承攬報酬請求得以實現之必要。但非謂該次承攬工作標的內容，需為前開法律明文之建築物，或其他土地上之工作物，或為此等工作物之重大修繕者，始為工作承攬報酬被保護之對象。蓋若侷限於前開法律明文列舉之建築物，或其他土地上之工作物，或為此等工作物之重大修繕等工作，始得為主張承攬人法定抵押權者，則在拆除工程情形，保護承攬人之工作報酬請求得以實現為目的之立法意旨，恐限於不彰。

舉例而言，如於該拆除工程與拆除後之新建工程或修繕工程等，係為同一工程承攬契約內容者，則該拆除工程承攬報酬，則屬於該次新建工程或修繕工程之承攬報酬的一部，仍得成為承攬人法定抵押權之內容範圍，應無所議。惟若該拆除工程係與前述新建工程契約分別獨立為二契約情形，則不論該次拆除工程承攬與拆除後之新建工程或修繕工程等，是否係為同一承攬人，恐皆須面臨與現行法律規定之承攬人抵押權規定要件不符，而無法就該拆除工程承攬契約，主張民法第513條規定之法定抵押權。前述情形，對於拆除工程之承攬人工作報酬的保護，非謂妥適。

綜上，本文以為，**凡該次工作之結果，能造成工作標的物之交易、保存或利用價值的大幅提升者，均可認係在重大修繕之射程範圍內**。換言之，縱使拆除工程之工作完成，係工作所附建築物或工作物的拆解移除，惟就契約目的

言，係對於工作所附之標的自身，或標的座落土地等現況之交易、保存或利用價值的提升，且契約當事人對此亦有認識。要之，該拆除工程承攬人之工作報酬請求，亦應在重大修繕工作之明文保護之列。

第四項　拆除工程工作報酬抵押權之抵押標的

按民法第513條第1項規定，該次承攬之工作為建築物或其他土地上之工作物，或為此等工作物之重大修繕者，承攬人得就承攬關係報酬額，對於其工作所附之定作人之不動產，請求定作人為抵押權之登記，或對於將來完成之定作人之不動產，請求預為抵押權之登記。可知承攬人法定抵押權登記之抵押標的，係為該次承攬工作所附之定作人的不動產，以及將來完成之定作人的不動產二者。然對於拆除工程而言，恐有適用上之疑義。以下就國內學說、司法實務有關承攬人法定抵押權之抵押標的問題之見解，與本文觀點，分別論述。

第一款　學說

有關民法第513條之法定抵押權之抵押標的，國內學說多認為，承攬人得為主張法定抵押權之抵押標的，僅限於工作所附之定作人所有之不動產[106]。

前述學說關於民法第513條法定抵押權抵押標的之觀點，並非無的。惟對於拆除工程承攬之法定抵押權之標的，學說目前尚未多予著墨。

第二款　司法實務

關於民法第513條規定法定抵押權之抵押標的，明文工作所附之定作人不動產，以及將來完成之定作人之不動產。司法實務有關於工作所附之定作人不動產，以及將來完成之定作人之不動產所涉案例之見解，約略為：

一、工作所附之定作人不動產

最高法院有關工作所附之定作人不動產所涉案例之見解，認為承攬工作如

---

[106] 邱聰智著，姚志明校訂，新訂債法各論（中），自版，2008年8月，初版，頁97以下；劉春堂，民法債編各論（中），三民，2004年3月，初版，頁79以下。

為房屋建築，其就承攬關係所生之債權，僅對房屋部分始有法定抵押權。至於房屋之基地，因非屬承攬之工作物，自不包括在內[107]。又法定抵押權，固不待登記即生效力，但仍以屬於定作人所有之不動產為限，始得對之主張法定抵押權。建造執照及使用執照之起造人名義，僅為依建築法規行政管理之措施，並非決定建物所有權歸屬之依據，不能僅以第一次登記名義人，作為判斷原始取得建物產權之依據，進而推論為該建物承攬契約之定作人[108]。

由前述最高法院關於承攬人法定抵押權的見解，可知僅該次工作所附之定作人不動產，始為適法之抵押標的。承攬人之承攬工作係為房屋建築，其就承攬關係所生之債權，僅對房屋部分始有法定抵押權。至房屋之基地，因非屬承攬之工作物，自不包括在內。

二、將來完成之定作人不動產

另，最高法院有關將來完成之定作人不動產所涉案例之見解，認為承攬之工作為新建建築物，承攬人得就承攬關係報酬額，對於將來完成之定作人之不動產，請求預為抵押權之登記。其抵押權之行使，仍以將來完成之不動產係由承攬人基於承攬關係所施作，且屬定作人所有為限，承攬人始得就承攬關係報酬額對之取償[109]。且承攬人須依承攬報酬，並就系爭建物向地政機關請求為抵

---

[107] 87年度最高法院第二次民事庭會議決議內容：「承攬人之承攬工作既為房屋建築，其就承攬關係所生之債權，僅對『房屋』部分始有法定抵押權。至房屋之基地，因非屬承攬之工作物，自不包括在內。」

[108] 最高法院104年度台上字第2148號民事判決：「按民法第五百十三條之法定抵押權，係指承攬人就承攬關係所生之債權，對於其工作所附之定作人之不動產，有就其賣得價金優先受償之權，倘無承攬人與定作人之關係，或工作物非定作人所有，不能謂就定作物有法定抵押權。又八十八年四月二十一日修正前之民法第五百十三條規定之法定抵押權，固不待登記即生效力，但仍以屬於定作人所有之不動產為限，始得對之主張法定抵押權。而建物所有權之取得，除基於他人既存之權利而繼受取得者外，非不得因出資興建而原始取得其產權；至建造執照及使用執照之起造人名義，僅為依建築法規行政管理之措施，並非決定建物所有權歸屬之依據；另建物之所有權第一次登記通常有其原因關係，或基於買賣或互易或其他法律關係，不一而足，亦不能僅以第一次登記名義人，作為判斷原始取得建物產權之依據，進而推論為該建物承攬契約之定作人。」

[109] 最高法院106年度台抗字第17號民事裁定：「按承攬之工作為新建建築物，承攬人得就承攬關係報酬額，對於將來完成之定作人之不動產，請求預為抵押權之登記。此項

押權之登記，始取得抵押權[110]。

　　由前述最高法院關於民法第513條規定可知，所謂將來完成之定作人之不動產的見解，大致上係以新建建築物爲將來完成之不動產的認定。

第三款　本文觀點

　　就前述司法實務對於民法第513條規定，所明文之工作所附之定作人的不動產，與將來完成之不動產的見解，不無道理。

　　惟就上述司法實務關於承攬人法定抵押權之抵押標的之見解，似無符合拆除工程承攬之工作所附之定作人的不動產，與將來完成之定作人的不動產之標的。換言之，拆除工程之承攬人，雖然得本其與定作人間之拆除工程承攬契約關係，就該拆除工程承攬契約報酬數額，主張其承攬人之法定抵押權，惟該拆除工程承攬之定作人，似並無符合現行法律明文之適當抵押標的，可供承攬人爲其法定抵押權之登記，且就目前國內營建工程承攬實務及司法實務，有關此一拆除工程承攬人法定抵押權登記標的之說明及見解，似仍未見。

　　再者，如若該次拆除工程承攬標的，係爲造價成本較高之不動產，而具有一般市場之交易流通性與價值性情形，即便該標的於拆除後，或仍有其剩餘價值可供市場交易，惟就該剩餘價值部分，除於拆除前，難爲明白計算外，恐該

　　請求，承攬人於開始工作前亦得爲之。觀諸民法第五百十三條第一、二項規定可明。依此所爲『預爲抵押權』之登記，僅係『預先』『暫時』性登記，與就已登記之不動產設定抵押權登記，尚屬有間。其抵押權之行使，仍以將來完成之不動產係由承攬人基於承攬關係所施作，且屬定作人所有爲限，承攬人始得就承攬關係報酬額對之取償。若已完成而未辦理建物所有權第一次登記之建築物與其預爲抵押權登記所擬興建之建築物不符，所有權人是否爲原定作人亦有爭執時，參照非訟事件法第七十三條規定，承攬人若欲實施抵押權，仍應由其負證明之責。」

[110] 最高法院103年度台上字第573號民事判決：「爲確保承攬人之利益並兼顧交易安全，八十九年五月五日施行之民法第五百十三條第一項乃修正爲：『承攬之工作爲建築物或其他土地上之工作物，或爲此等工作物之重大修繕者，承攬人得就承攬關係報酬額，對於其工作所附之定作人之不動產，請求定作人爲抵押權之登記；或對於將來完成之定作人之不動產，請求預爲抵押權之登記』，將承攬人之抵押權改採登記生效主義，以兼顧定作人之債權人及承攬人之權益。上訴人就系爭承攬報酬並未就系爭建物向地政機關請求爲抵押權之登記，爲原審合法確定之事實，其自未取得抵押權，不得請求優先於台灣金聯公司之抵押債權而受分配。」

剩餘價值之變價，仍與該次拆除工程承攬報酬數額相去甚遠，亦與現行民法第513條第1項：「承攬之工作為建築物或其他土地上之工作物，或為此等工作物之重大修繕者，承攬人得就承攬關係報酬額，對於其工作所附之定作人之不動產，請求定作人為抵押權之登記；或對於將來完成之定作人之不動產，請求預為抵押權之登記。」所明文之「其工作所附之定作人之不動產」及「將來完成之定作人之不動產」等要件不符。蓋於營建工程承攬實務，所謂拆除工程，一般係指將現有之建築改良物、地上工作物等，為拆解除去之工程，而此一拆解除去，僅會造成拆除標的之分崩離析。是拆除工程承攬，並無所謂可供抵押登記之工作所附之不動產。

本文以為，民法第513條第1項規定，將來完成之定作人的不動產，不應僅限縮於建築改良物之新建工程，一般大地工程（如道路工程、填海或造陸工程等）、土地整治改良工程，以及拆除工程等，其工作所在之土地，均應在將來完成之不動產的解釋範圍內，而有其適用之餘地。此觀諸德國民法第650e條第1句[111]，承攬人可以要求在定作人的建築用地上為其在契約項下的債權提供抵押，亦可知工作所在之地作人的土地，得為工作報酬之擔保標的。

蓋拆除工程之承攬工作完成，係以一具有全新利用價值之土地，為其工作完成結果之表現，亦為當事人契約目的之所在。再者，民事法律所規定之不動產，並無將土地排除在外。據此，將拆除工程工作完成之標的，即該拆除標的所座落之定作人土地，作為將來完成之定作人不動產的解釋，應可肯認。因如此之解釋，並未偏離法律規定，亦符合誠信原則之保護當事人契約上利益之精神。惟此仍有不盡周全情形，蓋若該拆除標的所座落之土地，並非拆除工程

---

[111] BGB

§ 650e Sicherungshypothek des Bauunternehmers

1. Der Unternehmer kann für seine Forderungen aus dem Vertrag die Einräumung einer Sicherungshypothek an dem Baugrundstück des Bestellers verlangen. 2. Ist das Werk noch nicht vollendet, so kann er die Einräumung der Sicherungshypothek für einen der geleisteten Arbeit entsprechenden Teil der Vergütung und für die in der Vergütung nicht inbegriffenen Auslagen verlangen.

第650e條 承攬人的擔保抵押

1.承攬人可以要求在定作人的建築用地上為其在契約項下的債權提供抵押。2.如果工作尚未完成，他可以要求為與已完成的工作相對應的部分報酬和未包括在報酬中的費用授予擔保抵押權。

承攬之定作人所有者，恐與民法第513條第1項規定之將來完成之定作人之不動產的要件不符，而無該當要件之適格標的，可供承攬人為法定抵押權之登記標的。

債權人對於債務人或第三人不移轉占有而供其債權擔保之不動產，得就該不動產賣得價金優先受償之權，民法第860條定有明文。另參諸民法第881條之1第1項規定，明文債務人或第三人提供其不動產為擔保，就債權人對債務人一定範圍內之不特定債權，在最高限額內設定之抵押權。因債權之發生，債務人及債務人以外之第三人之不動產，均得為債權人債權擔保之抵押標的，換言之，按前開現行民法之普通抵押權及最高限額抵押權規定，有關於抵押標的之明文，該為抵押之不動產所有權，不論係為債務人或第三人所有，均得為抵押權登記之抵押標的，此觀諸民法第860條之立法理由[112]，亦可得知。是在無民法第513條第4項之優先於其他抵押權受償之拆除工程，承攬人應非不得主張以債務人即定作人，提供其自己之其他不動產或第三人之不動產，作為承攬報酬債權擔保之抵押登記標的。

綜上，本文以為，承攬人為法定抵押權之主張時，該定作人應為提出之抵押標的，除該工作所附之定作人的不動產建物外，在土地部分，應無需限制在工作所在之該土地。凡能滿足工作報酬額之擔保目的者，定作人所有之任一土地，應均得成為是項工作報酬擔保之抵押標的。蓋債務人之總財產，係為債權人之總債權的擔保。惟為保護交易安全，以及其他抵押權人之利益，對於非工作所在之定作人之其他土地，為工作報酬債權抵押登記者，**其應按該土地上抵押權登記之順序為受償，無優先受償之權**。若不同意本文前述觀點，則拆除工程之承攬人，向定作人主張行使法定抵押權時，該承攬人則須面對無妥適抵押標的可為抵押權登記之窘境。為避免前述窘境情形，該拆除工程承攬人，**應可援引現行政府採購法及押標金擔保金既其他作業辦法等相關規定，請求定作人以銀錢業者為其工作報酬給付之擔保**。例如，請求定作人以銀行開發或保兌之不可撤銷擔保信用狀、銀行之書面連帶保證，或保險公司之保證保險單繳納履

---

[112] 參閱民法第860條立法理由：「查民律草案第一千一百三十五條理由謂抵押權者，使抵押權人之債權得以標的物賣得之金額清償之，以確保其債權必能受清償之物權也。設定此物權之債務人或第三人，謂之抵押人。又抵押權者，標的物不由權利人占有之物權也，其與質權相異之點，實在於此，而抵押物必係債務人或第三人（即抵押人）所有之不動產，斯能達其擔保之目的。此本條所由設也。」

約保證金，對其工作報酬給付義務之履行為擔保，以貫徹立法者保護承攬人工作給付之對價滿足的意旨。

第四節　法定抵押權之預先拋棄的檢討

觀諸民法第490條第1項規定，可以得知承攬人之一定工作的完成，以及定作人之完成工作的報酬給付，二者係為承攬契約當事人之主給付義務。就現行法律規定以及工程實務之交易習慣觀之，有關定作人報酬給付之對價利益的保護，應可謂有過之而無不及。關於承攬人工作給付之對價利益的保護，在現行民法之規定，似僅有民法第513條之明文。然而，在營建工程承攬實務之交易習慣，於定作人以工作建築物座落土地辦理融資情形，常見定作人要求得標人或承攬人必須簽立「承攬人法定抵押權拋棄書」之文件。在權利義務對稱原則的檢視下，此一承攬人法定抵押權的預為拋棄，對於契約上給付對價利益的保護，難謂無所疑問。

第一項　民法第513條之意義與作用

現行民法第513條明文：「承攬之工作為建築物或其他土地上之工作物，或為此等工作物之重大修繕者，承攬人得就承攬關係報酬額，對於其工作所附之定作人之不動產，請求定作人為抵押權之登記；或對於將來完成之定作人之不動產，請求預為抵押權之登記。前項請求，承攬人於開始工作前亦得為之。前二項之抵押權登記，如承攬契約已經公證者，承攬人得單獨申請之。第一項及第二項就修繕報酬所登記之抵押權，於工作物因修繕所增加之價值限度內，優先於成立在先之抵押權。」

民法第513條規定之意義，應在於契約當事人對待給付的保護[113]。該條規定之作用，應係在承攬報酬後付原則下，於建築物、土地上工作物或為此等工作物之重大修繕等承攬關係，定作人報酬給付義務的清償擔保。

---

[113] 參閱民法第513條立法理由。

第二項　承攬人法定抵押權拋棄書之簽立

所謂「法定抵押權拋棄書」，顧名思義係指拋棄民法第513條明文規定之契約上權利。以下就「法定抵押權拋棄書」之簽立目的、簽立時點，以及簽立之法律效果等，分別說明。

第一款　「法定抵押權拋棄書」之簽立目的

於國內營建工程承攬實務，「法定抵押權拋棄書」的簽立，大多發生在建築工程承攬或建築物之重大修繕的承攬關係。承攬人之所以簽立「法定抵押權拋棄書」，多數皆係源自於定作人一方之要求。

實務上，定作人要求承攬人簽立「法定抵押權拋棄書」之目的，在於定作人較容易取得建築融資的授信。此一建築融資的授信，通常係指在建築物之新建工程承攬，銀錢業者對於該承攬契約完成工作之新建建築物的借貸授信。蓋對於該新建建築物座落之基地，並非民法第513條規定效力所及之客體。

第二款　「法定抵押權拋棄書」之簽立時點

關於「法定抵押權拋棄書」之簽立時點，國內營建工程實務之交易習慣，在經由招標程序而締約情形，於諸多投標文件中，即有定作人預擬之「法定抵押權拋棄書」，投標人需填具該「法定抵押權拋棄書」，並與其他投標文件一起標封，寄送予定作人或招標辦理人。除前述情形外，亦有於契約締結時或契約締結後，要求得標人或承攬人需為「法定抵押權拋棄書」之簽立。

第三款　「法定抵押權拋棄書」簽立之效果

在得標人或承攬人簽立「法定抵押權拋棄書」，並交付予定作人時，則發生拋棄抵押權之效果。

最高法院92年度台上字第2774號民事判決，認為承攬人之法定抵押權，旨在保護承攬人之私人利益，究與公益無涉，非不得由承攬人事先予以處分而為拋棄之意思表示[114]。

---

[114] 最高法院92年度台上字第2774號民事判決：「然該法定抵押權，旨在保護承攬人之私

另，最高法院94年度台上字第407號民事判決，認為承攬人對於定作人所有之工作物之法定抵押權，係以保護承攬人之工程款債權之私人法益為其主要目的，非不得由承攬人拋棄之。倘承攬人明知有此權利，但為確保其對定作人之工程款債權得以早日實現，於無待法定抵押權之行使前，即向金融業者以拋棄就定作人所有工作物之法定抵押權為條件，以換取定作人得經由該金融業者取得資金之意思表示，自難謂該拋棄之意思表示，於承攬人及金融業者之間不生債之效力[115]。

依前述最高法院所涉案例之見解，可知得標人或承攬人簽立「法定抵押權拋棄書」之行為，並無違反公共利益，為有效之法律行為，發生抵押權拋棄之效果。倘承攬人明知有此權利，但為確保其對定作人之工程款債權得以早日實現，於無待法定抵押權之行使前，即向金融業者以拋棄就定作人所有工作物之法定抵押權為條件，以換取定作人得經由該金融業者取得資金之意思表示，則該法定抵押權拋棄之意思表示，於承攬人及金融業者之間亦發生債之效力。

第三項 本文觀點

按民法第490條第1項規定，承攬人完成一定之工作，定作人給付該完成工作之報酬，係承攬人及定作人各自於承攬契約上之主給付義務。前述司法實務雖謂承攬人對於定作人所有之工作物之法定抵押權，係以保護承攬人之工程款債權之個人法益為其主要目的，非不得由承攬人拋棄之。然而，前述司法實務之見解，就工程契約之利益衡平與危險分配的角度而言，實值商榷。此從現行

人利益，究與公益無涉，非不得由承攬人事先予以處分而為拋棄之意思表示，此細繹修正後民法第五百十三條已規定法定抵押權應辦理物權登記，並可預為登記。如未辦理登記，縱其承攬關係之報酬請求權發生在先，仍不能取得抵押權，亦無優先於設定抵押權之效力等意旨益明。」相同見解，最高法院94年度台上字第282號民事判決。

[115] 最高法院94年度台上字第407號民事判決：「按修正前民法第五百十三條之立法理由為：承攬人為定作人於不動產上施作工作者，就其承攬關係所生之債權，對於其工作所附之定作人之不動產，應與以法定之抵押權，以保護其利益。可知承攬人對於定作人所有之工作物之法定抵押權，係以保護承攬人之工程款債權之個人法益為其主要目的，非不得由承攬人拋棄之。倘承攬人明知有此權利，但為確保其對定作人之工程款債權得以早日實現，於無待法定抵押權之行使前，即向金融業者以拋棄就定作人所有工作物之法定抵押權為條件，以換取定作人得經由該金融業者取得資金之意思表示，自難謂該拋棄之意思表示，於承攬人及金融業者之間不生債之效力。」

法唯一之工作給付對價的保護、手段之必要性、民法第247條之1的適用、民法第2條的解釋、民法第86條的適用、交易上弱勢之保護，以及權利義務對稱原則等之檢視，應可得知。

第一款　現行法唯一之工作給付對價的保護

觀諸現行民法關於承攬一節之規定，民法第513條承攬人就工作報酬對於工作所附之定作人不動產，或將來完成之定作人不動產之抵押登記，係現行法唯一之工作給付對價的保護。

除前述法律規定外，觀諸國內營建工程承攬實務之交易習慣，當事人甚少有定作人於締約時須提出報酬給付計畫，或相當擔保提出的約定。此一定作人於締約時之報酬給付計畫或相當擔保的提出，對於契約之進行，以及承攬人工作給付對價利益的保護言，甚屬重要。

有關定作人工作報酬給付之計畫說明與給付能力證明，國際工程師諮詢聯合會FIDIC標準契約條款2017 Red Book第2.4條[116]指出，契約數據中應詳細說

---

[116] FIDIC 2017 Red Book

§ 2.4 Employer's Financial Arrangements

The Employer's arrangements for financing the Employer's obligations under the Contract shall be detailed in the Contract Data.

If the Employer intends to make any material change (affecting the Employer's ability to pay the part of the Contract Price remaining to be paid at that time as estimated by the Engineer) to these financial arrangements, or has to do so because of changes in the Employer's financial situation, the Employer shall immediately give a Notice to the Contractor with detailed supporting particulars.

If the Contractor:

(a) receives an instruction to execute a Variation with a price greater than ten percent (10%) of the Accepted Contract Amount, or the accumulated total of Variations exceeds thirty percent (30%) of the Accepted Contract Amount;

(b) does not receive payment in accordance with Sub-Clause 14.7 [Payment]; or

(c) becomes aware of a material change in the Employer's financial arrangements of which the Contractor has not received a Notice under this Sub-Clause,

the Contractor may request and the Employer shall, within 28 days after receiving this request, provide reasonable evidence that financial arrangements have been made and are being maintained which will enable the Employer to pay the part of the Contract Price

明定作人為契約項下定作人義務融資的安排。且如果定作人打算對這些財務安排作出任何重大改變（影響定作人支付工程師估計當時剩餘的部分契約價款的能力），定作人應立即向承包商發出通知，並提供詳細的證明細節。此外，如果承包商收到以高於已接受契約金額10%的價格執行變更的指示，或變更的累計總額超過已接受契約金額的30%，或承包商未收到付款，或意識到定作人的財務安排發生重大變化等情形，承包商可以要求定作人提出報酬給付能力的證明，而定作人應在收到該要求後28日內提供合理的證據，證明已經作出並正在維持財務安排，使定作人能夠支付當時仍需支付的部分契約價款。關於定作人工作報酬給付之擔保，德國民法第650f條[117]定有明文。該條第(7)項明文偏離第1款至第5款的協議是無效的，遑論一方以預擬條款要求他方預先拋棄工作報酬給付擔保之權利。

　　前述國際工程師諮詢聯合會FIDIC標準契約條款2017 Red Book第2.4條以及德國民法第650f條規定，就契約上對價相當性與權利義務對稱原則而言，似較公平合理。

　　觀諸國內營建工程承攬實務，定作人工作報酬給付對價利益的保護，可見者即有押標金、預付款還款保證、差額保證金、履約保證金、違約金、保留款、保固保證金等。反觀承攬人工作給付對價利益的保護，目前似僅有民法第513條之工作報酬抵押權。於此一契約上權利義務對稱嚴重失衡之情形下，如

---

remaining to be paid at that time (as estimated by the Engineer).

第2.4條 定作人的財務安排

契約數據中應詳細說明定作人為契約項下定作人義務融資的安排。

如果定作人打算對這些財務安排作出任何重大改變（影響定作人支付工程師估計當時剩餘的部分契約價款的能力），或者由於定作人的財務狀況，定作人應立即向承包商發出通知，並提供詳細的證明細節。

如果承包商：

(a)收到以高於已接受契約金額的百分之十（10%）的價格執行變更的指示，或者變更的累計總額超過已接受契約金額的百分之三十（30%）；

(b)未根據第14.7條〔付款〕收到付款；或者

(c)意識到定作人的財務安排發生重大變化，而承包商尚未根據本款收到通知，

承包商可以要求，而定作人應在收到該要求後28日內提供合理的證據，證明已經作出並正在維持財務安排，使定作人能夠支付當時仍需支付的部分契約價款（由工程師估計）。

[117] 本條完整內容與翻譯請參閱本章附錄二。

再認可得以定作人預擬之「法定抵押權拋棄書」的簽立，剝奪承攬人工作給付對價利益的唯一保護，顯然違反契約上權利義務之對稱性，難謂公平合理。

第二款　手段必要性之違反

揆諸承攬關係之契約目的，應係定作人獲得約定之工作，承攬人取得約定之報酬，營建工程承攬之契約目的亦然。

於營建工程承攬實務上，定作人之所以要求得標人或承攬人預先簽立「法定抵押權拋棄書」，其目的無外乎係在於建築融資的取得。換言之，前述要求得標人或承攬人預先簽立「法定抵押權拋棄書」之行為，係報酬給付義務人之工作報酬融資取得的手段之一。

然而，在承攬工作報酬後付之一般原則下，在工作完成前，定作人本就有較充裕之報酬給付的準備時間，即便當事人有約定工程預付款情形，該工程預付款之數額，通常亦多僅在契約報酬數額的30%[118]以下，況且定作人開啟工程承攬關係，本應對於工作報酬之給付有相當的準備，要不能以工作報酬融資的取得與否，作為營建工程承攬的開啟以及工作報酬給付之基礎。如定作人係以得標人或承攬人預先簽立「法定抵押權拋棄書」之手段，作為營建工程承攬的開啟以及工作報酬給付之基礎者，難謂其不具投機之心態。再者，縱使定作人之本意，自始即以取得融資作為工作報酬的給付來源之一，惟令得標人或承攬人預先簽立「法定抵押權拋棄書」之行為，要非定作人取得融資之唯一必要手段。

質言之，以得標人或承攬人預先簽立「法定抵押權拋棄書」之手段，達成工作報酬融資取得之目的，在手段與目的達成之間，顯然具有衝突，且不符手段必要性原則。對於工程契約當事人之約定工作的獲得與工作報酬取得之目的達成而言，該得標人或承攬人預先簽立「法定抵押權拋棄書」之行為，要非工程契約目的達成之所需，且違反契約上權利義務對稱原則。亦即，衡諸定作人

---

[118] 參閱工程採購契約範本（112.11.15修正）第5條 契約價金之給付條件

（一）除契約另有約定外，依下列條件辦理付款：

1.□預付款（由機關視個案情形於招標時勾選；未勾選者，表示無預付款）：

(1)契約預付款為契約價金總額＿＿%（由機關於招標時載明；查核金額以上者，預付款額度不逾30%），其付款條件如下：＿＿＿＿＿＿＿＿（由機關於招標時載明）

之報酬融資取得目的與承攬人工作給付對價的保護二者，定作人以令承攬人工作給付對價保護之法定權利拋棄的手段，換取其工作報酬給付義務的周轉便宜目的，在手段與目的二者之檢視下，明顯違反手段之必要性。

第三款　民法第247條之1的適用

　　觀諸民法第247條之1規定，明文依照當事人一方預定用於同類契約之條款而訂定之契約，為免除或減輕預定契約條款之當事人之責任者、加重他方當事人之責任者、使他方當事人拋棄權利或限制其行使權利者，或其他於他方當事人有重大不利益者之約定，按其情形顯失公平者，該部分約定無效。

　　觀諸國內營建工程承攬實務，如經由招標程序締結契約情形，該「法定抵押權拋棄書」多係由定作人事先預擬，再由得標人於製作投標文件時簽立，與其他投標文件一併標封寄送予定作人。如投標人之標封投標文件未檢附「法定抵押權拋棄書」，或所附上者係為未簽名之「法定抵押權拋棄書」，則於審標時，即被認定為內容欠缺或不完備之無效標書，喪失進入決標階段之資格。就此一喪失締約機會情形觀之，該定作人預擬之「法定抵押權拋棄書」的簽立，難謂無使他方當事人拋棄權利或限制其行使權利，或其他於他方當事人有重大不利益。要之，該定作人預擬之「法定抵押權拋棄書」的簽立，應有民法第247條之1的適用，即按其情形顯失公平者，該部分約定無效。

第四款　民法第2條之解釋

　　民事所適用之習慣，以不背於公共秩序或善良風俗者為限，民法第2條定有明文。

　　揆諸定作人預擬之「法定抵押權拋棄書」簽立的作用，在於使得標人或承攬人拋棄唯一之工作報酬確保的法定權利，而其目的，係定作人為自己容易取得該承攬工作之融資授信。換言之，此一定作人預擬之「法定抵押權拋棄書」的簽立，係定作人令承攬人拋棄工作給付對價確保的法定權利，作為其工作報酬給付義務之便宜周轉的代價。

　　今以正常之營建工程承攬交易習慣觀之，雙方當事人均應對於其各自之給付為準備。亦即，對於營建工程承攬契約的履行，定作人應有約定工作報酬之給付準備，承攬人則需有完成工作之給付準備，以利契約之進行。若定作人僅以極少或顯不成比例之資金，作為契約進行之準備，而剩餘部分均依賴授信取

得，顯然欠缺履約善意。此一行為，除具投機心態（交易上所稱空手套白狼）外，可謂有不誠實履約之嫌。故而，前述司法實務判決理由所謂此一定作人預擬之「法定抵押權拋棄書」的簽立，係為工程實務之交易習慣，當事人並非不知且無爭執之詞，恐有疑問。

本文以為，即便於國內營建工程承攬實務交易上，此一定作人預擬之「法定抵押權拋棄書」的簽立行為，時有所見，惟其究非良善之履約行為或正常之履約態樣，應不得將之解釋為民事所適用之習慣。蓋此一令契約上當事人權利義務對稱失衡之行為，實不值鼓勵。

第五款　民法第86條的適用

表意人無欲為其意思表示所拘束之意，而為意思表示者，其意思表示，不因之無效。但其情形為相對人所明知者，不在此限，民法第86條定有明文。

於國內營建工程承攬實務，投標人、得標人或承攬人簽立該預擬之「法定抵押權拋棄書」情形，多因迫於無奈，前已述及。蓋承攬人對於該工作給付對價之唯一確保權利的拋棄，實難謂有其自願樂意之期待。此時，投標人、得標人或承攬人之「法定抵押權拋棄書」的簽立，或可認係該簽立人無欲為其意思表示所拘束之意，而為意思表示（心中保留），且該情形為定作人（相對人）所明知，參諸民法第86條但書規定，則該欠缺簽立人真意之「法定抵押權拋棄書」的簽立，似可認係無效之意思表示，不生法律上之效力。

第六款　交易上弱勢之保護

民法第247條之1規定，具有保護交易上弱勢之意旨[119]。該條立法理由指

---

[119] 參閱民法第247條之1立法理由：「當事人一方預定契約之條款，而由需要訂約之他方，依照該項預定條款簽訂之契約，學說上名之曰『附合契約』（contratd'adh'esion）。此類契約，通常由工商企業者一方，預定適用於同類契約之條款，由他方依其契約條款而訂定之。預定契約條款之一方，大多為經濟上較強者，而依其預定條款訂約之一方，則多為經濟上之較弱者，為防止契約自由之濫用，外國立法例對於附合契約之規範方式有二：其一，在民法法典中增設若干條文以規定之，如義大利於一九四二年修正民法時增列第一千三百四十一條、第一千三百四十二條及第一千三百七十條之規定；其二，以單行法方式規定之，如以色列於一九六四年頒行之標準契約法之規定是。以上兩種立法例，各有其優點，衡之我國國情及工商業發展之現況，為使社會大

出附合契約之意義，為依照當事人之一方預定用於同類契約之條款而訂定之契約，此類契約他方每無磋商變更之餘地。為防止此類契約自由之濫用及維護交易之公平，列舉四款有關他方當事人利害之約定，如按其情形顯失公平者，明定該部分之約定為無效。

國內營建工程承攬實務，經由招標程序締結工程契約情形，該「法定抵押權拋棄書」多係由定作人事先預擬，再由得標人於製作投標文件時簽立，與其他投標文件一併標封寄送予定作人。如投標人之標封投標文件未檢附「法定抵押權拋棄書」，或所附上者係為未簽名之「法定抵押權拋棄書」，則於審標時，即被認定為投標文件內容欠缺或不完備之無效標書，喪失進入決標階段之資格。如係非經招標程序締結工程契約者，則由承攬人於契約締結時，簽立該「法定抵押權拋棄書」，並作為契約之附件。前述二情形，承攬人對於該「法定抵押權拋棄書」之簽立，多無置喙餘地。更有甚者，若承攬人未簽立該「法定抵押權拋棄書」，則於請求工作驗收或報酬給付時，往往因此遭到事實上之障礙，而影響契約上權利的正常行使。

前述情形，在營建工程承攬關係，承攬人就該「法定抵押權拋棄書」之簽立，多出於無奈且無選擇餘地，實非自願拋棄該唯一的報酬確保權利，承攬人於此，難謂非處於交易上之弱勢。按立法者保護交易上弱勢之意旨，該「法定抵押權拋棄書」之簽立，實有契約自由之濫用以及顯失公平之嫌，基於維護交易之公平，該「法定抵押權拋棄書」之簽立部分，應為無效。

第七款　權利義務對稱原則的違反

定作人預擬之「法定抵押權拋棄書」的簽立，目的在於定作人較容易取得建築融資的授信。此一建築融資的授信，多發生在建築物之新建工程承攬，銀錢業者以該承攬契約新建建築物座落之土地為授信標的，對之為借貸授信。實務上，銀錢業者收執該「法定抵押權拋棄書」，係期該授信之土地上之將來完

眾普遍知法、守法起見，宜於民法法典法中列原則性規定，爰增訂本條，明定附合契約之意義，為依照當事人之一方預定用於同類契約之條款而訂定之契約，此類契約他方每無磋商變更之餘地。為防止此類契約自由之濫用及維護交易之公平，列舉四款有關他方當事人利害之約定，如按其情形顯失公平者，明定該部分之約定為無效。至於所謂『按其情形顯失公平者』，係指依契約本質所生之主要權利義務，或按法律規定加以綜合判斷而有顯失公平之情形而言。」

成之新建建築物，日後得以銀錢業者爲優先受償順序之抵押登記標的。

　　然而，銀錢業者之所以對於系爭土地爲授信，係以該土地之現有存在價值爲授信的依據。該座落於土地上之將來完成之新建建築物，在銀錢業者對於系爭土地爲借貸授信之時，尚未現實存在，應無法作爲授信之價值的評估基礎。再者，債務人之總財產爲債權之總擔保，是應以定作人之其他既有現實存在之財產，作爲授信評估之基礎，要非以該承攬人工作給付成果之將來完成之新建建築物，作爲現時授信評估之基礎以及土地借貸之擔保。

　　質言之，該將來完成之新建建築物的價值，係源自於該營建工程契約承攬人完成工作之成果，係爲承攬契約工作報酬給付之對價，而非土地融資授信契約之對價。定作人以承攬人完成約定工作之成果，作爲銀錢業者授信土地借貸之優先受償的客體，似有侵害承攬契約工作給付對價利益確保之嫌。要之，定作人以預擬之「法定抵押權拋棄書」的簽立，剝奪承攬人工作給付對價利益的唯一保護，以承攬人完成工作之成果換取自己資金調度之便，並將該承攬人將來完成工作之成果，作爲土地借貸授信者之優先受償的擔保，難謂符合承攬契約之權利義務對稱原則。

　　綜上，本文以爲，在營建工程承攬關係，定作人工作報酬給付對價利益的保護，可見者即有押標金、預付款還款保證、差額保證金、履約保證金、違約金、保留款、保固保證金等。反觀承攬人工作給付對價利益的保護，目前似僅有民法第513條之工作報酬抵押權。於此一契約上權利義務對稱嚴重失衡之情形下，如再認可得以定作人預擬之「法定抵押權拋棄書」的簽立，剝奪承攬人工作給付對價利益的唯一保護，難謂公平合理。亦不符合手段之必要性、良善之交易習慣、交易上弱者的保護，以及權利義務對稱原則。職是，應將定作人預擬之「法定抵押權拋棄書」，視爲顯失公平之附合約款。要之，該「法定抵押權拋棄書」簽立之目的，僅在於將來工作建築物座落基地融資的便宜取得，則於定作人未提出工作報酬給付能力之證明，或相當之履約擔保前，投標人、得標人或承攬人應可拒絕該「法定抵押權拋棄書」之簽立。投標人、得標人或承攬人簽立該預擬之「法定抵押權拋棄書」情形，多因迫於無奈，前已述及。此時，投標人、得標人或承攬人之「法定抵押權拋棄書」的簽立，或可認係該簽立人無欲爲其意思表示所拘束之意，而爲意思表示（心中保留），且該情形爲定作人（相對人）所明知，參諸民法第86條但書規定，則該欠缺簽立人眞意之「法定抵押權拋棄書」的簽立，似可認係無效之意思表示，不生法律上之效力。

附錄一：美國聯邦採購規則FAR第52.232-12條

一、原文

§ 52.232-12 Advance Payments

As prescribed in 32.412(a), insert the following clause:

Advance Payments (May 2001)

(a) Requirements for payment. Advance payments will be made under this contract

(1) upon submission of properly certified invoices or vouchers by the Contractor, and approval by the administering office, _____ [insert the name of the office designated under agency procedures], or (2) under a letter of credit. The amount of the invoice or voucher submitted plus all advance payments previously approved shall not exceed $__ __. If a letter of credit is used, the Contractor shall withdraw cash only when needed for disbursements acceptable under this contract and report cash disbursements and balances as required by the administering office. The Contractor shall apply terms similar to this clause to any advance payments to subcontractors.

(b) Special account. Until

(1) the Contractor has liquidated all advance payments made under the contract and related interest charges and

(2) the administering office has approved in writing the release of any funds due and payable to the Contractor, all advance payments and other payments under this contract shall be made by check payable to the Contractor marked for deposit only in the Contractor's special account with the _____ [insert the name of the financial institution]. None of the funds in the special account shall be mingled with other funds of the Contractor. Withdrawals from the special account may be made only by check of the Contractor countersigned by the Contracting Officer or a Government countersigning agent designated in writing by the Contracting Officer.

(c) Use of funds. The Contractor may withdraw funds from the special account only to pay for properly allocable, allowable, and reasonable costs for direct materials, direct labor, and indirect costs. Other withdrawals require approval in writing by the administering office. Determinations of whether costs are properly allocable, allowable, and reasonable shall be in accordance with generally accepted accounting principles, subject to any applicable subparts of part 31 of the Federal Acquisition Regulation.

(d) Repayment to the Government. At any time, the Contractor may repay all or any part of the funds advanced by the Government. Whenever requested in writing to do so by the administering office, the Contractor shall repay to the Government any part of unliquidated advance payments considered by the administering office to exceed the Contractor's current requirements or the amount specified in paragraph (a) of this clause. If the Contractor fails to repay the amount requested by the administering office, all or any part of the unliquidated advance payments may be withdrawn from the special account by check signed by only the countersigning agent and applied to reduction of the unliquidated advance payments under this contract.

(e) Maximum payment. When the sum of all unliquidated advance payments, unpaid interest charges, and other payments exceed _____ percent of the contract price, the Government shall withhold further payments to the Contractor. On completion or termination of the contract, the Government shall deduct from the amount due to the Contractor all unliquidated advance payments and all interest charges payable. If previous payments to the Contractor exceed the amount due, the excess amount shall be paid to the Government on demand. For purposes of this paragraph, the contract price shall be considered to be the stated contract price of $_____, less any subsequent price reductions under the contract, plus

(1) any price increases resulting from any terms of this contract for price redetermination or escalation, and

(2) any other price increases that do not, in the aggregate, exceed $_____ [insert an amount not higher than 10 percent of the stated contract amount inserted in this paragraph]. Any payments withheld under this paragraph shall be applied to reduce the unliquidated advance payments. If full liquidation has been made, payments under the contract shall resume.

(f) Interest.

(1) The Contractor shall pay interest to the Government on the daily unliquidated advance payments at the daily rate specified in paragraph (f)(3) of this clause. Interest shall be computed at the end of each calendar month for the actual number of days involved. For the purpose of computing the interest charge-

(i) Advance payments shall be considered as increasing the unliquidated balance as of the date of the advance payment check;

(ii) Repayments by Contractor check shall be considered as decreasing the unliquidated balance as of the date on which the check is received by the Government authority designated by the Contracting Officer; and

(iii) Liquidations by deductions from Government payments to the Contractor shall be considered as decreasing the unliquidated balance as of the date of the check for the reduced payment.

(2) Interest charges resulting from the monthly computation shall be deducted from payments, other than advance payments, due the Contractor. If the accrued interest exceeds the payment due, any excess interest shall be carried forward and deducted from subsequent payments. Interest carried forward shall not be compounded. Interest on advance payments shall cease to accrue upon satisfactory completion or termination of the contract for the convenience of the Government. The Contractor shall charge interest on advance payments to subcontractors in the manner described above and credit the interest to the Government. Interest need not be charged on advance payments to nonprofit educational or research subcontractors for experimental, developmental, or research work.

(3) If interest is required under the contract, the Contracting Officer shall determine a daily interest rate based on the higher of (i) the published prime rate of the financial institution (depository) in which the special account is established or (ii) the rate established by the Secretary of the Treasury under Pub.L.92-41 (50 U.S.C. App.1215(b)(2)). The Contracting Officer shall revise the daily interest rate during the contract period in keeping with any changes in the cited interest rates.

(4) If the full amount of interest charged under this paragraph has not been paid by deduction or otherwise upon completion or termination of this contract, the Contractor shall pay the remaining interest to the Government on demand.

(g) Financial institution agreement. Before an advance payment is made under this contract, the Contractor shall transmit to the administering office, in the form prescribed by the administering office, an agreement in triplicate from the financial institution in which the special account is established, clearly setting forth the special character of the account and the responsibilities of the financial institution under the account. The Contractor shall select a financial institution that is a member bank of the Federal Reserve System, an "insured" bank within the meaning of the Federal Deposit Insurance Corporation Act (12 U.S.C.1811), or a credit union insured by the National Credit Union Administration.

(h) Lien on special bank account. The Government shall have a lien upon any balance in the special account paramount to all other liens. The Government lien shall secure the repayment of any advance payments made under this contract and any related interest charges.

(i) Lien on property under contract. (1) All advance payments under this contract, together with interest charges, shall be secured, when made, by a lien in favor of the Government, paramount to all other liens, on the supplies or other things covered by this contract and on material and other property acquired for or allocated to the performance of this contract, except to the extent that the Government by virtue of any other terms of this contract, or otherwise, shall have valid title to the supplies, materials, or other property as against other creditors of the Contractor.

(2) The Contractor shall identify, by marking or segregation, all property that is subject to a lien in favor of the Government by virtue of any terms of this contract in such a way as to indicate that it is subject to a lien and that it has been acquired for or allocated to performing this contract. If, for any reason, the supplies, materials, or other property are not identified by marking or segregation, the Government shall be considered to have a lien to the extent of the Government's interest under this contract on any mass of property with which the supplies, materials, or other property are commingled. The Contractor shall maintain adequate accounting control over the property on its books and records.

(3) If, at any time during the progress of the work on the contract, it becomes necessary to deliver to a third person any items or materials on which the Government has a lien, the Contractor shall notify the third person of the lien and shall obtain from the third person a receipt in duplicate acknowledging the existence of the lien. The Contractor shall provide a copy of each receipt to the Contracting Officer.

(4) If, under the termination clause, the Contracting Officer authorizes the Contractor to sell or retain termination inventory, the approval shall constitute a release of the Government's lien to the extent that-

(i) The termination inventory is sold or retained; and

(ii) The sale proceeds or retention credits are applied to reduce any outstanding advance payments.

(j) Insurance. (1) The Contractor shall maintain with responsible insurance carriers-

(i) Insurance on plant and equipment against fire and other hazards, to the extent that similar properties are usually insured by others operating plants and properties of similar character in the same general locality;

(ii) Adequate insurance against liability on account of damage to persons or property; and

(iii) Adequate insurance under all applicable workers' compensation laws.

(2) Until work under this contract has been completed and all advance payments made under the contract have been liquidated, the Contractor shall-

(i) Maintain this insurance;

(ii) Maintain adequate insurance on any materials, parts, assemblies, subassemblies, supplies, equipment, and other property acquired for or allocable to this contract and subject to the Government lien under paragraph (i) of this clause; and

(iii) Furnish any evidence with respect to its insurance that the administering office may require.

(k) Default.

(1) If any of the following events occurs, the Government may, by written notice to the Contractor, withhold further withdrawals from the special account and further payments on this contract:

(i) Termination of this contract for a fault of the Contractor.

(ii) A finding by the administering office that the Contractor has failed to-

(A) Observe any of the conditions of the advance payment terms;

(B) Comply with any material term of this contract;

(C) Make progress or maintain a financial condition adequate for performance of this contract;

(D) Limit inventory allocated to this contract to reasonable requirements; or

(E) Avoid delinquency in payment of taxes or of the costs of performing this contract in the ordinary course of business.

(iii) The appointment of a trustee, receiver, or liquidator for all or a substantial part of

the Contractor's property, or the institution of proceedings by or against the Contractor for bankruptcy, reorganization, arrangement, or liquidation.

(iv) The service of any writ of attachment, levy of execution, or commencement of garnishment proceedings concerning the special account.

(v) The commission of an act of bankruptcy.

(2) If any of the events described in paragraph (k)(1) of this clause continue for 30 days after the written notice to the Contractor, the Government may take any of the following additional actions:

(i) Withdraw by checks payable to the Treasurer of the United States, signed only by the countersigning agency, all or any part of the balance in the special account and apply the amounts to reduce outstanding advance payments and any other claims of the Government against the Contractor.

(ii) Charge interest, in the manner prescribed in paragraph (f) of this clause, on outstanding advance payments during the period of any event described in paragraph (k) (1) of this clause.

(iii) Demand immediate repayment by the Contractor of the unliquidated balance of advance payments.

(iv) Take possession of and, with or without advertisement, sell at public or private sale all or any part of the property on which the Government has a lien under this contract and, after deducting any expenses incident to the sale, apply the net proceeds of the sale to reduce the unliquidated balance of advance payments or other Government claims against the Contractor.

(3) The Government may take any of the actions described in paragraphs (k)(1) and (2) of this clause it considers appropriate at its discretion and without limiting any other rights of the Government.

(l) Prohibition against assignment. Notwithstanding any other terms of this contract, the Contractor shall not assign this contract, any interest therein, or any claim under the contract to any party.

(m) Information and access to records. The Contractor shall furnish to the administering office (1) monthly or at other intervals as required, signed or certified balance sheets and profit and loss statements together with a report on the operation of the special account in the form prescribed by the administering office; and (2) if requested, other information concerning the operation of the Contractor's business. The Contractor shall provide the authorized Government representatives proper facilities for inspection of the Contractor's books, records, and accounts.

(n) Other security. The terms of this contract are considered to provide adequate security to the Government for advance payments; however, if the administering office considers the security inadequate, the Contractor shall furnish additional security satisfactory to the administering office, to the extent that the security is available.

(o) Representations. The Contractor represents the following:

(1) The balance sheet, the profit and loss statement, and any other supporting financial statements furnished to the administering office fairly reflect the financial condition of the Contractor at the date shown or the period covered, and there has been no subsequent materially adverse change in the financial condition of the Contractor.

(2) No litigation or proceedings are presently pending or threatened against the Contractor, except as shown in the financial statements.

(3) The Contractor has disclosed all contingent liabilities, except for liability resulting from the renegotiation of defense production contracts, in the financial statements furnished to the administering office.

(4) None of the terms in this clause conflict with the authority under which the Contractor is doing business or with the provision of any existing indenture or agreement of the Contractor.

(5) The Contractor has the power to enter into this contract and accept advance payments, and has taken all necessary action to authorize the acceptance under the terms of this contract.

(6) The assets of the Contractor are not subject to any lien or encumbrance of any character except for current taxes not delinquent, and except as shown in the financial statements furnished by the Contractor. There is no current assignment of claims under any contract affected by these advance payment provisions.

(7) All information furnished by the Contractor to the administering office in connection with each request for advance payments is true and correct.

(8) These representations shall be continuing and shall be considered to have been repeated by the submission of each invoice for advance payments.

(p) Covenants.

To the extent the Government considers it necessary while any advance payments made under this contract remain outstanding, the Contractor, without the prior written consent of the administering office, shall not-

(1) Mortgage, pledge, or otherwise encumber or allow to be encumbered, any of the assets of the Contractor now owned or subsequently acquired, or permit any preexisting mortgages, liens, or other encumbrances to remain on or attach to any assets of the Contractor which are allocated to performing this contract and with respect to which the Government has a lien under this contract;

(2) Sell, assign, transfer, or otherwise dispose of accounts receivable, notes, or claims for money due or to become due;

(3) Declare or pay any dividends, except dividends payable in stock of the corporation, or make any other distribution on account of any shares of its capital stock, or purchase, redeem, or otherwise acquire for value any of its stock, except as required by sinking fund or redemption arrangements reported to the administering office incident to the establishment of these advance payment provisions;

(4) Sell, convey, or lease all or a substantial part of its assets;

(5) Acquire for value the stock or other securities of any corporation, municipality, or governmental authority, except direct obligations of the United States;

(6) Make any advance or loan or incur any liability as guarantor, surety, or accommodation endorser for any party;

(7) Permit a writ of attachment or any similar process to be issued against its property without getting a release or bonding the property within 30 days after the entry of the writ of attachment or other process;

(8) Pay any remuneration in any form to its directors, officers, or key employees higher than rates provided in existing agreements of which notice has been given to the administering office; accrue excess remuneration without first obtaining an agreement subordinating it to all claims of the Government; or employ any person at a rate of compensation over $____ a year;

(9) Change substantially the management, ownership, or control of the corporation;

(10) Merge or consolidate with any other firm or corporation, change the type of business, or engage in any transaction outside the ordinary course of the Contractor's business as presently conducted;

(11) Deposit any of its funds except in a bank or trust company insured by the Federal Deposit Insurance Corporation or a credit union insured by the National Credit Union Administration;

(12) Create or incur indebtedness for advances, other than advances to be made under the terms of this contract, or for borrowings;

(13) Make or covenant for capital expenditures exceeding $____ in total;

(14) Permit its net current assets, computed in accordance with generally accepted accounting principles, to become less than $____; or

(15) Make any payments on account of the obligations listed below, except in the manner and to the extent provided in this contract:

[List the pertinent obligations]

二、翻譯

第52.232-12條 預付款

根據32.412(a)的規定，插入以下條款：

預付款（2001年5月）

(a) 支付要求。根據本契約，

(1) 在承包商提交經適當核證的發票或憑單並經管理辦公室 ____〔填寫根據機構程序指定的辦公室名稱〕批准後，或

(2) 根據信用狀支付預付款。提交的發票或憑單金額加上先前批准的所有預付款不得超過 ____ 美元。如果使用信用狀，承包商應僅在需要支付本契約可接受的款項時提取現金，並按照管理辦公室的要求，報告現金支付情況和餘額。承包商應在向分包商預付任何款項時適用，與本條款類似的條款。

(b) 特別帳戶。在

(1) 承包商扣抵了根據契約支付的所有預付款和有關利息費用和

(2) 管理辦事處書面批准發放任何到期應付給承包商的資金之前，根據本契約支付的所有預付款和其他款項，均應以支票支付。

根據本契約支付的所有預付款和其他款項，均應以支付給承包商的支票給付之，支票上應註明只能存入承包商在 ____〔填寫金融機構名稱〕開立的特別帳戶。特別帳戶中的任何資金，均不得與承包商的其他資金混在一起。從特別帳戶提款，只能使用由訂約官或訂約官書面指定的政府副署人副署的承包商支票。

(c) 資金的使用。承包商只能從特別帳戶中提取資金用於支付可適當分配、可允許和合理的直接材料費、直接人工費和間接費用。其他提款須經管理辦公室書面批准。應根據《聯邦採購條例》第31部分的任何適用子部分，按照公認的會計原則，確定費用是否可適當分配、可允許和合理。

(d) 向政府還款。承包商可隨時返還政府預付的全部或部分資金。只要管理部門提出書面要求，承包商應向政府償還管理部門認為超出承包商當前可請求或本條款(a)段規定數額的未清償預付款的任何部分。如果承包商未能扣抵管理辦公室所要求的數額，可從特別帳戶中提取全部或部分未扣抵預付款，提取時只需簽發由副署代理人簽字的支票，並用於扣減本契約項下的未扣抵預付款。

(e) 最高付款額。當所有未扣抵的預付款、未支付的利息費用和其他付款之和超過契約價格的＿＿時，政府應扣留對承包商的進一步付款。在契約完成或終止時，政府應從應付給承包商的金額中扣除所有未扣抵的預付款和所有應付利息費用。如果之前支付給承包商的款項超過了應付金額，超出部分應按要求支付給政府。就本款而言，契約價格應被視為既定契約價格＿＿美元，減去契約規定的任何後續降價，再加上：

(1) 因本契約重新確定價格或價格上漲的任何條款而導致的任何價格上漲，以及

(2) 任何其他價格上漲，但累計不超過＿＿美元〔在本款中插入不高於既定契約金額10%的金額〕。根據本款規定扣留的任何款項應用於減少未扣抵的預付款。如果全部扣抵完畢，則應恢復契約規定的付款。

(f) 利息。

(1) 承包商應按本條款第(f)(3)款規定的日利率向政府支付每日未扣抵預付款的利息。利息應在每個月末按實際天數計算。在計算利息時

(i) 預付款應視為在增加預付款支票之到期日的未清算餘額；

(ii) 以承包商支票扣抵的款項，應視為在減少了訂約官指定的政府當局收到支票之日的未扣抵餘額；以及

(iii) 從政府付給承包商的款項中扣減的數額，應被視為自減少付款的支票簽發之日起未扣抵餘額的減少。

(2) 每月計算所產生的利息應從應付承包商的付款（預付款除外）中扣除。如果應計利息超過應付款項，超出部分的利息應予結轉並從以後的付款中扣除。結轉的利息不計複利。預付款利息應在契約順利完成，或為政府方的任意終止契約時停止計息。承包商應按上述方式向分包商收取預付款利息，並將利息貸

記給政府。對非營利性教育或研究分包商的實驗、開發或研究工作的預付款，無需收取利息。

(3) 如果契約要求支付利息，契約官員應根據以下兩項中較高者確定日利率：(i) 設立特別帳戶的金融機構（存款機構）公布的最優惠利率；或 (ii) 財政部長根據Pub.L.92-41（50 U.S.C. App.1215(b)(2)）確定的利率。在契約期內，訂約官應根據上述利率的變化修改日利率。

(4) 如果在本契約完成或終止時，根據本款規定收取的全部利息尚未通過扣款或其他方式支付，承包商應按要求向政府支付剩餘利息。

(g) 金融機構協議。在根據本契約預付款項之前，承包商應按管理辦公室規定的格式，向管理辦公室遞交設立特別帳戶的金融機構的一式三份協議，明確規定該帳戶的特殊性和該金融機構在該帳戶下的責任。承包商應選擇聯邦儲備系統成員銀行、《聯邦存款保險公司法》（12 U.S.C.1811）所指的「投保」銀行或國家信用社管理局投保的信用社。

(h) 對特別銀行帳戶的留置權。政府對特別帳戶中的任何餘額享有優先於所有其他留置權的留置權。政府的留置權應確保償還根據本契約預付的款項和相關利息。

(i) 契約財產的留置權。

(1) 本契約項下的所有預付款連同利息費用，在支付時，應由政府的留置權作保證，留置權優先於所有其他留置權，留置在本契約涉及的用品或其他物品上，以及為履行本契約而購置或分配的材料和其他財產上，但政府根據本契約的任何其他條款或以其他方式對這些用品、材料或其他財產擁有有效所有權以對抗承包商的其他債權人的情況除外。

(2) 承包商應通過標記或隔離的方式，標明所有根據本契約的任何條款而受留置權約束的、有利於政府的財產，以表明它受留置權約束，並表明它是為履行本契約而獲得或分配的。不論基於任何原因，供應品、材料或其他財產沒有通過標記或隔離加以識別，則應視為政府對與這些供應品、材料或其他財產混合在一起的任何財產擁有留置權，留置權的擔保範圍為政府在本契約項下的利益。承包商應對其帳簿和紀錄中的財產進行適當的會計管理。

(3) 如果在契約工程進展期間的任何時候，有必要向第三者交付政府擁有留置權的任何物品或材料，承包商應將留置權通知第三者，並應從第三者處獲得一式兩份承認留置權存在的收據。承包商應向訂約官提供每份收據的副本。

(4) 如果根據終止條款，訂約官授權承包商出售或保留終止庫存，則該批准應

在以下範圍內構成政府留置權的解除

(i) 出售或保留終止契約庫存；並且

(ii) 將出售所得或留存額用於減少任何未付的預付款。

(j) 保險。

(1) 承包商應向負責的保險公司投保。

(i) 工廠和設備的火災和其他危險保險，其保險範圍應與在同一地區經營同類工廠和財產的其他公司通常投保的類似財產的保險範圍相同；

(ii) 人身或財產損失責任的充分保險；以及

(iii) 所有適用的勞工補償法規定的充分保險。

(2) 在本契約項下的工程完工和契約項下的所有預付款清算完畢之前，承包商應

(i) 維持這一保險；

(ii) 對任何材料、部件、元件、分元件、供應品、設備和為本契約購置或可分配給本契約並根據本條款第(i)段受政府留置權約束的其他財產保持足夠的保險；以及

(iii) 提供管理辦公室可能要求的有關其保險的任何證據。

(k) 違約。

(1) 如發生下列任何一種情況，政府可書面通知承包商，停止從特別帳戶中提款，並停止支付本契約的款項：

(i) 因承包商的過失而終止本契約。

(ii) 管理辦公室發現承包商未能

(A) 遵守預付款條款的任何條件；

(B) 遵守本契約的任何重要條款；

(C) 取得進展或維持足以履行本契約的財務狀況；

(D) 將分配給本契約的存貨限制在合理的需求範圍內；或

(E) 避免拖欠稅款或正常經營過程中履行本契約的費用。

(iii) 承包商的全部或大部分財產被指定受託人、接管人或清算人，或由承包商或對承包商提起破產、重組、和解協議或清算程序。

(iv) 關於特別帳戶的任何扣押令、執行令的送達或扣押程序的開始。

(v) 實施破產行為。

(2) 如果本條款第(k)(1)段所述的任何事件在書面通知承包商後持續30日，政府可採取以下任何補充行動：

(i) 以只由副署機構簽字、抬頭為美國財政部的支票提取特別帳戶中的全部或

部分餘額，並將這些款項用於減少未付的預付款和政府對承包商的任何其他索賠。

(ii) 在發生本條款第(k)(1)段所述的任何事件期間，按本條款第(f)段規定的方式對未清償的預付款收取利息。

(3) 政府可自行決定採取本條款第(k)(1)和(2)段所述其認為適當的任何行動，但不限制政府的任何其他權利。

(l) 禁止轉讓。儘管本契約有任何其他條款，但承包商不得將本契約、其中的任何權益或契約項下的任何權利要求轉讓給任何人。

(m) 資訊和查閱紀錄。承包商應向管理辦公室提供：

(1) 經簽署或核證的每月資產負債表和損益表，以及管理辦公室規定格式的特別帳戶業務報告；

(2) 應要求提供有關承包商業務運作的其他資料。

(n) 其他擔保。本契約的條款被認為為政府預付款提供了充分的擔保；但是，如果管理辦公室認為擔保不充分，承包商應提供令管理辦公室滿意的額外擔保。

(o) 聲明。承包商作出以下陳述

(1) 向管理辦公室提供的資產負債表、損益表和任何其他輔助財務報表公允地反映了承包商在所示日期或所涉期間的財務狀況，承包商的財務狀況其後沒有發生重大不利變化。

(2) 除財務報表所示情況外，承包商目前沒有任何待決或可能面臨的訴訟或程序。

(3) 承包商在提交給管理辦公室的財務報表中披露了所有或負債，但重新談判國防生產契約所產生的負債除外。

(4) 本條款中的任何規定均不與承包商所經營業務的主管機關或承包商任何現有契約或協議的規定相牴觸。

(5) 承包商有權簽訂本契約和接受預付款，並已採取一切必要行動授權根據本契約條款接受預付款。

(6) 承包商的資產不受任何性質的留置權或抵押權的限制，但當前未拖欠的稅款和承包商提供的財務報表中顯示的情況除外。受這些預付款規定影響的任何契約項下的債權，目前均未轉讓。

(7) 承包商就每項預付款申請向管理辦公室提供的所有資料均屬真實無誤。

(8) 這些陳述應是持續性的，並應在提交每張預付款發票時視為再次確認。

(p) 契約。

在政府認為必要的範圍內，在根據本契約支付的任何預付款仍未結清的情況下，承包商未經管理辦公室事先書面同意，不得

(1) 抵押、質押或以其他方式占用或允許占用承包商現在擁有或以後獲得的任何資產，或允許任何先前存在的抵押權、留置權或其他占用權繼續留在或附加在承包商分配用於執行本契約和政府根據本契約對其擁有留置權的任何資產上；

(2) 出售、轉讓、轉移或以其他方式處置應收帳款、票據或到期或即將到期的債權；

(3) 宣布或支付任何股息（以公司股票支付的股息除外），或對其任何股本進行任何其他分配，或購買、贖回或以其他方式獲取其任何股票的價值，但在制定這些預付款規定時，已向管理辦公室報告的償付基金或贖回安排所要求的情況除外；

(4) 出售、轉讓或租賃其全部或大部分資產；

(5) 有價收購任何公司、市政府或政府機構的股票或其他證券，但對美國國家的直接債務除外；

(6) 作為任何一方的擔保人、保證人或擔保義務人以至於必須提供任何預付款或貸款或承擔任何責任；

(7) 允許對其財產發出扣押令或任何類似程序，而且在扣押令或其他程序進入後30日內未獲得釋放或扣押該財產；

(8) 以任何形式向其董事、管理人員或關鍵員工支付高於已通知管理辦公室的現有協議中規定的標準的任何報酬；在未先獲得將其置於政府所有索償要求之下的協議的情況下累積超額報酬；或以每年超過＿＿＿美元的報酬僱用任何人；

(9) 大幅改變公司的管理、所有權或控制權；

(10) 與任何其他公司的併購、改變業務類型或從事承包商當前業務正常流程以外的任何交易；

(11) 將其任何資金存入聯邦存款保險公司承保的銀行或信託公司或國家信用社管理局承保的信用社以外的機構；

(12) 因預付款（依本合約條款提供的預付款除外）或借款而產生債務；

(13) 支出或承諾支出資本總額超過＿＿＿美元；

(14) 允許其依公認會計原則計算的淨流動資產低於＿＿＿美元；或者

(15) 就下列義務支付任何款項，但依本契約規定的方式和範圍進行支付除外：〔列出相關義務〕

附錄二：德國民法第650f條

一、原文

§ 650f Bauhandwerkersicherung

(1) 1. Der Unternehmer kann vom Besteller Sicherheit für die auch in Zusatzaufträgen vereinbarte und noch nicht gezahlte Vergütung einschließlich dazugehöriger Nebenforderungen, die mit 10 Prozent des zu sichernden Vergütungsanspruchs anzusetzen sind, verlangen. 2. Satz 1 gilt in demselben Umfang auch für Ansprüche, die an die Stelle der Vergütung treten. 3. Der Anspruch des Unternehmers auf Sicherheit wird nicht dadurch ausgeschlossen, dass der Besteller Erfüllung verlangen kann oder das Werk abgenommen hat. 4. Ansprüche, mit denen der Besteller gegen den Anspruch des Unternehmers auf Vergütung aufrechnen kann, bleiben bei der Berechnung der Vergütung unberücksichtigt, es sei denn, sie sind unstreitig oder rechtskräftig festgestellt. 5. Die Sicherheit ist auch dann als ausreichend anzusehen, wenn sich der Sicherungsgeber das Recht vorbehält, sein Versprechen im Falle einer wesentlichen Verschlechterung der Vermögensverhältnisse des Bestellers mit Wirkung für Vergütungsansprüche aus Bauleistungen zu widerrufen, die der Unternehmer bei Zugang der Widerrufserklärung noch nicht erbracht hat.

(2) 1. Die Sicherheit kann auch durch eine Garantie oder ein sonstiges Zahlungsversprechen eines im Geltungsbereich dieses Gesetzes zum Geschäftsbetrieb befugten Kreditinstituts oder Kreditversicherers geleistet werden. 2. Das Kreditinstitut oder der Kreditversicherer darf Zahlungen an den Unternehmer nur leisten, soweit der Besteller den Vergütungsanspruch des Unternehmers anerkennt oder durch vorläufig vollstreckbares Urteil zur Zahlung der Vergütung verurteilt worden ist und die Voraussetzungen vorliegen, unter denen die Zwangsvollstreckung begonnen werden darf.

(3) 1. Der Unternehmer hat dem Besteller die üblichen Kosten der Sicherheitsleistung bis zu einem Höchstsatz von 2 Prozent für das Jahr zu erstatten. 2. Dies gilt nicht, soweit eine Sicherheit wegen Einwendungen des Bestellers gegen den Vergütungsanspruch des Unternehmers aufrechterhalten werden muss und die Einwendungen sich als unbegründet erweisen.

(4) Soweit der Unternehmer für seinen Vergütungsanspruch eine Sicherheit nach Absatz 1 oder 2 erlangt hat, ist der Anspruch auf Einräumung einer Sicherungshypothek nach § 650e ausgeschlossen.

(5) 1. Hat der Unternehmer dem Besteller erfolglos eine angemessene Frist zur Leistung der Sicherheit nach Absatz 1 bestimmt, so kann der Unternehmer die Leistung verweigern oder den Vertrag kündigen. 2. Kündigt er den Vertrag, ist der Unternehmer berechtigt, die vereinbarte Vergütung zu verlangen; er muss sich jedoch dasjenige anrechnen lassen, was er infolge der Aufhebung des Vertrages an Aufwendungen erspart oder durch anderweitige Verwendung seiner Arbeitskraft erwirbt oder böswillig zu erwerben unterlässt. 3. Es wird vermutet, dass danach dem Unternehmer 5 Prozent der auf den noch nicht erbrachten Teil der Werkleistung entfallenden vereinbarten Vergütung zustehen.

(6) Die Absätze 1 bis 5 finden keine Anwendung, wenn der Besteller

1. eine juristische Person des öffentlichen Rechts oder ein öffentlich-rechtliches Sondervermögen ist, über deren Vermögen ein Insolvenzverfahren unzulässig ist, oder

2. Verbraucher ist und es sich um einen Verbraucherbauvertrag nach § 650i oder um einen Bauträgervertrag nach § 650u handelt.

Satz 1 Nummer 2 gilt nicht bei Betreuung des Bauvorhabens durch einen zur Verfügung über die Finanzierungsmittel des Bestellers ermächtigten Baubetreuer.

(7) Eine von den Absätzen 1 bis 5 abweichende Vereinbarung ist unwirksam.

二、翻譯

第650f條 承攬人的擔保

(1) 1.承攬人可要求定作人為商定的但尚未支付的報酬提供擔保，也可在補充訂單中要求提供擔保，包括相關的附屬索賠，擔保額度為待擔保的報酬要求的10%。2.第1句話應在同樣的範圍內適用於取代報酬的索賠。3.承包商的擔保要求不應由於定作人可能要求履約或已接受工程而被排除。4.定作人可以用來抵銷承包商報酬要求的索賠，在計算報酬時不應考慮，除非這些索賠是無爭議的或已由法院最終裁定。5.如果擔保人保留在定作人的財務狀況嚴重惡化的情況下撤銷其承諾的權利，並對承包商在收到撤銷聲明時尚未完成的建築工程所產生的報酬索賠有效，則該擔保也應被視為足夠。

(2) 1.該擔保也可以由被授權在本法範圍內開展業務的信貸機構或信貸保險公司提供擔保或其他付款承諾。2.信貸機構或信貸保險人只能在定作人承認企業家的報酬要求或被暫時可執行的判決命令支付報酬且存在可開始執行的條件的情況下，向企業家付款。

(3) 1.承攬人應向顧客償還提供擔保的通常費用，最高比率為當年的2%。2.如果由於定作人對承攬人的付款要求提出反對意見，而反對意見被證明是沒有根據的，所以必須維持擔保，這一點不適用。

(4) 只要承攬人按照第(1)或(2)款的規定為其報酬要求獲得了擔保，就排除了按照第650e條的規定給予擔保抵押的要求。

(5) 1.如果承攬人按照第(1)款的規定向定作人提出合理的提供擔保的期限而未果，承攬人可以拒絕履行或終止契約。2.如果他終止契約，承攬人有權要求獲得約定的報酬；但是，他必須考慮到他因終止契約而節省的費用，或通過在其他地方使用勞動而獲得的或惡意不獲得的費用。3.應推定，此後承攬人有權獲得屬於尚未完成的那部分工作的商定報酬的5%。

(6) 第1款至第5款在以下情況下不適用：

1.定作人是公法規定的法人或公法規定的特別基金，對其資產的破產程式是不允許的，或

2.是消費者，且契約是第650i條規定的消費者建築契約或第650u條規定的房地產開發契約。

如果建築專案是由被授權處置購買者資金的建築監理監督的，則第1句第2點不適用。

(7) 偏離第1款至第5款的協議是無效的。

第四章 | 契約上權利與義務之調整

　　一般營建工程承攬，尤其是新建工程，其完整之履約期間並非短暫，期間所發生的法律行為，亦繁瑣複雜。在契約關係存續中，隨著時間的經過，當事人之給付內容發生變動情形，亦屬常見現象。即便該工程契約業已預擬諸多條款內容，仍無法將其繁瑣複雜關係與給付變動，無遺地逐一羅列。如仍遵從契約嚴守之原則，恐不符契約經濟性，甚至契約目的之未達，造成契約當事人利益受損害之虞。例如，當事人於契約關係存續中，就該預擬的部分條款內容，或因發生履行障礙，或因不可預見之情事等，而發生工作給付範圍之遺漏、擴張或縮減、材料或工作驗收，以及工作保固等所生之爭議是。

　　前述情形，涉及當事人之給付利益以及危險負擔，直接造成當事人契約利益之變動，且常因不同之個案而隨之變化。因之，在法律規定外，仍應按營建工程實務之交易習慣，或個案所存客觀事實，以及當事人合理之需求等，依權利義務對稱原則與對價相當性原則為客觀審視，適當調整變動當事人契約上之權利義務，以求正義原則下之個案利益的衡平。

　　職是，本章就工作給付範圍之變動、工作危險之移轉時點、工作保固，以及工作物供給契約之工作物所有權原始取得等議題，分別於各節逐一論述。

第一節　工作給付範圍之變動

　　在營建工程實務，造成承攬人工作給付之變動者，除定作人片面變更工作內容外，通常可見情形，係因發生原契約之工程漏項，或履約時之工程增項。前述不同情形之工作給付範圍的變動，直接造成契約上利益之變動，與契約目的能否完全被實現。例如在履約時之工程增項情形，在定作人增項工作取得之利益，與承攬人工作範圍或數額之行政規定的限制，二者發生衝突時，應如何取得個案利益之衡平是。

　　於營建工程承攬實務，前述所稱工程漏項與工程增項，雖非謂每一工程個案皆必然發生，惟時而有之。當事人在履約期間發生漏項或增項，而因此有所

爭執者，多係在於該漏項或增項部分之工作報酬的請求，以及因該漏項或增項部分工作之施作，以致工作完成超過約定之工作期日，而發生遲延給付等。然而，關於漏項或增項部分工作之施作，以致工作完成超過約定之工作期日，有否發生遲延給付之責任，實應端視該工程漏項或工程增項之部分工作，是否為承攬人契約上之義務而定。

關於營建工程之漏項與增項二者，除司法實務所涉案利之見解外，目前國內學說未多著墨。然而，在營建工程承攬實務，對於契約當事人而言，工程漏項與工程增項二者，攸關其各自之責任分配、給付利益，以及財產變動等。是有關工程漏項與工程增項二者之意義、性質、工作義務、工作報酬，以及施工期間的計算等之探研，應具實益。

是本節就工程漏項與工程增項二者之性質為說明，並就前述二者之各該部分工作，承攬人是否有施作之義務，以及該工程漏項與工程增項之工作報酬請求、工作給付之工期計算等議題，分別逐一說明之。

第一項　工程漏項

漏項，可將其理解為漏為標示，或漏為記載之工作項目或材料。觀諸國內營建工程承攬實務，工程漏項，通常係因以下三類情形而發生：第一類情形，在項目材料清單、詳細價目表或單價分析表等文件內容，均有該項目及其數量標示，而該項目工作未見標示於設計或施工等相關圖說；第二類情形，該設計或施工等相關圖說有為該部分工作之標示，而於各類分項工程清單、項目材料清單、詳細價目表或單價分析表等文件內容，未有該項目工作及數量標示情形；第三類情形，係某一工作項目，在設計或施工圖說，以及分項工程清單、項目材料清單、詳細價目表或單價分析表等文件內容，均未有該項目工作及數量標示情形。

第一款　工程漏項之認定

在營建工程實務，因工程漏項之發生，當事人較有爭議之情形，一般係在於承攬人有無該漏項部分工作之施作義務，如有，則應包含該漏項部分工作之工作報酬的請求，以及該漏項部分工作施作之工作期間的計算等。其中，有關漏項部分工作之工作報酬的請求，在該次工程承攬係採工程總價契約情形，更

是為當事人所爭執。

首先，關於營建工程承攬之漏項情形，最高法院106年度台上字第964號判決認為，於總價承攬契約，因「遺漏（漏項）」而應核實支付之工程項目，應以其「遺漏」係一般廠商就所有招標資料，按通常情況所為解讀，均不認為係屬工程施作範圍者，始足當之[1]。此一司法實務之見解，似認一般廠商就所有招標資料，按通常情況所為解讀，均不認為係屬工程施作範圍者，始認其為漏項。然其之應以其「遺漏」係一般廠商就所有招標資料，按通常情況所為解讀，均不認為係屬工程施作範圍者，始足當之者的見解，恐非妥適。

本文以為，**所謂工程漏項，一般係指於投標文件、設計或施工圖說已有標示，僅於分項工程清單、項目材料清單、詳細價目表或單價分析表等文件，未有該項目工作及數量標示，或於分項工程清單、項目材料清單、詳細價目表或單價分析表等文件，有該項目工作及數量標示，而在圖說漏未標示等情形，始可謂之。蓋若該部分工作項目，係一般專業廠商就所有招標文件資料，按通常情況所為解讀，均不認為係屬工程施作範圍者，則該部分應認係該次工程施作範圍以外之增項，而非工作範圍內遺漏之項目。**

綜上，若該部分工作項目，不在該次工程施作範圍以內者，即無遺漏情形可言。亦即某一部分工作項目**必定在該次工程承攬施作範圍以內，始有該一部分工作項目為遺漏標示或記載之可能。**換言之，該次工程承攬招標文件發生遺漏之部分工作項目，其可能在該次承攬標的工作之範圍內，亦可能不在該次承攬標的工作之範圍內。**其發生遺漏部分工作項目，如在該次承攬標的工作範圍**

---

[1] 最高法院106年度台上字第964號民事判決：「惟按解釋契約，固須探求當事人立約時之真意，不能拘泥於契約之文字，但契約文字業已表示當事人真意，無須別事探求者，即不得反捨契約文字而更為曲解（本院17年上字第1118號判例參照）。系爭契約第2條第1項規定：本工程全部包價計68億5,000萬元，如在本工程範圍內之實作工程數量有增減時，除另有規定外，均按本契約所訂工程項目單價核算計價〔見一審卷（一）第15頁〕。又於總價承攬契約，因『遺漏（漏項）』而應核實支付之工程項目，應以其『遺漏』係一般廠商就所有招標資料，按通常情況所為解讀，均不認為係屬工程施作範圍者，始足當之。……況兩造就系爭琺瑯板應列於何工程項目，及應如何計價，有所爭執，既為原審所是認（見原判決第9頁），則系爭琺瑯板是否為招標資料所遺漏（漏項）者？即非無再為研酌之餘地。原審未詳加調查審認，遽認系爭琺瑯板係屬『漏項』，其單價宜另外訂定專屬之施工項目以為計價，不應於月臺照明燈箱之施工項目內辦理計價，進而為上訴人敗訴之判決，自嫌速斷。」

內者，則爲該次承攬標的工作之遺漏項目；若該部分工作項目，不在該次承攬標的工作範圍內者，則屬於該次承攬標的工作以外之增加項目，屬於工程增項之性質，要非該次承攬標的工作之遺漏項目。其二者不同之性質，直接影響當事人契約上之權利與義務，不能不辨。

第二款　工程漏項之性質

　　關於工程漏項的發生，約有三類情形，前已述及。而工程漏項之性質，應依各該不同之類型，而相異其法律上之性質。以下就圖說漏未標示、表單漏未標示，以及圖說與表單均漏未標示等三種類型之工程漏項，逐一分別說明其各自之法律性質。

一、圖說漏未標示

　　如該部分工作項目，係在招標文件之設計或施工圖說漏未標示，而於分項工程清單、項目材料清單、詳細價目表或單價分析表等文件內容，有該項目工作及數量標示者，其情形可能有以下二種：第一種可能，因該部分工作項目，於分項工程清單、項目材料清單、詳細價目表或單價分析表等文件內容中，已經有該部分工作項目及數量的標示，因定作人已將該部分工作項目列於該次承攬工作報酬之一部，應可認定作人有該部分工作項目施作之本意，僅係漏未將該部分工作項目標示於設計或施工圖說；第二種可能，係該部分工作項目，在原始之設計或施工圖，與分項工程清單、項目材料清單、詳細價目表或單價分析表等文件內容，均有該項目工作及數量標示。嗣定作人認爲該部分工作項目已無施作必要，於招標公告前，將該部分工作項目從原圖說移除，卻未同時將該項目工作及數量之標示，從分項工程清單、項目材料清單、詳細價目表或單價分析表等文件內容中移除。

　　不論係前述定作人有意施作該部分工作項目之第一種可能，或係定作人認爲該部分工作項目已無施作必要之第二種可能，其均已經造成該部分工作，在招標文件之設計或施工圖說漏未標示之情形。

　　圖說，具有契約內容之一部與定作人指示等性質[2]。在圖說作爲契約內容

---

[2] 請參閱本書第二章第四節圖說之法律性質。

之一部時，可將圖說漏未標示之漏項的性質，認係定作人**工作要約的一部遺漏**，所致嗣後契約內容的不完整。此情形，應歸類於契約補充解釋之範疇，當事人可透過對契約的補充解釋，將該漏未標示於圖說之部分工作，加以補正。於圖說屬於定作人指示之情形，此一漏未將該部分工作項目標示於設計或施工圖說情形，應可認屬於**定作人指示之遺漏**。定作人對該指示之一部遺漏，在符合契約目的之範圍內，應得以另一新的指示為補正。

二、表單漏未標示

定作人預擬部分內容，並由投標人完成製作之投標文件，其性質屬於將來契約之一部[3]。若該部分工作項目，招標文件之設計或施工圖說已有標示，僅於投標文件之分項工程清單、項目材料清單、詳細價目表或單價分析表等文件內容，未有該部分工作項目及數量標示情形，則可認係當事人對於該部分工作項目之**工作報酬的漏未約定**。此類表單漏未標示之漏項的性質，應認係當事人對於契約報酬一部的漏未約定。此情形，當事人應可經雙方同意而變更原契約所列之報酬數額，或對該遺漏之部分工作報酬，另為約定。

三、圖說與表單均漏未標示

今如該分項工作部分，於招標文件之設計或施工圖說，與分項工程清單、項目材料清單、詳細價目表或單價分析表等文件內容，均未有該項目及數量標示，原可認不在該次工程契約之工作範圍內。惟如該漏未標示之部分工作，對於契約內容之**他項工作的完整性**，係屬重要，或為該次工程契約之**標的工作的完成**，與完成工作之使用目的所不可或缺者，應可認係**契約工作給付內容的一部遺漏**。

舉例而言，就高樓層建築物之新建工程，在規劃有地下停車場情形，一般均設計有地下停車場之車道與室內場地集水設施。然在該次高樓層建築物新建工程，卻發生該車道與室內場地集水設施，在招標文件之設計或施工圖說，與分項工程清單、項目材料清單、詳細價目表或單價分析表等文件內容，均未有該車道與室內場地集水設施之項目及數量標示情形。然就該高樓層建築物之新

---

[3] 請參閱本書第二章第二節投標文件之法律性質。

建工程的結構而言，該地下停車場之車道與室內場地集水設施，對於該高樓層建築物完成之使用目的而言，係為不可或缺之分項部分工作。於此情形，即可認係工程漏項。

　　要之，某分項部分工作於招標文件之設計或施工圖說，與各類表單等文件內容，均未有該分項工作之項目及數量標示，且該漏未標示部分，對於契約內容他項工作之完整性，係屬重要，或為該次工程契約之標的工作的完成，與完成工作之使用目的所不可或缺者，應可認係契約工作給付內容的一部遺漏。此一漏項部分工作，既係該次工程契約工作給付內容的一部遺漏，即屬於契約補充解釋之範疇，可由當事人透過契約補充之解釋，為該次契約工作給付內容之遺漏部分的補正。

　　綜上，本文以為，在圖說作為契約內容之一部時，可將圖說漏未標示之漏項的性質，認係定作人契約內容提出的一部遺漏。此情形，應歸類於契約補充解釋之範疇，當事人可透過對契約的補充解釋，將該漏未標示於圖說之部分工作，加以補正。於圖說屬於定作人指示之情形，例如工法圖說，此一漏未將該部分工作項目標示於設計或施工圖說情形，應可認屬於定作人指示之遺漏。定作人對該指示之一部遺漏，在符合契約目的之範圍內，應得以另一新的指示為補正。在表單漏未標示之漏項的性質，應認係當事人對於契約報酬一部的漏未約定。此應與前述漏未標示於圖說情形，同屬於契約補充解釋之範疇，當事人應可透過對契約的補充解釋，變更原契約所列之報酬數額，或對該遺漏之部分工作報酬，另為約定。在圖說與各類表單均漏未標示之漏項，應可認係契約工作給付內容的一部遺漏。此情形，即屬於契約補充解釋之範疇，可由當事人透過契約補充之解釋，為該次契約工作給付內容之遺漏部分的補正。

　　換言之，在前述三種工程漏項之情形，如係涉及工作範圍或施作方法之漏未標示者，當事人可透過契約之補充解釋，為該次契約工作給付內容之遺漏部分的補正。若該漏未標示部分，係關於工作報酬者，則可認當事人對於契約報酬一部的漏未約定，當事人應可經雙方同意而變更原契約所列之報酬數額，或對該遺漏之部分工作報酬，另為約定。

第三款　工程漏項之施作義務

　　於國內營建工程承攬實務，工程漏項，一般通常係因未標示於表單文

件、未標示於設計或施工圖說，以及圖說與清單均未標示等三類情形，前已述及。以下就未標示於表單文件、未標示於設計或施工圖說，以及圖說與清單均未標示等各漏項情形之施作義務，分別逐一探討。

一、圖說未標示之漏項

如該部分工作項目及其數量，均有於前述之分項工程清單、材料清單、詳細價目表或單價分析表等文件內容為標示，但未將該部分工作項目或數量之部分，標示於該設計或施工圖說者。於此情形，因該部分工作項目及數量，已經標明、顯示於該次工程承攬報酬之範圍內，應認係在約定報酬所包含的工作範圍內之一部工作。此時，承攬人應將該部分工作項目及其數量，向定作人通知，並為疑義釋明及該部分工作項目圖說提供的請求。

如經定作人疑義釋明後，表示該部分工作項目及數量之標示，僅係招標文件之誤植，定作人並無該部分工作項目實際施作之意願，或對於該次承攬標的工作之完成，客觀上並不具其必需性與重要性者，則就該漏項部分工作，承攬人即無實際施作之義務。此時，定作人應將該漏項部分之工作，從各款表單內容移除。

惟若該部分工作項目，對於該次承攬標的工作之完成，係不可或缺而必須施作者，或定作人於釋疑時，已經表示該部分工作項目需要施作，則基於誠信原則、給付利益與契約目的之達成，承攬人就該漏項部分工作，則有實際施作之義務。有關此一漏項施作義務，德國建築工程採購與契約規範之一般契約規範部分VOB/B第1條給付的方式與範圍（Art und Umfang der Leistung）第4項第1句明文，為提出契約給付所必要、但未約定的給付，除非承攬人之許可項目不包含該項給付，否則於定作人要求時，承攬人應一併提出該項給付[4]。前述

---

[4] VOB/B

§ 1 Art und Umfang der Leistung

(4) 1. Nicht vereinbarte Leistungen, die zur Ausführung der vertraglichen Leistung erforderlich werden, hat der Auftragnehmer auf Verlangen des Auftraggebers mit auszuführen, außer wenn sein Betrieb auf derartige Leistungen nicht eingerichtet ist. 2. Andere Leistungen können dem Auftragnehmer nur mit seiner Zustimmung übertragen werden.

第1條 給付的方式與範圍

(4) 1.應定作人的要求，承包商還應提供任何未約定的、但為履行契約服務所必需的服

德國建築工程採購與契約規範之一般契約規範部分VOB/B第1條之承攬人的漏項施作義務，可資參考。

另於承攬人對該工程漏項有施作義務情形，定作人應於一定期間內，將該工程漏項部分之設計或施作圖說，依一定方式為合法取得並交付予承攬人。如定作人不於該一定期間內，將合法之設計或施工圖說交付予承攬人，或者令承攬人以未經合法取得的設計或施工圖說為施作者，則承攬人應得因此而拒絕該工程漏項部分之施作。蓋於此一欠缺合法圖說之情形，可認該定作人未履行工程契約之定作人的協力義務。是如發生定作人拒絕或未於一定期間內，將該工程漏項部分之合法設計或施工圖說交付承攬人者，則承攬人可以拒絕該漏項部分工作的施作。

於前述情形，按現行民法第507條規定之明文，承攬人得定相當期限，催告定作人為該合法之設計或施工圖說的提供。如定作人於期限內未為該等合法圖說之提供者，承攬人得解除該漏項部分之工作承攬契約，並得請求賠償因該工程漏項部分契約之解除而所發生的損害賠償，例如該漏項部分之工作、材料或人員的準備或管理費，以及設備租金或其他必要之費用等。

二、表單文件未標示之漏項

如該部分工作項目及數量，在契約所附之工程承攬標的設計或施工圖說已經標示，僅於分項工程清單、項目材料清單、詳細價目表或單價分析表等文件內容，未有該部分工作項目及數量標示者。於此一情形，應認承攬人有該漏項部分之施作義務。

蓋如本文前述，該招標文件之一的設計或施工圖說，係定作人預為提出之將來契約內容之一部。而承攬人，係以其對該將來契約內容之一部為同意的基礎上，所為之承攬要約。因此，承攬人對於將來契約內容一部之工作，本就有施作之義務。再者，該設計或施工圖說，於契約締結時，亦已經成為該次工程承攬契約內容之一部。因此該設計或施工圖說有為標示者，即為**該次工程承攬契約內容所包攝**，屬於承攬人工作給付內容之一部。是基於契約當事人之契約嚴守原則，與承攬人按圖施工之義務，對於在契約所附之工程承攬標的設計或

務，除非其業務不具備提供此類服務的條件。2.其他服務只有在徵得承包商同意的情況下才能轉讓給承包商。

施工圖說已經標示，而僅於分項工程、材料清單、詳細價目表或單價分析表等文件內容，未有該部分工作項目及數量標示情形之漏項部分，承攬人有該漏項部分之施作義務。

三、圖說與表單均未標示之漏項

　　除前述二種類型之工程漏項情形外，如該分項工作部分，在招標文件之設計或施工圖說與各分項工程清單、項目材料清單、詳細價目表或單價分析表等文件內容，均未有該項目及數量之標示，原可認該未標示之分項工作部分，係不在契約所示之工作範圍。惟若該漏未標示部分，係為該次承攬標的**工作完成所不可或缺者，應可認係契約必要給付內容的一部遺漏**。亦即，該漏項部分，係在定作人既定之工作承攬計畫內，僅因過失而將該部分工作項目，漏未於圖說與各款表單內容為標示。

　　此種類型之工程漏項，在符合當事人給付之合理期待與契約經濟及目的達成之原則下，應認可經由當事人之契約補充解釋為該遺漏部分之補正，將該漏項工作部分補充於契約內容。對於經補正之該漏項部分工作，在經定作人為工作施作之請求時，承攬人有施作之義務。

　　據此，基於誠信原則、當事人之履約善意、給付利益之合理實現，與契約目的的達成，對於此種類型之漏項工作，承攬人有施作之義務。在定作人為該漏項工作施作之請求時，承攬人如無正當理由，應不得拒絕該漏項工作的施作。關於前述，國際諮詢工程師聯合會FIDIC標準契約條款2017 Red Book第13.1條第3項，可資參考[5]。質言之，於契約必要給付內容的一部遺漏之工作，

---

[5] FIDIC 2017 Red Book

§ 13.1 Right to Vary

(3) The Contractor shall be bound by each Variation instructed under Sub-Clause 13.3.1 [Variation by Instruction], and shall execute the Variation with due expedition and without delay, unless the Contractor promptly gives a Notice to the Engineer stating (with detailed supporting particulars) that:

(a) the varied work was Unforeseeable having regard to the scope and nature of the Works described in the Specification;

(b) the Contractor cannot readily obtain the Goods required for the Variation; or

(c) it will adversely affect the Contractor's ability to comply with Sub-Clause 4.8 [Health and Safety Obligations] and/or Sub-Clause 4.18 [Protection of the Environment].

在定作人已經為該遺漏部分工作之補正，並為請求施作之意思表示時，如無特別情事，承攬人應不得拒絕該部分工作之施作。蓋若非如此解釋，則不符承攬係為定作人利益之本旨。

第四款　工程漏項之報酬給付

有關於工程漏項之認定，與承攬人之漏項部分的工作義務，已如前述。而觀諸國內營建工程承攬實務之交易習慣，當事人對於營建工程承攬契約之承攬方式的約定，通常以實作實算承攬或總價承攬，二者方式中擇一。而工程漏項情形的存在，不論係在於實作實算之承攬方式，或是在總價承攬方式的工程承攬契約，均有發生之可能。惟若當事人該次之工程承攬契約，係以實作實算方式約定者，於發生工程漏項情形，該漏項之工作報酬給付，一般較不會造成當事人間的爭執。

然而，如當事人之該次工程承攬契約，係以總價方式為約定者，於發生工程漏項情形，則該漏項之工作報酬給付，通常極易造成當事人間的爭執。蓋在定作人之立場，既然該次工程承攬契約，係以總價方式締結，則除當事人另有特別約定或特別情事外，該次工程承攬之所有費用，均已經被該契約所列之總價數額所包含。亦即，除當事人別有約定或特別情事外，承攬人不得於該次工程承攬契約所列契約報酬範圍以外，再為任何關於該次承攬標的工作之工作報酬的請求。反之，站在承攬人的角度，該契約約定之工作報酬，係圖說或各類清單上標示之所有工作的對價，在圖說與各類清單均未標示之工作，如需施作，則應於契約約定之工作報酬以外，另為重新計價。

前述以總價承攬方式締結的工程承攬契約，在契約嚴守的原則下，契約當事人固然不得違反契約之約定，而另為相反之主張。惟本文以為，於總價承攬

第13.1條 變更權

(3) 承包商應受子條款項下指示的每項變更的約束第13.3.1條〔按指示變更〕，並應及時且毫不拖延地執行變更，除非承包商立即向工程師發出通知，說明（附有詳細的支持細節）：

(a) 考慮到規範中描述的工程的範圍和性質，變更的工程是不可預見的；

(b) 承包商無法輕易獲得變更所需的貨物；或者

(c) 它將對承包商遵守第4.8條〔健康和安全義務〕和／或第4.18條〔環境保護〕的能力產生不利影響。

之工程承攬契約，如有發生工程漏項情形，則關於該漏項部分之工作承攬報酬給付，仍應依個案具體之各不同情形，為個案之漏項部分工作報酬給付與否的判斷，似較能符合當事人契約上利益之衡平。

一、圖說漏未標示之漏項

如該次工程漏項，係未在設計或施工圖說為標示，而於分項工程清單、材料表單或詳細價目表等表單有標示者。於此一情形，應認承攬人對於該工程漏項部分，不得再另為該部分之工作報酬請求權。

其理由在於，該分項工程清單、材料表單、詳細價目表或單價分析表等文件內容，非但係承攬人之承攬要約內容，亦是定作人對之承攬要約的承諾內容。既然承攬人於製作其之承攬要約時，已經明確認識該分項工程清單、材料表單、詳細價目表或單價分析表等文件內容，並以之為承攬要約內容者，承攬人即須受到該承攬要約內容之拘束。亦即，承攬人在其專業領域與經驗，已經認識該工作項目及數量之存在，並以其所決定之承攬工作報酬價金，為該次分項工程清單、材料表單、詳細價目表或單價分析表等文件所標示之全部工作的對價者，則承攬人對於前述表單文件所標示之全部工作，不但有其施作義務，承攬人對於前述表單文件內容所標示之工作，更要不能另為契約約定價額以外之工作報酬的請求。

另外，於該次工程漏項，係因設計或施工圖說漏未標示，而於分項工程清單、材料表單或詳細價目表等表單有標示所致者，基於誠信原則與契約目的之達成，承攬人應將該情形通知定作人，並請求定作人於一定期間內，交付該工程漏項部分之合法圖說。如定作人拒絕或未於一定期間內，將該工程漏項部分之合法的設計或施工圖說交付承攬人者，則承攬人可以拒絕該漏項部分工作的施作，定作人對於該未施作之工程漏項部分，應無工作報酬給付之義務。於前述情形，承攬人拒絕該漏項部分工作的施作，並未構成契約義務違反的原因事項，惟亦無該漏項部分工作報酬請求的權利，定作人得據此將該漏項部分工作報酬，從該總價承攬契約約定之報酬總額中扣除。

二、表單漏未標示之漏項

如該次工程漏項之發生，係在分項工程清單、材料表單、詳細價目表或單價分析表等文件漏未標示，而於投標文件之設計或施工圖說，已經有該工作部

分標示者。於此類工程漏項情形，當事人對之較易發生爭執。

就定作人言，因該類漏項之部分工作，在招標文件之設計或施工圖說，業已經標示，而設計或施工圖說，係屬於將來契約內容之一部，定作人即因此主張該部分工作已經約定，承攬人於投標時即對之有所認識，承攬人有該部分工作的施作義務，不得因該部分工作漏未標示於各款表單，而另為報酬之計價或請求的主張。

而在承攬人立場，投標文件之分項工程清單、材料表單、詳細價目表或單價分析表等各類文件，係為投標人之承攬要約內容的一部，此一未經標示於前述投標文件表單之工作，投標人並未對定作人為承攬要約。定作人對得標人之承諾內容，亦無該未標示於表單之部分工作。是承攬人多因此主張該部分工作不在契約約定報酬之內，就該部分工作，得另為工作報酬之計價與請求。

本文以為，若要解決前述漏項之工作報酬的爭執，應將投標行為與決標行為二者，分作如下解釋：（一）投標行為，係投標人對定作人預擬明列於表單內容之工作項目為同意，並以該明列之工作項目及數量的同意為基礎，加入該各個明列項目之個別的價額，並以之為承攬要約之內容；（二）決標行為，則為該承攬要約之受領人即定作人，對該得標人之承攬要約內容的各個項目之數量及價額等，所為之承諾。即便經過減價、比減價或協商而決標者，當事人所為之減價、比減價或協商行為的內容，**僅係對於該次投標標價的調整或讓步，並非投標文件表單所顯示明列之項目，或各該項目內容數量的調整或讓步**。在此一解釋下，未於定作人預擬製作之投標文件表單內容明列的項目，當然不在得標人製作的承攬要約內容，自然不受要約拘束力所繩。因此，縱使當事人所約定者，係為總價承攬契約，該未顯示明列於定作人製作之投標文件表單內容的項目，應非該總價承攬契約價金所能觸及之範圍。蓋該未顯示明列於定作人製作之投標文件表單內容的項目，並非該次總價承攬契約之工作報酬之範圍內。換言之，應將此類型之工程漏項，認係當事人就已經確定之工作之一部報酬的漏未約定。

綜上，就營建工程承攬契約，關於工程總價契約價金所及之承攬標的工作，應須以該設計或施工圖說與投標文件等，均完整編製而無顯然漏列之情形為其前提。因此，設計或施工圖說與投標文件表單等之完整編製，而無顯然漏列者，當事人均應遵守總價決標之契約內容。如若投標文件之設計或施工圖說已有標示，僅於分項工程清單、材料表單、詳細價目表或單價分析表等文件內容，未有該項目及數量標示者，如仍將該投標文件圖說已有標示部分，視為總

價決標之報酬範圍，恐有失公平。是於設計或施工圖說已有標示，而在分項工程清單、材料表單、詳細價目表或單價分析表等之文件內容，未有該項目及數量標示之工程漏項情形，如定作人仍請求承攬人為該漏項部分工作之施作者，則對於該工程漏項之施作部分，應認定作人在契約之總價數額外，有另為該漏項部分之工作報酬的給付義務。

三、圖說與清單均未標示之漏項

除前述二種類型之工程漏項情形外，如該漏項工作部分，於圖說與各款表單等文件內容，均未有該項目及數量標示之情形，原可認係不在契約所示之工作範圍內。惟若該漏未標示之部分工作，係為該次承攬標的工作之完成**不可或缺**者，應可認係**契約必要給付的一部遺漏**。此種工程漏項，在當事人之契約補充解釋為補正後，經定作人為該部分工作為施作之指示時，承攬人有該部分工作施作之義務，前已述及。

據此，該工程漏項，既均未在設計或施工圖說與各款表單等文件內容為該項目工作及數量標示，是應可認當事人對於該部分工作項目及其工作報酬二者均未約定。亦即，此種工程漏項，可認係不在原契約所示之工作與報酬之範圍內。因之，不論該次工程契約係採實作實算或係總價承攬，當事人對於該工程漏項的工作範圍及工作報酬二者，均需重新約定[6]，且應以原契約報酬計價方式為基礎，附以該漏項之工作性質，為該漏項部分工作之計價[7]。

---

[6] VOB/B

§ 2 Vergütung

(5) 1. Werden durch Änderung des Bauentwurfs oder andere Anordnungen des Auftraggebers die Grundlagen des Preises für eine im Vertrag vorgesehene Leistung geändert, so ist ein neuer Preis unter Berücksichtigung der Mehr- oder Minderkosten zu vereinbaren. 2. Die Vereinbarung soll vor der Ausführung getroffen werden.

第2條 報酬

(5) 1.若定作人變更建築圖說或其他指示，以至於作為契約約定給付之計算報酬的基礎有所變更，應參考成本之增減另行約定新的報酬價格。2.上述約定應於契約開始履行前為之。

[7] VOB/B

§ 2 Vergütung

(6) 1. Wird eine im Vertrag nicht vorgesehene Leistung gefordert, so hat der Auftragnehmer

第五款　工程漏項之工期計算

觀諸國內營建工程承攬實務，工程漏項，一般通常係因以下三種情形而發生：一、圖說有為該部分之標示，而於分項工程清單、材料清單、詳細價目表或單價分析表等文件內容，未有該項目及數量標示情形；二、於分項工程清單、材料清單、詳細價目表或單價分析表等文件內容，均有該項目及其數量標示，而未見該項目施作部分標示於圖說；三、在圖說與各類表單均未標示，而該未標示之部分係工作完成所必須，已如前述。其中除定作人不於該一定期間內，將合法之設計或施工圖說交付予承攬人，或者令承攬人以未經合法取得的設計或施工圖說為施作者，該承攬人因此而拒絕該工程漏項部分之施作之情形外，承攬人對於該工程漏項，有施作之義務。

本文以為，在承攬人對該工程漏項有施作義務情形，該工程漏項的工作期間計算，似仍應依前述三類不同之漏項原因，為相異之計算方式，而非一概等同論之，始為公允。

一、圖說漏未標示之漏項

如該工程漏項發生之原因，係因設計或施工圖說已經有該系爭部分之標示，而於分項工程清單、材料清單、詳細價目表或單價分析表等文件內容，未有該項目及數量標示者，則該工程漏項之工作期間，應已經為原承攬標的工作之施作期間所包括。蓋該工程漏項之施作與施作方法，業已在原設計或施工圖說有標示說明，承攬人對於該系爭部分工作的存在，已經有所認識。

而承攬標的工作的施作期間，係以招標文件之原設計或施工圖說為計算依

An-spruch auf besondere Vergütung. Er muss jedoch den Anspruch dem Auftraggeber ankündigen, bevor er mit der Ausführung der Leistung beginnt. 2. Die Vergütung bestimmt sich nach den Grundlagen der Preisermittlung für die vertragliche Leistung und den besonderen Kosten der geforderten Leistung. Sie ist möglichst vor Beginn der Ausführung zu vereinbaren.

第2條 報酬

(6) 1.若要求契約未約定之給付事項者，承攬人有權請求特別的報酬。但承攬人必須於開始進行該給付之前，向定作人表示該請求。2.上述報酬的價格，應依作為契約給付的訂價基礎，以及該所要求之給付所生特殊費用，加以決定。上述約定價格，應盡可能於開始進行前為給付。

據。換言之，承攬人係以業將該系爭工作部分，已經爲標示之原設計或施工圖說，作爲其對於承攬標的工作完成所需期間計算的依據，是該系爭部分的工作內容與完成工作所需期間，承攬人已經明確認識。據此，此一因原設計或施工工圖說，已經有該系爭部分之標示，而於分項工程清單、材料清單、詳細價目表或單價分析表等文件內容，未有該項目及數量標示之工程漏項，該工程漏項之工作期間，應已經爲原契約約定之該次承攬標的工作期間所包括。承攬人對於該工程漏項之施作完成，應不得在原契約之承攬標的工作完成期間外，另再爲該系爭部分工作期間的主張。

二、表單漏未標示之漏項

若該次工程漏項之發生，係於項目材料清單、詳細價目表或單價分析表等文件內容，均有該項目及其數量標示，而未見該項目施作部分標示於圖說者，則前述工程漏項之工作施作期間，應不爲原契約約定之承攬標的工作完成期間所包括。

蓋該工程漏項部分，僅於分項工程清單、材料清單、詳細價目表或單價分析表等文件內容，有該項目及其數量之標示，而並未將該項目工作及其施作方法等標示於設計或施工圖說者。因此，承攬人於製作投標文件時，未能對該系爭部分工作內容之存在，或該工作之施作方法等有所認識。該系爭部分工作完成之所需期間，並未在承攬人於投標書製作時，判斷定作人之工作要約所預擬訂定之承攬標的工作完成期間，是否合理或是否能爲其所負擔的範圍內。因此，前述工程漏項之工作施作期間，應不爲原契約約定之承攬標的工作完成期間所包括。

換言之，如定作人已經指示承攬人須完成該工程漏項部分者，則應將該工程漏項之工作施作期間，在原契約約定之承攬標的工作完成期間外，另爲計算。其中，亦應將定作人該工程漏項部分之設計或施作工法的圖說，依一定方式爲合法取得之期間，以及交付予承攬人之期間一併計算加入。蓋此一工程漏項之發生，並非可歸責於承攬人。

三、圖說與清單均未標示之漏項

除前述二種類型之工程漏項情形外，如該分項工作部分，於招標文件之設計或施工圖說，與各款表單等文件內容，均未有該項目及數量標示，原可認係

不在契約所示之工作範圍，承攬人應無該漏項工作之施作義務。惟若該漏未標示部分，係爲該次承攬標的工作完成不可或缺者，應可認係契約必要之點的一部遺漏。此種工程漏項，可由當事人之契約補充解釋爲補正，將該漏項工作部分補充於契約內容。經定作人爲工作施作之指示時，承攬人有施作之義務，前已述及。

據此，該工程漏項，既均未在設計或施工圖說，與分項工程清單、項目材料清單、詳細價目表或單價分析表等文件內容爲該項目工作及數量標示，應可認對於該部分工作項目之施作，當事人並未認識。或者，對於該部分工作項目之施作，係當事人並未約定。因此，此種工程漏項之工作施作期間，可認係不在原契約所示之工作與報酬之範圍內。故而，當事人對於該工程漏項的工作施作期間，均需重新約定，並加入原約定之施作期間。當然，亦應將定作人該工程漏項部分之設計或施作工法的圖說，依一定方式爲合法取得之期間，以及交付予承攬人之期間一併計算加入。

第二項　工程增項

有關工程「增項」，係與工程「漏項」相對之概念。所謂工程增項，係指於原工程承攬契約以外，定作人欲增加之項目工作，並非原契約之約定內容之一部（即該項目工作，在原工程承攬契約之設計或施工圖說，與項目工作表單、材料清單、單價分析表、詳細價目表或其他相關表單等，均無該項目工作及數量之標示記載），亦不在該次工程承攬預計施作之範圍以內，且非該次契約標的工作完成所必須與不可或缺者之情形，始可謂爲工程增項。

在發生工程增項時，承攬人對之是否有施作之義務，如有，則增項工作報酬與施作期間又應如何計算，涉及工程契約當事人之權利義務的變動。前述事項，亦是當事人極易發生紛爭之所在。

以下就工程增項之認定、工程增項之性質、承攬人之增項施作義務、增項之工作報酬與施作期間的計算等，逐一分述之。

第一款　工程增項之認定

工程增項，係指於原工程承攬契約以外，所爲增加之工作項目。其與工程漏項，係指某一項目工作，在原工程承攬契約之設計或施工圖說漏未標示，

或在各款表單漏未標示，以及於圖說及各款表單均漏未標示，而該某一項目工作，係該次契約標的工作完成所必須且不可或缺之情形，並不相同。

換言之，所謂工程增項，即指定作人欲爲工作部分或項目之增加，然該欲爲增加之工作部分或項目，並非原契約之約定內容之一部，亦不在該次工程承攬之施作範圍內，且非該次契約標的工作完成所必須與不可或缺者，始可謂之。

第二款　工程增項之性質

如本文前述，工程增項係指於原工程承攬契約以外，定作人欲增加之項目工作，並非原契約之約定內容之一部，亦不在該次工程承攬預計施作範圍內，且非該次契約標的工作完成所必須與不可或缺者之情形，始可謂爲工程增項。

在原工程契約履約期間，發生工程增項情形，就該增項之工作內容，通常可分爲二類：其一，該工程增項之部分工作，係爲原契約標的工作之延伸工作，例如原新建工程之樓層的新增，或原契約標的工作之周邊工作的增加，如於契約標的之頂層新增景觀設施等是；其二，該工程增項部分工作，係分離於原契約標的工作以外之獨立工作，例如於原新建工程之現址，在契約標的建物外，另新增一獨立之建築改良物。

一、原契約內容之擴張——原契約工作之延伸或附屬

工程增項，係指非爲原契約之約定內容之一部，亦不在該次工程承攬之施作範圍內，且非該次契約標的工作完成所必須與不可或缺者。是如該工程增項之部分工作，係爲原契約標的工作之延伸工作，或是原契約標的工作之周邊工作的增加等情形，則可將該原契約標的工作延伸之新增工作，或原契約標的工作之周邊所新增之工作，認係原契約內容之擴張。例如，原契約標的工作爲地上三層之新建工程，於三層樓地板灌漿完成時，定作人突然發現原契約新建之三層樓不敷使用，遂而擴張原契約內容，在原契約增加第四層之新增工作，即爲適例。

二、獨立之新工作契約——非原契約工作之延伸或附屬

如該工程增項部分工作，係分離於原契約標的工作以外之獨立工作情

形，則可將該工程增項部分，認係在原工程契約以外之另一工作契約。例如，在原契約三層樓新建工程之同一基地，於距離該新建三層樓建物側面10公尺處，另為一層樓建物之新建工程是。該一層樓新建工程增項部分之工作契約，似非必然與原工程契約據其依存而不可分離之關係，且其二者亦非同其命運，違反其一，無從期待可能單獨履行另一契約。蓋除前述原契約標的工作延伸或周邊工作增加之工程增項，屬於原契約內容之擴張情形外，若該工程增項部分工作，並非原契約標的工作之延伸或周邊工作增加之工作，而係分離於原契約標的工作以外之獨立的工作情形，則該獨立且分離於原契約標的工作之工程增項，與該原工程契約並不具依存之關係。

有關聯立契約，最高法院認為雖非謂須以同一締約行為結合各個契約[8]，惟在契約聯立關係中，各個契約間彼此具有不可分離之關係，且同其命運，違反其一，無從期待可能單獨履行另一契約[9]。

綜上，該工程增項之工作契約的存在，並非依存於原工程契約。其與契約聯立關係中之一契約不成立、無效、撤銷或解除時，另一契約亦同其命運[10]之情形不同。據此，應認該工程增項之工作契約，與原工程契約不具備契約聯立關係。因之，如該工程增項部分工作，係分離於原契約標的工作以外之獨立工作情形，應僅得將該工程增項之部分工作，認係在原工程契約以外之另一獨立的工作契約，與原工程契約關係之變動無涉。換言之，該**工程增項的提出，應係定作人於原工程契約內容外，所為之另一個新工作的要約**，而非屬於在原工程契約關係存續中，定作人在約定工作範圍內的另一新工作的指示。

---

8 最高法院104年度台上字第1405號民事判決：「惟按所謂契約之聯立，只須數內容不同之契約具有相互依存之結合關係，即足成立，至於當事人是否係以同一締約行為結合各個契約，則非所論。」

9 最高法院86年度台上字第2665號民事判決：「次按兩造所訂立之房屋、土地買賣契約，彼此具有不可分離之關係，性質上屬聯立契約，同其命運，違反其一，無從期待可能單獨履行另一契約，……」

10 最高法院91年度台上字第1984號民事判決：「則系爭土地買賣契約及系爭房屋買賣契約，似係具有一定依存關係互相結合之聯立契約，即一個契約之效力或存在依存於另一契約，故其中一契約不成立、無效、撤銷或解除時，另一契約亦同其命運。」

第三款　工程增項之施作義務

工程增項之工作，於招標文件之設計或施工圖說，與分項工程清單、項目材料清單、詳細價目表或單價分析表等文件內容，均未有該項目及數量標示。是工程增項之工作，可認係不在契約所示之工作範圍。有關工程增項之工作，原契約之承攬人是否有施作之義務，應不可一概而論。

如前所述，工程增項之工作，係為一般承攬人或專業廠商，就該次所有招標資料，按通常情況所為解讀，均不認為係屬該次工程承攬之施作範圍者，則該增項部分，應認係該次工程施作範圍以外之工作。亦即，該增項部分之工作，並非該原工程承攬契約內容之一部。因此，對於該非原工程承攬契約內容一部之增項工作，應認為係在原工程契約內容以外，定作人所為之另一新的工作要約。對於此一原工程契約內容以外之新的工作要約，該原工程契約之承攬人並不認識，亦難期待在原契約締結時可得預見。是對於此一增項工作之施作，在誠信原則與契約經濟外，仍應將原契約承攬人之工作給付的可能，納入該增項工作之施作義務的考量因素，難謂原契約承攬人對之必然有施作之義務。

一、可期待工作給付之增項

今如該工程增項之工作，與該次原契約之承攬標的工作，具有延伸性、附屬性或輔助性者，應可認該工程增項之工作施作，對於定作人之給付利益，具有輔助及實現之作用。對於此種工程增項之工作，在未造成承攬人履約困難，或其他不必要負擔之情形，承攬人對該增項工作有給付的可能。是基於誠信原則與契約經濟，以及定作人給付利益的實現，對於此給付可能之增項工作，原承攬人有施作義務。要之，在定作人已經提供該工程增項工作之合法圖說，並為該增項工作之施作指示時，如無正當理由，承攬人應不得拒絕該工程增項工作的施作。

質言之，對於工作給付可能之增項工作，該原工程契約之承攬人，對於定作人工程增項的新要約，應該為承諾。其理由在於，不論該次工程承攬係屬於新建工程、拆除工程、增建工程或他種類之工程承攬，該工程增項之工作，通常皆與原工程契約之工作標的、工作時間、工作空間及工作地點等，具有緊密性、關聯性與重疊性。而此一與原工程承攬之工作時間、工作空間及工作地點等，具有緊密性、關聯性與重疊性之特性，如若由原承攬人繼續為該增項之施

作，即為原工程契約之經濟性，以及避免工作造成他人不便利之最有利的原因事由。

舉例而言，今如若將該增項部分之工作，令原承攬人以外之第三人為承攬施作者，定作人必須負擔另尋其他承攬人之費用，以及時間的付出，甚或原契約工作之暫停或等待情形，實不具原契約之經濟性。營建工程實務上常見者，在工作期間重疊情形下，除施作現場的工作動線、施作流暢性與管理等外，對於該原承攬人與增項工作之承攬人間，不免發生工作上之障礙與不必要的衝突。此外，如該增項工作與原契約工作具連接性或延伸性情形，該二者工作介面之協調與瑕疵發生，究應由何人負擔，將徒增當事人間之爭執。

此外，在承攬人有該增項工作之施作義務情形，定作人有否將該工程增項工作，優先通知原工程契約承攬人之義務。關於此一問題，基於誠信原則與契約經濟，以及工作介面單純化之考量，定作人似有將該工程增項工作優先通知承攬人的必要。如此，可與前述承攬人無正當理由，即不得拒絕該工程增項工作之施作義務情形，調整其二者權利義務的衡平。蓋即便定作人不欲享受其之契約經濟的利益，亦非謂即得因此而剝奪原承攬人對於原契約工作之延伸或周邊工作的承攬機會。是在原工程契約關係存續中，**於相同的條件下，對於該增項工作，定作人有優先通知原工程契約承攬人之義務**。或可謂對於該增項部分的工作，原工程契約之承攬人應有其優先承攬的權利。

二、可期待工作給付以外之增項

除前述承攬人有該工程增項工作之施作義務情形外，如該工程增項工作之施作，已經造成原承攬人之履約障礙，例如，該工程增項之工作報酬的加入，已經逾越該承攬人之法定許可範圍者[11]，則應認該原工程契約之承攬人，有拒絕該工程增項工作之權利。在該工程增項工作之內容，業已超過原承攬人之法定許可工作規模範圍情形[12]，亦應為相同之解釋。

---

[11] 營造業承攬工程造價限額工程規模範圍申報淨值及一定期間承攬總額認定辦法第4條第1項：「丙等綜合營造業承攬造價限額為新臺幣二千七百萬元，其工程規模範圍應符合下列各款規定：一、建築物高度二十一公尺以下。二、建築物地下室開挖六公尺以下。三、橋樑柱跨距十五公尺以下。」

[12] 營造業承攬工程造價限額工程規模範圍申報淨值及一定期間承攬總額認定辦法第4條第2項：「乙等綜合營造業承攬造價限額為新臺幣九千萬元，其工程規模應符合下列

　　此外，在原工程契約關係存續中，於相同的條件下，對於該增項工作，定作人有優先通知原工程契約承攬人之義務，原工程契約之承攬人應有其優先承攬的權利，如此，始符合當事人間之合理期待與利益。如該增項部分之工作，與原承攬標的具有工作空間緊密性，且工作性質不相衝突者，在相同條件下，定作人未將該增項部分之工作，對原承攬人為要約，而逕由第三人為工作承攬者，若造成原承攬人工作上之困擾或衝突，或因此所生之負擔者，定作人對於因此而造成之損害，應負損害賠償之責。如因前述情形，更有造成原工作之瑕疵者，例如該第三人之增項工作，因與原承攬工作之鄰接，而於其鄰接介面之施作，造成原工作發生瑕疵情形，定作人對於該工作之瑕疵部分，應負擔其危險，或喪失其對原承攬人之該工作瑕疵的權利主張。

　　綜上，本文以為，基於誠信原則與原契約之經濟性，如該工程增項部分之工作，並未造成該承攬人履約上之困難，或其他不必要負擔之情形，該原工程契約之承攬人，對於定作人此一增項之新工作要約，應該為承諾。在該增項工作之施作，逾越該承攬人之法定許可範圍者，或業已超過原承攬人之法定許可工作範圍情形，實已經造成該原承攬人工作給付的障礙，則應認該原工程契約之承攬人，並無該工程增項工作之施作義務。如此，始符合契約當事人利益之衡平以及危險的合理分配。

第四款　工程增項之報酬給付

　　增項部分之工作，並非該次工程承攬契約內容之一部。因此，對於該非原工程承攬契約內容一部之增項，應認為係定作人在原工程承攬契約內容以外，所為之另一新的工作要約。是在原工程契約承攬人施作工程增項情形，該工程增項之工作報酬給付，應由當事人另為重新約定，且應以定作人為工程增項工作指示之當時，或該增項工作實際施作當時之物價，或蠆物指數，或市場通常價格等，為增項工作報酬計算的依據[13]。

　　各款規定：一、建築物高度三十六公尺以下。二、建築物地下室開挖九公尺以下。三、橋樑柱跨距二十五公尺以下。」

[13] 最高法院108年度台上字第1459號民事判決：「②序號8-11：系爭工程設計圖說要求施作序號8-11之工項，明亞公司已依約完成，公路局第一區養工處不爭執該工項係新增項目，並依一般條款E.9（契約變更之計價）先行給付預算單價80%工程款，明亞公司主張此部分施作之數量，亦屬可採。其中序號8部分：以挖方需利用為填築路基以

　　再者，該工程增項工作，既係定作人在原工程承攬契約內容以外，所爲之另一新的工作要約。故該工程增項之工作報酬，亦應獨立於原工程契約以外，而不得將該工程增項之工作報酬，併入原工程契約報酬範圍內[14]。蓋若原工程契約工作報酬之計算，有因其他原因事項發生變動時，例如物價指數調整，即易因此發生爭執，尤其是在總價承攬契約情形，更甚明顯。是應將該工程增項之工作報酬，獨立於原工程契約以外爲計算。

　　綜上，工程增項係屬原工程契約以外之工作給付，要非原契約報酬範圍所包攝。況且，工程增項之發生，並非當事人於契約成立時即有所預見，是除當事人別有約定外[15]，如承攬人依定作人指示爲增項之施作者，承攬人得就該實際施作之增項工作，按原契約工作報酬之計價方式[16]，或另以增項工作實際施

挖填平衡原則，依公程會公共工程價格資料庫篩選符合規格土石方利用之平均單價，及審酌預算單價與市場行情差異大等情，故餘方近運之單價以每立方米54元爲宜，就此，明亞公司請求公路局第一區養工處給付161萬5,676元，應予准許。」

[14] VOB/B

§ 2 Vergütung

(6) 1. Wird eine im Vertrag nicht vorgesehene Leistung gefordert, so hat der Auftragnehmer An-spruch auf besondere Vergütung. Er muss jedoch den Anspruch dem Auftraggeber ankündigen, bevor er mit der Ausführung der Leistung beginnt. 2. Die Vergütung bestimmt sich nach den Grundlagen der Preisermittlung für die vertragliche Leistung und den besonderen Kosten der geforderten Leistung. Sie ist möglichst vor Beginn der Ausführung zu vereinbaren.

第2條 報酬

(6) 1.若要求契約未約定之給付事項者，承攬人有權請求特別的報酬。但承攬人必須於開始進行該給付之前，向定作人表示該請求。2.上述報酬的價格，應依作爲契約給付的訂價基礎，以及該所要求之給付所生特殊費用，加以決定。上述約定價格，應盡可能於開始進行前爲給付。

[15] 最高法院104年度台上字第581號民事判決：「法院自爲增減給付或變更其他原有效果之判決者，以法律行爲成立後，因不可歸責於當事人之事由，致情事變更，非當時所得預見，而依其原有效果顯失公平爲要件。如於法律行爲成立時，即預見情事將有所變更，雙方對之應如何調整給付，有所約定者，自無該項規定之適用，蓋兩造契約既明訂『變更設計後（含新增項目比減價），乙方（即承攬人）不得再額外要求增加工期或其他費用』，則等於承包商已同意透過辦理該次變更已提出所有主張，事後即不能再藉故援引情事變更原則請求補償費用或調整合約價款，否則工程契約之權利義務關係將呈現無法確定之狀態，而有害工程之穩定進行。」

[16] 最高法院102年度台上字第381號民事判決：「其次，兩造於帷幕工程契約第九條第一

作當時之物價，或市場通常價格等，作爲該增項工作報酬之計算基礎，請求該增項工作之報酬，始符合當事人給付之合理期待。

第五款　工程增項之工期計算

　　工程增項，如由原契約承攬人施作者，則該增項工作之性質，可分別屬於原契約內容之擴張，以及爲另一獨立工作契約等二類型，前已述及。工程增項之工期計算，攸關該原承攬人之工作給付利益。要之，應依該工程增項之各自相異性質，就該增項之工作期間，分別爲不同方式之計算。

　　今如該增項工作，係爲原契約工作之延伸，或原契約工作周邊的增加工作，而由原契約承攬人施作者，則該增項工作屬於原契約內容之擴張，或定作人之新工作的指示。因該工程增項工作，既均未在設計或施工圖說，與各款表單等文件內容爲該項目工作及數量標示，對於該增項工作之施作內容，**當事人於締約時並未約定**。此時，應按該增項工作之內容，以及原承攬人實際施作所需時間之計畫，適當延長該原契約約定之施工期間[17]。

項約定對於新增項目應增加計價，但未就此計價結果，另行約定付款辦法，自仍應依契約第五條之付款辦法以爲支付，即該追加工程款請求權仍係在新北市政府給付工程尾款予上訴人之一個月後，即自九十六年十月十一日起始得行使，被上訴人於九十七年十月十七日就此追加工程款聲請核發支付命令，尚未逾二年時效期間，上訴人所爲時效抗辯，爲無足採。」

[17] FIDIC 2017 Red Book

§ 8.5 Extension of Time for Completion

The Contractor shall be entitled subject to Sub-Clause 20.2 [Claims For Payment and/or EOT] to Extension of Time if and to the extent that completion for the purposes of Sub-Clause 10.1 [Taking Over the Works and Sections] is or will be delayed by any of the following causes:

(a) a Variation (except that there shall be no requirement to comply with Sub-Clause 20.2 [Claims For Payment and/or EOT]);

(b) a cause of delay giving an entitlement to EOT under a Sub-Clause of these Conditions;

(c) exceptionally adverse climatic conditions, which for the purpose of these Conditions shall mean adverse climatic conditions at the Site which are Unforeseeable having regard to climatic data made available by the Employer under Sub-Clause 2.5 [Site Data and Items of Reference] and/or climatic data published in the Country for the geographical location of the Site;

　　若該增項工作，係為另一獨立工作契約，而由原契約承攬人施作者，因該工程增項工作，**當事人於締約時並未約定，亦非屬於原契約內容之擴張**，故而，當事人對於該工程增項工作之施作期間，需重新約定，並應於**原約定之施作期間以外另為計算，要非併入原約定期間而為延長**[18]。當然，亦應將定作人該工程增項部分之設計或施作工法的圖說，依一定方式為合法取得之期間，以及交付予承攬人之期間一併計算加入。此外，如因該工程增項工作之施作，造成原工程契約工作之施作障礙，或需為工作之施作順序調整等情形，定作人應適度增加原工程契約約定之施作期間。

　　綜上，關於工程增項之工期計算，可因該增項工作之性質，而適用不同的

(d) Unforeseeable shortages in the availability of personnel or Goods (or Employer-Supplied Materials, if any) caused by epidemic or governmental actions; or

(e) any delay, impediment or prevention caused by or attributable to the Employer, the Employer's Personnel, or the Employer's other contractors on the Site.

第8.5條 延長竣工時間

如果且在第10.1條〔接管工程和部分〕目的的竣工已經或將要完成的情況下，承包商有權根據第20.2條〔付款索賠和／或EOT〕延長時間。因下列原因之一而延誤：

(a) 變更（除非不要求遵守第20.2條〔付款索賠和／或EOT〕）；

(b) 導致根據本條件的子條款獲得EOT權利的延遲原因；

(c) 異常不利的氣候條件，就這些條件而言，指的是工地的不利氣候條件，考慮到定作人根據第2.5條〔現場數據和參考資料〕提供的氣候數據，這是不可預見的；以及／或工地所在國家／地區發布的氣候數據；

(d) 流行病或政府行為導致人員或貨物（或定作人提供的材料，如果有的話）不可預見的短缺；或者

(e) 由定作人、定作人人員或定作人在現場的其他承包商造成或歸因於其的任何延誤、障礙或阻止。

[18] 最高法院108年度台上字第2183號民事判決：「查系爭契約第14條第5項約定：『除契約變更或追加契約以外而新增工作項目外，因不可歸責於乙方（指福泉公司）之事由，經甲方（指北市新工處）同意展延工期時，乙方並得向甲方請求按工程總價2.5%除以原工期日數所得金額乘以展延日數之工程管理費用……』〔見一審卷（一）第21頁〕。……另揆諸上開條文內載『原工期日數』、『展延日數』互為對照，似見所謂『原工期日數』，並未包括『展延日數』在內。果爾，福泉公司主張『原工期日數』應為162日曆天（主張系爭契約原定工期157日曆天為誤算，經監造單位更正後為162日曆天）等語〔見原審卷（一）第40頁〕，是否全無足取，即有斟酌之餘地。原審未遑釐清，遽將展延工期42日計入『原工期日數』，據以計算展期管理費，進而駁回福泉公司就該部分258萬1,811元本息之上訴，非無可議。」

施工期間計算方式。在該增項工作爲原契約工作之延伸，或原契約工作周邊的增加工作之性質，應按該增項工作之內容，以及原承攬人實際施作所需時間之計畫，適當延長該原契約約定之施工期間。若該增項工作，係爲另一獨立之工作契約，非屬於原契約內容擴張之性質，當事人對於該工程增項工作之施作期間，需重新爲約定，並應於原約定之施作期間以外另爲計算，而不能將該增項工作期間，併入原約定期間而以之爲延長。

第二節　工作危險之移轉時點——驗收

在營建工程承攬，定作人之驗收（acceptance）與受領，二者並非爲全然相同之概念。驗收，係指對於該受驗標的之檢驗，以及該檢驗結果的接收。驗收之對象，可以係施作材料、加工半成品或完成品、進行中之工作、分部給付或完竣工作與工作物的檢驗及檢驗結果的接收。然定作人受領之對象，通常係指對於已經完成之工作，合先敘明。

關於承攬工作毀損、滅失之危險，於定作人受領前，由承攬人負擔，如定作人受領遲延者，其危險由定作人負擔，民法第508條第1項定有明文。然而此一規定，在於營建工程承攬關係，能否謂可完全妥適，或值商榷。例如，在國內營建工程實務，當事人於分部給付之部分工作完成時，或定作人預先使用一部完成之工作時，或整體工作全部完竣之受領（點交或接管）前，通常均會對該分部完成、預先使用或完竣工作，爲一定程序之工作驗收。對於營建工程契約當事人，工作之進行、報酬之清償、報酬保留款的返還、保管責任的解消、保固期間的計算，以及相關保證金的發還等，均隨諸該工作之驗收而發生變動。

在工程實務之交易習慣，於某種意義上，驗收具有危險移轉之作用。是關於承攬工作之危險負擔，應非僅以定作人之受領，作爲危險移轉之唯一的時點認定。舉例而言，在工作已經完竣情形，如該竣工驗收已經完成，於定作人工作受領（接管或點交）前，因不可歸責於承攬人之事由，或因不可抗力之事變致工作毀損滅失情形，此時如仍將該工作之毀損滅失的危險，繼續由承攬人負擔者，似與危險之合理分配有違，亦不符契約利益之衡平。然前述情形，與定作人受領遲延時，危險由定作人負擔者，仍有相異之處，並非一事。另從債權人遲延中，債務人僅就故意或重大過失爲負責之法理及立法精神觀之，亦有所

不同。是工作危險之移轉時點的認定，關乎契約當事人之給付利益與危險的負擔。尤其在契約標的數額不斐，履約期間漫長之營建工程承攬關係，如何合理分配契約上之危險負擔，對於當事人給付利益之衡平，顯係重要。

本節就國內現行法律規定、契約、實務與學說，與國外相關之比較觀點等為依據，分別關於國內營建工程承攬實務之工程驗收的法律性質、違反驗收之法律效果及相關之議題，逐一分述之。

第一項　驗收

驗收，對於營建工程承攬契約當事人而言，是一個相當熟悉的名詞。驗收，直接牽動契約當事人之給付利益，也是一個營建工程承攬關係存續中，當事人最容易發生歧見或爭執的節點或階段行為。蓋無論係以何種方式為契約締結方式，或係以何種條件為決標方法，一旦於該次工程承攬契約關係開始，契約當事人即須面對驗收及其所衍生之相關問題，幾無例外。

觀諸國內營建工程承攬實務，尤其是較大型之工程承攬，當事人之交易習慣，不論係定作人自己為驗收，或係定作人委由第三人為驗收[19]，通常皆會將該次標的工作之驗收，分次為報驗、初驗、正式驗收、複驗，以及總驗收或竣工驗收等多階段式的驗收。當事人之所以採多階段式的驗收，主要在於營建工程承攬標的之工作或工作物的完成，均需一定之漫長期間，且其施作內容複雜等因素。基於前述因素，再加以營建工程承攬，其多數之契約交易價額均係不斐，驗收業已經成為當事人維護其契約上利益之重要行為，而不僅僅是對於承攬標的工作或工作物的查驗，以及查驗結果接收之意義。

除前述外，民法有關承攬一節之規定，於工作完成前，在一定情形下，承攬人有自行修補瑕疵之權利。此由民法第497條定作人於工作進行中之瑕疵預

---

[19] 政府採購法施行細則第91條：「機關辦理驗收人員之分工如下：一、主驗人員：主持驗收程序，抽查驗核廠商履約結果有無與契約、圖說或貨樣規定不符，並決定不符時之處置。二、會驗人員：會同抽查驗核廠商履約結果有無與契約、圖說或貨樣規定不符，並會同決定不符時之處置。但採購事項單純者得免之。三、協驗人員：協助辦理驗收有關作業。但採購事項單純者得免之。會驗人員，為接管或使用機關（單位）人員。協驗人員，為設計、監造、承辦採購單位人員或機關委託之專業人員或機構人員。法令或契約載有驗收時應辦理丈量、檢驗或試驗之方法、程序或標準者，應依其規定辦理。有監驗人員者，其工作事項為監視驗收程序。」

防請求權，及民法第498條一般瑕疵發見期間時點規定的明文，應可明瞭。惟於承攬標的工作係為分部給付情形，前述瑕疵修補之可得行使的時點，關乎定作人解除契約或減少報酬之權利行使的期間利益。例如定作人是否於分部給付工作驗收後，即得為瑕疵修補的定期通知，抑或需如法律規定至工作完成或受領時，始得為瑕疵修補之定期通知。前述二者情形，孰較符合契約當事人之利益，應值探討。

　　以下就國內法律規定、工程採購契約範本、實務，以及比較觀點等，分別逐一說明定作人之驗收。

第一款　法律規定

　　關於承攬之一般規定，民法第490條以降，有其明文。另就有關工程承攬之專法部分，可見於政府採購法及其施行細則。

一、民法

　　觀諸現行民法，除於買賣一節有關於買受人檢查義務之規定外，並未在承攬一節中有任何關於工作驗收之明文。

　　然而，按現行民法規定，除買賣關係以外之有償契約性質不允許外，買賣一節之規定，對於有償契約可準用之[20]。因之，在性質並無不允許之情形下，買賣一節關於買受人檢查義務之規定[21]，應得適用於承攬關係。

二、政府採購法

　　在承攬契約當事人適用政府採購法情形，對於定作人之工作驗收，現行政府採購法則有其相關明文規定。

　　政府採購法第70條第1項規定，機關辦理工程採購，應對重點項目訂定檢

---

[20] 民法第347條：「本節規定，於買賣契約以外之有償契約準用之。但為其契約性質所不許者，不在此限。」

[21] 民法第356條：「買受人應按物之性質，依通常程序從速檢查其所受領之物。如發見有應由出賣人負擔保責任之瑕疵時，應即通知出賣人。買受人怠於為前項之通知者，除依通常之檢查不能發見之瑕疵外，視為承認其所受領之物。不能即知之瑕疵，至日後發見者，應即通知出賣人，怠於為通知者，視為承認其所受領之物。」

查程序及檢驗標準[22]。政府採購法第71條第1項指出，機關辦理工程、財物採購，應限期辦理驗收，並得辦理部分驗收[23]。

另觀諸政府採購法第72條，在第1項明文機關辦理驗收時應製作紀錄，由參加人員會同簽認。驗收結果與契約、圖說、貨樣規定不符者，應通知廠商限期改善、拆除、重作、退貨或換貨。其驗收結果不符部分非屬重要，而其他部分能先行使用，並經機關檢討認為確有先行使用之必要者，得經機關首長或其授權人員核准，就其他部分辦理驗收並支付部分價金；第2項規定驗收結果與規定不符，而不妨礙安全及使用需求，亦無減少通常效用或契約預定效用，經機關檢討不必拆換或拆換確有困難者，得於必要時減價收受；第3項則指出對於工程之隱蔽部分，驗收人於必要時得拆驗或化驗[24]。

依前述政府採購法之相關規定，可認機關對於工程採購之重點項目檢查程序及檢驗標準的訂定，以及對之限期辦理驗收，係定作機關在工程採購的法定行為之一。其驗收之結果，亦是定作機關支付價金的依據之一。

三、政府採購法施行細則

除前述政府採購法第71條第1項、第72條第1項外，政府採購法施行細則對於工作驗收，亦有規定明文。

政府採購法施行細則第92條第1項規定，廠商應於工程預定竣工日前或竣工當日，將竣工日期書面通知監造單位及機關。除契約另有規定者外，機關應於收到該書面通知之日起七日內會同監造單位及廠商，依據契約、圖說或貨樣

---

[22] 政府採購法第70條第1項：「機關辦理工程採購，應明訂廠商執行品質管理、環境保護、施工安全衛生之責任，並對重點項目訂定檢查程序及檢驗標準。」

[23] 政府採購法第71條第1項：「機關辦理工程、財物採購，應限期辦理驗收，並得辦理部分驗收。」

[24] 政府採購法第72條：「機關辦理驗收時應製作紀錄，由參加人員會同簽認。驗收結果與契約、圖說、貨樣規定不符者，應通知廠商限期改善、拆除、重作、退貨或換貨。其驗收結果不符部分非屬重要，而其他部分能先行使用，並經機關檢討認為確有先行使用之必要者，得經機關首長或其授權人員核准，就其他部分辦理驗收並支付部分價金。驗收結果與規定不符，而不妨礙安全及使用需求，亦無減少通常效用或契約預定效用，經機關檢討不必拆換或拆換確有困難者，得於必要時減價收受。其在查核金額以上之採購，應先報經上級機關核准；未達查核金額之採購，應經機關首長或其授權人員核准。驗收人對工程、財物隱蔽部分，於必要時得拆驗或化驗。」

核對竣工之項目及數量，確定是否竣工；廠商未依機關通知派代表參加者，仍得予確定；第2項明文工程竣工後，除契約另有規定者外，監造單位應於竣工後七日內，將竣工圖表、工程結算明細表及契約規定之其他資料，送請機關審核。有初驗程序者，機關應於收受全部資料之日起30日內辦理初驗，並作成初驗紀錄[25]。

政府採購法施行細則第93條指出，採購之驗收，有初驗程序者，初驗合格後，除契約另有規定者外，機關應於20日內辦理驗收，並作成驗收紀錄[26]。政府採購法施行細則第94條，明文關於採購之驗收，無初驗程序者，除契約另有規定者外，機關應於接獲廠商通知備驗或可得驗收之程序完成後30日內辦理驗收，並作成驗收紀錄[27]。

從前述政府採購法施行細則之相關規定，應可知對於工作之驗收，以及該工作驗收紀錄的作成，係定作機關在工程採購契約上的必要行為之一。

第二款　工程採購契約範本

按現行法律規定，通常因定作人之法律上地位[28]或其他原因[29]，而將該次

---

[25] 政府採購法施行細則第92條：「廠商應於工程預定竣工日前或竣工當日，將竣工日期書面通知監造單位及機關。除契約另有規定者外，機關應於收到該書面通知之日起七日內會同監造單位及廠商，依據契約、圖說或貨樣核對竣工之項目及數量，確定是否竣工；廠商未依機關通知派代表參加者，仍得予確定。工程竣工後，除契約另有規定者外，監造單位應於竣工後七日內，將竣工圖表、工程結算明細表及契約規定之其他資料，送請機關審核。有初驗程序者，機關應於收受全部資料之日起三十日內辦理初驗，並作成初驗紀錄。財物或勞務採購有初驗程序者，準用前二項規定。」

[26] 政府採購法施行細則第93條：「採購之驗收，有初驗程序者，初驗合格後，除契約另有規定者外，機關應於二十日內辦理驗收，並作成驗收紀錄。」

[27] 政府採購法施行細則第94條：「採購之驗收，無初驗程序者，除契約另有規定者外，機關應於接獲廠商通知備驗或可得驗收之程序完成後三十日內辦理驗收，並作成驗收紀錄。」

[28] 政府採購法第3條：「政府機關、公立學校、公營事業（以下簡稱機關）辦理採購，依本法之規定；本法未規定者，適用其他法律之規定。」

[29] 政府採購法第4條：「法人或團體接受機關補助辦理採購，其補助金額占採購金額半數以上，且補助金額在公告金額以上者，適用本法之規定，並應受該機關之監督。藝文採購不適用前項規定，但應受補助機關之監督；其辦理原則、適用範圍及監督管理辦法，由文化部定之。」

工程承攬分為二類，其一係須適用政府採購法之工程契約關係，另一則是不在適用政府採購法之列的工程契約關係。

觀諸國內營建工程承攬實務，在適用政府採購法情形，該次工程契約，必然採用行政院公共工程委員會所擬制頒布之工程採購契約範本。然而，於該次營建工程採購，非為適用政府採購法情形，當事人一方所預擬之工程契約，亦多以前述工程採購契約範本，作為其契約約款內容之製作依據。是在國內營建工程契約部分，本文以行政院公共工程委員會頒布之工程採購契約範本，作為說明之基礎，合先敘明。

參諸現行之工程採購契約範本，有關工作之驗收，可見於其第15條驗收[30]

---

[30] 工程採購契約範本（112.11.15修正）第15條 驗收

（一）廠商履約所供應或完成之標的，應符合契約規定，無減少或減失價值或不適於通常或約定使用之瑕疵，且為新品。

（二）驗收程序：

1.廠商應於履約標的預定竣工日前或竣工當日，將竣工日期書面通知監造單位元／工程司及機關。機關應於收到該通知之日起__日（由機關於招標時載明；未載明者，依採購法施行細則第92條規定，為7日）內會同監造單位／工程司及廠商，依據契約、圖說或貨樣核對竣工之項目及數量，以確定是否竣工；廠商未依機關通知派代表參加者，仍得予確定。除契約另有約定外，廠商應於竣工後7日內提送工程竣工圖表；機關持有設計圖電子檔者，廠商依其提送竣工圖期程，需使用該電子檔者，應適時向機關申請提供該電子檔；機關如遲未提供，廠商得定相當期限催告，以應及時提出工程竣工圖之需。

2.初驗及驗收：（由機關擇一勾選：未勾選者，無初驗程序）

□工程竣工後，有初驗程序者，機關應於收受監造單位／工程司送審之全部資料之日起__日（由機關於招標時載明；未載明者，依採購法施行細則第92條規定，為30日）內辦理初驗，並作成初驗紀錄。初驗合格後，機關應於__日（由機關於招標時載明；未載明者，依採購法施行細則第93條規定，為20日）內辦理驗收，並作成驗收紀錄。廠商未依機關通知派代表參加初驗或驗收者，除法令另有規定外（例如營造業法第41條），不影響初驗或驗收之進行及其結果。如因可歸責於機關之事由，延誤辦理初驗或驗收，該延誤期間不計逾期違約金；廠商因此增加之必要費用，由機關負擔。

□工程竣工後，無初驗程序者，機關應於接獲廠商通知備驗或可得驗收之程序完成後__日（由機關於招標時載明；未載明者，依採購法施行細則第94條規定，為30日）內辦理驗收，並作成驗收紀錄。廠商未依機關通知派代表參加驗收者，除法令另有規定外（例如營造業法第41條），不影響驗收之進行及其結果。如因可歸責於機關之事由，延誤辦理驗收，該延誤期間不計逾期違約金；廠商因此增加之必要費用，由機關負擔。

（三）查驗或驗收有試車、試運轉或試用測試程序者，其內容（由機關於招標時載明，無者免填）：

廠商應就履約標的於＿＿＿＿＿＿（場所）、＿＿＿＿＿＿（期間）及＿＿＿＿＿＿（條件）下辦理試車、試運轉或試用測試程序，以作為查驗或驗收之用。試車、試運轉或試用所需費用，由廠商負擔。但另有規定者，不在此限。

（四）查驗或驗收人對隱蔽部分拆驗或化驗者，其拆除、修復或化驗所生費用，拆驗或化驗結果與契約規定不符者，該費用由廠商負擔；與規定相符者，該費用由機關負擔。契約規定以外之查驗、測試或檢驗，亦同。

（五）查驗、測試或檢驗結果不符合契約規定者，機關得予拒絕，廠商應於限期內免費改善、拆除、重作、退貨或換貨，機關得重行查驗、測試或檢驗。且不得因機關辦理查驗、測試或檢驗，而免除其依契約所應履行或承擔之義務或責任，及費用之負擔。

（六）機關就廠商履約標的為查驗、測試或檢驗之權利，不受該標的曾通過其他查驗、測試或檢驗之限制。

（七）廠商應對施工期間損壞或遷移之機關設施或公共設施予以修復或回復，並填具竣工報告，經機關確認竣工後，始得辦理初驗或驗收。廠商應將現場堆置的施工機具、器材、廢棄物及非契約所應有之設施全部運離或清除，方可認定驗收合格。

（八）工程部分完工後，有部分先行使用之必要或已履約之部分有減損滅失之虞者，應先就該部分辦理驗收或分段查驗供驗收之用，並就辦理部分驗收者支付價金及起算保固期。可採部分驗收方式者，優先採部分驗收；因時程或個案特性，採部分驗收有困難者，可採分段查驗供驗收之用。分段查驗之事項與範圍，應確認查驗之標的符合契約規定，並由參與查驗人員作成書面紀錄。供機關先行使用部分之操作維護所需費用，除契約另有規定外，由機關負擔。

（九）工程驗收合格後，廠商應依照機關指定的接管單位：＿＿＿＿＿＿（由機關視個案特性於招標時載明；未載明者，為機關）辦理點交。其因非可歸責於廠商的事由，接管單位有異議或藉故拒絕、拖延時，機關應負責處理，並在驗收合格後＿日（由機關視個案特性於招標時載明；未載明者，為15日）內處理完畢，否則應由機關自行接管。如機關逾期不處理或不自行接管者，視同廠商已完成點交程序，對本工程的保管不再負責，機關不得以尚未點交作為拒絕結付尾款的理由。

（十）廠商履約結果經機關初驗或驗收有瑕疵者，機關得要求廠商於＿＿日內（機關未填列者，由主驗人定之）改善、拆除、重作、退貨或換貨（以下簡稱改正）。

（十一）廠商不於前款期限內改正、拒絕改正或其瑕疵不能改正，或改正次數逾＿次（由機關於招標時載明；無者免填）仍未能改正者，機關得採行下列措施之一：

1.自行或使第三人改正，並得向廠商請求償還改正必要之費用。
2.終止或解除契約或減少契約價金。

（十二）因可歸責於廠商之事由，致履約有瑕疵者，機關除依前2款規定辦理外，並得請求損害賠償。

之條款內容。其中，在該條第1款，除與民法有關承攬人對於完成工作之意旨[31]相同外，另有該廠商履約所供應或完成之標的，須為新品之明文。

第15條第2款，係關於驗收程序之規定，其第1目即規定承攬廠商應於履約工作預定竣工日前或竣工當日，將竣工日期書面通知監造單位或工程司及機關之義務。以及機關應於收到前述竣工通知之一定期間內，會同監造單位或工程司及廠商，依據契約、圖說或貨樣核對竣工之項目及數量，以確定是否竣工。另除契約別有約定外，廠商有於竣工後七日內提送工程竣工圖表之義務。第2目係為工作之初驗及驗收之規定，此處規定的重點之一，係該受驗廠商，如未依機關通知派代表參加初驗或驗收者，除相關法令另有規定外（例如營造業法第41條），對於該次初驗或驗收之進行及其結果，並無影響。若因可歸責於機關之事由，造成延誤辦理初驗或驗收，該延誤期間不計逾期違約金。受驗廠商如因此增加之必要費用，由機關負擔。

該條第6款，明文機關就廠商履約標的為查驗、測試或檢驗之權利，不受該標的曾通過其他查驗、測試或檢驗之限制。可知機關對於履約標的之工作，有專屬之查驗、測試或檢驗的權利，以及該查驗、測試或檢驗結果之最終認定的專屬權利。

該條第7款，則對於廠商之標的工作驗收的提出，規定了附加條件。質言之，於機關所規定之條件為成就前，廠商無法行使標的工作受驗之權利。該條

（十三）採購標的為公有新建建築工程：

1.如須由廠商取得目的事定作人管機關之使用執照或其他類似文件者，其因可歸責於機關之事由以致有遲延時，機關不得以此遲延為由拒絕辦理驗收付款。

2.如須由廠商取得綠建築標章／智慧建築標章者，於驗收合格並取得合格級（如有要求高於合格級者，另於契約載明）綠建築標章／智慧建築標章後，機關始得發給結算驗收證明書。但驗收合格而未能取得綠建築標章／智慧建築標章，其經機關確認非可歸責於廠商者，仍得發給結算驗收證明書。

（十四）廠商履行本契約涉及工程會訂定之「公共工程施工廠商履約情形計分要點」所載加減分事項者，應配合機關要求提供相關履約事證，機關應將廠商履約相關事實登錄於工程會「公共工程標案管理系統」，並於驗收完成後據以辦理計分作業。廠商提供事證未完整者，機關仍得本於事實予以登錄。

驗收完成後，廠商應於收到機關書面通知之計分結果後，確實檢視各項計分內容及結果，是否與實際履約情形相符。

[31] 民法第492條：「承攬人完成工作，應使其具備約定之品質及無減少或減失價值或不適於通常或約定使用之瑕疵。」

件之成就爲，廠商應就施工期間，對其所損壞或遷移之機關設施或公共設施，予以修復或回復，並填具竣工報告，且經機關確認竣工。

該條第8款，爲標的工作分部給付之部分驗收，以及分段查驗之規定。明文該次工程部分完工後，機關有部分先行使用之必要，或已履約之該部分工作有減損滅失之虞者，應先就該部分工作辦理驗收，或辦理分段查驗，以供驗收之用，並就辦理部分驗收之工作部分，支付工作報酬及起算保固期。另如該次標的工作，可採部分驗收方式者，優先採部分驗收。因該次標的工作時程，或該工作個案特性，採部分驗收有困難者，可採分段查驗，以供日後驗收之用。分段查驗之事項與範圍，應確認該分段查驗之標的，符合該次契約之規定，並由參與查驗之人員作成書面紀錄。

該條第9款，係工程驗收合格後，廠商應辦理該受驗工作之點交，以及廠商提出受驗工作之點交後，原接管單位或機關之接管情形。其如因非可歸責於廠商的事由，接管單位有異議或藉故拒絕、拖延點交，或機關逾期不處理或不自行接管者，視爲廠商已完成點交程序。廠商對該受驗工作不再負保管之責，機關不得以該受驗工作尚未點交，作爲拒絕結付尾款的理由。

該條第10款，爲該受驗工作，經機關初驗或驗收有瑕疵者，機關有要求廠商於一定期日內改正之權利。

該條第11款，規定廠商不於同條第10款之期限內改正、拒絕改正或其瑕疵不能改正，或逾規定之改正次數仍未能改正者，機關有自行改正，或令第三人改正，並得向廠商請求償還改正必要費用，或終止、解除契約或減少契約價金之權利。

該條第13款，係有關結算驗收證明書發給之要件。在該次採購標的，爲公有新建建築工程時，如須由廠商取得目的事業主管機關之使用執照，或其他類似文件者，其因可歸責於機關之事由以致有遲延時，機關不得以此遲延爲由拒絕辦理驗收付款。如須由廠商取得綠建築標章／智慧建築標章者，於受驗工作驗收合格，並取得合格級綠建築標章／智慧建築標章後，機關始得發給結算驗收證明書。但驗收合格而未能取得綠建築標章或智慧建築標章，其經機關確認非可歸責於廠商者，仍得發給結算驗收證明書。

該條第14款，係爲公共工程施工廠商履約情形計分要點之作業規定，以及廠商在驗收完成，應於收到機關書面通知之計分結果後，確實檢視各項計分內容及結果，是否與實際履約情形相符。

觀諸前述工程採購契約範本第15條內容，可知工作驗收，攸關承攬人工作

給付可能、工作給付期間計算、工作報酬請求與數額,以及定作人工作報酬之清償期,與報酬給付之利益等,對於工程契約當事人權利義務的變動,係為重要因素之一。

第三款 實務

　　當事人因承攬工作驗收之相關事項,發生爭執而涉訟者,在營建工程承攬實務上,時有所見。然營建工程承攬具有特別領域之專業性,當事人有其業內之交易習慣,與一般工作物之檢查,並不盡然相同。以下就工程承攬實務與司法實務關於工作驗收之部分,分別為說明。

一、營建工程實務

　　在國內營建工程承攬實務,觀諸契約當事人之交易習慣,驗收通常可分為履約期間之初驗、複驗、正式驗收,以及承攬標的工作完成之竣工驗收等。不論該次工程承攬標的工作,係為一次性給付或分部給付,前述之驗收程序一般皆為當事人所慣用。

　　惟契約當事人對於驗收之認識,普遍為工程款請領或發放之許可,及其數額範圍的依據。換言之,對於非法律人之工程承攬契約當事人,驗收是工程承攬實務工作報酬請求或給付的重要條件。但於工程承攬實務上的普遍認識,工程驗收並非等同工程接收。除此之外,相關擔保金之條款內容,當事人亦習慣多以驗收結果為返還要件之一[32]。

---

[32] 工程採購契約範本(112.11.15修正)第14條 保證金
　(一)保證金之發還情形如下(由機關擇定後於招標時載明):
　□預付款還款保證,依廠商已履約部分所占進度之比率遞減。
　□預付款還款保證,依廠商已履約部分所占契約金額之比率遞減。
　□預付款還款保證,依預付款已扣回金額遞減。
　□預付款還款保證,於驗收合格後一次發還。
　□履約保證金於履約驗收合格且無待解決事項後30日內發還。有分段或部分驗收情形者,得按比例分次發還。
　□履約保證金於工程進度達25%、50%、75%及驗收合格後,各發還25%。(機關得視案件性質及實際需要於招標時載明,尚不以4次為限;惟查核金額以上之工程採購,不得少於4次)

二、司法實務

關於驗收，最高法院109年度台上字第27號民事判決認爲，倘工程契約約定承攬人施作之工程**經定作人驗收合格**，及經承攬人繳納保固保證金後，**始得請求給付工程尾款者，係以驗收合格及繳納保固保證金之事實**爲定作人**給付工程尾款之清償期**[33]。最高法院105年度台上字第145號民事判決認爲，當事人就既已存在之債務，約定於預期之不確定事實發生時履行，而非將債務之發生或消滅繫於該不確定事實之發生，**係對債務之清償約定不確定期限，而非附以條件**。系爭工程契約之約定，係以該工程保留款必須至將來工程完成，機關**驗收合格**，廠商繳納保固保證金之事實發生，**爲既已存在之系爭工程款債務之清償期**[34]。

□履約保證金於履約驗收合格且無待解決事項後30日內發還＿＿%（由機關於招標時載明）。其餘之部分於＿＿＿＿＿＿（由機關於招標時載明）且無待解決事項後30日內發還。

□廠商於履約標的完成驗收付款前應繳納保固保證金。

□保固保證金於保固期滿且無待解決事項後30日內一次發還。

□保固保證金於完成以下保固事項或階段：＿＿＿＿＿＿（由機關於招標時載明；未載明者，爲非結構物或結構物之保固期滿），且無待解決事項後30日內按比例分次發還。保固期在1年以上者，按年比例分次發還。

□差額保證金之發還，同履約保證金。

□植栽工程養護期保證金（僅適用於植栽工程驗收合格後給付全部植栽價金之情形），依植栽養護規範所定合格標準發還。

□其他：＿＿＿＿＿＿＿＿＿＿＿＿＿＿＿＿＿＿

[33] 最高法院109年度台上字第27號民事判決：「按民法所謂條件，係當事人以將來客觀上不確定事實之成就或不成就，決定法律行爲效力之發生之一種附款。苟當事人非以法律行爲效力之發生繫於將來不確定之事實，而僅以其履行繫於不確定之事實之到來者，則非條件，應解爲於其事實之發生時，爲權利行使期限之屆至。準此，倘工程契約約定承攬人施作之工程經定作人驗收合格，及經承攬人繳納保固保證金後，始得請求給付工程尾款者，係以驗收合格及繳納保固保證金之事實爲定作人給付工程尾款之清償期，在此情形，若該事實之到來確定不發生，則應認其期限已屆至。管窺以爲，此一最高法院之清償期之見解，固非無道理。惟其謂『在此情形，若該事實之到來確定不發生，則應認其期限已屆至。』之說法，恐有瑕疵，宜另文補正之。」

[34] 最高法院105年度台上字第145號民事判決：「按當事人就既已存在之債務，約定於預期之不確定事實發生時履行，而非將債務之發生或消滅繫於該不確定事實之發生，係對債務之清償約定不確定期限，而非附以條件。查上揭系爭工程契約第五條第一項第

　　由以上司法實務關於驗收所涉案例之見解，可知驗收合格，係爲既存之工程承攬報酬的清償期，而非該工程承攬報酬請求權發生之停止條件。亦即，驗收條款，爲該次工程承攬報酬之清償期的約定，並非附條件之約款。要之，司法實務多將定作人之驗收，認係附清償期之法律性質。

第二項　比較觀點

　　關於材料及工作驗收，在比較觀點部分，可參見國際諮詢工程師聯合會FIDIC標準契約條款2017 Red Book、德國建築工程採購與契約規範之一般契約規範部分VOB/B、美國AIA Document A201–2017 General Conditions of the Contract for Construction建築契約之通用條款，以及中華人民共和國民法典建設工程合同等有相關之約款內容與規定。在用語方面，相對於國內之工作驗收的用語，國際諮詢工程師聯合會FIDIC標準契約條款2017 Red Book之約款內容，係以工作之檢測（inspection）、測試（testing）；美國AIA Document A201–2017 General Conditions of the Contract for Construction建築契約之通用條款，係以工作之檢測（inspection）等詞句爲呈現；德國建築工程採購與契約規範之一般契約規範部分VOB/B，是以工作之檢驗（Prüfung）稱之；中華人民共和國民法典建設工程合同，則係以工作檢查稱之。

　　以下就國際諮詢工程師聯合會FIDIC標準契約條款2017 Red Book、德國建築工程採購與契約規範之一般契約規範部分VOB/B，以及中華人民共和國民法典建設工程合同等，有關材料或工作檢驗測試之約款及規定，逐一說明。

第一款　國際諮詢工程師聯合會FIDIC標準契約條款2017 Red Book

　　有關於工作之檢測，國際諮詢工程師聯合會FIDIC標準契約條款2017 Red Book在其第7條設備、材料和工藝（Plant, Materials and Workmanship），以及第9條竣工測試（Tests on Completion）等約款內容，有詳細之規定描述。

　　一款B目之約定，係以該工程保留款必須至將來工程完成，機關驗收合格，廠商繳納保固保證金之事實發生，爲既已存在之系爭工程款債務之清償期。原審認上開約定係就系爭工程款之給付附以停止條件，尚有未合。」

　　其中，第7.1條執行方式[35]約款內容，明文承包商有依契約約定之方式，或按照公認的良好做法，以適當熟練和謹慎的方式，對於其設備、材料等，進行測試之義務；第7.3條檢測[36]之約款內容，即指出定作人及其人員在契約數據

---

[35] FIDIC 2017 Red Book

§ 7.1 Manner of Execution

The Contractor shall carry out the manufacture, supply, installation, testing and commissioning and/or repair of Plant, the production, manufacture, supply and testing of Materials, and all other operations and activities during the execution of the Works:

(a) in the manner (if any) specified in the Contract;

(b) in a proper workmanlike and careful manner, in accordance with recognised good practice; and

(c) with properly equipped facilities and non-hazardous Materials, except as otherwise specified in the Contract.

第7.1條 執行方式

承包商應進行設備的製造、供應、安裝、測試、調試和／或維修，材料的生產、製造、供應和測試，以及工程實施期間的所有其他操作和活動：

(a) 以契約規定的方式（如有）；

(b) 按照公認的良好做法，以適當熟練和謹慎的方式；以及

(c) 配備適當的設施和非危險材料，契約中另有規定的除外。

[36] FIDIC 2017 Red Book

§ 7.3 Inspection

The Employer's Personnel shall, during all the normal working hours stated in the Contract Data and at all other reasonable times:

(a) have full access to all parts of the Site and to all places from which natural Materials are being obtained;

(b) during production, manufacture and construction (at the Site and elsewhere), be entitled to:

(i) examine, inspect, measure and test (to the extent stated in the Specification) the Materials, Plant and workmanship,

(ii) check the progress of manufacture of Plant and production and manufacture of Materials, and

(iii) make records (including photographs and/or video recordings); and

(c) carry out other duties and inspections, as specified in these Conditions and the Specification.

The Contractor shall give the Employer's Personnel full opportunity to carry out these activities, including providing safe access, facilities, permissions and safety equipment.

The Contractor shall give a Notice to the Engineer whenever any Materials, Plant or work

中規定的所有正常工作時間和所有其他合理時間內，有權在生產、製造和施工期間（在現場和其他地方），檢查、檢測、測量和測試（在規範中規定的範圍內）材料、設備和工作。承包商有為定作人及其人員提供開展這些活動的充分機會，包括提供秘密頻道、設施、許可和安全設備的義務。在承包商向工程師發出檢驗測試之通知後，定作人人員應立即對該受驗標的進行檢查、檢測、測量或測試，不得無故拖延。另觀諸第7.4條承包商的檢測（Testing by

---

is ready for inspection, and before it is to be covered up, put out of sight, or packaged for storage or transport. The Employer's Personnel shall then either carry out the examination, inspection, measurement or testing without unreasonable delay, or the Engineer shall promptly give a Notice to the Contractor that the Employer's Personnel do not require to do so. If the Engineer gives no such Notice and/or the Employer's Personnel do not attend at the time stated in the Contractor's Notice (or such time as may be agreed with the Contractor), the Contractor may proceed with covering up, putting out of sight or packaging for storage or transport.

If the Contractor fails to give a Notice in accordance with this Sub-Clause, the Contractor shall, if and when required by the Engineer, uncover the work and thereafter reinstate and make good, all at the Contractor's risk and cost.

第7.3條 檢測

定作人人員應在契約數據中規定的所有正常工作時間和所有其他合理時間：

(a) 可以完全訪問現場的所有部分以及獲取天然材料的所有地點；

(b) 在生產、製造和施工期間（在現場和其他地方），有權：

(i) 檢查、檢測、測量和測試（在規範中規定的範圍內）材料、設備和工作，

(ii) 檢查設備製造和材料生產製造的進度，以及

(iii) 製作紀錄（包括照片和/或影片紀錄）；以及

(c) 執行本條件和規範中規定的其他職責和檢查（第1項）。

承包商應為定作人人員提供開展這些活動的充分機會，包括提供秘密頻道、設施、許可和安全設備（第2項）。

每當任何材料、設備或工程準備好接受檢查時，以及在將其覆蓋、隱藏或包裝以供儲存或運輸之前，承包商應向工程師發出通知。然後，定作人人員應立即進行檢查、檢測、測量或測試，不得無故拖延，或者工程師應立即通知承包商定作人人員不需要這樣做。如果工程師未發出此類通知和/或定作人人員未在承包商通知中規定的時間（或與承包商商定的時間）出席，則承包商可以著手進行掩蓋、隱藏或用於儲存或運輸的包裝（第3項）。

如果承包商未能按照本款規定發出通知，則在工程師要求時，承包商應揭開工程，並在此之後恢復原狀和進行修補，所有風險和費用由承包商承擔（第4項）。

the Contractor[37]）之約款內容，可知在FIDIC標準契約條款2017 Red Book的基礎

---

[37] FIDIC 2017 Red Book

§ 7.4 Testing by the Contractor

This Sub-Clause shall apply to all tests specified in the Contract, other than the Tests after Completion (if any).

The Contractor shall provide all apparatus, assistance, documents and other information, temporary supplies of electricity and water, equipment, fuel, consumables, instruments, labour, materials, and suitably qualified, experienced and competent staff, as are necessary to carry out the specified tests efficiently and properly. All apparatus, equipment and instruments shall be calibrated in accordance with the standards stated in the Specification or defined by applicable Laws and, if requested by the Engineer, the Contractor shall submit calibration certificates before carrying out testing.

The Contractor shall give a Notice to the Engineer, stating the time and place for the specified testing of any Plant, Materials and other parts of the Works. This Notice shall be given in reasonable time, having regard to the location of the testing, for the Employer's Personnel to attend.

The Engineer may, under Clause 13 [Variations and Adjustments], vary the location or timing or details of specified tests, or instruct the Contractor to carry out additional tests. If these varied or additional tests show that the tested Plant, Materials or workmanship is not in accordance with the Contract, the Cost and any delay incurred in carrying out this Variation shall be borne by the Contractor.

The Engineer shall give a Notice to the Contractor of not less than 72 hours of his/her intention to attend the tests. If the Engineer does not attend at the time and place stated in the Contractor's Notice under this Sub-Clause, the Contractor may proceed with the tests, unless otherwise instructed by the Engineer. These tests shall then be deemed to have been made in the Engineer's presence. If the Contractor suffers delay and/or incurs Cost from complying with any such instruction or as a result of a delay for which the Employer is responsible, the Contractor shall be entitled subject to Sub-Clause 20.2 [Claims For Payment and/or EOT] to EOT and/or payment of Cost Plus Profit.

If the Contractor causes any delay to specified tests (including varied or additional tests) and such delay causes the Employer to incur costs, the Employer shall be entitled subject to Sub-Clause 20.2 [Claims For Payment and/or EOT] to payment of these costs by the Contractor.

The Contractor shall promptly forward to the Engineer duly certified reports of the tests. When the specified tests have been passed, the Engineer shall endorse the Contractor's test certificate, or issue a test certificate to the Contractor, to that effect. If the Engineer has not attended the tests, he/she shall be deemed to have accepted the readings as accurate.

Sub-Clause 7.5 [Defects and Rejection] shall apply in the event that any Plant, Materials and

上，設備、材料或工作的檢測及其結果的提出，係爲承包商之契約上責任。然基於契約當事人利益之衡平，在該條第5項指出監測者的義務、視爲在場的擬制效果，以及監測者因此的賠償責任。於第6項規定承包商導致指定測試的任何延誤，並且此類延誤導致定作人產生費用，則定作人應根據第20.2條〔付款索賠和／或EOT〕支付承包商的費用。此外，更在第7項說明，承包商應有立即向工程師提交經過正式認證的測試報告的義務，以及工程師應有簽署承包商測試通過的測試證書，或向承包商頒發測試證書的義務。另就工程師沒有參加

---

other parts of the Works fails to pass a specified test.
第7.4條 承包商的檢測
本款應適用於契約中規定的所有測試，但竣工後測試（如果有的話）除外（第1項）。
承包商應提供所有設備、協助、文件和其他資訊、水電臨時供應、設備、燃料、消耗品、儀器、勞動力、材料，以及具有適當資格、經驗豐富和稱職的工作人員，這些都是執行規定的工作所必需的有效且正確地進行測試。所有儀器、設備和儀器均應根據規範中規定的標準或適用法律規定的標準進行校準，如果工程師要求，承包商應在進行測試前提交校準證書（第2項）。
承包商應向工程師發出通知，說明對工程的任何設備、材料和其他部分進行指定測試的時間和地點。考慮到測試地點，本通知應在合理的時間內發出，以便定作人人員參加（第3項）。
根據第13條〔變更和調整〕，工程師可以更改指定測試的地點、時間或細節，或指示承包商進行額外的測試。如果這些變化的或額外的測試表明經測試的設備、材料或工作不符合契約，則執行該變化的費用和任何延誤應由承包商承擔（第4項）。
工程師應在不少於72小時內通知承包商他／她打算參加測試。如果工程師未在承包商根據本款發出的通知中規定的時間和地點參加，則承包商可以繼續進行測試，除非工程師另有指示。然後應認爲這些測試是在工程師在場的情況下進行的。如果承包商因遵守任何此類指示或由於定作人應負責的延誤而遭受延誤和／或招致費用，則承包商應有權根據第20.2條〔付款索賠和／或EOT〕到EOT和／或支付成本加利潤（第5項）。
如果承包商導致指定測試（包括變化的或額外的測試）的任何延誤，並且此類延誤導致定作人產生費用，則定作人應有權根據第20.2條〔付款索賠和／或EOT〕，向承包商請求支付這些費用（第6項）。
承包商應立即向工程師提交經過正式認證的測試報告。當規定的測試通過後，工程師應爲此簽署承包商的測試證書，或向承包商頒發測試證書。如果工程師沒有參加測試，他／她應被視爲接受讀數是準確的（第7項）。
如果工程的任何設備、材料和其他部分未能通過規定的測試，則應適用第7.5條〔瑕疵和拒收〕（第8項）。

測試，明文工程師應被視為接受測試結果數據是準確的擬制效果。

　　在第9.1條承包商的義務[38]之約款內容，說明承包商應根據本條款和第7.4

---

[38] FIDIC 2017 Red Book

§ 9.1 Contractor's Obligations

The Contractor shall carry out the Tests on Completion in accordance with this Clause and Sub-Clause 7.4 [Testing by the Contractor], after submitting the documents under Sub-Clause 4.4.2 [As-Built Records] (if applicable) and Sub-Clause 4.4.3 [Operation and Maintenance Manuals] (if applicable).

The Contractor shall submit to the Engineer, not less than 42 days before the date the Contractor intends to commence the Tests on Completion, a detailed test programme showing the intended timing and resources required for these tests.

The Engineer may Review the proposed test programme and may give a Notice to the Contractor stating the extent to which it does not comply with the Contract. Within 14 days after receiving this Notice, the Contractor shall revise the test programme to rectify such non-compliance. If the Engineer gives no such Notice within 14 days after receiving the test programme (or revised test programme), the Engineer shall be deemed to have given a Notice of No-objection. The Contractor shall not commence the Tests on Completion until a Notice of No-objection is given (or is deemed to have been given) by the Engineer.

In addition to any date(s) shown in the test programme, the Contractor shall give a Notice to the Engineer, of not less than 21 days, of the date after which the Contractor will be ready to carry out each of the Tests on Completion. The Contractor shall commence the Tests on Completion within 14 days after this date, or on such day or days as the Engineer shall instruct, and shall proceed in accordance with the Contractor's test programme to which the Engineer has given (or is deemed to have given) a Notice of No-objection.

As soon as the Works or Section have, in the Contractor's opinion, passed the Tests on Completion, the Contractor shall submit a certified report of the results of these tests to the Engineer. The Engineer shall Review such a report and may give a Notice to the Contractor stating the extent to which the results of the tests do not comply with the Contract. If the Engineer does not give such a Notice within 14 days after receiving the results of the tests, the Engineer shall be deemed to have given a Notice of No-objection.

In considering the results of the Tests on Completion, the Engineer shall make allowances for the effect of any use of (any part of) the Works by the Employer on the performance or other characteristics of the Works.

第9.1條 承包商的義務

承包商應根據本條款和第7.4條〔承包商的測試〕在完成時進行測試。在提交了第4.4.2條〔竣工紀錄〕（如適用）和第4.4.3條〔操作和維護手冊〕（如適用）規定的文件後，承包商應按照本條款和第7.4條〔承包商的測試〕進行竣工測試（第1項）。

條〔承包商的測試〕在工作完成時，進行竣工測試。承包商應在其打算開始竣工測試日期的42日前，向工程師提交一份詳細的測試計畫，說明這些測試所需的預定時間和資源。第3項，明文如果工程師在收到承包商之測試計畫（或修改後的測試計畫）後14日內未發出糾正測試計畫之通知，則視爲工程師已發出不反對通知。在工程師發出（或被視爲已經發出）不反對通知之前，承包商不得開始竣工試驗。此項約款即指出承包商得爲竣工測試之積極要件，以及該積極要件成立之擬制效果；第5項則指出承包商向監測者即工程師，提出測試結果報告之義務，以及工程師對該測試結果爲不反對通知的擬制；第6項則爲工作測試前，定作人已經使用工作，工程師考慮竣工試驗的結果時，必須考慮到定作人對該使用部分之工程性能或其他特性的影響，以衡平當事人契約上利益。第9.2條延遲測試[39]之約款內容，指出不論係竣工測試或分項工作測試，如

承包商應在其打算開始竣工測試的日期前不少於42日向工程師提交一份詳細的測試計畫，說明這些測試所需的預定時間和資源（第2項）。

工程師可以審查擬議的測試計畫，並可以向承包商發出通知，說明其不遵守契約的程度。在收到本通知後14日內，承包商應修改測試計畫以糾正此類不合規定情況。如果工程師在收到測試計畫（或修改後的測試計畫）後14日內未發出此類通知，則視爲工程師已發出不反對通知。在工程師發出（或被視爲已經發出）不反對通知之前，承包商不得開始竣工試驗（第3項）。

除了測試計畫中顯示的任何日期外，承包商還應至少提前21日通知工程師，說明承包商將在該日期之後準備好進行每項竣工測試，承包商應在該日期後14日內或在工程師指示的一日或數日內開始竣工測試，並應按照工程師已提供（或被視爲已提供）的承包商測試計畫進行不反對通知書（第4項）。

一旦承包商認爲工程或分項工程通過了竣工測試，承包商應向工程師提交一份經認證的測試結果報告。工程師應審查此類報告，並可向承包商發出通知，說明測試結果與契約不符的程度。如果工程師在收到測試結果後14日內未發出此類通知，則視爲工程師發出了不反對通知（第5項）。

在考慮竣工試驗的結果時，工程師應考慮到定作人對工程（任何部分）的任何使用對工程性能或其他特性的影響（第6項）。

[39] FIDIC 2017 Red Book
§ 9.2 Delayed Tests
If the Contractor has given a Notice under Sub-Clause 9.1 [Contractor's Obligations] that the Works or Section (as the case may be) are ready for Tests on Completion, and these tests are unduly delayed by the Employer's Personnel or by a cause for which the Employer is responsible, Sub-Clause 10.3 [Interference with Tests on Completion] shall apply.
If the Tests on Completion are unduly delayed by the Contractor, the Engineer may by giving

承包商已經根據第9.1條〔承包商的義務〕發出通知，嗣因可歸責定作人人員或定作人之原因而被不適當地拖延情形，承包商可主張因無法進行竣工測試而遭受延誤和／或產生費用，並請求給付此類成本加利潤。另於可歸責承包商之測試遲延情形，如果承包商未能在一定期間內進行竣工或分項工作測試者，在工程師向承包商發出第二次通知後，定作人人員可以進行測試。如果定作人因

---

a Notice to the Contractor require the Contractor to carry out the tests within 21 days after receiving the Notice. The Contractor shall carry out the tests on such day or days within this period of 21 days as the Contractor may fix, for which the Contractor shall give a prior Notice to the Engineer of not less than 7 days.

If the Contractor fails to carry out the Tests on Completion within this period of 21 days:

(a) after a second Notice is given by the Engineer to the Contractor, the Employer's Personnel may proceed with the tests;

(b) the Contractor may attend and witness these tests;

(c) within 28 days of these tests being completed, the Engineer shall send a copy of the test results to the Contractor; and

(d) if the Employer incurs additional costs as a result of such testing, the Employer shall be entitled subject to Sub-Clause 20.2 [Claims For Payment and/or EOT] to payment by the Contractor of the costs reasonably incurred.

Whether or not the Contractor attends, these Tests on Completion shall be deemed to have been carried out in the presence of the Contractor and the results of these tests shall be accepted as accurate.

第9.2條 延遲測試

如果承包商根據第9.1條〔承包商的義務〕發出通知，表明工程或分項（視情況而定）已準備好進行竣工試驗，而這些測試因可歸責定作人人員或定作人之原因而被不適當地拖延，則第10.3條〔干擾竣工試驗〕應適用（第1項）。

如果竣工測試被承包商無故拖延，工程師可以通過向承包商發出通知的方式要求承包商在收到通知後21日內進行測試。承包商應在承包商確定的21日期限內的某一日或數日內進行測試，為此承包商應至少提前七日通知工程師（第2項）。

如果承包商未能在此21日內進行竣工測試：

(a) 在工程師向承包商發出第二次通知後，定作人人員可以進行測試；

(b) 承包商可以參加並見證這些測試；

(c) 在完成這些測試後的28日內，工程師應將測試結果的副本發送給承包商；以及

(d) 如果定作人因此類測試而產生額外費用，定作人應有權根據第20.2條〔付款索賠和／或EOT〕要求承包商支付合理產生的費用（第3項）。

無論承包商是否出席，這些竣工測試都應被視為在承包商在場的情況下進行，並且這些測試的結果應被視為準確的（第4項）。

此類測試而產生額外費用，定作人應有權要求承包商支付產生的合理費用。且在此種測試遲延情形，無論承包商是否出席，這些竣工或分項工作的測試，都應被視為係承包商在場的情況下進行，並且這些測試的結果應被視為準確的。

　　由前述可知，在FIDIC標準契約條款2017 Red Book的基礎上，該竣工或分項工作的測試，原係屬於承包商契約上之權利。然而，在可歸責於承包商之測試遲延情形，於一定要件該當時，則該竣工或分項工作的測試權利，即移轉於定作人。且發生該竣工或分項工作的測試，都應被視為係承包商在場的情況下所進行，而該等測試的結果應被視為準確之擬制效果。其對於工作檢測之提出、執行與結果通知的義務、違反工作檢測提出或執行等之失權與擬制的效果，以及可歸責之檢測遲延的責任等，均有明確的規定。

第二款　德國建築工程採購與契約規範之一般契約規範部分 VOB/B

　　在德國建築工程採購與契約規範之一般契約規範部分VOB/B第16條給付報酬第3項第1款[40]，明文於檢驗和確認完成後，最遲於終局結算到達後30日，完工給付之付款請求權到期。對承攬人給付之證明是否適合於檢驗、提出附理

---

[40] VOB/B

§ 16 Zahlung

(3) 1. Der Anspruch auf Schlusszahlung wird alsbald nach Prüfung und Feststellung fällig, spätestens innerhalb von 30 Tagen nach Zugang der Schlussrechnung. Die Frist verlängert sich auf höchstens 60 Tage, wenn sie aufgrund der besonderen Natur oder Merkmale der Vereinbarung sachlich ge-rechtfertigt ist und ausdrücklich vereinbart wurde. Werden Einwendungen gegen die Prüfbarkeit unter Angabe der Gründe nicht bis zum Ablauf der jeweiligen Frist erhoben, kann der Auftraggeber sich nicht mehr auf die fehlende Prüfbarkeit berufen. Die Prüfung der Schluss-rechnung ist nach Möglichkeit zu beschleunigen. Verzögert sie sich, so ist das unbestrittene Guthaben als Abschlagszahlung sofort zu zahlen.

第16條 給付報酬

(3) 1.於檢驗和確認完成後，最遲於終局結算到達後30日，完工給付之付款請求權到期。當事人明示約定，且基於約定之特殊性質或特徵具有正當事由者，上述期限最長得延至60日。對承攬人給付之證明是否適合於檢驗、提出附理由異議，未於期限內為之者，定作人嗣後不得再對是否適合於檢驗加以爭執。對於終局結算之檢驗應盡速為之。遲延時，就無爭執的給付執行部分，應以分期付價方式立即支付。

由異議，未於期限內爲之者，定作人嗣後不得再對是否適合於檢驗加以爭執，且對於終局結算之檢驗應盡速爲之。

　　觀諸德國建築工程採購與契約規範之一般契約規範部分VOB/B第16條第3項第1款，可知工作之檢驗，係爲工作報酬請求之要件，且對承攬人給付之證明是否適合於檢驗、提出附理由異議，定作人未於期限內爲之者，則定作人嗣後不得再對是否適合於檢驗加以爭執，發生檢驗異議失權之效果。

第三款　美國AIA Document A201–2017 General Conditions of the Contract for Construction建築契約之通用條款

　　參諸美國AIA Document A201–2017 General Conditions of the Contract for Construction建築契約之通用條款，在其第4.2.1條，明文建築師在施工期間擔任定作人代表，直至建築師簽發最終付款證書之日[41]；第9.8.3條約款，指出在收到承包商的清單後，建築師將進行檢測，以確定該次工程或其指定部分，是否爲基本上完工（substantially complete[42]）；第9.8.4條，則明文當工程或其指

---

[41] AIA Document A201–2017 General Conditions of the Contract for Construction
§ 4.2.1
The Architect will provide administration of the Contract as described in the Contract Documents and will be an Owner's representative during construction until the date the Architect issues the final Certificate for Payment. The Architect will have authority to act on behalf of the Owner only to the extent provided in the Contract Documents.
第4.2.1條
建築師將按照契約文件的規定對契約進行管理，並在施工期間擔任定作人代表，直至建築師簽發最終付款證書之日。建築師僅在契約文件規定的範圍內有權代表定作人行事。

[42] AIA Document A201–2017 General Conditions of the Contract for Construction
§ 9.8.3
Upon receipt of the Contractor's list, the Architect will make an inspection to determine whether the Work or designated portion thereof is substantially complete. If the Architect's inspection discloses any item, whether or not included on the Contractor's list, which is not sufficiently complete in accordance with the Contract Documents so that the Owner can occupy or utilize the Work or designated portion thereof for its intended use, the Contractor shall, before issuance of the Certificate of Substantial Completion, complete or correct such item upon notification by the Architect. In such case, the Contractor shall then submit a

定之部分基本上完工時，建築師將準備一份基本完工證書，該證書應確定基本
完工的日期；確定定作人和承包商在安全、維護、供熱、水電、工程損壞和保
險方面的責任；確定承包商完成證書所附清單上所有專案的時間[43]；第13.4.5
條，指出如果契約文件要求的測試、檢查或批准，建築師將在可行的情況下立
即於正常測試地點進行觀察[44]；第13.4.6條，明文根據契約文件進行的測試或

---

request for another inspection by the Architect to determine Substantial Completion.
第9.8.3條
在收到承包商的清單後，建築師將進行檢測，以確定工程或其指定部分是否基本完
工。如果建築師在檢查中發現有任何項目，無論是否包括在承包商的清單中，沒有按
照契約文件的規定充分完工，使定作人可以占用或使用該工程或其指定部分的預期用
途，承包商應在簽發實質性完工證書之前，根據建築師的通知完成或糾正該項目。在
這種情況下，承包商應向建築師提出再次檢查的要求，以確定是否為基本完工。

[43] AIA Document A201–2017 General Conditions of the Contract for Construction
§ 9.8.4
When the Work or designated portion thereof is substantially complete, the Architect will
prepare a Certificate of Substantial Completion that shall establish the date of Substantial
Completion; establish responsibilities of the Owner and Contractor for security, maintenance,
heat, utilities, damage to the Work and insurance; and fix the time within which the
Contractor shall finish all items on the list accompanying the Certificate. Warranties required
by the Contract Documents shall commence on the date of Substantial Completion of the
Work or designated portion thereof unless otherwise provided in the Certificate of Substantial
Completion.
第9.8.4條
當工程或其指定部分基本完工時，建築師將準備一份基本完工證書，該證書應確定基
本完工的日期；確定定作人和承包商在安全、維護、供熱、水電、工程損壞和保險方
面的責任；確定承包商完成證書所附清單上所有專案的時間。契約文件要求的保固應
從工程或其指定部分的實質性完工之日開始，除非實質性完工證明中另有規定。

[44] AIA Document A201–2017 General Conditions of the Contract for Construction
§ 13.4.5
If the Architect is to observe tests, inspections, or approvals required by the Contract
Documents, the Architect will do so promptly and, where practicable, at the normal place of
testing.
第13.4.5條
如果契約文件要求建築師要觀察測試、檢查或批准，建築師將在可行的情況下立即在
正常測試地點進行觀察。

檢查應及時進行，以避免對工程造成不合理的延誤[45]。

　　觀諸前述第13.4.5條與第13.4.6條，按契約文件要求，建築師有測試、檢查或批准之權利，且建築師應及時進行測試或檢查，以避免對工程造成不合理的延誤，可知工作之測試或檢查，非僅係定作人契約上之權利。參諸第9.8.3條與第9.8.3條約款，應可認該條款對於工作之危險移轉，係以該工作或指定部分基本完工，經建築師之檢查並發給基本完工證書為要件。

第四款　中華人民共和國民法典建設工程合同

　　在工作檢查，中華人民共和國民法典建設工程合同第797條[46]指出，發包人在不妨礙承包人正常作業的情況下，可以隨時對作業進度、品質行使檢查之權利。在第798條[47]，則明文隱蔽工程在隱蔽以前，承包人有通知發包人檢查之義務。在承包人檢查通知到達後，發包人沒有及時檢查者，承包人可以順延工程日期，並有權請求賠償停工、窩工[48]等損失。

　　關諸前述規定，應可知工作檢查不僅係發包人之權利，亦係契約上責任之一種，而通知發包人檢查工作，則屬承包人契約上之義務。

---

[45] AIA Document A201–2017 General Conditions of the Contract for Construction
§ 13.4.6
Tests or inspections conducted pursuant to the Contract Documents shall be made promptly to avoid unreasonable delay in the Work.
第13.4.6條
根據契約文件進行的測試或檢查應及時進行，以避免對工程造成不合理的延誤。

[46] 中華人民共和國民法典建設工程合同第797條：「發包人在不妨礙承包人正常作業的情況下，可以隨時對作業進度、質量進行檢查。」

[47] 中華人民共和國民法典建設工程合同第798條：「隱蔽工程在隱蔽以前，承包人應當通知發包人檢查。發包人沒有及時檢查的，承包人可以順延工程日期，並有權請求賠償停工、窩工等損失。」

[48] 所謂建設工程之窩工，亦可理解為無正當理由之停工。通常係指承包商（包括合法分包商）依約將設備、人員、物資、材料等，在進入施工現場後，其不能按照契約約定、開工通知書，或定作人之指示等進行實際施工，而造成無正當理由之施工進度慢於計畫進度或契約約定進度情形。

第三項　本文觀點

工作驗收，在營建工程承攬實務，除當事人有其他特別之約定外，通常均係契約標的工作之一部、全部，於約定期間或一定比例之進度的部分工作完成時，由承攬人依規定或約定之程序，或依交易習慣之方式，通知定作人或定作人指定之人，對於該次須受驗範圍之部分工作，按規定或約定之程序進行檢查試驗。是該受驗工作之驗收的提出，屬於完整之工作給付範圍的一部內容，應可謂之為承攬人契約上義務之一。惟對於受驗工作之檢驗，以及檢驗結果之接收等行為，其二者之法律性質，究屬定作人之契約上權利，抑或同時具有義務之性質，誠有探討空間。蓋定作人之驗收行為，對於工程契約當事人之工作給付、報酬清償、工作危險負擔，以及相關保證金發還等，係直接造成變動的主要因素之一。要之，檢驗與檢驗結果之接收，事涉當事人契約利益之變動與危險之分配，可謂重要。以下就檢驗與檢驗結果接收，以及定作人違反檢驗之法律效果等，分別逐一探討之。

第一款　檢驗與檢驗結果接收

首先，就最高法院涉及工程驗收案例，多數見解認為驗收之法律性質，係為工作報酬之清償期，而非停止條件[49]。前述最高法院認為定作人工作驗收之

---

[49] 原最高法院87年台上字第1205號民事判例：「查當事人預期不確定事實之發生，以該事實發生時為債務之清償期者，倘債務人以不正當行為阻止該事實之發生，類推適用民法第一百零一條第一項規定，應視為清償期已屆至。兩造固約定系爭工程保留款應於工程完工經國公局驗收合格時給付。惟上訴人主張：被上訴人拒絕備妥完整之竣工文件，致無法完成驗收等語，倘非虛妄，則被上訴人以不正當行為阻止國公局完成驗收，是否應視為清償期已屆至，即不無研求之餘地。」最高法院110年度台上字第1631號民事判決：「次按民法所謂條件，係當事人以將來客觀上不確定事實之成就或不成就，決定法律行為效力之發生或消滅之一種附款。倘當事人就既已存在之債務，約定於預期不確定事實發生時履行，則為清償期之約定，而非條件。查系爭承攬合約第4條第5款約定：『完工，經定作人、甲方（即上訴人）或其他相關監造單位驗收合格且簽章核備後，估驗付10%』（見一審卷第8頁），似係就已生效之系爭承攬合約，約定以『驗收合格且簽章核備』之不確定事實到來，為承攬報酬之清償期，而非以前開事實之發生，為系爭承攬合約（法律行為）生效之停止條件。」相同見解，最高法院110年度台上字第2769號民事判決、最高法院109年度台上字第626號民事判決、最高法院109年度台上字第27號民事判決。

性質，係為工作報酬之清償期的見解，實值贊同。

　　然而，驗收一詞，究屬工程承攬實務當事人交易上之習慣用語，非正式之法律語言。本文以為，就國內營建工程實務之交易習慣，工作之受領，通常稱之為工作之點交或接收，是所謂驗收者，應為材料或工作之**檢驗及檢驗結果接收（此處之檢驗結果接收，係指檢驗結果的確認）**。換言之，工程實務上所稱工作驗收者，即指當事人對於該受驗工作之**檢驗的實施**，以及其**檢驗結果的接收**。因此，所謂驗收，係包括材料或工作之檢驗，與檢驗結果的接收，其二者具有順序性與牽連性，係為互聯相輔之二個行為。

　　就營建工程承攬實務之交易習慣，檢驗及其檢驗結果的接收，係為契約約定標的工作受領（接收、接管）之必要前置行為之一，且檢驗亦是定作人為標的工作受領後，對於標的工作瑕疵擔保之權利行使，是否發生該項權利行使障礙的要件之一。關於前述，德國民法第640條，明文定作人怠於標的工作之檢驗，或於檢驗時對於標的工作瑕疵不為保留，而為標的工作之受領者，該定作人嗣後應不得再對該瑕疵為相關權利之主張[50]，可資參考。

---

[50] BGB

§ 640 Abnahme

(1) 1. Der Besteller ist verpflichtet, das vertragsmäßig hergestellte Werk abzunehmen, sofern nicht nach der Beschaffenheit des Werkes die Abnahme ausgeschlossen ist. 2. Wegen unwesentlicher Mängel kann die Abnahme nicht verweigert werden.

(2) 1. Als abgenommen gilt ein Werk auch, wenn der Unternehmer dem Besteller nach Fertigstellung des Werks eine angemessene Frist zur Abnahme gesetzt hat und der Besteller die Abnahme nicht innerhalb dieser Frist unter Angabe mindestens eines Mangels verweigert hat. 2. Ist der Besteller ein Verbraucher, so treten die Rechtsfolgen des Satzes 1 nur dann ein, wenn der Unternehmer den Besteller zusammen mit der Aufforderung zur Abnahme auf die Folgen einer nicht erklärten oder ohne Angabe von Mängeln verweigerten Abnahme hingewiesen hat; der Hinweis muss in Textform erfolgen.

(3) Nimmt der Besteller ein mangelhaftes Werk gemäß Absatz 1 Satz 1 ab, obschon er den Mangel kennt, so stehen ihm die in § 634 Nr. 1 bis 3 bezeichneten Rechte nur zu, wenn er sich seine Rechte wegen des Mangels bei der Abnahme vorbehält.

第640條 受領

(1) 1.定作人有義務受領按契約製造的工作，除非由於工作的性質而無須受領。2.不得因輕微瑕疵而拒絕受領。

(2) 如果承包商在工程完成後為定作人設定了合理的受領期限，並且定作人在此期限內沒有拒絕受領，並說明至少有一個瑕疵，則該工程也被視為已被接受。如果定作人是

一、檢驗

檢驗（examination; testing; inspection; Prüfung）行為，對於營造建築工程承攬實務，定作人或承攬人在該次工程承攬契約關係存續中，均會有為數不少之檢驗行為。蓋不論係對於該次施作材料之數量、規格、品質，或係材料加工之半成品、完成品，或係完成之工作或工作物，定作人或承攬人均會多次對之為檢驗，以確保該等施作材料、加工之半成品，以及完成之工作或工作物等，能符合該次工程承攬契約約定工作之品質、效用或價值。

在承攬人方面，不但對於定作人提供或材料商供應之材料、半成品或完成品有檢驗之權利，在適用政府採購法情形，承攬人對於自己所為完成之工作或工作物，亦有自主檢驗[51]之義務。於適用政府採購法以外之營建工程，亦大多有承攬人自主檢驗之習慣。

另於定作人方面，對材料商供應之材料、半成品或完成品，以及承攬人分部給付或完竣之工作或工作物的檢驗，應係定作人契約上之權利。且定作人對於該材料、半成品或完成品、分部給付或完竣之工作或工作物的檢驗權利，並不因該標的曾通過其他查驗、測試或檢驗，而受到限制[52]。質言之，對於該材料、半成品或完成品、分部給付或完竣之工作或工作物的檢驗，定作人有排他的專屬檢驗權利。

就國內營建工程實務之交易習慣，定作人對於檢驗結果之認定，係造成承攬人工作給付可能，與報酬請求等內容變動的主要因素之一。本文以為，此一材料或工作檢驗行為的法律性質，除可認係當事人契約上之權利外，亦應具有

消費者，則第1句的法律效果僅適用於承包商已告知定作人未聲明或在未說明瑕疵的情況下拒絕接受的後果以及接受請求的情況；該通知必須採用文本形式。

(3) 如果定作人根據第(1)項第1句受領了有瑕疵的工作，儘管他知道存在瑕疵，他只有在受領時保留對瑕疵的權利的情況下，才有權享有第634條第1至3款規定的權利。

[51] 國內工程實務常見之「自主檢查表」，即為承攬人自主對於工作檢驗的結果提出。公共工程施工品質管理作業要點（中華民國112年5月11日行政院公共工程委員會工程管字第1120300119號函修正）第3點即規定，品質計畫書之內容含自主檢查表。另第6點第2款明文品管人員工作重點之一為執行內部品質稽核，如稽核自主檢查表之檢查項目、檢查結果是否詳實記錄等。

[52] 工程採購契約範本（112.11.15修正）第15條 驗收
（六）機關就廠商履約標的為查驗、測試或檢驗之權利，不受該標的曾通過其他查驗、測試或檢驗之限制。

當事人契約上義務之性質。

　　以下就定作人檢驗之法律性質，以及承攬人檢驗之法律性質二者，分別逐一探討說明之。

（一）定作人檢驗之法律性質

　　就定作人而言，定作人之檢驗行為的意義，一般咸認為係定作人對於工作材料的數量或規格的檢查（inspection），以及分部給付之完成工作，或完竣工作等之品質或效能的試驗（testing）。前述之檢查與試驗，在營建工程實務，大多認係定作人的權利。然前述之檢查與試驗，除具定作人權利之性質外，定作人之檢驗，對於承攬人之工作給付，產生直接的影響。例如，承攬人對於即將進行或次一接續之工作，能否為實際施作是。此外，定作人之檢驗，亦係工作報酬給付之清償期[53]、工作報酬保留款請求返還的要件[54]，以及相關保證金

---

[53] 工程採購契約範本（112.11.15修正）第5條 契約價金之給付條件
　（一）除契約另有約定外，依下列條件辦理付款：
　2.□估驗款（由機關視個案情形於招標時勾選；未勾選者，表示無估驗款）：
　(1)廠商自開工日起，每＿日曆天或每半月或每月（由機關於招標時載明；未載明者，為每月）得申請估驗計價1次，並依工程會訂定之「公共工程估驗付款作業程序」提出必要文件，以供估驗。機關於15工作天（含技術服務廠商之審查時間）內完成審核程序後，通知廠商提出請款單據，並於接到廠商請款單據後15工作天內付款。但涉及向補助機關申請核撥補助款者，付款期限為30工作天。
　(2)竣工後估驗：確定竣工後，如有依契約所定估驗期程可辦理估驗而尚未辦理估驗之項目或數量，廠商得依工程會訂定之「公共工程估驗付款作業程序」提出必要文件，辦理末期估驗計價。未納入估驗者，併尾款給付。機關於15工作天（含技術服務廠商之審查時間）內完成審核程序後，通知廠商提出請款單據，並於接到廠商請款單據後15工作天內付款。但涉及向補助機關申請核撥補助款者，付款期限為30工作天。
　(3)估驗以完成施工者為限，如另有規定其半成品或進場材料得以估驗計價者，從其規定。該項估驗款每期均應扣除5%作為保留款（有預付款之扣回時一併扣除）。……
　3.驗收後付款：於驗收合格，廠商繳納保固保證金後，機關於接到廠商提出請款單據後15工作天內，一次無息結付尾款。但涉及向補助機關申請核撥補助款者，付款期限為30工作天。
[54] 工程採購契約範本（112.11.15修正）第5條 契約價金之給付條件
　（一）除契約另有約定外，依下列條件辦理付款：
　2.□估驗款（由機關視個案情形於招標時勾選；未勾選者，表示無估驗款）：
　(4)查核金額以上之工程，於初驗合格且無逾期情形時，廠商得以書面請求機關退還已扣留保留款總額之50%。辦理部分驗收或分段查驗供驗收之用者，亦同。

之發還要件與時點[55]。

要之，定作人檢驗之法律性質，除係定作人契約上之權利外，似不排除具有契約上義務之性質，分述如下：

1. 契約上權利

在工程契約關係存續中，對於工作或工作物之施作材料、加工半成品或完成品的檢驗，原即可認係定作人契約上之權利。蓋工程承攬契約，本就係為定作人之利益而展開。然對於工作或工作物之施作材料、加工半成品或完成品的檢驗，係為了令該工作或工作物，能具備或符合該次工程契約約定之品質、效用或價值。而約定之品質、效用或價值的實現，應係當事人之契約目的。是定作人對於施作材料、工作或工作物的檢驗，可認係定作人契約上之權利，應無所議。

---

[55] 工程採購契約範本（112.11.15修正）第14條 保證金

（一）保證金之發還情形如下（由機關擇定後於招標時載明）：

□預付款還款保證，依廠商已履約部分所占進度之比率遞減。

□預付款還款保證，依廠商已履約部分所占契約金額之比率遞減。

□預付款還款保證，依預付款已扣回金額遞減。

□預付款還款保證，於驗收合格後一次發還。

□履約保證金於履約驗收合格且無待解決事項後30日內發還。有分段或部分驗收情形者，得按比例分次發還。

□履約保證金於工程進度達25%、50%、75%及驗收合格後，各發還25%。（機關得視案件性質及實際需要於招標時載明，尚不以4次為限；惟查核金額以上之工程採購，不得少於4次）

□履約保證金於履約驗收合格且無待解決事項後30日內發還__%（由機關於招標時載明）。其餘之部分於_____（由機關於招標時載明）且無待解決事項後30日內發還。

□廠商於履約標的完成驗收付款前應繳納保固保證金。

□保固保證金於保固期滿且無待解決事項後30日內一次發還。

□保固保證金於完成以下保固事項或階段：_____（由機關於招標時載明；未載明者，為非結構物或結構物之保固期滿），且無待解決事項後30日內按比例分次發還。保固期在1年以上者，按年比例分次發還。

□差額保證金之發還，同履約保證金。

□植栽工程養護期保證金（僅適用於植栽工程驗收合格後給付全部植栽價金之情形），依植栽養護規範所定合格標準發還。

2.協力行為

　　另在材料或工作檢驗為定作人之契約上權利外，此一定作人材料或工作之檢查試驗行為，亦可將之以定作人之協力行為的性質視之。

　　在國內營建工程承攬實務，定作人拒絕或怠於材料或分部完成工作之檢驗者，可能造成承攬人無法為該次工作，或次一接續或連續部分工作之施作的情形[56]。舉例而言，定作人未為該次工作或工作材料、加工半成品或完成品之施作前的檢查試驗，或該次分部給付之完成工作之檢查試驗情形，除有不可抗力之情形外，通常多發生於承攬人已經向定作人，或其指定之第三人為檢查試驗通知後，而定作人或其指定之第三人，並未在通知之期間為一定程序之檢查試驗行為，其結果，則造成未受驗之材料無法使用，或次一接續或次一階段工作無法繼續施作，以致工作完成的延宕。

　　除前述無法繼續施作情形外，在定作人怠於檢驗，而承攬人自行繼續施作者，該施作部分亦可能因此而遭到拆除之結果[57]。蓋前述之定作人為該次工作之材料、加工半成品或完成品之施作前的檢查試驗，或分部給付之完成工作的**檢查試驗，具有該次受驗材料或分部完成工作之狀態確認的效果**。而該次受驗材料或分部完成工作之狀態確認，將成為承攬人是否得為該即將進行之工作，或次一接續工作能否實際施作的要件。是定作人之材料或工作的檢驗行為，應屬於定作人之協力義務性質。畢竟，該即將進行之工作，或次一接續或連續部

---

[56] 工程採購契約範本（112.11.15修正）第11條 工程品管

　（六）工程查驗：

　2.監造單位／工程司如發現廠商工作品質不符合契約規定，或有不當措施將危及工程之安全時，得通知廠商限期改善、改正或將不符規定之部分拆除重做。廠商逾期未辦妥時，機關得要求廠商部分或全部停工，至廠商辦妥並經監造單位／工程司審查及機關書面同意後方可復工。廠商不得為此要求展延工期或補償。如主管機關或上級機關之工程施工查核小組發現上開施工品質及施工進度之缺失，而廠商未於期限內改善完成且未經該查核小組同意延長改善期限者，機關得通知廠商撤換工地負責人及品管人員或安全衛生管理人員。

[57] 工程採購契約範本（112.11.15修正）第11條 工程品管

　（六）工程查驗：

　3.契約施工期間，廠商應按規定之階段報請監造單位／工程司查驗，監造單位／工程司發現廠商未按規定階段報請查驗，而擅自繼續次一階段工作時，機關得要求廠商將未經查驗及擅自施工部分拆除重做，其一切損失概由廠商自行負擔。但監造單位／工程司應指派專責查驗人員隨時辦理廠商申請之查驗工作，不得無故遲延。

分之工作，需有定作人之檢驗行為，始能繼續施作而令工作完成。

另就完竣工作之檢查試驗，仍可認係定作人之協力義務。蓋承攬人之工作完成，包括約定工作的完成與交付。在營建工程承攬契約關係，亦應作相同之解釋。今如承攬人已經為完竣工作檢查試驗之提出，而定作人拒絕或怠於該完竣工作之檢查試驗者，即造成承攬人無法為該完竣工作的交付。

綜上，不論係定作人對於工作材料、分部給付之完成工作或完竣工作的檢查試驗，均具有令工作完成之性質。是可將定作人對於工作材料、分部給付之完成工作或完竣工作的檢測試驗，認屬民法第507條規定之定作人契約上協力行為之一種。

3. 從給付義務

定作人對於該分部給付或完竣工作之檢查試驗結果的確認，將造成當事人契約上權利義務的直接變動。如工作瑕疵之權利的行使、工作報酬的清償、危險移轉、工作保管責任解消、相關擔保金之發還，以及工作保固期間計算之始期等。是除前述之協力行為的性質外，定作人對於分部給付之完成工作，或完竣工作之檢查試驗，亦應屬於契約上義務群之從給付義務。

(1) 給付利益之變動

在國內營建工程承攬實務，常見因工作材料、加工半成品或完成品，或分部給付之完成工作，或約定之完竣工作等具有瑕疵，未能通過定作人之檢查試驗，或定作人拒絕或怠於為前述工作材料、該次分部給付之完成工作，或約定之完竣工作的檢查試驗情形。前述二情形，除必然造成承攬人無法為該次即將進行之工作，或次一接續部分工作之施作的情形外，亦會造成承攬人對於系爭工作之一部，或全部之工作報酬請求權的行使發生障礙[58]，或契約上他項擔保金返還請求障礙之原因事項[59]。

---

[58] 最高法院110年度台上字第376號民事判決：「被上訴人實際施工進度較預定進度落後，伊於102年4月25日會勘同意變更設計，始調整為超前0.08%，惟被上訴人未依協商結論施作，致較預定進度落後22%，伊乃於同年10月30日終止契約，同年12月23日驗收，結算驗收款480萬3,000元，尚餘工程尾款60萬6,000元未為給付。」最高法院110年度台上字第3222號民事判決：「況被上訴人於96年4月發現該擋土牆位移後，已委由聯合公司重新設計辦理契約變更，經伊於97年6月25日施作完畢，於98年1月21日驗收合格，伊依約受領工程款，不構成不當得利，……」

[59] 最高法院109年度台上字第1642號民事判決：「次依系爭A承攬契約約定，履約保證金

(2) 危險移轉

　　就工作危險移轉，在營建工程實務上，尤其是建築改良物之新建工程，於契約約定工作全部完竣前，定作人先為使用部分工作之情形，時有所見。此一定作人先為使用部分工作之情形，因契約工作尚未全部完竣，定作人無從為契約工作的受領，是該先行使用之部分工作的危險，應以定作人對該部分工作的驗收完成，作為工作危險移轉的時點。此觀行政院工程採購契約範本第15條第8款，指出定作機關就該部分工作，應辦理驗收，並就辦理部分驗收者支付價金及起算保固期[60]的約款內容，可窺究竟。是在定作人先為使用部分工作之情形，驗收具危險移轉之作用。另於工作完竣情形，行政院工程採購契約範本第15條第9款，明文廠商應依照機關指定的接管單位，辦理點交。如發生因非可歸責於廠商的事由，接管單位有異議或藉故拒絕、拖延點交時，機關應負責處理，並在驗收合格後一定期間內處理完畢，否則應由機關自行接管。如機關逾期不處理或不自行接管者，視同廠商已完成點交程序，對本工程的保管不再負責[61]。是於一定情形，完竣工作之危險，係以驗收完成為移轉時點。

於工程進度達25%、50%、75%及驗收合格後，各發還25%。系爭工程之履約保證金398萬8,000元，係由上訴人全額提出。系爭工程已完成68%之工程進度，經另案判決雲林縣政府應發還50%保證金，即199萬9,000元。依雲林縣政府通知上訴人之103年12月19日函文記載，可知因逾1次未改善完成部分，而不再驗收而遭終止契約。」最高法院109年度台上字第1442號民事判決：「揆之系爭契約第14條約定，鈺田公司所交付之履約保證金，於履約驗收合格且無待解決事項後30日內發還，有分段或部分驗收情形，得按比例分次發還，即國美館得以鈺田公司違約情事所致損害數額範圍內，以系爭保證金抵償債務之約定；……」

[60] 工程採購契約範本（112.11.15修正）第15條 驗收
（八）工程部分完工後，有部分先行使用之必要或已履約之部分有減損滅失之虞者，應先就該部分辦理驗收或分段查驗供驗收之用，並就辦理部分驗收者支付價金及起算保固期。可採部分驗收方式者，優先採部分驗收；因時程或個案特性，採部分驗收有困難者，可採分段查驗供驗收之用。分段查驗之事項與範圍，應確認查驗之標的符合契約規定，並由參與查驗人員作成書面紀錄。供機關先行使用部分之操作維護所需費用，除契約另有規定外，由機關負擔。

[61] 工程採購契約範本（112.11.15修正）第15條 驗收
（九）工程驗收合格後，廠商應依照機關指定的接管單位：＿＿＿＿＿＿（由機關視個案特性於招標時載明；未載明者，為機關）辦理點交。其因非可歸責於廠商的事由，接管單位有異議或藉故拒絕、拖延時，機關應負責處理，並在驗收合格後＿＿日（由機關視個案特性於招標時載明；未載明者，為15日）內處理完畢，否則應由機關自行接

前述行政院工程採購契約範本第15條，關於定作人先爲使用部分工作之情形，驗收具危險移轉之作用，以及完竣工作之危險，係以驗收完成爲移轉時點之約款，可謂合理。蓋該經檢驗及檢驗結果接收之工作，業已經定作人爲工作狀態的確認。

(3) 報酬清償

在工作報酬清償，前述行政院工程採購契約範本第15條第8款，亦已指出就辦理部分驗收者支付價金；第15條第9款，明文工程驗收合格後，廠商應依照機關指定的接管單位辦理點交，或由機關自行接管，如機關逾期不處理或不自行接管者，視同廠商已完成點交程序，機關不得以尚未點交作爲拒絕結付尾款的理由。可知於通常之交易習慣，驗收爲工作報酬之清償期。

從給付義務，除對於債務人之主給付義務的履行，具有其輔助的功能作用外，於雙務契約，當事人從給付義務之不履行，亦可發生履行抗辯或契約解除之效果。從給付義務之發生原因，一般爲法律規定、當事人約定，或基於誠信原則及補充的契約解釋。

於通常情形，有關材料、工作或工作物的驗收條款，係營建工程必要的契約內容之一[62]，且該定作人檢驗的結果，直接影響工程契約之進行。是該定作人之材料、工作或工作物的檢驗行爲，具有契約工作繼續給付與否之預見性，及是否令契約繼續存在之期待性，與契約目的能否達成之判斷性。是應可認該定作人之材料或工作之檢驗，係屬契約上義務群之從給付義務，而非僅限於係定作人契約上之協力行爲。

基於契約忠誠義務，契約當事人負有不得危害或破壞契約進行之義務[63]。要之，對於承攬人工作給付之進行，以及工作報酬請求之合理期待等的保護，定作人對於材料、工作或工作物的檢驗，應爲適時且合目的之履行。如因定作人無正當理由而怠爲或拒絕該次施作材料、工作或工作物之檢查試驗，造成承攬人無法爲工作的合理進行，或對於系爭工作報酬請求權之行使障礙者，則應可認定作人所爲違反者，係契約上之從給付義務。此從前述比較觀點之國際

管。如機關逾期不處理或不自行接管者，視同廠商已完成點交程序，對本工程的保管不再負責，機關不得以尚未點交作爲拒絕結付尾款的理由。

[62] 政府採購法第71條第1項：「機關辦理工程、財物採購，應限期辦理驗收，並得辦理部分驗收。」另參閱工程採購契約範本（112.11.15修正）第15條驗收。

[63] 姚志明，誠信原則與附隨義務之研究，自版，2004年9月，初版，頁157。

諮詢工程師聯合會FIDIC標準契約條款2017 Red Book第7條、第9條、德國建築工程採購與契約規範之一般契約規範部分VOB/B第16條、美國AIA Document A201–2017 General Conditions of the Contract for Construction建築契約之通用條款第9.8.3條等約款內容，以及中華人民共和國民法典建設工程合同第797條之規定，均可得知定作人檢驗對於契約利益之重要性。

綜上，本文以爲，關於定作人檢查試驗之法律性質，除應可認爲其係契約上權利外，亦同時具有令契約目的達成之從給付義務的性質。蓋定作人之材料、工作或工作物之檢查試驗行爲的正常履行，具有令承攬人之工作給付、工作報酬請求、危險移轉、工作保管責任解消、相關擔保金之返還、工作保固期間之合理計算，以及契約目的達成等之作用。據此，基於工程契約當事人利益之衡平，以及危險的合理分配，定作人之工作檢驗的法律性質，除係爲其契約上之權利外，亦應認係定作人契約上之從給付義務，似較妥適。

（二）承攬人檢驗之法律性質

於國內營建工程承攬實務，承攬人之檢驗，通常係發生在承攬人自己所採購之材料、加工之半成品或完成品、承攬人自己之分部給付的完成工作或完竣工作的檢查試驗，或係對於次承攬人之工作材料、分部完成工作或次承攬完成工作的檢查試驗情形。實務上，承攬人雖亦有對於定作人所提供之材料、加工之半成品或完成品爲檢查試驗，然於一般情形下，承攬人則鮮少於工作前對之爲檢查試驗，多係在施作過程中，發現該等材料之不適當或瑕疵。承攬人對於前述各種之檢查試驗行爲，應視該各檢查試驗對象之不同，而具其各自相異之性質。以下就承攬人工作受驗之提出、承攬人對定作人提供材料之檢驗、承攬人對自己材料及工作之檢驗，以及承攬人對次承攬工作之檢驗等，逐一分述其各自之性質。

1. 工作受驗提出之性質

承攬人對自己完成工作之檢驗，應屬於承攬人契約上之責任。蓋承攬人完成工作，應使其具備約定之品質及無減少或滅失價值，或不適於通常或約定使用之瑕疵。在營建工程承攬實務，承攬人於契約約定之完成工作，或該次分部給付之完成工作檢驗之提出，應認具有承攬人爲該契約約定之全部工作，或該次分部給付工作的完成，以及該約定之全部工作，或分部給付工作之預爲交付通知的性質。

詳言之，承攬人對於定作人所爲之驗收的提出，同時具有工作受驗之提出

與完成工作預爲交付通知的法律性質。蓋於營建工程承攬實務之交易習慣，工作或工作物可爲驗收提出的諸多要件，其中必然包含達到當事人約定之一定進度或比例之工作數量，承攬人始可爲該次工作驗收之提出。因此，即便是分部給付之承攬，該分部完成工作之驗收的提出，實質上亦具有承攬人爲該分部完成工作之預爲交付通知的性質。

綜上，承攬人對定作人所爲之驗收提出，同時具有該部分工作物接受檢驗的提出，以及該部分工作之預爲交付通知的法律性質。則按民法第493條及第494條規定，定作人於該次完成工作之檢驗與檢驗結果接收後，應即得行使定作人之工作瑕疵修補請求權。換言之，於驗收時期發見該次受驗之工作或工作物有瑕疵之情形，定作人得定相當期間，請求承攬人爲該瑕疵之修補。若承攬人不於該相當期間內爲瑕疵修補，或拒絕修補，或該瑕疵爲無法修補者，定作人即得爲解除契約或減少報酬之主張。如此，除可避免當事人間之法律關係久懸未決外，亦可令因工作瑕疵所致之損害不爲擴大。

2. 對定作人提供材料檢驗之性質

民法第496條明定：「工作之瑕疵，因定作人所供給材料之性質或依定作人之指示而生者，定作人無前三條所規定之權利。但承攬人明知其材料之性質或指示不適當，而不告知定作人者，不在此限。」

因之，如按前開法律規定，除契約當事人別有約定外，承攬人對於定作人所提供之材料、加工之半成品或完成品之檢驗，其法律性質，或可認係承攬人工作瑕疵免責之對己義務。亦即，應可將承攬人對於定作人所提供之材料、加工之半成品或完成品之檢查試驗的法律性質，認係承攬人於契約上之**不眞正義務的性質**。

3. 對自己材料及工作檢驗之性質

承攬人對於其自己所採購之材料、加工之半成品或完成品，或承攬人自己完成之工作或工作物之檢驗情形，應認係屬於承攬人之自主檢驗的行爲。

然承攬人對於其自己之材料或工作的自主檢驗，按目前國內營建工程承攬實務之交易習慣，該自主檢驗之結果，屬於工作品質管理項下之一部內容，亦係定作人工作檢驗的內容之一[64]。據此，該承攬人自己材料及工作之檢查試驗

---

[64] 公共工程施工品質管理作業要點（中華民國112年5月11日行政院公共工程委員會工程管字第1120300119號函修正）三、機關辦理新臺幣一百五十萬元以上工程，應於招標

行為的法律性質，應可屬於契約給付內容之一部。

　　另，如該次契約並未規定或約定自主檢查表之提出者，在定作人取得約定價值或使用品質工作之契約目的下，該承攬人自己材料及工作之檢查試驗行為的法律性質，應屬於契約上之給付義務。此從民法第492條規定之承攬人完成工作，應使其具備約定之品質及無減少或滅失價值，或不適於通常或約定使用之瑕疵的意旨，亦應如是解釋。就此一承攬人對於其自己所採購之材料、加工之半成品或完成品，或完成之工作之檢驗行為，係為令承攬人能給付無瑕疵工作之必要行為之一。再者，承攬人之材料或工作檢驗之結果，亦具有**使債權人的給付利益獲得滿足之作用**。例如鋼筋或鋼構材料之無輻射證明，或砂石之氯離子含量合格證明等，對於定作標的工作物之使用安全及市場交易價值，具其重要性。要之，承攬人之自己材料與工作檢驗的法律性質，可認係屬於**承攬人契約上之從給付義務**。

4. 對次承攬工作檢驗之性質

　　承攬人對次承攬人完成之工作或工作物的檢驗，可分別以原承攬人以及原定作人之不同立場，分別該工作或工作物檢驗之性質。

(1) 原承攬人立場

　　在原承攬人自己立場言，其對次承攬人完成之工作或工作物的查驗，係立

文件內訂定廠商應提報品質計畫。

品質計畫得視工程規模及性質，分整體品質計畫與分項品質計畫二種。整體品質計畫應依契約規定提報，分項品質計畫得於各分項工程施工前提報。未達新臺幣一千萬元之工程僅需提送整體品質計畫。

整體品質計畫之內容，除機關及監造單位另有規定外，應包括：

（一）新臺幣五千萬元以上工程：計畫範圍、管理權責及分工、施工要領、品質管理標準、材料及施工檢驗程序、自主檢查表、不合格品之管制、矯正與預防措施、內部品質稽核及文件紀錄管理系統等。

（二）新臺幣一千萬元以上未達五千萬元之工程：計畫範圍、管理權責及分工、品質管理標準、材料及施工檢驗程序、自主檢查表及文件紀錄管理系統等。

（三）新臺幣一百五十萬元以上未達一千萬元之工程：管理權責及分工、材料及施工檢驗程序及自主檢查表等。

工程具機電設備者，並應增訂設備功能運轉檢測程序及標準。

分項品質計畫之內容，除機關及監造單位另有規定外，應包括施工要領、品質管理標準、材料及施工檢驗程序、自主檢查表等項目。

品質計畫內容之製作綱要，由工程會另定之。

於次定作人的地位為之。如該次檢查試驗結果具有瑕疵，則原承攬人對於次承攬人完成之工作或工作物，有瑕疵修補請求、自行修補、減少報酬或解除契約等權利可資主張。此一部分，該原承攬人係基於次定作人之地位，對於次承攬人工作材料、分部完成工作或次承攬完成工作的檢查測試，亦直接造成次承攬人可否繼續為工作之施作的變動。

此外，於前述次承攬人完成之工作或工作物發生瑕疵情形，原承攬人**應不得令第三人為替代修補**，而應自行修補。其理由在於原承攬人自身即具有該次承攬標的工作之專業能力，可為瑕疵部分之自行修補，且此亦可簡化當事人間法律關係，並避免惡意利用第三人之替代修補行為，進而為其不合理減少報酬之目的，以及非良性之競爭。

綜上，本文以為，次定作人之材料或工作檢查試驗的正常進行，具有令次承攬人之工作給付、工作報酬請求，以及次承攬契約目的達成之正常化的作用。據此，基於次承攬之個案契約利益的衡平，次定作人之工作檢驗的法律性質，除係為其次承攬契約上之權利外，亦應認係次定作人**於次承攬契約上之從給付義務**，似較妥適。

(2) 原定作人立場

端視原定作人的立場，承攬人對於次承攬人之材料與完成工作的檢驗行為，應等同於承攬人對自己承攬標的工作之材料與完成工作的檢驗。此時，承攬人對於次承攬人材料與完成工作之檢驗，與前述承攬人材料與完成工作之自主檢驗的性質相同，可認係承攬人在**原契約上之從給付義務**。

二、檢驗結果之接收

於國內營建工程承攬實務之交易習慣，完整之驗收行為，除前述之檢查試驗外，通常亦包含定作人於檢查試驗結果接收之行為，前已述及。而此一定作人之檢查試驗結果的接收行為，於性質上，應可解釋為定作人對於**該受驗工作之狀態的確認**。

就國內營建工程實務，檢驗結果之認定，定作人有排他之專屬權，前已述及。此對於完成工作之狀態的確認，不若前述比較觀點，基於契約當事人利益之衡平，在定作人拒絕或怠於檢驗結果確認之情形，有狀態確認之擬制，與檢驗結果異議之失權效果。例如國際諮詢工程師聯合會FIDIC標準契約條款2017 Red Book第7.4條，指出監測者之立即檢查試驗義務、視為在場的擬制效果，

與監測者因違誤檢查試驗的賠償責任。另就工程師沒有參加測試，應被視為接受測試結果數據是準確的擬制效果；德國建築工程採購契約規範之一般契約規範部分VOB/B第16條第3項第1款，對承攬人給付之證明是否適合於檢驗、提出附理由異議，定作人未於期限內為之者，則定作人嗣後不得再對是否適合於檢驗加以爭執，發生檢驗結果異議失權之效果是。此外，德國民法第650g條第1項至第3項，對現狀確認亦有相關規定[65]

以下就營建工程施作之通常進行的順序，依序就材料檢驗結果之接收、分部給付工作檢驗結果之接收，以及完竣工作檢驗結果之接收等分述之。

（一）材料檢驗結果之接收

就營建工程承攬實務當事人習慣，承攬人為材料檢驗之提出，其通常係因該受驗材料為承攬人所提供之施作材料。故而，定作人對該承攬人所提供之材料檢驗結果的接收，具有二個效果：其一，有令承攬人得為工作施作之開啟或繼續的效果；其二，定作人對於該準備進場施作之材料檢驗結果的接收，為承攬人得請求給付契約價金之條件[66]。是就定作人材料檢驗結果的接收，具輔助承攬人工作給付利益實現之作用，應認定作人工作材料檢驗結果之接收，其法律性質屬於契約義務群之從給付義務。

---

[65] 有關德國民法第650g條之狀態確認，請參閱黃立，德國民法工程契約章結算及拒絕受領之現狀確認解析，仲裁，第113期，2021年12月，頁72至91。

[66] 工程採購契約範本（112.11.15修正）第5條 契約價金之給付條件
（一）除契約另有約定外，依下列條件辦理付款：
2.□估驗款（由機關視個案情形於招標時勾選；未勾選者，表示無估驗款）：
(3)估驗以完成施工者為限，如另有規定其半成品或進場材料得以估驗計價者，從其規定。該項估驗款每期均應扣除5%作為保留款（有預付款之扣回時一併扣除）。
半成品或進場材料得以估驗計價之情形（由機關於招標時載明；未載明者無）：
□鋼構項目：
鋼材運至加工處所，得就該項目單價之＿％（由機關於招標時載明；未載明者，為20%）先行估驗計價；加工、假組立完成後，得就該項目單價之＿％（由機關於招標時載明；未載明者，為30%）先行估驗計價。估驗計價前，須經監造單位／工程司檢驗合格，確定屬本工程使用。已估驗計價之鋼構項目由廠商負責保管，不得以任何理由要求加價。
□其他項目：＿＿＿＿＿＿＿＿。

（二）分部給付工作檢驗結果之接收

在營建工程承攬實務，契約標的工作須爲分部給付者，比比皆是，其又以建築改良物之新建工程最爲明顯。然分部給付工程之施工方法，通常爲連續性或接續性施作，前已述及。因之，對於提出受驗之分部給付的次一工作而言，均係該提出受驗工作之連續或接續工作的延伸。

換言之，該受驗之分部給付工作檢驗結果的接收，係該受驗之分部給付工作之接續工作可爲施作的要件之一。蓋定作人對於該受驗之分部給付工作之檢驗結果的接收行爲，具有定作人對於該受驗之分部給付工作現況確認之效果。亦即，定作人對於該受驗之分部給付工作現況的確認，有令承攬人係就該受驗之工作爲瑕疵排除，或繼續爲次一工作給付之效果。除前述外，如有約定分部給付工作之報酬給付者，該受驗分部給付工作現況的確認，亦係該分部給付工作報酬請求之依據[67]。再者，定作人對於該受驗之分部給付完成工作檢驗結果的接收，亦係相關保證金返還之要件[68]。是就定作人對於該受驗之分部給付工

---

[67] 工程採購契約範本（112.11.15修正）第5條 契約價金之給付條件
（一）除契約另有約定外，依下列條件辦理付款：
2.□估驗款（由機關視個案情形於招標時勾選；未勾選者，表示無估驗款）：
(1)廠商自開工日起，每＿＿日曆天或每半月或每月（由機關於招標時載明；未載明者，爲每月）得申請估驗計價1次，並依工程會訂定之「公共工程估驗付款作業程序」提出必要文件，以供估驗。機關於15工作天（含技術服務廠商之審查時間）內完成審核程序後，通知廠商提出請款單據，並於接到廠商請款單據後15工作天內付款。但涉及向補助機關申請核撥補助款者，付款期限爲30工作天。

[68] 工程採購契約範本（112.11.15修正）第14條 保證金
（一）保證金之發還情形如下（由機關擇定後於招標時載明）：
□預付款還款保證，依廠商已履約部分所占進度之比率遞減。
□預付款還款保證，依廠商已履約部分所占契約金額之比率遞減。
□預付款還款保證，依預付款已扣回金額遞減。
□預付款還款保證，於驗收合格後一次發還。
□履約保證金於履約驗收合格且無待解決事項後30日內發還。有分段或部分驗收情形者，得按比例分次發還。
□履約保證金於工程進度達25%、50%、75%及驗收合格後，各發還25%。（機關得視案件性質及實際需要於招標時載明，尚不以4次爲限；惟查核金額以上之工程採購，不得少於4次）
□履約保證金於履約驗收合格且無待解決事項後30日內發還＿＿%（由機關於招標時載明）。其餘之部分於＿＿＿＿＿＿＿＿（由機關於招標時載明）且無待解決事項後30日內

作檢驗結果的接收，具輔助承攬人工作給付利益實現之作用，應認定作人分部給付工作檢驗結果接收之法律性質，為定作人契約上之從給付義務。

（三）完竣工作檢驗結果之接收

就完竣工作而言，該定作人對於完竣工作檢驗結果之接收行為，亦具有定作人對於**受驗之完竣工作現況確認的作用**。然該完竣工作現況之確認，係為契約工作報酬結算之基礎[69]、相關保證金之返還，以及工作保固期間起算時點等之依據。是定作人就該受驗之完竣工作檢驗結果的接收，具輔助承攬人工作給付利益之實現，以及危險移轉之作用，應認定作人之完竣工作檢驗結果接收的法律性質，屬於定作人契約上之從給付義務。

第二款　定作人違反檢驗之法律效果

今在定作人材料與工作檢驗，以及承攬人材料與工作檢驗，較需討論者，係為定作人之檢驗行為。蓋承攬人本於其工作給付之利益，通常不致拒絕或怠於對其自己材料與工作之檢驗。如承攬人拒絕或怠於對自己材料與工作檢驗之提出，將造成其工作進度遲延，以及報酬請求障礙之不利結果。而在承攬人拒絕或怠於對定作人提供材料為檢驗情形，若因此而造成工作瑕疵，承攬人仍須就該工作瑕疵負責。相對前述情形，如定作人拒絕或怠於對承攬人之材料與工作的檢查試驗，則直接造成承攬人契約上利益之變動，例如工作施作的

發還。

□廠商於履約標的完成驗收付款前應繳納保固保證金。

□保固保證金於保固期滿且無待解決事項後30日內一次發還。

□保固保證金於完成以下保固事項或階段：＿＿＿＿＿＿（由機關於招標時載明；未載明者，為非結構物或結構物之保固期滿），且無待解決事項後30日內按比例分次發還。保固期在1年以上者，按年比例分次發還。

□差額保證金之發還，同履約保證金。

□植栽工程養護期保證金（僅適用於植栽工程驗收合格後給付全部植栽價金之情形），依植栽養護規範所定合格標準發還。

[69] 工程採購契約範本（112.11.15修正）第5條 契約價金之給付條件

（一）除契約另有約定外，依下列條件辦理付款：

3.驗收後付款：於驗收合格，廠商繳納保固保證金後，機關於接到廠商提出請款單據後15工作天內，一次無息結付尾款。但涉及向補助機關申請核撥補助款者，付款期限為30工作天。

開啟與繼續[70]、工作報酬之請求、工作危險移轉，以及相關保證金發還等利益是。

　　更有甚者，在定作人拒絕或怠於行使檢查試驗權利之情形，除直接造成承攬人工作施作的開啟與繼續、工作報酬之請求、工作危險移轉，以及相關保證金發還等利益的變動外，亦可能造成使用標的工作之第三人，以及國家社會之利益，因定作人拒絕或怠於檢查試驗權利行使而受到損害。例如，該次工程契約之標的，係具有教育、醫療、交通等公眾使用利益之工作物者，因定作人拒絕或怠於行使其檢查試驗之權利，造成該與公眾利益有關之工程承攬標的施作障礙，以及工作完竣的延宕，而令該等教育、醫療、交通，或其他公眾利益之標的，無法被大眾如期使用之不利益情形是。

　　就定作人對於承攬人材料或工作之檢驗，如係因工作之施作材料、加工半成品或完成品有瑕疵，未能通過定作人之檢查試驗者，則在該瑕疵情形為排除前，定作人應可拒絕承攬人為該次或接續部分之工作。若係該次分部給付之完成部分工作具有瑕疵，而該瑕疵情形，屬於明顯可見，且未達標準施工規範之安全係數者，則於該瑕疵情形排除前，定作人得為拒絕該分部給付之完成部分的檢查試驗。如其瑕疵情形嚴重而無法修補者，定作人應得主張承攬人拆除該已經完成之分部給付工作[71]，或解除契約[72]。前述情形較無爭議，且符合國內

---

[70] 中華人民共和國民法典第十八章建築工程合同第798條：「隱蔽工程在隱蔽以前，承包人應當通知發包人檢查。發包人沒有及時檢查的，承包人可以順延工程日期，並有權請求賠償停工、窩工等損失。」由前述法律規定之明文，可知在隱蔽工程，須經發包人即定作人之檢查合格，始得為工作之繼續。國內營建工程實務之交易習慣，對於隱蔽工程之工作，亦是如此做法。如結構體之施作，均須待其結構體之各種材料，以及其之配置與組立等檢驗合格，始得為混凝土澆置作業是。

[71] 最高法院109年度太上字第3222號民事判決：「按民法第179條規定所謂無法律上之原因而受利益，就受損害人之給付情形而言，係指欠缺給付之目的。查上訴人就關於40公分擋土牆因施作之預壘樁抗壓強度不足致生位移，不符合契約規定，應免費拆除及重建，而其就此部分已領工程款1,370萬8,683元，為原審認定之事實。則上開40公分擋土牆既與系爭契約不合，上訴人應負擔費用拆除及重建，被上訴人就該拆除及重建給付上訴人之工程款1,370萬8,683元，即屬欠缺給付目的，原審因認上訴人受領此部分款項為無法律上原因受有利益而構成不當得利，爰為其敗訴之判決，經核於法並無不合。」

[72] 民法第495條第2項：「前項情形，所承攬之工作為建築物或其他土地上之工作物，而其瑕疵重大致不能達使用之目的者，定作人得解除契約。」

營建工程承攬之交易習慣。

　　然除前述之較無爭議情形外，若該分部給付之完成工作，其瑕疵情形雖為明顯可見，但其瑕疵情形輕微，並無礙於使用目的或安全者，如定作人以前述瑕疵情形輕微為由，而拒絕為該次分部給付工作的檢查試驗，或於承攬人為工作檢查試驗通知到達後，於驗收期日屆至時，怠為一定程序之檢查試驗，則前述該定作人之拒絕檢查試驗，或怠於檢查試驗等二行為，即造成承攬人無法為該次工作，或次一接續部分工作之繼續施作，此為當事人較易發生爭執的原因事項之一。

　　本文以為，定作人拒絕檢查試驗的法律效果，與定作人怠於檢查試驗的法律效果，應非全然相同。蓋定作人拒絕為材料或工作之檢查試驗，與定作人怠於材料或工作檢查試驗，其二者所造成他方契約力亦受影響之程度，仍有所不同。以下就定作人拒絕檢查試驗，以及定作人怠於檢查試驗等情形，分別逐一探討說明其二者之法律效果。

一、定作人拒絕檢查試驗

　　驗收之檢查試驗行為，對於定作人而言，可認為係定作人契約上之權利，亦同時具有契約上之從給付義務的法律性質，已如前述。是於定作人拒絕檢查試驗情形，除為定作人拒絕行使契約上之權利外，亦應有定作人契約上義務違反之效果。

（一）危險移轉之擬制

　　於定作人為該次受驗工作之驗收完成者，除應認係契約當事人對於該受驗工作之狀態確認外，亦可認工作給付之債務人即承攬人，已經為債務清償之提出，且該完成驗收之工作，係處於定作人隨時可得受領之情形。因此，在承攬人之工作驗收的意思表示到達定作人時，應認承攬人已經為該受驗部分工作之完成，並預為交付之提出。如定作人依約定期日為檢驗者，該受驗工作之檢驗結果，亦係處於定作人隨時可得接收之情形。

　　定作人之檢查試驗，直接造成承攬人契約上利益之變動，應認該檢查試驗之性質，屬於契約上之從給付義務，已如前述。要之，在定作人不具正當理由而拒絕驗收之情形，於承攬人提出或規定之驗收期日經過，應認定作人對於該受驗工作之狀態已經確定，該受驗工作之危險，業已移轉於定作人。此一危險移轉之擬制，應有利於契約之正常進行，以及當事人權利義務的確定。此一檢

驗結果之擬制，於前述FIDIC標準契約條款2017 Red Book第7.4條，就工程師沒有參加測試，明文工程師應被視為接受測試結果數據是準確的擬制效果，可資參考。

（二）工期展延

在定作人之檢查試驗行為，認係為定作人契約上之權利情形，如承攬人就該次工作可為檢查試驗之標的與期日，對定作人為通知並已經到達，而定作人不於該期日為檢查試驗，且無正當理由者，應認該情形，係定作人消極不行使其契約上之檢測試驗權利。

於雙務契約，如該權利人之權利的消極不行使，造成債務人之契約上應有權利的喪失，或權利行使的障礙，或增加債務人於契約上之不必要負擔者，應認該權利人有權利濫用之情形。

據此，本文以為，定作人既已於承攬人之檢查試驗通知內容所示期日屆至前，預示拒絕行使其檢查試驗之權利，或於檢查試驗通知之所示期日屆至時，為拒絕行使檢查試驗權利之意思表示者，均應可認該檢查試驗之權利人即定作人**拋棄該次材料或工作檢查試驗之權利**。如若定作人在拋棄該次檢查試驗權利後，又再為該已經拋棄之檢查試驗權利行使之主張者，應認該檢查試驗權利之主張，**違反當事人禁反言原則**[73]，應不得再為是項權利行使之主張。因此，若定作人拒絕行使檢查試驗，且無正當理由者，承攬人之正當履約權利，應不受到該業經定作人拋棄之權利的不利影響。

另一方面，因該須受驗之材料或工作，在未經定作人檢查試驗完成前，承攬人並無法為工作施作之開啟或繼續，定作人拒絕為該次材料或工作檢查試驗情形，應將該檢查試驗之等待期間，列為可歸責於定作人事由之工期展延。此觀諸前述比較觀點之中華人民共和國民法典第798條，「發包人沒有及時檢查的，承包人可以順延工程日期」之明文，可以得知。

綜上，在該工程契約尚未被解除或終止前，於定作人拒絕檢查試驗情形，應以承攬人就該受驗工作之自主檢查表所列者，作為該受驗工作之現況狀

---

[73] 最高法院109年度台上字第1039號民事判決：「按權利之行使，倘與權利人先前行為相矛盾，破壞相對人之正當信賴者，有違誠實信用原則，固不生行使權利之效力。惟該所謂『禁反言原則』之適用，須權利人有外觀之行為，足使相對人正當信賴其已不欲行使其權利，始足當之。」

態的確認，並以此狀態確認為基礎，而得為該次受驗工作之連續或接續部分工作的繼續施作。是於此一定作人拒絕行使檢查試驗，而不具正當理由情形，承攬人之正當履約權利，應不受到該業經定作人拋棄之權利的不利影響，承攬人得為該次受驗工作之連續或接續部分工作的繼續施作，並應將該檢查試驗之等待期間，列為可歸責於定作人事由之工期展延。

（三）損害賠償

如就定作人之檢測試驗行為，認係為其契約上之給付義務，若於承攬人為承攬標的工作檢驗之提出，且檢驗通知已經到達定作人後，在該通知所示之驗收期日屆至時，定作人明確拒絕為一定程序之檢測試驗，而無正當理由者，此一情形，應認係履行檢查試驗之債務人即定作人，拒絕該義務之給付。

在債務人給付可能而拒絕給付情形，或可認係債務人之給付遲延，該債務人應負給付遲延責任。惟觀諸國內營建工程承攬實務，除當事人別有約定外，定作人對於材料或工作之檢測試驗，以及檢測試驗結果認定等，具有排他性[74]。是關於工作材料與工作之檢測試驗，可認係定作人之專屬權。要之，定作人之工作材料與工作之檢測試驗的拒絕，應認係屬於債務人之給付不能。

質言之，在承攬人受驗工作之檢測試驗提出之通知到達後，於該通知所示之檢驗期日尚未屆至前，定作人預示拒絕於該驗收期日為檢測試驗，或在該通知內容之驗收期日屆至時，定作人明示拒絕於該驗收期日為檢測試驗情形，如定作人不具正當理由，而拒絕檢測試驗者，則該定作人之積極拒絕檢測試驗的行為，**屬於契約債務之給付拒絕。且此一債務人之給付拒絕，屬於可歸責債務人事由之債務不履行**。於前述債務人拒絕給付情形，應有關於給付遲延規定之適用[75]。

---

[74] 工程採購契約範本（112.11.15修正）第15條 驗收
（六）機關就廠商履約標的為查驗、測試或檢驗之權利，不受該標的曾通過其他查驗、測試或檢驗之限制。

[75] 最高法院98年度台上字第921號民事判決：「按民法第二百二十六條第一項之給付不能，債權人得請求損害賠償者，與同法第二百三十二條因給付遲延，而生之損害賠償，兩者不同。前者指因可歸責於債務人之事由，致給付不能者言；其給付不能，包括自始主觀不能、嗣後客觀或嗣後主觀不能；後者係指因債務人之給付拒絕或給付遲延，遲延後之給付，於債權人已無利益者，債權人得拒絕其給付，並得請求賠償因不履行而生之損害賠償言。」

本文以為，在定作人不具正當理由為期前預示拒絕檢測試驗，或期日屆至之明示拒絕檢測試驗情形，承攬人得因此向定作人請求損害賠償。有關賠償責任之範圍，前述國際諮詢工程師聯合會FIDIC標準契約條款2017 Red Book第9.2條延遲測試，指出不論係竣工測試或分項工作測試，如承包商已經根據第9.1條〔承包商的義務〕發出通知，嗣因可歸責定作人人員或定作人之原因而被不適當地拖延，承包商可主張因無法進行竣工測試而遭受延誤和／或產生費用，並請求給付此類成本加利潤之約款內容；中華人民共和國民法典第十八章第798條，「發包人沒有及時檢查的，承包人可以順延工程之日期，並有權請求賠償停工、窩工等損失」之明文，亦可資參考。

（四）契約解除

定作人為該次工作之材料、分部給付工作或完竣工作之檢查試驗，具有該次受驗材料、分部給付工作或完竣工作之狀態確認的效果。而該次受驗材料或分部完成工作之狀態確認，將成為承攬人是否得為該次工作、次一接續或連續部分之工作施作的要件。是定作人之材料或工作的檢驗行為，應屬於定作人之從給付義務性質，前已述及。

今如發生定作人拒絕為該次工作之材料、分部給付工作或完竣工作之檢查試驗情形，若經承攬人合法催告，定作人仍不為檢測試驗，而造成工作無法施作者，承攬人應可據此為該次工程承攬契約解除之理由。蓋於此情形，可認當事人業已喪失信賴之基礎，對於工作給付之繼續已經無可期待，承攬人應得以此為契約之解除。如因此而有損害發生者，承攬人亦可向定作人為損害賠償之請求，例如，在途之材料、已加工而尚未施作之材料、人員費用、機具或設備之租金，以及管理利潤等是。

二、定作人怠於檢查試驗

除前述定作人拒絕檢查試驗之情形外，營建工程實務另一常見情形，係定作人怠於工作材料或工作之檢查試驗。其與定作人拒絕檢查試驗不同者，在於定作人怠於檢查試驗，可能係檢查試驗行為的怠於進行，亦可能是檢查試驗結果的怠於接收（確認）。

就定作人之檢查試驗行為，認為係其契約上之從給付義務者，若係於承攬人工作之檢查試驗提出通知，已經到達定作人後，在該通知內容之驗收期日屆至時，定作人怠於該驗收期日為一定程序之檢查試驗，或怠於檢查試驗結果

的接收，而無正當理由者，應認係債務人之給付遲延。蓋不論係定作人怠於檢查試驗行為的進行，或是檢查試驗結果的怠於接收（確認），皆造成他方契約上利益之不利變動。此一情形，除係定作人怠於契約上權利之行使外，亦有定作人契約上義務違反之效果。是應賦予定作人權利行使之限制、危險移轉之擬制、工期展延，以及損害賠償責任，似較符合當事人契約上利益之衡平與危險的合理分配。

（一）權利行使之限制

　　在定作人之檢查試驗行為，係為定作人契約上之權利者，如承攬人已經就該次可為檢查試驗之標的與期日，對定作人為通知並已經到達，該定作人不於該期日為檢查試驗行為，而無正當理由者，應認該情形，係定作人怠於行使其契約上之檢查試驗權利。

　　於雙務契約關係，如該權利人之權利的行使與不行使，造成債務人之契約上應有權利的喪失，或權利行使的障礙，或增加債務人於契約上之不必要負擔者，除認該權利人有違反誠信原則外，亦可能造成權利濫用之情形[76]。據此，不論定作人如何為契約上檢查試驗權利之行使，均不能因此而造成承攬人之工作繼續，或工作承攬報酬之適時請求之不利益的結果。畢竟，定作人之工作檢查試驗權利的行使，不僅僅是對定作人自己契約上利益之保障，更包含了契約相對人，即承攬人之正當履約權利與契約上利益的保護。

　　是定作人於規定或約定期日屆至，不為檢查試驗行為，而不具正當理由者，如經承攬人之催告，該定作人仍怠為該次檢查試驗行為，且亦無拋棄該次檢查試驗權利之意思表示者，或於檢驗完成後，怠為檢驗結果的接收者，則應認該定作人之怠為該次檢查試驗，或怠為檢驗結果接收之行為，屬於債權人之可為行使之權利，經過一定期間不行使，業已造成他方對其不行使權利之行為

---

[76] 最高法院108年度台上字第1752號民事判決：「次按憲法規定及兩公約揭示保障之人民基本權利，雖非不得藉由民法概括條款或不確定法律概念，間接規範私人相互間之權利義務，但仍應符合各該民事法之規範要件。民法第148條第1項規定：『權利之行使，不得違反公共利益，或以損害他人為主要目的』，固揭櫫權利濫用禁止之原則。然所謂權利濫用，係指外觀上徒具權利行使之形式，實質上違背法律之根本精神，亦即與權利之社會作用及其目的相背馳者而言。其判斷應採客觀標準，觀察一切具體情事，尤應綜合權利人因權利行使所能取得之利益，與他人及國家社會因其權利行使所受之損失，比較衡量以定之。」

事實的信任。定作人如於嗣後再爲該次檢查試驗權利行使之主張者，則應認有違誠實信用原則，而應受到行使之限制[77]。關於此一部分，前述國際諮詢工程師聯合會FIDIC標準契約條款2017 Red Book第7.4條第5項規定，工程師應在不少於72小時內通知承包商其打算參加測試，如果工程師未在承包商根據本條發出通知中規定的時間和地點參加，則承包商可以繼續進行測試，除非工程師另有指示，並應認爲這些測試是在工程師在場的情況下進行的；德國建築工程採購與契約規範之一般契約規範部分VOB/B第16條第3項第1款，對承攬人給付之證明是否適合於檢驗、提出附理由異議，定作人未於該期限內爲之者，則定作人嗣後不得再對是否適合於檢驗加以爭執，發生檢驗結果異議失權之效果，可資參考。

　　綜上，定作人不於該期日爲檢查試驗行爲，而無正當理由者，如經承攬人之合法定期催告，該定作人仍怠於該次檢查試驗行爲，或於檢查試驗完成後，怠爲檢驗結果的接收者，即便定作人並無拋棄該次檢查試驗權利之意思表示，亦應認**定作人就該次檢查試驗之權利，不得再爲行使之主張**。蓋定作人之該次檢查試驗權利，經過一定期間不行使，業已造成承攬人對其不行使權利之行爲事實的信任。在誠實信用原則下，定作人應**不得於嗣後再爲該次檢查試驗權利行使**之主張。亦即，該定作人之權利行使主張，應認有違誠實信用原則，而須受到權利行使之限制。

（二）危險移轉之擬制

　　於定作人爲該次受驗工作之驗收完成者，除應認係契約當事人對於該受驗工作之狀態確認外，亦可認工作給付之債務人即承攬人，已經爲債務清償之提出，且該完成驗收之工作，係處於定作人隨時可得受領之情形。因此，定作人於約定或相當期間屆至，怠爲該受驗工作之檢驗，或於檢驗完成後，怠爲檢驗結果的接收情形，應認該次受驗工作之危險，**自驗收期日經過時起，即已經移轉於定作人**。

---

[77] 最高法院106年度台上字第2748號民事判決：「又在私法領域，權利人本得自由決定如何行使其權利，除權利人就其已可行使之權利一再不爲行使，且已達相當之期間，並因其行爲造成特殊情況，足以引起相對人之正當信任，以爲權利人不欲行使其權利，經斟酌該權利之性質，法律行爲之種類，當事人間之關係，社會經濟情況及其他一切因素，認爲權利人忽又出而行使權利，足以令相對人陷入窘境，有違事件之公平及個案之正義時，始得認權利人所行使之權利有違誠信原則而應受限制。」

（三）工期展延

今在承攬人之檢查試驗通知內容所示期日屆至時，定作人怠於行使檢查試驗之權利，而無正當理由者，於承攬人合法之定期催告後，定作人始為該次材料或工作之檢查試驗情形，應可認定作人該次材料或工作檢查之試驗，已經構成債務人之遲延給付。

因該須受驗之材料或工作，在未經定作人檢查試驗完成前，承攬人並無法為工作施作之開啟或繼續，前已述及。職是，於定作人遲延為該次材料或工作檢查試驗情形，應將該檢查試驗之等待期間，列為可歸責於定作人事由之工期展延，此與前述定作人無由拒絕為檢查試驗，可歸責於定作人事由之工期展延的理由相同，此不贅述。

（四）損害賠償

如就定作人之檢查試驗行為，認係為其契約上之給付義務者，若在承攬人為該次材料或工作檢查試驗之提出，且該檢驗通知已經到達於定作人，在該通知所示之驗收期日屆至時，定作人怠於為一定程序之檢查試驗，而無正當理由者，此一情形，應認係履行檢查試驗之債務人即定作人之遲延給付。在給付期日屆至，債務人之給付可能，卻不為給付之情形，應認屬債務人之給付遲延，該債務人應負給付遲延責任。例如，機具設備的租金、人員調度之費用、管理費用的增加，以及相關授信費用之利息增加部分等是。

據此，在承攬人受驗材料或工作之檢測試驗提出之通知到達後，於該通知所示之檢驗期日屆至時，定作人仍怠於該檢驗期日為檢測試驗，屬於契約債務之遲延給付。於前述情形，應有關於遲延給付規定之適用[78]。亦即，在定作人不具正當理由，於該通知所示之檢驗期日屆至時，怠於檢測試驗，因此而造成承攬人之損害發生情形，承攬人得因此向定作人請求損害賠償，例如設備租金、相關人員費用等。有關此一賠償責任，前述國際諮詢工程師聯合會FIDIC標準契約條款2017 Red Book第7.4條第5項，明文如果承包商因遵守任何此類指

---

[78] 最高法院98年度台上字第921號民事判決：「按民法第二百二十六條第一項之給付不能，債權人得請求損害賠償者，與同法第二百三十二條因給付遲延，而生之損害賠償，兩者不同。前者指因可歸責於債務人之事由，致給付不能者言；其給付不能，包括自始主觀不能、嗣後客觀或嗣後主觀不能；後者係指因債務人之給付拒絕或給付遲延，遲延後之給付，於債權人已無利益者，債權人得拒絕其給付，並得請求賠償因不履行而生之損害賠償言。」

示或由於定作人應負責的延誤而遭受延誤和／或招致費用，則承包商應有權根據第20.2條〔付款索賠和／或EOT〕到EOT和／或支付成本加利潤；第9.2條延遲測試，指出不論係竣工測試或分項工作測試，如承包商已經根據第9.1條〔承包商的義務〕發出通知，嗣因可歸責定作人人員或定作人之原因而被不適當地拖延，承包商可主張因無法進行竣工測試而遭受延誤和／或產生費用，並請求給付此類成本加利潤之約款內容；中華人民共和國民法典第十八章第798條規定，「發包人沒有及時檢查的，承包人可以順延工程日期，並有權請求賠償停工、窩工等損失」之明文，可資參考。

本文以為，營建工程契約之履約期間漫長，且通常須由多個部分工作之給付，始能令工作完成。因之，在工作完竣前，定作人先行使用部分工作之情形，時有所見。在承攬為定作人利益之立場，定作人於工作完竣前，先行使用部分工作之情形，原無可厚非。在有驗收條款規定或約定之情形，定作人怠於檢查試驗，仍應認係定作人之給付遲延。則該先行使用之部分工作的危險，應於該部分工作可為檢查試驗時，移轉於定作人。

綜上，於承攬人之分部給付或約定工作完成，並已經為該工作之檢查試驗的提出者，應認定作人有及時檢查試驗，並接收（確認）該檢查試驗結果之義務。如此，必然能避免當事人間之法律關係久懸未決，亦可令因工作瑕疵所致之紛爭及損害不為擴大，始符合當事人契約上的合理期待，以及契約利益之衡平與危險分配。是定作人驗收的法律性質，應認係定作人契約上之對他義務，且應以定作人之檢驗與檢驗結果接收，作為工作危險之移轉時點的認定。蓋承攬人之驗收提出，就該受驗工作之部分，應具有債務清償之提出的意思，若定作人如期為檢驗行為與檢驗結果之接收者，則該完成驗收之工作，應認契約當事人均已經確認該受驗工作之狀態。因此，定作人怠於或拒絕於約定期間為該受驗工作之檢驗，或於工作之檢查試驗後，怠於或拒絕為檢驗結果的接收，而不具備正當理由者，則應認該次受驗工作之危險，自驗收期日經過時起，即已經移轉於定作人，似較符合個案契約當事人利益之衡平，以及危險的合理分配。

第三節　工作保固

於承攬關係，獲得具備約定之品質及無減少或滅失價值，或無不適於通常或約定使用瑕疵之工作或工作物，係定作人之契約主要目的之一，亦是定作人為給付之利益實現。然而，於營造建築工程承攬實務，承攬標的工作或工作物之瑕疵的發生，幾乎無人能避免。

在國內營建工程承攬實務，當事人通常會將該承攬工作之保固範圍、期間與相關效果等，明列於工程契約之條款內容（詳見本節第一項第三款）。尤其在新建工程、增建工程或重大修繕工程等，該承攬工作之保固條款，可認係前述工作承攬契約必然存在之約款。即便於系爭工作為瑕疵修補完成，或另為無瑕疵之替代給付後，定作人亦會提出承攬標的工作之保固條款，作為該承攬標的工作之使用利益維持的擔保。惟有關工作保固條款之保固標的、範圍、期間與法律效果等，皆由當事人因約而定，莫衷一是。

可以肯認的是，工作保固攸關定作人報酬給付與合理使用工作之利益，以及承攬人相關保證金之發還、後契約義務或原契約之外的負擔。惟觀諸工作之瑕疵擔保與工作之保固，其二者之責任性質、擔保範圍與法律效果等，似未盡全然相同。要之，該標的工作之保固，可否認係原工程契約之瑕疵發見期間的延長，或認係該原工程契約責任以外的另一擔保契約，不無疑問。

第一項　工作保固之性質

有關承攬工作或工作物之瑕疵擔保，按現行民法承攬一節之規定，於完成之工作或工作物有瑕疵情形，定作人除得請求承攬人修補瑕疵外，亦可自行修補瑕疵[79]。在工作進行中尚未完成前，因承攬人之過失，致工作或工作物有瑕疵者，如承攬人不於定作人所定之期限內改善瑕疵者，定作人得使第三人改善或繼續其工作，其危險及費用，均由承攬人負擔[80]。

---

[79] 民法第493條：「工作有瑕疵者，定作人得定相當期限，請求承攬人修補之。承攬人不於前項期限內修補者，定作人得自行修補，並得向承攬人請求償還修補必要之費用。如修補所需費用過鉅者，承攬人得拒絕修補，前項規定，不適用之。」

[80] 民法第497條：「工作進行中，因承攬人之過失，顯可預見工作有瑕疵或有其他違反契約之情事者，定作人得定相當期限，請求承攬人改善其工作或依約履行。承攬人不

交易習慣上，當事人大多將承攬標的工作物之瑕疵擔保，與承攬標的工作物之保固之性質認係相同。國內司法實務，將工作保固之性質，認係瑕疵發見期間延長的見解，不在少數。今可肯認者，承攬工作之瑕疵擔保，與承攬工作之保固二者，均為定作人給付利益之保護的一部。然而，承攬標的工作之瑕疵擔保與承攬標的工作之保固，其二者之性質與目的，究有所不同，不應混為一談。例如，定作人知工作有瑕疵，對於該瑕疵之工作以減價為接收者，則該被接收之瑕疵工作的保固責任，應以如何之範圍作為認定基準是。是得否將工作保固，一概論以工作瑕疵擔保期間之延長，實為重要議題。

有關工作保固之性質，除從相關法律規定可以探知外，國內學說及司法實務，亦有其觀點與見解。以下就法律規定、學說與實務關於工作保固性質之觀點見解，以及本文觀等，分別逐一述之。

第一款　法律規定

在國內法律規定部分，民法承攬一節僅有工作瑕疵擔保之相關規定，尚無關於工作保固之明文；於營造業法第27條，則指出工作保固規定，係營繕工程契約之應記載事項[81]。惟關於保固的內容、範圍與期間等，營造業法與營造業法施行細則等，均未有明文。

從前述營造業法第27條規定，可知工作保固規定條款，係營繕工程契約之法定應記載事項。故而，不論在工程採購契約範本，或係一般營繕工程契約之內容，均有保固條款的明列。然工程採購契約範本或一般營繕工程契約，多皆由定作人一方所預擬製作，特別是適用工程採購契約範本情形，他方對之幾乎無置喙餘地。是在適用政府採購法之工程承攬情形，該工作保固規定條款具有一般契約條款之性質。前述保固條款，是否有民法第247條之1規定之附合契約條款的適用，應就具體個案內容審查之。

於前項期限內，依照改善或履行者，定作人得使第三人改善或繼續其工作，其危險及費用，均由承攬人負擔。」

[81] 營造業法第27條：「營繕工程之承攬契約，應記載事項如下：一、契約之當事人。二、工程名稱、地點及內容。三、承攬金額、付款日期及方式。四、工程開工日期、完工日期及工期計算方式。五、契約變更之處理。六、依物價指數調整工程款之規定。七、契約爭議之處理方式。八、驗收及保固之規定。九、工程品管之規定。十、違約之損害賠償。十一、契約終止或解除之規定。前項實施辦法，由中央主管機關另定之。」

第二款　學說

關於工作保固之性質，國內學者有謂：「因民法第四百九十八條及第四百九十九條所定之期間有保固期間之意義，是故，以契約加長該期間之方法，除直接明示約定加長其發見期間外，保固期間之約定亦有默示延長該發見期間之作用。蓋承攬人對其完成之工作與定作人約定保固期間時，其交付之工作，在保固期間內自不應有不符合約定品質之情形，亦不得有瑕疵，否則自應負瑕疵擔保責任，以符保固之意旨[82]。」從此一學者之觀點，可認為當事人保固期間之約定，具有默示延長該發見期間之作用，似有將工作保固之性質，認係法定工作瑕疵擔保的延續之意。

除前述外，亦有學者認為保固與承攬瑕疵擔保責任、不完全給付係並存之關係，其之行使期間及內容各自獨立，應屬於請求權自由競合關係[83]。

第三款　實務

關於工作保固之性質，可分別由營建工程實務所慣行之工程採購契約範本的條款內容，以及司法實務所涉案例之見解等，窺知一二。

一、工程採購契約範本

行政院工程採購契約範本第16條約款，係有關於保固之標的、保固內容、保固期間，以及保固責任之法律效果等內容[84]。該條約款就保固標的，係以非

---

[82] 黃茂榮，債法各論（第一冊），自版，2006年9月，再版，頁507。

[83] 姚志明，工程法律基礎理論與判決研究——以營建工程為中心，自版，2014年10月，二版，頁157。

[84] 工程採購契約範本（112.11.15修正）第16條 保固
　（一）保固期之認定：
　1.起算日：
　(1)全部完工辦理驗收者，自驗收結果符合契約規定之日起算。
　(2)有部分先行使用之必要或已履約之部分有減損滅失之虞，辦理部分驗收者，自部分驗收結果符合契約規定之日起算。
　(3)因可歸責於機關之事由，逾第15條第2款規定之期限遲未能完成驗收者，自契約標的足資認定符合契約規定之日起算。
　2.期間：

結構物、結構物與臨時設施等分類，並以該分類作為各類標的之保固期間長短的認定依據。

前述行政院工程採購契約範本，於當事人適用政府採購法情形，係當事人必須採用之契約書，而工程採購契約範本，係由定作機關所預擬製作，預定用於同類契約之條款而訂定之契約，是可認該工作保固約款，具一般契約條款之性質。觀諸工程採購契約範本，並無特別關於工作瑕疵擔保之條款內容，就關於工作之保固，是否即為工作之瑕疵擔保，尚未明確。

---

(1)非結構物由廠商保固__年（由機關於招標時載明；未載明者，為1年）；

(2)結構物，包括護岸、護坡、駁坎、排水溝、涵管、箱涵、擋土牆、防砂壩、建築物、道路、橋樑等，由廠商保固__年（由機關於招標時視個案特性載明；未載明者，為5年）。

(3)臨時設施之保固期為其使用期間。

（二）本條所稱瑕疵，包括損裂、坍塌、損壞、功能或效益不符合契約規定等。但屬第17條第5款所載不可抗力或不可歸責於廠商之事由所致者，不在此限。

（三）保固期內發現之瑕疵，應由廠商於機關指定之合理期限內負責免費無條件改正。逾期不為改正者，機關得逕為處理，所需費用由廠商負擔，或動用保固保證金逕為處理，不足時向廠商追償。但屬故意破壞、不當使用、正常零附件損耗或其他非可歸責於廠商之事由所致瑕疵者，由機關負擔改正費用。

（四）為釐清發生瑕疵之原因或其責任歸屬，機關得委託公正之第三人進行檢驗或調查工作，其結果如證明瑕疵係因可歸責於廠商之事由所致，廠商應負擔檢驗或調查工作所需之費用。

（五）瑕疵改正後30日內，如機關認為可能影響本工程任何部分之功能與效益者，得要求廠商依契約原訂測試程序進行測試。該瑕疵係因可歸責於廠商之事由所致者，廠商應負擔進行測試所需之費用。

（六）保固期內，採購標的因可歸責於廠商之事由造成之瑕疵致全部工程無法使用時，該無法使用之期間不計入保固期；致部分工程無法使用者，該部分工程無法使用之期間不計入保固期，並由機關通知廠商。

（七）機關得於保固期間及期滿前，通知廠商派員會同勘查保固事項。

（八）保固期滿且無待決事項後30日內，機關應簽發一份保固期滿通知書予廠商，載明廠商完成保固責任之日期。除該通知書所稱之保固合格事實外，任何文件均不得證明廠商已完成本工程之保固工作。

（九）廠商應於接獲保固期滿通知書後30日內，將留置於本工程現場之設備、材料、殘物、垃圾或臨時設施，清運完畢。逾期未清運者，機關得逕為變賣並遷出現場。扣除機關一切處理費用後有剩餘者，機關應將該差額給付廠商；如有不足者，得通知廠商繳納或自保固保證金扣抵。

二、司法實務

有關工作保固,司法實務所涉案例之見解,有認為工作保固期間,係瑕疵發見期間之延長[85]。本件按系爭工程契約第23條之約定,系爭工程於保固期間內,如有毀損滅失,經查明係可歸責於原告之事由所致者,原告應修復之,故被告得行使保固條款主張扣抵保固金之要件為:工程之毀損滅失有可歸責於原告之事由。兩造前揭保固責任之約定,與民法第492條所規定之瑕疵擔保責任不以承攬人具有過失為必要者不同[86]。

除前述外,另有高等法院所涉案例,認工作保固條款之保固責任範圍,應依當事人之約定為其責任範圍[87]。

依前述司法實務所涉案例之見解,認為工作保固期間,係瑕疵發見期間之延長。另就承攬人之保固責任範圍,僅限於承攬人施工不良所致之損壞,故非承攬人施工不良所致之損壞,承攬人並無保固義務之見解,肯認工作保固之責任範圍,係以當事人約定之保固條款內容為據,似認保固條款之性質,屬於當事人之約定責任。

第二項 本文觀點

在營建工程承攬實務,除前述法律有關承攬工作或工作物瑕疵擔保之規定外,在營建工程契約當事人之交易習慣,當事人通常會有該次承攬標的保固條款之約定。尤其在新建工程、增建工程或重大修繕工程等工程承攬,承攬工作標的之保固條款,可認係該類工程契約必然存在之約定條款,前已述及。

然而,就承攬標的工作物之瑕疵擔保,與承攬標的工作物之保固,當事人或有將其二者性質認為係相同一事,而有謂工作保固者,係為工作瑕疵擔保之

---

[85] 最高法院102年度台上字第690號民事判決:「保固期間雖係瑕疵發見期間之延長,惟當事人就承攬人於保固期間應負如何之保固責任,本得自行約定,若其約定與民法所定瑕疵擔保責任未盡相同者,仍應從其約定。」

[86] 參閱臺灣臺北地方法院98年度建字第28號判決。

[87] 臺灣高等法院臺中分院99年度建上易字第5號民事判決:「而依系爭合約第15條之約定,快瑪公司之保固責任範圍,僅限於快瑪公司施工不良所致之損壞,故非快瑪公司施工不良所致之損壞,快瑪公司並無保固之義務。而如上述,系爭工程快瑪公司並無施工不良之情形,從而,快瑪公司自不負保固之義務。向陽公司之主張,自無可採。」

延長。惟依管窺之見，承攬標的之瑕疵擔保與承攬標的之保固，其二者間仍存有相異之處，不應混為談之。此從二者之擔保期間、擔保之標的與內容、主觀責任要件與擔保之法律效果等方面之相異，應可得知。

第一款　擔保標的與內容

關於承攬工作之瑕疵擔保，參諸現行民法第501條之1，以特約免除或限制承攬人關於工作之瑕疵擔保義務者，如承攬人故意不告知其瑕疵，其特約為無效之明文，契約當事人在不牴觸無效之要件下，非不得以約定取而代之。於此一情形，仍應以當事人約定之契約上利益的確保約款為主，法律不應積極地介入或干涉。

現行法定瑕疵擔保之擔保標的與內容，與當事人意定保固條款之保固標的與內容，其二者多處相似，惟仍有所相異。

一、工作瑕疵擔保

觀諸民法第492條以降，應可認工作瑕疵擔保，係屬於法定擔保責任。惟除民法第501條屬於半強制規定外[88]，應認工作瑕疵擔保係為任意規定。是工作瑕疵擔保之擔保標的及擔保內容，除當事人別有約定外，應以法律所明文者為限。

（一）瑕疵擔保之標的

按現行民法第492條規定：「承攬人完成工作，應使其具備約定之品質及無減少或滅失價值或不適於通常或約定使用之瑕疵。」可知在承攬關係，承攬人因法律規定所需為無瑕疵擔保者，係為無過失責任[89]，且為該次承攬契約所定之標的工作全部，當事人並無僅為部分工作擔保之選擇。

（二）瑕疵擔保之內容

工作瑕疵擔保責任雖屬法定，然其所擔保之內容，應係該承攬標的工作完

---

[88] 民法第501條：「第四百九十八條及第四百九十九條所定之期限，得以契約加長。但不得減短。」

[89] 陳自強，承攬瑕疵救濟學說實務見解之分析，月旦法學雜誌，第219期，2013年8月，頁60至79。

成時之狀態。此從民法第492條規定明文[90]，不難明瞭。亦即，法定瑕疵擔保規定所爲擔保之標的，係完成之承攬標的工作所爲擔保之內容，即係該承攬標的工作完成時之狀態需具備約定之品質及無減少或滅失價值，或無不適於通常或約定使用之瑕疵。

職是，法定瑕疵工作擔保之內容，應係工作完成時之狀態需具備約定之品質及無減少或滅失價值，或無不適於通常或約定使用之瑕疵等以外之隱蔽性瑕疵部分。蓋所謂具備約定之品質及無減少或滅失價值，或無不適於通常或約定使用等狀態，於定作人受領工作時，即已經被確認與接受。

二、工作保固

通常情形，工作保固契約或工作保固條款，係由當事人之合意訂立，應屬意定擔保，前已述及。是工作保固之保固標的與保固內容，係在法定工作瑕疵擔保責任以外，委由當事人之自由意識所決定，並隨諸個案之承攬工作內容的不同，尙無不變或固定之通例的保固內容、範圍、期間與法律效果。

（一）保固之標的

在意定之保固契約或保固條款，當事人得對於其欲爲保固之標的及保固內容爲自由約定。換言之，保固條款之保固標的範圍，並非如法定瑕疵擔保之擔保標的範圍，限於該次承攬標的工作之全部。當事人因該次承攬關係所訂立之保固條款的保固標的，可爲承攬標的工作之全部或一部。

於當事人適用政府採購法之情形，工程採購契約範本對於保固之標的，除該次標的工作以外，尙包括留置於工程現場之設備、材料、殘物、垃圾或臨時設施的清運[91]。此由保固人未完成清運，定作人得因此自保固保證金扣抵該清運所需費用，應可得知。

---

[90] 民法第492條：「承攬人完成工作，應使其具備約定之品質及無減少或減失價值或不適於通常或約定使用之瑕疵。」

[91] 工程採購契約範本（112.11.15修正）第16條 保固

（九）廠商應於接獲保固期滿通知書後30日內，將留置於本工程現場之設備、材料、殘物、垃圾或臨時設施，清運完畢。逾期未清運者，機關得逕爲變賣並遷出現場。扣除機關一切處理費用後有剩餘者，機關應將該差額給付廠商；如有不足者，得通知廠商繳納或自保固保證金扣抵。

（二）保固之內容

意定保固契約或保固條款所爲保固之內容，通常係該保固標的在**保固期間內之合理使用狀態的維持**，而非如法定瑕疵擔保內容，係具備約定之品質及無減少或滅失價值，或無不適於通常或約定使用瑕疵之工作完成時的承攬標的工作狀態。換言之，在通常使用下之磨損、時間經過之消耗，或自然條件之作用等因素，所造成保固標的品質或價值的減少或損耗，則應不在保固之內容。

如上所述，法定工作瑕疵擔保之標的與內容，係依法律規定而來。然工作保固之保固標的與內容，均係由當事人合意所約定。因之，在法定工作瑕疵擔保期間與工作保固期間內，發生同爲擔保內容之原因事項時，定作人究應依法定工作瑕疵擔保規定，抑或保固契約或條款爲權利之行使依據，不無疑問。保固條款係由當事人約定，應可認當事人以其約定之保固內容，取代瑕疵擔保之法律任意規定，觀諸現行民法關於承攬工作瑕疵擔保之規定，並非不可。質言之，在不牴觸民法第499條之瑕疵發見期間規定之前提下，當事人約定之保固內容，應得排除法律任意規定。此一部分，德國民法第639條責任排除之規定，可資參考[92]。

第二款　擔保期間

所謂承攬工作之瑕疵擔保期間，或稱之工作瑕疵發見期間，與工作保固期間二者，前者有法律明文之強制規定，後者則無。換言之，其二者各自之擔保期間，因契約自由原則是否被限制而不同。

---

[92] BGB

§639 Haftungsausschluss

Auf eine Vereinbarung, durch welche die Rechte des Bestellers wegen eines Mangels ausgeschlossen oder beschränkt werden, kann sich der Unternehmer nicht berufen, soweit er den Mangel arglistig verschwiegen oder eine Garantie für die Beschaffenheit des Werkes übernommen hat.

第639條 責任之排除

當事人合意限制或排除定作人基於瑕疵所得主張之權利，若承攬人對於該瑕疵故意不爲告知，或對該狀態提出擔保者，即不得主張該約定。

一、瑕疵擔保期間

瑕疵擔保期間，原則上應可分為意定擔保期間與法定擔保期間。其中，基於契約自由原則，當事人對於承攬標的工作或工作物之瑕疵擔保期間的約定，在無違反法律強制禁止規定及公序良俗，或顯然違反交易習慣之前提下，應不受到限制。然有關承攬標的工作或工作物之法定瑕疵擔保期間，則應以法律所明文者為依據。且按民法第501條規定[93]，承攬關係之法定承攬工作瑕疵擔保期間，當事人不能以意定法律行為將其縮減之。

要之，除別有約定外，現行民法承攬一節有關承攬人之瑕疵擔保責任，原則上僅於完成工作後始有其適用[94]。因此，應可認承攬標的工作或工作物之瑕疵擔保期間，應係自該承攬標的工作或工作物完成或交付時起，自法定之權利行使期間經過前，始為承攬標的工作或工作物之瑕疵擔保期間[95]。且該法定瑕疵擔保期間的始期，係以該承攬標的工作完成或交付時即為開始計算，當事人不能以約定變更之。

參諸德國建築工程採購與契約規範之一般契約規範部分VOB/B第13條瑕疵請求[96]，其中，第4項第1款明文契約未約定瑕疵請求權之消滅時效者，針

---

[93] 民法第501條：「第四百九十八條及第四百九十九條所定之期限，得以契約加長。但不得減短。」

[94] 最高法院107年度台上字第1598號民事判決：「按承攬工作於完成前發生瑕疵，定作人得請求承攬人改善，承攬人得於完成前除去該瑕疵，而交付無瑕疵之工作。至於民法第493條至第495條有關瑕疵擔保責任之規定，原則上僅於完成工作後始有其適用。」

[95] 最高法院107年度台上字第625號民事判決：「而承攬人於交付工作前，得隨時自行修補瑕疵，故定作人發見承攬工作瑕疵之期間，即應自工作交付時起算，一般之工作，其瑕疵發見期間自工作交付後1年，工作為建築物或其他土地上之工作物或為此等工作物之重大修繕者，其瑕疵發見期間延為5年，而定作人於受領工作物發見瑕疵後，其瑕疵修補請求權須從速行使，如於發見後1年間不行使，其權利消滅，觀民法第492條、第493條、第498條、第499條、第514條規定自明。」

[96] VOB/B

§ 13 Mängelansprüche

(4) 1. Ist für Mängelansprüche keine Verjährungsfrist im Vertrag vereinbart, so beträgt sie für Bauwerke 4 Jahre, für andere Werke, deren Erfolg in der Herstellung, Wartung oder Veränderung einer Sache besteht, und für die vom Feuer berührten Teile von Feuerungsanlagen 2 Jahre. Abweichend von Satz 1 beträgt die Verjährungsfrist für

對建築工作物為四年；對於其他工作物之製造、保養、變更，以及其他用火
設備而與火直接接觸的部分者為二年。第3款指出消滅時效由受領全部給付時
起算；對於個別獨立的部分給付為受領者，從部分受領（第12條第2項）時起
算。在第5項第1款，說明瑕疵排除請求權之消滅時效為二年，從書面請求到達
時起算，但不得早於第4項所定通常期間，或取而代之的當事人約定期間屆滿
前。排除瑕疵之給付於受領後，該給付之消滅時效重新起算二年，但不得早於
第4項所定通常期間，或取而代之的當事人約定期間屆滿前。

由前述德國建築工程採購與契約規範之一般契約規範部分VOB/B第13條
瑕疵請求權之約款內容，可知瑕疵請求權之消滅時效，係由受領全部給付時起
算；對於個別獨立的部分給付為受領者，從部分受領時起算。排除瑕疵之給
付於受領後，該給付之消滅時效重新起算二年，但不得早於第4項所定通常期
間，或取而代之的當事人約定期間屆滿前。為保護定作人之瑕疵排除請求權，
亦有限縮當事人契約自由之明文。其雖具一般契約條款之性質，惟與誠信原則
並無牴觸，仍應肯認之。

---

feuerberührte und abgasdämmende Teile von industriellen Feuerungsanlagen 1 Jahr.

2. Ist für Teile von maschinellen und elektrotechnischen/elektronischen Anlagen, bei denen die Wartung Einfluss auf Sicherheit und Funktionsfähigkeit hat, nichts anderes vereinbart, beträgt für diese Anlagenteile die Verjährungsfrist für Mängelansprüche abweichend von Nummer 1 zwei Jahre, wenn der Auftraggeber sich dafür entschieden hat, dem Auftragnehmer die Wartung für die Dauer der Verjährungsfrist nicht zu übertragen; dies gilt auch, wenn für weitere Leistungen eine andere Verjährungsfrist vereinbart ist.

3. Die Frist beginnt mit der Abnahme der gesamten Leistung; nur für in sich abgeschlossene Teile der Leistung beginnt sie mit der Teilabnahme (§ 12 Absatz 2).

(5) 1. Der Auftragnehmer ist verpflichtet, alle während der Verjährungsfrist hervortretenden Mängel, die auf vertragswidrige Leistung zurückzuführen sind, auf seine Kosten zu beseitigen, wenn es der Auftraggeber vor Ablauf der Frist schriftlich verlangt. Der Anspruch auf Beseitigung der ge-rügten Mängel verjährt in 2 Jahren, gerechnet vom Zugang des schriftlichen Verlangens an, jedoch nicht vor Ablauf der Regelfristen nach Absatz 4 oder der an ihrer Stelle vereinbarten Frist. Nach Abnahme der Mängelbeseitigungsleistung beginnt für diese Leistung eine Verjährungsfrist von 2 Jahren neu, die jedoch nicht vor Ablauf der Regelfristen nach Absatz 4 oder der an ihrer Stelle vereinbarten Frist endet.

二、保固期間

　　保固期間，原則上係由保固契約或有保固條款之契約當事人爲約定，只要當事人合意，該保固之期間約定，或該期間之增長減短，均不受限制。於工程承攬實務上，保固契約或保固條款，通常亦多由一方當事人所預擬，惟仍應符合公序良俗、誠信原則與通常交易習慣。

　　除前述由當事人約定該次保固期間之情形外，在行政院公共工程委員會所頒布之工程採購契約範本第16條第1款第1目，指出工作保固期間之計算，如係以全部完工辦理驗收者，自驗收結果符合契約規定之日起算；在分部給付情形，若有部分先行使用之必要或已履約之部分有減損滅失之虞，辦理部分驗收者，自部分驗收結果符合契約規定之日起算；另如有因可歸責於機關之事由，逾第15條第2款規定之期限遲未能完成驗收者，自契約標的足資認定符合契約規定之日起算。第16條第1款第2目則分別爲工程之非結構與結構部分的保固期間規定，明文若當事人無另爲約定時，對於工程之非結構部分，保固期間爲一年；對於工程之結構部分，其保固期間則爲五年[97]。

　　由前所述，可知保固期間之始點與期間之長短，均係經由當事人自由意識所約定。學者有謂，保固期間之約定亦有默示延長該發現期間的作用[98]。然保固期間係以驗收爲起算，要非以工作完成交付時爲起算，二者期間起算時點並

---

[97] 工程採購契約範本（112.11.15修正）第16條 保固

（一）保固期之認定：

1.起算日：

(1)全部完工辦理驗收者，自驗收結果符合契約規定之日起算。

(2)有部分先行使用之必要或已履約之部分有減損滅失之虞，辦理部分驗收者，自部分驗收結果符合契約規定之日起算。

(3)因可歸責於機關之事由，逾第15條第2款規定之期限遲未能完成驗收者，自契約標的足資認定符合契約規定之日起算。

2.期間：

(1)非結構物由廠商保固＿年（由機關於招標時載明；未載明者，爲1年）：

(2)結構物，包括護岸、護坡、駁坎、排水溝、涵管、箱涵、擋土牆、防砂壩、建築物、道路、橋樑等，由廠商保固＿年（由機關於招標時視個案特性載明；未載明者，爲5年）。

(3)臨時設施之保固期爲其使用期間。

[98] 黃茂榮，承攬（三），植根雜誌，第25卷第3期，2009年3月，頁90至105。

不相同。又今如當事人約定保固期間之始點，與法定工作瑕疵擔保同為工作交付時起算，而當事人約定之保固期間，卻較法定瑕疵擔保期間為短者，可否仍得謂該保固期間係法定工作瑕疵擔保之發見期間的延長，或值商權。蓋於前述情形，在法定工作瑕疵擔保之發見期間尚未經過前，該保固契約或保固條款之保固責任，業已經期間經過而解消。

第三款　責任要件

在責任成立之當事人責任要件部分，法定工作瑕疵擔保與工作保固，其二者對於責任之成立要件，並不相同。

一、瑕疵擔保

民法承攬一節，對於工作瑕疵擔保之主觀責任要件，在工作完成與工作進行中二者，分別為不同之規定。

（一）完成工作

按民法第492條規定：「承攬人完成工作，應使其具備約定之品質及無減少或滅失價值或不適於通常或約定使用之瑕疵。」國內通說認為，前開法律規定之責任，不以承攬人之故意或過失為成立要件。可知在承攬標的工作完成的主觀責任成立要件，為無過失責任。

（二）工作進行中

按民法第497條第1項規定：「工作進行中，因承攬人之過失，顯可預見工作有瑕疵或有其他違反契約之情事者，定作人得定相當期限，請求承攬人改善其工作或依約履行。」可知在工作進行中尚未完成前之瑕疵擔保責任，係以可歸責承攬人之過失為責任成立要件，係屬過失責任。

二、工作保固

於意定保固，其所保固之內容，係保固期間內該保固標的之合理使用狀態的維持。而該保固標的於保固開始當下，本就已經具備當事人約定或定作人所接受之品質效用。因此，在已經具備當事人約定，或定作人所接受之品質效用標的之合理使用狀態的維持，並無承攬人之故意、過失等歸責要件存在。換言

之，在意定保固，係該保固人於保固期間內，對於保固標的之合理使用狀態維持的責任，而非使標的發生瑕疵之可歸責。是保固責任不以保固人之故意過失為歸責要件，屬於**保固人之無過失責任**。

第四款　責任人

瑕疵擔保之責任人，係對於其自己所為之工作為擔保。保固責任人，則係對於保固條款所約定之標的為擔保。換言之，對於完成工作，工作瑕疵擔保之責任人，係為完成該工作之承攬人，如非完成該工作之承攬人，則不具該完成工作瑕疵擔保之適格地位。然於通常情形，有關工作保固，除承攬人可為其承攬工作之保固責任人外，任何對於工作保固條款之要約為承諾之人，均得為該保固標的之適格擔保人。

前述情形，對於營建工程契約當事人權利義務之變動，可謂重要。例如，在同一工程標的，因故更換承攬人，該標的工作由前一承攬人施作一部分，剩餘部分，則由後一承攬人接續為工作完成。於此情形，定作人得否向完成標的工作之後承攬人，主張全部工作之瑕疵擔保責任，非無商榷餘地。

今以一地下三層、地上20層之建物新建工程為例，在原承攬人完成地下三層之結構工程時，定作人解除或終止其與原承攬人之契約關係，而使另一承攬人完成該建物新建工程情形。如該原承攬人，以一年期日完成地下三層之結構工程並交付予定作人，嗣經過六個月，定作人再使另一承攬人以三年期日為該建物之完竣。今若於該新建工程完竣後二年，發現地下層建物有滲漏情形，則為地下二層工作之原承攬人，應負何種擔保責任，實務上當事人時有爭執。

本文以為，在地下二層結構之瑕疵發見期間，該地下三層結構之瑕疵擔保責任，仍應由原承攬人負擔。至於接續完成工作之瑕疵擔保責任，則應由完成接續工作之承攬人負擔。蓋該地下二層與接續完成工作二者，應分屬二個工程契約關係。於前述假設案例情形，因該地下層建物滲漏之發現期日，業已經過該地下層建物瑕疵擔保之發見期間[99]，該為地下層工作之原承攬人，對於此一地下層建物滲漏之瑕疵，應得為期間經過之抗辯。

觀諸國內營建工程承攬通常之交易習慣，保固條款，多係由完成工作之承

---

[99] 民法第499條：「工作為建築物或其他土地上之工作物或為此等工作物之重大之修繕者，前條所定之期限，延為五年。」

攬人,即完竣工作之承攬廠商與定作人簽訂。故而,在前述假設案例情形,就該新建工程之地下三層之建物部分,定作人應僅得對於該標的工作為竣工之承攬人,依保固條款為相關權利義務之主張。

再者,該法定承攬標的工作瑕疵擔保的對象,係該承攬人對於定作人所為承攬標的工作或工作物的擔保。是承攬工作瑕疵之相關權利的行使,僅該工作之定作人始為適格。在定作人發生異動如契約承擔,因契約承擔者仍具有該工程契約定作人之地位,故而得為法定瑕疵擔保權利之行使。然如該承攬標的之使用人,並不具備定作人地位,即便於法定擔保期間內發見瑕疵,亦不得向承攬人主張法定瑕疵擔保權利。於前述情形,該工作之使用人,似僅得依保固條款,向保固責任人主張合理使用上之障礙情形的排除。蓋保固責任人,係對保固標的在保固期間內之約定合理使用狀態維持的擔保,孰為保固標的之定作人或實際使用人,並非所問。例如,在新建工程完竣一年內,發生建築改良物之外牆或屋頂防水之瑕疵,定作人得依法定瑕疵擔保責任,向承攬人主張工作瑕疵擔保之相關權利。今定作人受領該建物後六個月,將該建物出售,則該建物之買受人,即便在法定瑕疵擔保發見期間內取得該建物所有權,恐無法立於承攬契約定作人之地位,行使有關法定瑕疵擔保之權利是。要之,工作進行中或完成工作之工作自身瑕疵的排除,在法定瑕疵發見期間內,屬於法定瑕疵擔保對於定作人報酬給付利益之保護。而完成工作之合理使用狀態的維持,係工作保固條款對於工作使用者之使用利益的保護範疇。

第五款 法律效果

承攬人之工作瑕疵擔保責任,國內通說認係法定無過失責任。而工作保固責任,不論該工作保固之責任人是否為原工程契約之承攬人,其保固責任之法律效果,均應依當事人約定而定之。是工作瑕疵擔保與工作保固,其二者之法律效果,未必相同。

一、瑕疵擔保之法律效果

工作瑕疵擔保之法律效果,按民法承攬一節之規定,依工作完成與工作進行中,分別為不同之瑕疵擔保效果。

（一）完成工作

按現行民法第493條、第494條及第495條規定，明文於工作完成時承攬工作有瑕疵者，定作人有瑕疵工作修補請求、修補必要費用請求、契約解除及減少報酬等權利。該完成工作之瑕疵，如係因可歸責於承攬人之事由而致生者，定作人除依請求修補或解除契約，或請求減少報酬外，並得請求損害賠償。

對於前開法律規定之法律效果，最高法院所涉案例見解有認為，承攬人具有專業知識，修繕能力較強，且較定作人接近生產程序，更易於判斷瑕疵可否修補，故由原承攬人先行修補瑕疵較能實現以最低成本獲取最大收益之經濟目的。是以民法第495條雖規定，因可歸責於承攬人之事由，致工作發生瑕疵者，定作人除依同法第493條及第494條規定請求修補或解除契約，或請求減少報酬外，並得請求損害賠償。惟於定作人依此規定請求承攬人賠償損害情形，仍應依同法第493條規定先行定期催告承攬人修補瑕疵，始得為之，尚不得逕行請求承攬人賠償損害，避免可修繕之工作物流於無用，浪費社會資源[100]。

由前述最高法院所涉案例之見解，可知於完成工作具有瑕疵情形，其法律效果雖有請求修補或解除契約，或請求減少報酬外，並得請求損害賠償等。惟仍應先行通知承攬人修補瑕疵，於是項請求修補無果後，始得主張其他之法定的法律效果。其瑕疵擔保法律效果，非由定作人可得任意主張。

（二）工作進行中

按民法第497條規定：「工作進行中，因承攬人之過失，顯可預見工作有瑕疵或有其他違反契約之情事者，定作人得定相當期限，請求承攬人改善其工作或依約履行。承攬人不於前項期限內，依照改善或履行者，定作人得使第三人改善或繼續其工作，其危險及費用，均由承攬人負擔。」

由前開民法第497條規定，可知在工作進行中尚未完成前，因承攬人之過失，顯可預見工作有瑕疵者，其擔保之法律效果，係定相當之期限，請求承攬人改善其工作。承攬人不於期限內為改善者，其擔保之法律效果，係定作人得使第三人改善其工作，其改善費用及危險，均由承攬人負擔。亦即，定作人仍須先行請求修補，而不得直接主張使第三人改善工作之效果。

---

[100] 最高法院98年度台上字第721號民事判決。相同見解，最高法院95年度台上字第2474號民事判決、最高法院96年度台上字第2070號民事判決。

（三）減少報酬之工作

參諸民法第494條前段規定，在承攬人不於所定期限內修補瑕疵、拒絕修補或其瑕疵不能修補者，定作人得請求減少報酬[101]。

今如定作人按前述法律規定，對於該瑕疵工作主張減少報酬者，可知定作人係在確認該瑕疵並為接受工作之情形，定作人就該減少報酬部分之工作，應無再為主張瑕疵擔保之權利。換言之，該減價部分工作不符規定情形，已經定作人確認並為現況之接受，且亦已對之行使減酬的權利，定作人對該減價收受工作部分，要無工作瑕疵擔保之權利。

二、工作保固之法律效果

現行民法承攬一節，尚無有關工作保固之明文。是在保固契約或保固條款所列之原因事項時，其保固法律效果，係依當事人之約定決之。

（一）完成工作

觀諸國內營建工程承攬實務之交易習慣，當事人對於在保固期間，發生保固原因事項的法律效果，通常係保固標的修補請求、修補必要費用，或符合合理使用狀態之替代給付請求等。並未若法定工作瑕疵擔保之法律效果，於修補請求及修補必要費用請求外，另可得為解除契約、減少報酬及損害賠償之權利行使。

在適用政府採購法情形，工程採購契約範本在其第16條，明文於保固期內發現之瑕疵，應由廠商於機關指定之合理期限內負責免費無條件改正。逾期不為改正者，機關得逕為處理，所需費用由廠商負擔，或動用保固保證金逕為處理，不足時向廠商追償。如證明瑕疵係因可歸責於廠商之事由所致，廠商應負擔檢驗或調查工作所需之費用。瑕疵改正後之一定期間內，如定作機關認為有可能影響本工程任何部分之功能與效益情形，得要求廠商依契約原訂測試程序進行測試。該瑕疵係因可歸責於廠商之事由所致者，廠商應負擔進行測試所需之費用[102]。是意定保固之法律效果，僅於完成工作在保固期間內之改正或其費

---

[101] 民法第494條：「承攬人不於前條第一項所定期限內修補瑕疵，或依前條第三項之規定拒絕修補或其瑕疵不能修補者，定作人得解除契約或請求減少報酬。但瑕疵非重要，或所承攬之工作為建築物或其他土地上之工作物者，定作人不得解除契約。」

[102] 工程採購契約範本（112.11.15修正）第16條 保固

用的負擔，未若法定工作瑕疵擔保之法律效果，於修補請求及修補必要費用請求外，另可得為解除契約、減少報酬及損害賠償之權利行使。

因之，在適用工程採購契約範本之保固責任的法律效果，係為保固之廠商應於機關指定之合理期限內，負責免費無條件改正。如有因此發生檢驗、調查或測試等所需之費用，均由可歸責之廠商負擔。質言之，保固之法律效果，僅係為保固原因事項之排除費用的負擔，與瑕疵擔保之解除契約、減少報酬及損害賠償等之法律效果，顯係二事。

（二）工作進行中

參諸工程採購契約範本，明文在工程部分完工後，定作機關有部分先行使用之必要，或已履約之部分有減損滅失之虞者，應先就該部分辦理驗收或分段查驗供驗收之用，並就辦理部分驗收者支付價金及起算保固期[103]。在全部完工辦理驗收者，自驗收結果符合契約規定之日起算；有部分先行使用之必要或已履約之部分有減損滅失之虞，辦理部分驗收者，自部分驗收結果符合契約規定之日起算[104]。

（三）保固期內發現之瑕疵，應由廠商於機關指定之合理期限內負責免費無條件改正。逾期不為改正者，機關得逕為處理，所需費用由廠商負擔，或動用保固保證金逕為處理，不足時向廠商追償。但屬故意破壞、不當使用、正常零附件損耗或其他非可歸責於廠商之事由所致瑕疵者，由機關負擔改正費用。

（四）為釐清發生瑕疵之原因或其責任歸屬，機關得委託公正之第三人進行檢驗或調查工作，其結果如證明瑕疵係因可歸責於廠商之事由所致，廠商應負擔檢驗或調查工作所需之費用。

（五）瑕疵改正後30日內，如機關認為可能影響本工程任何部分之功能與效益者，得要求廠商依契約原訂測試程序進行測試。該瑕疵係因可歸責於廠商之事由所致者，廠商應負擔進行測試所需之費用。

[103] 工程採購契約範本（112.11.15修正）第15條 驗收

（八）工程部分完工後，有部分先行使用之必要或已履約之部分有減損滅失之虞者，應先就該部分辦理驗收或分段查驗供驗收之用，並就辦理部分驗收者支付價金及起算保固期。……

[104] 工程採購契約範本（112.11.15修正）第16條 保固

（一）保固期之認定：

1.起算日：

(1)全部完工辦理驗收者，自驗收結果符合契約規定之日起算。

(2)有部分先行使用之必要或已履約之部分有減損滅失之虞，辦理部分驗收者，自部分驗收結果符合契約規定之日起算。

　　由前述可知，尚未完成或尚未驗收之工作，並無工作保固責任之適用。亦即，進行中之工作，僅有法定瑕疵擔保之適用，要無工作保固的責任效果。

（三）減價收受之工作

　　參諸工程採購契約範本第16條，明文指出驗收結果與規定不符，而不妨礙安全及使用需求，亦無減少通常效用或契約預定效用，在一定情形下，定作人得為減價收受[105]。

　　所謂減價收受之工作，係指因驗收結果與規定不符，而不妨礙安全及使用需求，亦無減少通常效用或契約預定效用情形，定作人行使減酬之權利，而收受該工作。該減價收受之工作，其驗收結果既然與契約規定不符，則參照工程採購契約範本第16條之保固期的認定內容，似無保固期間之起算日。蓋保固期間起算日，係以該工作之驗收結果，符合契約規定之日起算。換言之，對於減價收受部分之工作，應無工作保固之法律效果。惟該工作既經定作人減價而收受，即意味該不符規定部分已經定作人認識並接受，基於工作保固之本旨與定作人工作之合理使用利益的保護，此時應認該經減價收受之工作，仍有工作保固之適用。然基於減價收受工作之個案利益的衡平，該減價收受工作之保固範圍，應以該工作收受時之現況，作為工作合理使用程度之維持，以及工作改正結果之認定的基準。

　　綜上，本文以為，觀諸法定工作瑕疵擔保與意定工作保固，在其二者之擔保期間、擔保標的與內容、主觀責任要件及擔保法律效果等，均存有一定差異之情形下，將當事人約定之工作保固，逕自認係為法定瑕疵擔保期間之延長，非謂相當妥適。尤其是在擔保內容之差異，蓋承攬標的工作完成時之具備約定之品質及無減少或滅失價值，或無不適於通常或約定使用之瑕疵等，與完成工作之嗣後的合理使用狀態的維持，實屬二事。前述學者所謂保固係為瑕疵擔保期間延長之觀點，或可商榷。是本文認為如該保固條款，若係在原承攬關係存續中，與原契約之承攬人所訂定者，則可認當事人係以該保固條款約定之

---

(3)因可歸責於機關之事由，逾第15條第2款規定之期限遲未能完成驗收者，自契約標的足資認定符合契約規定之日起算。

[105] 工程採購契約範本（112.11.15修正）第4條 契約價金之調整
　　（一）驗收結果與規定不符，而不妨礙安全及使用需求，亦無減少通常效用或契約預定效用，經機關檢討不必拆換、更換或拆換、更換確有困難者，得於必要時減價收受。

內容，取代民事法律之任意規定。於發生請求權競合情形，按請求權相互影響說之論點，應以當事人約定之保固條款為請求依據。在期間較短之保固期間經過，如該瑕疵仍在法定期間內發現者，定作人仍得主張相關之權利。如該工作保固契約，係在原承攬契約關係消滅後，原承攬契約當事人始為訂立，或該保固約款，係定作人與原契約承攬人以外之第三人所訂定者，則應認為係一獨立之契約。如此，似較符合當事人利益之保護，以及定作人在法定瑕疵發現期間外，另為訂定工作保固條款之本意。且對於承攬標的工作之瑕疵、交易價值，及合理使用狀態維持等各個不同性質利益的保護與救濟，更能清楚明確。要之，工作瑕疵擔保之契約責任與工作使用狀態的合理維持，其二者之擔保本旨、擔保責任人之專屬性，以及擔保責任之效果等，均有所異之處，是無須逕將當事人約定之保固責任，一概視為法定瑕疵發現期的延長，徒增法律關係之複雜。

第四節　工作物供給契約之工作物所有權原始取得

通說認為，承攬關係通常可分為一般承攬、不規則承攬，以及工作物（製作物）供給契約等類型。其中，一般承攬係指承攬人單純為完成一定工作之勞務給付。在定作人供給材料情形，承攬人不得以自己之材料替代定作人供給之材料。亦即，於一般承攬，承攬人無材料變更權。一般承攬之工作物所有權歸屬，由定作人原始取得工作物所有權，承攬人無須為工作物所有權之移轉。所謂不規則承攬，係由定作人供給材料，而承攬人得以自己之材料替代定作人供給之材料，完成工作。於不規則承攬，承攬人有材料變更權。定作人交付之材料，自交付於承攬人時起，材料所有權移轉予承攬人。自承攬人受領材料時起，由承攬人負擔該材料之危險。承攬人為工作物所有權之原始取得，嗣經承攬人再移轉予定作人。所謂工作物供給契約，一般係指在有形工作物之承攬，由當事人約定，一方以自己材料，並製作物品供給他方，他方給付報酬之契約。

國內營建工程實務，於一般情形，承攬工作完成之材料，大多係由承攬人所提供。如有定作人提供材料情形，通常多屬整體工作之一部分，或係周邊配套材料。前述情形，尤其是在新建工程承攬，明顯易見。

然而，營建工程承攬之價金，通常皆所費不貲。前述由承攬人供給材料之

工作物供給契約，其工作物所有權之原始取得人，究爲給付報酬之定作人，抑或提供材料之承攬人，尚未有一致之見解。此一工作物供給契約之工作物所有權原始取得的認定，事涉契約當事人權利義務之變動，可謂重要。

第一項　學說

在承攬關係，一方以自己提供材料而完成工作，他方給付報酬者，國內學說多將此種契約稱之爲工作物（製作物）供給契約[106]。關於建築工作物供給契約之工作物所有權的原始取得，國內學說與實務有以定作人有否提供建築工作物所附基礎，作爲該建築工作物所有權之原始取得的判斷基礎；有以承攬人所提供者是否爲主要材料，作爲建築工作物所有權原始取得之依據；亦有以契約當事人之意思，作爲建築工作物所有權歸屬的判斷基礎。

第一款　定作人有否提供建築工作物所附基礎

國內學者有認爲，在定作人並未提供建築工作物所附基礎，承攬人以自己材料完成工作情形，則該建築工作物所有權歸承攬人原始取得。例如定作人提供基地，但未提供建築工作物所附基礎，而由承攬人以自己之材料爲定作人建築者，該建築工作物所有權由承攬人原始取得，嗣後再移轉予定作人[107]。

另有學者認爲，若定作人提供建築工作物所附之基礎，由承攬人以其自己之材料爲定作人建築者，認係以民法第811條規定爲論理基礎，因動產附合於不動產之理論，其工作物所有權由定作人原始取得[108]。

第二款　承攬人所提供是否爲工作之主要材料

除前述定作人有否提供建築工作物所附基礎情形外，或有論者，以承攬人所提供者是否爲該次工作完成之主要材料，作爲工作物所有權之原始取得的判斷依據。如承攬人所提供者係爲該完成工作物之主要材料，則承攬人原始取得

---

[106] 邱聰智著，姚志明校訂，新訂債法各論（中），自版，2008年8月，初版，頁46；黃茂榮，債法各論（第一冊），自版，2006年9月，再版，頁598。

[107] 鄭玉波，民法債編各論（上），自版，1992年10月，十五版，頁359。

[108] 史尚寬，債法各論，自版，1986年11月，頁312。

該工作物之所有權[109]。如按此一論述，若承攬人所提供者僅為附屬材料，而非主要材料者，則承攬人並不因此而原始取得工作物所有權。

　　另有學者謂：「在承攬之工作物為建築物或其他土地上之工作物，或為此種工作物之重大修繕者，以定作人提供之土地為主要材料，從而雖然承攬人為完成約定之工作可能有相當價值之材料的提供，但其提供之材料還是論為附屬材料，此由民法第五百一十三條規定，在這種情形『承攬人就承攬關係所生之債權，對於其工作所付之定作人之不動產，有抵押權[110]』可以為證。」因此，於定作人提供其所有之土地作為建築工作物所附基地情形，則該建築工作物所有權係由提供該建築工作物基地之定作人原始取得。

　　按前述學說，可認如承攬人所提供者係為該完成工作物之主要材料，則承攬人原始取得該工作物之所有權；若承攬人所提供者僅為附屬材料，而非主要材料者，則承攬人並不因此而原始取得工作物所有權。此外，在定作人提供其所有之土地作為建築工作物所附基地情形，則仍係以定作人提供之土地為主要材料，該承攬人所提供之材料，還是論為附屬材料。故而，該建築工作物之所有權，仍係由提供該建築工作物基地之定作人原始取得。

第三款　其他觀點

　　除前述以定作人有否提供建築工作物所附基礎、承攬人所提供是否為完成工作之主要材料，或以契約當事人之意思，作為建築工作物所有權歸屬的判斷基礎外，學說上亦有其他觀點。

　　例如，學者有謂：「傳統見解徒因材料而改變工作（物）所有權之歸屬，似有本末倒置，於消費者之保護，頗為不公[111]。」另有學者謂：「於製作物供給契約，分別定作人有無提供基礎？是否提供主要材料？有無提供材料資金？而異其權利歸屬，甚而異其法律適用，不僅失之煩瑣，難免掛漏，而且法律判斷價值亦不一致，甚而惑於製作人擬作法律文件上之文字遊戲，而游移不

---

[109] 林誠二，債編各論新解：體系化解說（中），瑞興圖書，2015年6月，三版，頁97。

[110] 黃茂榮，債法各論（第一冊），自版，2006年9月，再版，頁600。

[111] 錢國成，承攬工作完成物所有權之歸屬，法令月刊，第43卷第10期，1992年10月，頁7，轉載自邱聰智著，姚志明校訂，新訂債法各論（中），自版，2008年8月，初版，頁60。

定。是以，管窺以為，於不規則承攬、製作物供給契約，除法律有特別規定者
（如著作權法第12條）外，其工作物所有權均解釋為由定作人取得[112]。」

依前述學說之觀點，似認無須因材料而改變工作物所有權之歸屬，或分別
就定作人有無提供基礎、是否提供主要材料或有無提供材料資金等，而異該工
作物之權利歸屬。

第二項　司法實務

關於工作物供給契約之工作物所有權歸屬，最高法院所涉案例之見解，有
認所謂工作物供給契約，即工作物全部材料由承攬人供給，而當事人之意思復
重在工作物財產權之移轉時，仍不失為買賣之一種[113]。有認工程合約究為「承
攬契約」抑或「製造物供給契約」，關鍵應在於「是否移轉工作物所有權」而
定，至材料由何人提供，並非承攬定性之必然要件。此種契約之性質，究係買
賣抑或承攬，仍應探求當事人之真意釋之[114]。並非凡工作物供給契約，即屬承
攬與買賣之混合契約[115]。

---

[112] 邱聰智著，姚志明校訂，新訂債法各論（中），自版，2008年8月，初版，頁60。

[113] 最高法院59年台上字第1590號民事判例：「且有所謂工作物供給契約，即工作物全部
材料由承攬人供給，而當事人之意思復重在工作物財產權之移轉時，仍不失為買賣之
一種。」

[114] 最高法院102年度台上字第1468號民事判決：「次按所謂製造物供給契約，乃當事人
之一方專以或主要以自己之材料，製成物品供給他方，而由他方給付報酬之契約。此
種契約之性質，究係買賣抑或承攬，仍應探求當事人之真意之。如當事人之意思，
重在工作之完成，應定性為承攬契約；如當事人之意思，重在財產權之移轉，即應解
釋為買賣契約；兩者無所偏重或輕重不分時，則為承攬與買賣之混合契約，並非凡工
作物供給契約即屬承攬與買賣之混合契約。是承攬關係重在勞務之給付及工作之完
成，與著重在財產權之移轉之買賣關係不同，至承攬關係中，材料究應由何方當事人
供給，通常係依契約之約定或參酌交易慣例定之，其材料可能由定作人提供，亦可能
由承攬人自備。是工程合約究為『承攬契約』抑或『製造物供給契約』，關鍵應在於
『是否移轉工作物所有權』而定，至材料由何人提供，並非承攬定性之必然要件。」
相同見解，最高法院100年度台上字第1354號民事判決。

[115] 最高法院102年度台上字第533號民事判決：「次按所謂製造物供給契約，乃當事人之
一方專以或主要以自己之材料，製成物品供給他方，而由他方給付報酬之契約。此種
契約之性質，究係買賣抑或承攬，應探求當事人之真意之。如當事人之意思，重在
工作之完成，應定性為承攬契約；如當事人之意思，重在財產權之移轉，即應解釋為

　　按最高法院所涉案例之見解，認應以契約當事人之意思，作為建築工作物所有權歸屬的判斷基礎。如當事人之意思，重在工作之完成，應定性為承攬契約；若當事人之意思重在財產權之移轉，即應解釋為買賣契約。是工程合約究為承攬契約抑或製造物供給契約，關鍵應在於是否移轉工作物所有權而定，至材料由何人提供，並非承攬定性之必然要件。如按此一見解，則需要承攬人移轉工作物所有權予定作人之工作物供給契約，該工作物所有權係由承攬人原始取得；若無需承攬人移轉工作物所有權予定作人之工作物供給契約，則該工作物所有權係由定作人原始取得。

第三項　本文觀點

　　綜上述學說觀點與實務見解，在承攬人以自己材料建築情形，有關該建築工作物所有權的歸屬，多以定作人有否提供建築工作物所附基礎、承攬人所提供是否為工作之主要材料，或契約當事人之意思，作為建築工作物所有權歸屬的判斷基礎。

　　在經濟發展進步下，承攬型態隨之多樣化。舉例而言，承攬人以自己材料為建築者，除前述定作人提供建築工作物所附基礎、定作人未提供建築工作物所附基礎，與定作人提供其所有土地但未提供建築工作物所附基礎等三種情形外，亦不乏定作人未提供其所有之土地作為建築工作座落基地，亦未提供建築工作物所附基礎，而由承攬人以自己材料為建築情形。如一般大眾所常見之外國企業或國內廠商經營之大型賣場、倉儲，汽車銷售展示中心及修配廠、建築或廣告商之建案銷售中心等，即為適例。此種情形，係由該營繕建築工作之定作人，與建物座落基地所有人即第三人先成立土地租賃關係，另再與承攬人成立該等建築工作物之承攬關係。

　　於營建工程承攬實務，承攬人以自己材料完成工作者，可謂係通常可見之多數情形。然當事人對於此種建築工作物所有權的歸屬，與建築工作物之交付等，或存有爭執。惟若一概以當事人嗣後所主張之意思，作為工作物供給契約之工作物所有權歸屬之判斷依據，難謂相當妥適。蓋於通常情形，營建工程當事人對於契約之認識，係一方自己之專業與必要材料之提供，以完成工作，他

買賣契約：兩者無所偏重或輕重不分時，則為承攬與買賣之混合契約，並非凡工作物供給契約即屬承攬與買賣之混合契約。」

方給付契約約定報酬並受領工作。舉例而言，於未明示定作人需供給工作材料之情形，如該次工程承攬契約係經由招標程序而成立者，承攬人於閱覽投標文件時，即已知悉須以自己提供材料以完成工作，始得請求報酬。亦即，當事人對於工程契約之認識，應非承攬人完成承攬人自己所有之建築工作物，因定作人工作報酬之給付，嗣再移轉該建築物所有權予定作人之契約。質言之，在承攬人以自己材料完成工作情形，當事人於締約之時，即認識係以定作人給付工作報酬，並原始取得該工作所有權爲契約之目的。

在契約自由之原則下，於不違反法律強制禁止規定情形，以承攬人自己材料完成工作之承攬契約，當事人得自由約定該完成工作所有權之取得。惟本文以爲，在承攬人以自己材料完成建築工作之情形，除當事人別有約定外，無論定作人有否提供工作物座落基地，亦不論該建築工作物是否可爲保存登記，該建築工作物所有權之歸屬，在考量現行法律之適用、交易習慣，與市場交易融通性等各種因素，仍應認由定作人原始取得，似較妥適。茲分述如下：

第一款　法律規定之適用

在工作物供給契約，如由承攬人以自己材料爲營繕建築，而定作人未提供建築工作物所附基礎，即認該建築工作物所有權係由承攬人原始取得，與現行民法承攬一節關於工作報酬請求之成立、工作報酬請求權時效、法定抵押權之抵押標的等規定，或多有扞格。

一、工作報酬請求

按民法第490條第1項規定，承攬人請求工作報酬之對價，係承攬人完成約定之工作。按同法第505條規定，報酬應於工作交付時給付之，無須交付者，應於工作完成時給付之。工作係分部交付，而報酬係就各部分定之者，應於每部分交付時，給付該部分之報酬。前述報酬給付時點之工作交付，對於營建工程承攬而言，應係指令定作人取得工作物之管領占有，而非工作物所有權之移轉登記。

舉例而言，今如承攬者係可爲保存登記之建築工作物，若仍認工作物供給契約之工作物所有權爲承攬人原始取得者，是否可謂承攬人於請求工作報酬給付時，所交付予定作人者，係所有權仍歸屬於其自己之工作物，非無疑義。

換言之，將工作物所有權移轉登記予定作人，是否亦為工作報酬給付的對價，或工作報酬請求的要件之一？若是，則在該工作物所有權尚未移轉登記前，縱使承攬人已經為該工作物之交付，定作人仍得另以該交付之工作物所有權尚未移轉登記予自己，而作為工作報酬給付抗辯之原因事項，如此情形，似不符民法第505條立法意旨[116]。蓋按民法第505條明文，工作交付即為工作報酬之清償期，如承攬人所交付者，為自己所有權之工作，則難謂係定作人清償工作報酬之完全對價。

　　另觀諸工程承攬實務，交易上亦不乏見有工程預付款之約定，此一工程款之預付，即為民法第505條報酬後付原則之例外的便宜原則。然工程預付款之本質，仍係承攬工作報酬之一部[117]。按民法第490條第2項規定，約定由承攬人供給材料者，其材料之價額，推定為報酬之一部。據此，在系爭工作尚未開始前，而定作人業已給付工作報酬情形，如仍認該工作物供給契約之工作物所有權，係由承攬人原始取得者，恐非謂妥適。蓋在工作物所有權尚未移轉登記予定作人前，定作人尚得為報酬給付之抗辯，遑論於工作尚未開始前，定作人預先給付工作報酬予承攬人，讓承攬人以該預付工作報酬，完成承攬人自己所有工作的道理。

二、工作報酬請求權時效

　　觀諸民法第490條第2項，明文約定由承攬人供給材料者，其材料之價額，推定為報酬之一部。因此，除有證據可為相反之認定外，該由承攬人自己提供之材料的價額，仍為系爭承攬契約之工作報酬的一部。是該由承攬人自己提供之材料價額的請求權時效，應適用民法第127條第7款的短期消滅時效規定。

　　因此，今如認不動產工作物供給契約之建築工作物所有權，係由提供工作材料之承攬人為原始取得人，嗣後再由承攬人移轉予定作人者，則此部分屬於

---

[116] 參閱民法第505條立法理由：「謹按雙務契約之原則，兩造之義務，應同時履行。承攬為雙務契約，故須於交付工作時支給報酬，其工作之性質，無須交付者，應於工作完成之時，支給報酬。此第一項所由設也。至工作係分部交付，而其報酬亦係就各部分定之者，則應於每一部分工作交付時，即給付該部分所應受領之報酬，以符雙務契約同時履行義務之旨趣。此第二項所由設也。」

[117] 林更盛、黃正光，營建工程法律實務QA（一），五南圖書，2021年9月，初版，頁50。

買賣之性質[118]。於前述情形，該由承攬人自己提供材料之工作物價金的請求部分，應得主張由契約所定之工作報酬分離，分別為勞務給付與材料款項，二者各自獨立請求，而該勞務給付以外之部分，即不受民法第127條第7款的短期消滅時效規定之拘束。惟若如此，恐與立法者臚舉請求權，有速行履行之性質而為短期消滅時效期間之意旨相左[119]。

三、法定抵押權之抵押標的

　　承攬之工作為建築物或其他土地上之工作物，或為此等工作物之重大修繕者，承攬人得就承攬關係報酬額，對於其工作所附之定作人之不動產，請求定作人為抵押權之登記；或對於將來完成之定作人之不動產，請求預為抵押權之登記，民法第513條第1項定有明文。考其立法理由，係為承攬人之工作報酬請求的保障[120]。在承攬工作係為定作人之建築物或其他土地上之工作物，或為此等工作物之重大修繕者，承攬人就承攬關係報酬額，對於其工作所附之定作人之不動產，請求定作人為抵押權之登記，固無疑問。

　　惟如該次承攬係為新建工程，且由承攬人以自己材料為建築者，若仍認該新建之工作物所有權係由承攬人為原始取得，嗣後再移轉予定作人者，則該承

---

[118] 最高法院95年度台上字第2530號民事判決：「按具有承攬與買賣混合契約性質之不動產製造物供給契約，就不動產財產權之移轉而言，尚與民法第一百二十七條第七款所定『技師、承攬人之報酬及其墊款』為一般單純之承攬有間，更與同條第八款所稱『商人、製造人、手工業人所供給之商品』係專指『動產』者有所不同。故此類不動產製造物供給契約之價金或報酬請求權，難認有上開條款二年短期消滅時效期間規定之適用。」相同見解，最高法院88年度台上字第156號民事判決。

[119] 參閱民法第127條立法理由。

[120] 參閱民法第513條立法理由：「一、依現行規定，承攬人對於其工作所附之定作人之不動產有法定抵押權。由於法定抵押權之發生不以登記為生效要件，實務上易致與定作人有授信往來之債權人，因不明該不動產有法定抵押權之存在而受不測之損害，為確保承攬人之利益並兼顧交易安全，爰將本條修正為得由承攬人請求定作人會同為抵押權登記，並兼採『預為抵押權登記』制度，因現行條文規定抵押權範圍為『承攬人就承攬關係所生之債權』，其債權額於登記時尚不確定，故修正為以訂定契約時已確定之『約定報酬額』為限，不包括不履行之損害賠償，爰修正本條改列為第一項，規定承攬人得就約定之報酬，對於其工作所附之定作人之不動產，請求定作人為抵押權之登記，或對於將來完成之定作人之不動產，請求預為抵押權之登記，使第三人不致受不測之損害。」

攬人法定抵押權之抵押標的與抵押權登記之實行，恐有疑義。蓋於新建工程承攬，承攬人請求法定抵押權登記之標的，係將來完成之定作人之不動產。在認該新建工作物所有權係由承攬人爲原始取得情形，則該完成建築工作物之所有權第一次登記之所有權人係承攬人，而非定作人。若是如此，則民法第513條第1項明文之請求預爲抵押權登記之將來完成之定作人不動產，應係指由提供工作材料之承攬人原始取得所有權，嗣後再移轉登記予定作人之不動產。換言之，在承攬人尙未將該建物所有權移轉予定作人前，民法第513條之工作報酬抵押權根本無法實行，蓋爲有承攬人以自己所有之建物，作爲該建物之工作報酬抵押標的之理。除前述外，民法第513條第2項規定之承攬人於開始工作前得爲抵押權登記情形，亦難謂實現。

質言之，在承攬人以自己材料建築之新建工程，若執意仍由承攬人原始取得該建築工作物所有權者，則在承攬人未將該建築工作物所有權爲移轉登記予定作人前，並無符合法定要件之請求預爲抵押權登記之標的[121]。蓋以自己材料建築之承攬人，係因法律事實而取得建築工作物所有權。然而，按民法第759條之規定，承攬人於登記前已取得不動產物權，應經登記，始得處分其物權。換言之，該承攬人須先將系爭不動產所有權爲第一次登記後，始得將該系爭不動產所有權移轉登記予定作人，嗣再將該所有權移轉登記予定作人之不動產爲抵押登記。然如此之建築工作物所有權的輾轉登記，恐不符合民法第513條之立法本意，且徒增無益之交易成本。

綜上，觀諸現行法律關於工作報酬請求、工作報酬請求權時效，以及法定抵押權之抵押標的等規定，似不應認工作物供給契約之工作物所有權，係由承攬人爲原始取得之人。

第二款　交易習慣

觀諸目前之營建工程承攬實務，定作人基於標的工作之使用利益，而爲工作之分部給付者，漸爲常態。且在合法之次承攬情形，工作材料由次承攬人提供者，業已慣行多年。然而，在工作分部給付情形，以及工作材料由次承攬人提供之工程契約，如仍謂工作物供給契約之工作物所有權歸屬，一概以當事人

---

[121] 參閱民法第513條立法理由：「二、爲確保承攬人之利益，爰增訂第二項，規定前項請求，承攬人於開始工作前亦得爲之。」

之意思爲判斷依據，恐不符交易習慣。

一、分部給付工作

在承攬工作爲新建工程，除標的面積爲非常少之新建工程（例如農地使用之農用機具間）外，工作通常多爲分部給付（例如每一樓層之樓地板或頂板之完成爲各個分部給付的單位）。在交易習慣上，當事人亦多有約定於每次分部給付工作時，爲該分部工作之報酬給付。如認工作物供給契約係由承攬人原始取得該建築工作物所有權者，則提供工作材料之承攬人，於每次受領分部工作報酬給付時，是否均應爲該次分部建築工作物所有權的移轉，其妥適性實有待商榷，且交易成本之增加亦可預見。

另於承攬人完成分部工作並交付，定作人已經就該分部給付工作爲使用情形，並非罕見。例如某展示大樓之新建工程的某樓層，先行交付予定作人，以提供定作人人員辦公用，或由定作人提供予第三人使用者是。

關於前述建築工作物之分部給付，在承攬人以自己材料建築之工作物所有權，係由定作人原始取得之立論如成立者，則於承攬關係有效存續中，承攬人因承攬關係而爲該建築工作物之直接占有人。於承攬人將該建築工作物交付定作人後，定作人即因受領交付而取得該建築工作物之事實上處分權。在定作人業已經爲建築工作物之管領使用情形，且承攬人並無反對表示者，即應視爲承攬人已經將該建築工作物之占有移轉予定作人，定作人並已受領該承攬人交付之建築工作物[122]。而定作人所受領者，應係不具權利瑕疵之工作物。否則，如

---

[122] 於定作人開始使用工作後，即視爲受領工作。可參考德國建築工程採購與契約規範之一般契約規範部分VOB/B第12條第5項第2款。

VOB/B

§ 12 Abnahme

(5) 1. Wird keine Abnahme verlangt, so gilt die Leistung als abgenommen mit Ablauf von 12 Werk-tagen nach schriftlicher Mitteilung über die Fertigstellung der Leistung. 2. Wird keine Abnahme verlangt und hat der Auftraggeber die Leistung oder einen Teil der Leistung in Benutzung genommen, so gilt die Abnahme nach Ablauf von 6 Werktagen nach Beginn der Benutzung als erfolgt, wenn nichts anderes vereinbart ist. Die Benutzung von Teilen einer baulichen Anlage zur Weiterführung der Arbeiten gilt nicht als Abnahme.

第12條 受領

(5) 1.若未約定應爲受領，於完工之書面通知到達後、超過12個工作天，視爲受領該

認以承攬人自己材料建築之工作物所有權，係由承攬人原始取得者，則在承攬人未為該分部工作物所有權移轉前，定作人受領該承攬人交付之分部工作，並使用該分部工作物者，就該使用之分部工作物，似有相當於租金之利益，而此一利益應如何分配，不無疑問。

二、次承攬人提供材料完成工作

　　觀諸國內營建工程承攬實務，適法之次承攬亦為常見之交易型態。而在次承攬之場合，亦多由實際施作之次承攬人提供材料並完成工作。因此，如該次工作完成之材料係由次承攬人提供情形，在認為工作物供給契約之工作物所有權係由承攬人原始取得者，是否仍謂該工作物所有權，係由提供材料並完成工作之次承攬人原始取得，嗣再由次承攬人移轉登記予次定作人即原承攬人，待原承攬人取得工作物所有權後，再由原承攬人移轉登記予原定作人。如此輾轉之工作物所有權移轉及登記，除徒增交易成本與時間之浪費外，難謂與當事人對於締約之認識無所相左。

　　再者，承攬人完成工作，應使該完成工作具備約定之品質及無減少或滅失價值，或不適於通常或約定使用之瑕疵，民法第492條定有明文。其中，所謂瑕疵者，應包括工作物之瑕疵與權利瑕疵。雖然民法承攬一節未有工作權利瑕疵之相關明文，惟按民法第347條規定，工作權利瑕疵應可準用民法買賣一節之相關規定[123]。因之，於建築物新建工程承攬，若工作完成交付時，在次承攬人尚未將該建物所有權移轉予原承攬人前，該工作物所有權仍屬於次承攬人者，對於定作人而言，次承攬人得本於所有權對該完成之建物主張權利，仍應認該工作具有權利上之瑕疵[124]。於前述情形，定作人應得以該交付工作有權利瑕疵，而拒絕受領該交付之工作，甚至因此而解除契約[125]。若是如此，恐不符

　　給付。2.若未約定應為受領，於定作人使用給付或其一部，除非另有約定，否則於開始使用後超過6個工作天，視為受領。為繼續工作而使用建築設施的一部分，不視為受領。

[123] 民法第347條：「本節規定，於買賣契約以外之有償契約準用之。但為其契約性質所不許者，不在此限。」

[124] 民法第349條：「出賣人應擔保第三人就買賣之標的物，對於買受人不得主張任何權利。」

[125] 有關工作權利瑕疵之效果，德國民法第633條及第634條規定，可資參考。

契約之目的，且令當事人法律關係久懸未決，徒增不必要之負擔。

第三款　市場融通性

　　在承攬人以自己提供材料而完成工作，而認承攬人原始取得該系爭工作所有權者，此一情形應係承攬人因事實行爲而取得所有權。按民法第759條規定，因繼承、強制執行、徵收、法院之判決或其他非因法律行爲，於登記前已取得不動產物權者，應經登記，始得處分其物權。換言之，蓋若認由提供材料之承攬人爲工作物所有權原始取得者，則承攬工作標的之建築改良物的所有權，按民法第759條規定，應先將該所有權登記予承攬人，由承攬人取得所有權第一次登記，嗣承攬人始得再將該所有權移轉登記予定作人。

　　前述情形，在該建築工作物爲一般市場可得交易者，固無疑問。惟如該承

BGB

§ 633 Sach- und Rechtsmangel

Der Unternehmer hat dem Besteller das Werk frei von Sach- und Rechtsmängeln zu verschaffen.

第633條 品質與權利瑕疵

承包商必須向定作人提供沒有品質和權利瑕疵的工作。

§ 634 Rechte des Bestellers bei Mängeln

Ist das Werk mangelhaft, kann der Besteller, wenn die Voraussetzungen der folgenden Vorschriften vorliegen und soweit nicht ein anderes bestimmt ist,

1. nach § 635 Nacherfüllung verlangen,

2. nach § 637 den Mangel selbst beseitigen und Ersatz der erforderlichen Aufwendungen verlangen,

3. nach den §§ 636, 323 und 326 Abs. 5 von dem Vertrag zurücktreten oder nach § 638 die Vergütung mindern und

4. nach den §§ 636, 280, 281, 283 und 311a Schadensersatz oder nach § 284 Ersatz vergeblicher Aufwendungen verlangen.

第634條 出現瑕疵時定作人的權利

如果工作有瑕疵，除非另有說明，如果滿足以下規定的要求，定作人可以，

1.根據第635條要求修補瑕疵。

2.根據第637條對瑕疵本身自行修補，並要求償還必要的費用。

3.根據第636條、第323條和第326條第5款解除契約，或根據第638條減少報酬，以及

4.根據第636條、第280條、第281條、第283條和第311a條要求賠償，或根據第284條要求償還無用的費用。

攬標的工作物係爲城堞、軍營、軍港、砲臺、防空洞、軍用機場或雷達管制等軍事建築，或非民營之發電廠、港口、航空站等建築，或道路、溝渠、水道、水庫、湖泊、港灣、海岸、堤堰、隧道等大地工程建築情形，恐非無疑。蓋以自己材料爲建築之承攬人爲自然人或私法人時，似無法依通常程序將該不融通之建築工作物所有權第一次登記予該承攬人。再者，如當事人約定在承攬人以自己材料爲建築，該建築工作物所有權由承攬人原始取得，嗣再將該建築工作物所有權移轉登記予定作人者，則在**該建築工作物爲前述之市場不融通物情形，似有以自始客觀不能爲給付內容之嫌。**

　　綜上，本文以爲，在承攬人以自己材料建築之工作物所有權歸屬，除當事人別有約定外，**在法律規定適用、危險分配、交易習慣及市場交易融通性等諸多考量下，似應認該建築工作物所有權，仍由定作人爲原始取得**。此於明確及簡化當事人間之法律關係，以及經濟交易成本之立場，可堪稱妥適。

　　再者，營建工程承攬當事人對於契約締結之認識，係一方提供自己之專業與必要之材料以完成他方之工作，他方給付報酬而受領約定之工作。換言之，於未明示定作人需供給工作材料之情形，如該次工程承攬契約係經由招標程序而成立者，承攬人於投標前，即已知悉須以自己提供材料以完成工作，始得請求報酬。即便該次工程承攬契約係未經由招標程序，逕由當事人之合意而成立者，承攬人於契約締結時，亦已知悉須以自己提供材料並以之完成工作，始得請求報酬。亦即，當事人對於工程契約給付之認識，以及契約締結之本意，應係承攬人爲定作人完成契約內容所示之建築工作物，且因該建築工作物之完成並交付，以請求工作報酬。要非承攬人**完成承攬人自己所有**之建築工作物，因定作人工作報酬之給付，嗣而移轉該建築工作物所有權予定作人，或以工作物所有權移轉，作爲工作報酬給付之對價的契約。

　　是於工作物供給契約之營建工程承攬，除契約當事人別有約定外，該建築工作物所有權之歸屬，在考量現行法律之適用、危險分配、交易習慣與市場交易融通性等各種因素，該完成之建築工作物之所有權，仍應認係由定作人原始取得。如此，始符合相關法律之立法目的、當事人之締約本意及交易習慣，亦不令當事人間之法律關係複雜，並避免交易成本增加及時間的耗費。

參考文獻

一、中文部分（按姓氏筆劃排序）

（一）專書

王澤鑑，債法原理，三民，2006年9月，再版。

王澤鑑，債法原理，三民，2012年3月，增訂三版。

王澤鑑，民法總則，三民，2017年3月，增訂新版。

史尚寬，債法各論，自版，1986年11月。

邱聰智著，姚志明校訂，新訂債法各論（中），自版，2008年8月，初版。

林更盛、黃正光，工程法律與承攬實務Q&A（一），五南圖書，2021年9月，初版。

林誠二，債編各論新解：體系化解說（中），瑞興圖書，2015年6月，三版。

姚志明，債務不履行之研究（一）——給付不能、給付遲延與拒絕給付，自版，2004年9月，初版。

姚志明，誠信原則與附隨義務之研究，自版，2004年9月，初版。

姚志明，工程法律基礎理論與判決研究——以營建工程為中心，自版，2014年10月，二版。

姚志明，契約法總論，元照，2014年9月，修訂二版。

陳忠五，契約責任與侵權責任的保護客體，新學林，2008年12月，初版。

陳自強，契約之成立與生效，元照，2014年2月，三版。

陳自強，契約違反與履行請求，元照，2015年9月，初版。

陳聰富，契約自由與誠信原則，元照，2015年12月，初版。

孫森焱，民法債編總論（上冊），自版，2012年2月，修訂版。

曾仰如，亞里斯多德，東大，2001年2月，初版。

黃立，民法總則，自版，2001年1月，二版。

黃立主編，楊芳賢等合著，民法債編各論（上），元照，2002年7月，初版。

黃立主編，楊芳賢等合著，民法債編各論（下），元照，2002年7月，初版。

黃茂榮，債法各論（第一冊），自版，2006年9月，再版。

鄭玉波著，陳榮隆修訂，民法債編總論，三民，2010年3月，修訂二版。

劉春堂，民法債編各論（中），三民，2004年3月，初版。

（二）期刊論文

王澤鑑，損害賠償法之目的：損害填補、損害預防、懲罰制裁，月旦法學雜誌，2005年8月，第123期，頁207至219。

林更盛、黃正光，工程承攬契約中的異常地質狀態——評最高法院108年度台上字第1479號民事判決，月旦實務選評，2023年1月，第3卷第1期，頁115至123。

林恩瑋，政府採購法第八十五條之一第二項「先調後仲」機制疑義：強制仲裁是否必要？財產法暨經濟法，2009年3月，第17期，頁137至158。

姚志明，公共營建工程契約之成立——以營建工程之招標、決標為中心，月旦法學雜誌，2010年6月，第181期，頁213至232。

曾品傑，附合契約與定型化契約之基本問題，東海大學法學研究，2006年12月，第25期，頁39至74。

曾品傑，聯立契約——最高法院110年度台上字第2765號，裁判解讀：民事法，2023年4月，第2023:4期，頁1至3。

陳聰富，論契約上之要約，月旦法學雜誌，2021年5月，第312期，頁70至85。

陳自強，FIDIC工程契約條款在契約法源之地位，仲裁，2010年4月，第90期，頁74至95。

陳自強，承攬瑕疵救濟學說實務見解之分析，月旦法學雜誌，2013年8月，第219期，頁60至79。

陳英鈐，追繳押標金之救濟途徑，月旦法學雜誌，2009年4月，第78期，頁17至19。

黃立，德國民法工程契約章結算及拒絕受領之現狀確認解析，仲裁，2021年12月，第113期，頁72至91。

黃茂榮，承攬（三），植根雜誌，2009年3月，第25卷第3期，頁90-105。

謝哲勝，承攬人法定抵押權的拋棄，月旦法學教室，2007年11月，第61期，頁8至9。

（三）中華人民共和國相關法規與司法實務

中華人民共和國民法典。

中華人民共和國政府採購法。

中華人民共和國建築法。

中華人民共和國招標投標法。

中華人民共和國招標投標法實施條例。

中華人民共和國農民工工資保證金管理暫行辦法。

最高人民法院《法釋〔2004〕14號》最高人民法院關於審理建設工程施工合同
　　糾紛案件適用法律問題的解釋。

最高人民法院《法釋〔2020〕25號》最高人民法院關於審理建設工程施工合同
　　糾紛案件適用法律問題的解釋（一）。

（四）網際網路

中華民國行政院公共工程委員會，https://www.pcc.gov.tw。

月旦知識庫，http://www.lawdata.com.tw。

立法院法律系統，https://lis.ly.gov.tw。

行政院內政部營建署，https://www.cpami.gov.tw。

法源法律網，https://www.lawbank.com.tw。

法務部全國法規資料庫，https://law.moj.gov.tw。

政府採購網，https://web.pcc.gov.tw。

二、外文部分（按字首字母排序）

Agreement on Government Procurement (WTO).

AIA Document A201 – 2017 General Conditions of the Contract for Construction.

FIDIC 2017 Red Book.

Principles of European Contract Law (PECL).

The Federal Acquisition Regulation, FAR.

United Nations Convention on Contracts for the International Sale of Goods (Vienna,
　　1980) (CISG).

Vergabe- und Vertragsordnung für Bauleistungen -Teil A (VOB/A).

Vergabe- und Vertragsordnung für Bauleistungen -Teil B (VOB/B).

註：未列入參考文獻之其他參考文獻，於引用時，分別在各該處詳加註。

國家圖書館出版品預行編目(CIP)資料

論工程契約之利益衡平與危險分配／黃正光
著. -- 初版. -- 臺北市：五南圖書出版股
份有限公司, 2024.09
面；　公分

ISBN 978-626-393-667-6(平裝)

1.CST: 公共工程　2.CST: 政府採購
3.CST: 採購管理　4.CST: 契約

564.72　　　　　　　　　　113011837

1UG5

論工程契約之利益衡平與危險分配

作　　者 ― 黃正光（305.9）

企劃主編 ― 劉靜芬

責任編輯 ― 呂伊真

封面設計 ― 封怡彤

出 版 者 ― 五南圖書出版股份有限公司

發 行 人 ― 楊榮川

總 經 理 ― 楊士清

總 編 輯 ― 楊秀麗

地　　址：106台北市大安區和平東路二段339號4樓

電　　話：(02)2705-5066

網　　址：https://www.wunan.com.tw

電子郵件：wunan@wunan.com.tw

劃撥帳號：01068953

戶　　名：五南圖書出版股份有限公司

法律顧問　林勝安律師

出版日期　2024年9月初版一刷

定　　價　新臺幣480元

經典永恆・名著常在

五十週年的獻禮——經典名著文庫

五南，五十年了，半個世紀，人生旅程的一大半，走過來了。

思索著，邁向百年的未來歷程，能為知識界、文化學術界作些什麼？

在速食文化的生態下，有什麼值得讓人雋永品味的？

歷代經典・當今名著，經過時間的洗禮，千錘百鍊，流傳至今，光芒耀人；

不僅使我們能領悟前人的智慧，同時也增深加廣我們思考的深度與視野。

我們決心投入巨資，有計畫的系統梳選，成立「經典名著文庫」，

希望收入古今中外思想性的、充滿睿智與獨見的經典、名著。

這是一項理想性的、永續性的巨大出版工程。

不在意讀者的眾寡，只考慮它的學術價值，力求完整展現先哲思想的軌跡；

為知識界開啟一片智慧之窗，營造一座百花綻放的世界文明公園，

任君遨遊、取菁吸蜜、嘉惠學子！